한나의 역사스캔들

※ 이 도서의 국립중앙도서관 출판시도서목록(CIP)은 서지정보유통지원시스템 홈페이지(http://seoji.nl.go.kr)와 국가자료
  공동목록(http://www.nl.go.kr/kolisnet)에서 이용하실 수 있습니다.
  (CIP제어번호: CIP2018013156)

한나의
역사스캔들

"저와 함께 역사 속으로 드시지요"

베가북스
VegaBooks

우리는 왜 역사를 배워야 할까요?

2005년부터 학원 강사로 일해오면서, 그리고 인터넷 방송에서 역사 관련 콘텐트를 진행하면서 수없이 들었던 말은 "역사는 왜 배워야 하나요?"라는 질문이었습니다. 사실 처음에는 쉽게 대답할 수 없었어요. '역사를 배움으로써 미래를 예측할 수 있고, 현재를 지혜롭게 살아갈 수 있는 교훈을 얻을 수 있다'는 교과서적인 대답을 하긴 싫었으니까요.

제가 지금 생각하는 역사를 배워야 하는 이유를 말씀드리자면,

역사는 우리가 지나온 발자취이며 우리 민족의 삶 그 자체입니다. 교과서에 나열된 수많은 업적을 가지고 있는 역사적 인물들은 우리 중 누군가의 조상이겠죠? 좀 더 직접적으로 이야기하자면 역사는 나의 뿌리를 찾는 여행입니다. 우리 민족의 정체성을 이해하고 그 안에서의 나란 존재는 어떤 영향을 받았는지 이해하기 위해서 역사가 필요한 거예요. 또한 역사란 현재에 영향을 줄 만큼 의미 있는 과거의 사건들로서, 이를 통해 현재의 일들을 자연스럽게 이해할 수 있기 때문에 역사가 필요한 것입니다.

저는 예전부터 잉카문명의 불가사의나 이집트 피라미드의 비밀 등 고대의 유물에 관심이 많았습니다. 그러한 과거의 유물들에 대한 관심은 자연스럽게 역사로 이어졌고, 흥미를 가지고 역사를 공부하다 보니 어느새 역사를 전공하게 되었어요. 그래서 역사를 가르칠 때 "역사는 왜 배워야 하나요? 너무 지루하고 외울 게 많은데 좋은 암기 팁 있나요?"라고 묻는 분들에게 저는 이렇게 대답하곤 합니다. 무언가에 흥미를 가지는 데 가장 필요한 건 "관심"이라고……. 관심이 있으면 자꾸 궁금해지고 하나라도 더 알고 싶고 자연스럽게 흥미가 생기게 되니까요.

그렇게 해서 태어난 콘텐트가 "한나의 역사스캔들"입니다. 역사에 관심이 생길 만한 우리가 미처 몰랐던 숨겨진 역사 이야기, 다소 야하거나 충격적이거나 웃긴 이야기들을 통해 역사와 사랑에 빠진다면 얼마나 좋을까 하는 바람에서 시작하게 된 거죠. 역사스캔들은 아직도 매 주 진행 중이며 유튜브에 올라온 내용만 150화가 넘습니다. 그동안 다뤘던 이야기 중 꼭 들려주고 싶은 알짜배기 내용만을 뽑아 이 책에 담아보았어요.

역사를 알아가는 과정을 연애라 생각하면 어떨까요? 누군가를 사랑하게 되면 그 사람의 현재뿐만 아니라 과거까지 속속들이 알고 싶은 것처럼. 또 그 사람에 대해서 꼼꼼히 기억하고 앞으로의 미래가 될 청사진을 같이 그려보는 것처럼…….

부디 이 책을 통해 독자 여러분들이 역사와 사랑에 빠지길 바라며 글을 마무리하려 합니다.

2018년, '가슴 설레는 역사'를 만나며
최한나

차 례

1장

—

사건·문화

한나의 역사스캔들

1장_사건 · 문화

성의 금기를 깨다, 신라

여러분은 고구려, 백제, 신라 중에서 성적으로 가장 개방된 나라가 어디라고 생각하시나요?

바로 신라입니다. 왠지 그럴 것 같죠? 아마 고현정 씨의 카리스마 넘치는 연기로 화제가 됐던 드라마 「선덕여왕」에서의 미실을 떠올려보면 성적으로 무척 개방된 느낌을 받을 겁니다. 미실은 왕실 여인을 배출하는 대원신통이라는 혈통의 계승자로 진흥왕의 이복동생 세종에게 간택된 뒤 풍월주 사다함을 만나 사랑하고, 다시 진흥왕의 후궁이 되어 권력을 장악한 후 화랑들의 우두머리인 원화들을 두루 섭렵하고 진평왕까지 그녀의 매력으로 조종하였던 인물이죠.

실제로 신라는 성적으로 많은 이야깃거리를 담고 있고, 때로는 어이없을 정도로 놀랍기도 합니다. 신라 사람들은 성에 대한 욕구를 표현하는 것에 대해 관대하고 개방적이었죠. 성을 전혀 부끄럽게 여기지 않았던 나라가 바로 신라입니다. 보면 볼수록 재미있는 신라의 성문화 속으로 들어가 보겠습니다.

신라는 야한 나라가 아니다?

먼저 신라의 성문화를 이야기하기 전에 짚고 넘어가야 할 것이 있습니다.

▶미실이 등장했던 드라마 『선덕여왕』 포스터

　　신라에는 '신국의 도'라고 해서 신라만의 법도가 있었습니다. 바로 '성적인 도'를 의미하는데요, 이러한 신국의 도는 도교 문화의 영향을 많이 받았습니다. 도교道敎는 무위자연설을 바탕으로 하는 중국의 대표적인 토착 종교로, 특히 자연친화적이고 통속적인 신앙도 받아들였죠. 그중에 '방중술'이라는 것이 있는데요, 신선이 되기 위한 하나의 방법이었다고 해요. 방중술은 성행위를 통해서 회춘하는 것을 말합니다. 예를 들어서 늙고 기력이 없는 할아버지가 어린 소녀와 관계를 맺음으로써 병이 낫는다거나 회춘하는 것이 방중술이 담고 있는 내용 중의 하나죠. 중국의 대표적인 방중술 책으로 잘 알려져 있는 것이 『소녀경』입니다. 이 책에서는 성이라는 것을 단순한 쾌락이 아니라 치료의 영역으로도 개념을 확대하는데요, 신라는 이러한 방중술에 입각하여 도교 문화 중에서 성적인 이론, 즉 남녀의 음양오행이나 남녀의 합일로 인해 건강을 되찾고 여러 가지 좋은 기운을 만드는 것을 신성하게 여겼습니다.

　　이런 이야기를 먼저 시작하는 이유는 우리가 신라에 대해 너무 선입견을 갖지

▶중국의 대표적인 방중술 책 「소녀경」

말았으면 하는 생각 때문입니다.

"신라는 너무 야해", "너무 문란한 것 아닙니까?" 하고 부정적으로 볼 수도 있는데요, 꼭 그렇게 받아들일 필요는 없다고 생각합니다. 왜냐하면 지금의 시각으로 봤을 때 "좀 그렇네!", "어떻게 저럴 수 있지?" 싶은 것도 당시 그들에게는 당연시되는 사회였거든요. 그리고 사실 우리는 조선시대를 거치면서 유교문화에서 살아왔고, 아직도 그 개념이 일상생활에 많이 남아 있습니다. 오히려 삼국시대나 고려시대보다도 더 유교적 관념이 존재하죠. 물론 세상이 많이 변하고 있기는 하지만 제사 문제, 남아선호사상, 성차별 등 여전히 논란거리가 많습니다.

성 문제도 마찬가지입니다. 우리는 흔히 밖으로 야한 농담을 잘 하지 않죠. 그러면 정말 이상한 사람으로 보잖아요? 하지만 아주 친한 사람들하고는 자연스럽게 이야기하고 재미나게 풀어낼 수도 있죠. 사실 성 문제를 너무 감추거나 나쁘게 생각할 필요는 없잖아요. 오히려 심하게 터부시하는 게 더 이상하죠. 성에 대한 관심과 욕구를 일부러 숨기려고 할 필요는 없는 것 같아요. 게다가 신라의 이야기는 약 1500년 전에 일어난 일입니다. 우스갯소리로 그때 당시에 할 게 뭐가 있었겠습니까? 컴퓨터도 없이, 텔레비전도 없이, 스마트폰도 없이 딱히 할 일이 없었을 겁니다. 요즘처럼 관심 분야가 다양한 시대도 아니고요. 아무래도 그들에게 가장 큰 낙은 성적인 유희가 아니었을까요? 그러니 지금의 현실과 다르다고 해서 문란하게 생각하거나 근친상간이네, 족보가 엉망이네 뭐 이런 식으로 나쁘게 볼 필요는 없다는 말이지요. 현재와 다름을 이해하는 측면에서 다가가면 좋겠습니다.

신라의 특이한 성문화, 색공

신라는 성에 대한 금기가 별로 심하지 않았는데요, 이를 이해하기 위해서는 먼저 색공을 알아야 합니다.

색공^{色供}이라는 것은 신분이 높은 사람에게 색^色을 바치는 것을 의미하죠. 요즘으로 치면 일종의 성 접대 로비가 될 수 있겠네요. 물론 당시는 그런 행위가 범죄는 아니었답니다. 정치적으로 든든한 후원자를 얻는 것이 바로 색공이었고, 색공을 바치는 대표적인 집안도 있었습니다. 바로 대원신통^{大元神統}이라고 우리에게도 유명한 미실의 집안이죠. 대원신통은 신라 골품^{骨品}의 하나로 『화랑세기^{花郞世記}』에 진골정통^{眞骨正統}과 함께 등장하는 말입니다. 미실의 집안은 대대로 왕에게 색공을 바침으로써 권력을 유지했는데요, 이를 통해 든든한 왕의 후원자가 되었죠.

진골정통
화랑세기에 등장하는 말로 왕의 여자를 내는 왕비혈통 집안을 뜻한다.

김유신 장군이 김춘추에게 자기 여동생을 색공으로 바친 이야기도 유명합니다. 두 사람은 처형 매제 간인데요, 사실 이 스토리에는 김유신의 정치적인 야망이 담겨 있어요. 김춘추를 왕으로 옹립하려는 마음을 가진 김유신이 가문의 지위를 더욱 공고히 하기 위해 여동생을 이용한 것이니까요. 그 일화를 잠깐 들여다볼까요?

김춘추를 어떻게든 여동생과 연결시켜주려던 김유신에게 어느 날 절호의 기회가 찾아옵니다. 함께 축국을 하다가 일부러 김유신이 김춘추의 옷고름을 찢은 거죠. 그리고 집으로 가서 옷고름을 꿰매주겠다고 합니다.

김유신의 여동생 보희, 문희 자매는 김춘추를 맞이할 준비를 했겠죠? 문제는 누가 김춘추가 있는 방으로 들어가느냐 하는 것이었습니다. 원래는 보희였다고 하는데 갑자기 코피가 나고 몸이 안 좋아 문희로 교체되었다고 하는데요, 하필 보희가 그날 생리 중이었다는 이야기도 있습니다. 그래서 어쩔 수 없이 문희가 들어간 것이라고요. 둘의 운명은 그렇게 바뀌었습니다.

어쨌든 예쁘게 꽃단장한 문희를 옷고름이 풀어진 남자의 방으로 들여보냈으니 어떻게 되었을까요? 둘은 바로 첫날밤을 보내고 문희는 김춘추의 아내가 됩니다.

이 모든 것이 김유신의 계획이었죠. 문희는 김춘추와 하룻밤을 보내고 임신을 합니다. 여기서 김유신의 심기를 긁는 일이 일어나요. 김춘추가 문희를 임신시켜 놓고 가타부타 소식이 없는 것이죠. 화가 난 김유신은 결혼시킬 방법을 찾다가 강수를 둡니다. 아무 남자와 통정을 하더니 덜컥 임신을 했다며 여동생을 불태워 죽이겠다고 난리를 친 것이죠. 실제로 문희 주변에 장작을 놓고 불을 지피려는 퍼포먼스까지 했다고 해요.

그제서야 김춘추가 찾아와서 무릎을 꿇고 문희를 아내로 맞이했다고 합니다. 사실 김춘추가 임신을 시켜 놓고도 결혼을 못했던 이유는 원래 부인이 있기 때문이었습니다. 하지만 그것은 김유신의 정치적 야망과는 상관없는 일이었죠.

김유신이 동생을 통해서 왕의 가까운 친척이 된 후 이번에는 김춘추가 김유신에게 색공을 하게 되는데요. 그때 김유신의 나이가 60대였다고 해요. 그런데 누구를 바쳤을까요? 놀라지 마세요. 바로 김춘추와 문희의 막내딸을 김유신에게 환갑 기념 선물로 주게 됩니다. 외삼촌과 조카, 즉 근친상간이었던 겁니다. 지금으로는 전혀 이해가 안 되는 일이죠?

원술
김유신의 둘째 아들. 어머니는 태종무열왕의 셋째 딸 지소부인. 신라 문무왕이 세력을 펴자 당 고종이 노하여 전쟁을 하게 되는데 이 싸움에서 원술은 비장으로 출전한다. 신라 군사가 패하자 원술은 적진에서 싸워 죽고자 하나 주위에서 말려 전사 기회를 놓친다. 이에 김유신은 원술을 처형할 것을 왕께 아뢰나 허락지 않았다. 아버지가 죽은 후 어머니를 만나보고자 하였으나 어머니도 끝내 허락지 않았다. 675년 매소성 전투에서 큰 공을 세웠으나 벼슬길에 오르지 않은 채 일생을 마쳤다.

10대 소녀와 60대 김유신이 결혼을 하게 된 것입니다. 이 여인이 훗날 지소부인인데요, 대쪽 같은 지소부인은 훗날 김유신이 죽은 후 찾아온 아들 원술*을 끝까지 보지 않았다는 일화로도 유명합니다. 전쟁터에서 죽지 않고 살아 돌아온 아들을 용서하지 않은 것이죠.

골품제와 근친상간

색공이 횡행했던 신라에서 자연스럽게 나타났던 것이 바로 근친상간입니다. 신라 역사에서 근친상간의 예는 많아요.

진성여왕은 사치와 향락으로 신라를 멸망에 이르게 했는데, 그녀의 근친 상대는 숙부였다고 해요. 그리고 누구도 따라오지 못할 유명한 사람이 있죠? 신라 시대 근친상간의 종결자는 바로 미실이라고 생각합니다.

미실은 어쩌면 정치적으로 성 로비를 가장 능수능란하게 이용했다고 할 수 있겠네요. 진흥왕, 진지왕, 진평왕 등 3명의 왕을 노련하게 상대하며 권력을 누렸으니까요.

미실의 첫 남편은 진흥왕의 이복동생인 세종입니다. 그런데 진흥왕이 너무 미실을 마음에 들어 하니까 결국 색공을 바치게 된 것이죠. 게다가 진흥왕은 미실과 한 번 관계를 맺고 난 후 그녀에게 푹 빠져서 계속 미실만 찾게 됩니다. 그러다가 미실이 다른 태후들 눈 밖에 나서 쫓겨났는데 진흥왕은 그녀가 있던 절까지 찾아가 궁으로 다시 데리고 왔다고 하네요.

그런데 진흥왕과의 관계로 끝이 아니었어요. 지금의 시각으로 보면 도저히 있을 수 없는 충격적인 이야기인데요, 진흥왕의 아들인 동륜태자와도 관계를 맺습니다. 그는 미실의 친아들은 아니었지만 아들뻘이나 마찬가지였죠. 이것은 사도황후의 명으로 미실이 동륜태자에게 색공을 바치게 된 것으로, 모든 권력을 성적으로 유지하는 집단인 대원신통 출신 사람들의 살아가는 방식이 그대로 나타난 것이 아닌가 생각해볼 수 있습니다. 미실은 동륜태자가 진흥왕을 이어 왕이 될 것이라고 생각했기 때문에 감히 거부하지 못하고 몰래 만납니다.

여기서 끝이 아닙니다. 미실은 동륜태자와의 관계로 태자의 딸 애송을 임신하였는데 그 사실을 몰랐던 진흥왕은 미실을 불러들여 색공을 받았고, 동륜태자의 딸 애송이 태어나자 자신의 딸인 줄 알고 공주로 봉합니다. 진흥왕은 손녀를 자신의 딸이라 생각한 거죠. 이쯤 되면 정말 관계가 복잡해서 족보를 따지는 것도 무의미해지네요.

하지만 태자가 자신에게 푹 빠져 계속 관계를 유지하는 것이 미실로서는 달갑지 않았겠죠. 성에 눈을 뜬 동륜태자는 이번에는 진흥왕의 후궁인 보명공주를 찾아가게 됩니다. 이것도 역시 근친이었죠. 그런데 동륜태자가 보명공주의 개에게 물려 죽는 사건이 발생하고, 진흥왕이 모든 것을 알게 됩니다. 보명공주는 물론 미실과의 관계도 알게 되었는데, 그런데도 미실을 내치지 않았다고 하네요. 도대체 얼마나 좋아했으면 죽을 때까지 곁에 두고 싶어 했는지 궁금합니다. 미실은 대원신통 중에서도 어렸을 때부터 영재라고 하는데요, 혹은 명기라고 해야 하나 아무튼 마성의 매력을 타고난 건 사실인 것 같네요. 선대 법흥왕을 모셨던 옥진에게 방중술을 배웠다고 하는 이야기도 있고요.

진흥왕이 죽고 이복동생 진지왕이 왕위에 올라서도 미실의 권력은 짱짱하게 유지되었습니다. 심지어 왕을 세우는 문제도 미실과 태후들이 논의했다고 하니 여성들의 권력이 얼마나 컸을지 짐작이 가죠? 미실은 진지왕에게도 역시 색공을 바쳤지만 뭔가 뜻대로 되지 않았던 모양입니다. 진지왕을 쫓아버리고 진평왕을 왕으로 올렸거든요.

진평왕은 10대 시절 미실에게 성교육을 받았습니다. 당시 미실 나이가 40대였다고 해요. 그런데도 용모가 빼어났다고 합니다. 미실의 외모는 『화랑세기』에 자세히 나와 있는데요.

'100가지 꽃이 겹쳐 있고 세 가지 아름다움의 정기를 모았다고 할 수 있다'라고 표현되어 있습니다. 초상화가 남아 있지는 않지만 미실의 뛰어난 외모는 여러 역사서에서 언급을 했다고 합니다. 아무튼 성에 눈을 뜬 진평왕은 많은 후궁을 거느리고 특히 보명공주를 또 찾았다고 해요. 지소태후의 딸이었던 보명공주도 미실 못지않게 매력적이었나 봅니다.

이렇듯 신라에는 근친상간 사례가 많았다고 하는데요, 왜 유독 신라일까요? 그런데 사실 신라만 그런 것은 아니었습니다. 『고려사』에도 근친에 대한 이야기는 많이 남아 있어요. 고려에서도 왕족끼리 결혼을 하는 근친혼이 성행했죠. 이는 왕권을 유지하기 위한 수단이었습니다. 신라도 왕족이나 귀족끼리 결혼을 해서 혈통을 유지하는 근친혼을 당연하게 생각했고요. 그 이유는 골품 제도에서 찾을 수 있습니다.

신라의 골품 제도에 대해서는 잘 아시죠? 가장 높은 계급인 성스러운 성골聖骨,

그다음이 진골眞骨, 그 아래 6개의 두품으로 신분이 나누어지는 것입니다. 뼈에도 품질이 있다는 말이죠. 인도의 폐쇄적인 신분제도 카스트 제도*와 비슷합니다. 신라가 탄생했을 때부터 멸망할 때까지 신라 사회를 유지하는 기본이 되었던 제도입니다. 혈통의 높고 낮음에 따라 올라갈 수 있는 관직에 한계가 있었고, 옷 색깔, 집의 규모, 혼인, 가마의 크기도 달랐다고 하죠. 예를 들어 6두품이 은수저를 쓰면 안 된다는 세세한 규칙까지 정해져 있는 폐쇄적인 사회였던 것입니다.

그렇다면 골품 제도가 유지되기 위해서는 어떻게 해야 할까요? 성골은 성골끼리 관계를 맺어 자식을 낳아야 하는 것이죠. 그래야 계속 특권을 누리고 세습이 가능하니까요. 이러다 보니까 점점 근친혼이 행해지고 사촌 간은 물론이고 심지어 친남매도 근친이 이루어지는 어이없는 상황이 신라시대에 벌어진 겁니다. 신라시대의 흔한 근친은 결국 골품 제도 때문이라고 할 수 있습니다.

유럽에서도 귀족들끼리 혈통을 유지하기 위해서 근친이 행해졌는데요, 오스트리아 합스부르크 가문의 경우는 너무 근친을 심하게 하다 보니까 아래턱이 계속 길어져 씹지도 못할 정도로 심해지는 유전병이 생기고, 기형아도 나왔다고 해요. 이렇게 길어진 턱을 '합스부르크 립Habsburger Unterlippe'이라고 불렀는데, 합스부르크 가문이었던 프랑스의 마리 앙투아네트도 합스부르크 립을 가지고 있었다고 해요. 신라 시대에도 워낙 자유로운 성생활이 만연했으니 그런 부작용이 생길 법도 한데 그에 관한 기록은 없습니다. 어쩌면 일부러 숨긴 것일 수도 있겠다는 생각이 드네요.

배를 마찰해서 낳은 자식, 마복자 풍습

신라 시대에는 배를 문지르면 아버지가 된다는 '마복자'라고 하는 희한한 풍습도 있었습니다.

앞에서 말했던 미실 이야기를 다시 해볼게요. 진흥왕 후궁들의 질투로 절로 쫓겨난 미실을 진흥왕이 직접 찾아갔다고 했죠? 당시 미실은 세종의 아이를 임신한 상태였는데요, 그런데도 불구하고 진흥왕은 미실을 데리고 옵니다. 이런 말을 남기면서요.

"내가 세종의 아이를 마복자로 삼겠다!"

마복자摩腹子. 이것은 신라에 있던 독특한 대부代父 문화를 말합니다. '배를 마찰해서 낳은 자식'이라는 뜻인데, 좀 더 자세히 설명해볼게요. 어떤 임신한 여성이 있다고 하죠. 그런데 임신한 상태에서 남편이 아닌 다른 남자와 관계를 갖습니다. 그 남자는 주로 계급이 높거나 권력자입니다.

그렇게 태어난 아이는 남편의 자식이기도 하지만, 다른 남자의 마복자가 되는 것입니다. 낮은 계급의 사람들은 이런 식으로 자식을 높은 계급의 양자 개념으로 만들었다고 해요. 즉 앞으로 자식의 미래를 책임져 줄 든든한 후원자로 삼은 것입니다. 이것이 바로 마복자 풍습입니다.

미실도 왕의 마복자 출신입니다. 미실의 집안은 대대로 왕에게 색공을 바치는 대원신통이었잖아요? 왕비를 배출할 수 있는 진골 귀족과 달리 대원신통은 출신 성분이 좀 천하더라도 마복자 풍습을 통해 권력을 유지했다고 해요. 이미 임신한 몸으로 왕과 관계를 가지면서 마복자가 되는 식으로요. 이처럼 신라시대에는 높은 혈통의 성골과 진골을 아버지로 둔 마복자 출신이 꽤 많았다고 합니다.

아무리 신분이 낮아도 높은 신분의 자제가 되는 것이나 마찬가지 개념이라고 생각한 것이죠. 그런데 보통 임신 상태에서는 성관계도 조심해야 되잖아요? 사실 마복자 풍습이라는 신라의 성문화는 아무리 성이 개방적이고 자유분방했다고 해도 좀 충격적인 것이 사실입니다.

신라 시대 상징이라고 할 수도 있는 화랑도에서도 마복자 풍습이 성행하였다고 합니다. 화랑을 따르는 이들을 낭도라고 하는데요, 워낙 화랑을 존경하고 좋아하는 팬클럽이다 보니 마복자 만드는 것을 당연하게 생각했습니다. 예컨대 낭도의 부인이 임신을 하면 다른 화랑과 성관계를 맺고 마복자가 태어납니다.

그리고 나중에 아이가 벼슬을 한다거나 관직에 오를 때 대부인 화랑이 자신의 마복자 뒤를 봐주고, 유리한 위치에 서게 도와주는 것이죠.

어떻게 보면 이런 마복자 풍습은 정치적으로 생긴 새로운 가족 형태라고도 볼 수 있겠네요. 즉 피를 나눈 가족처럼 되는 겁니다. "너의 엄마가 임신했을 때 나와 관계를 했으니 너도 내 자식이다." 뭐 이런 개념이죠. 높은 계층은 정치적인 지지 세력을 얻게 되고, 낮은 계층은 든든한 후원자가 생길 수 있으니 서로에게 이득이었겠네요. 이렇듯 특히 왕족과 화랑 사이에 널리 행해진 마복자 풍습은 『화랑세기』에 기록되어 있습니다.

신라의 학자이자 정치가인 김대문이 지은 원본 『화랑세기』는 김부식이 『삼국사기』를 저술할 때만 해도 남아 있었다고 하는데 그 이후에 소실되었다고 합니다. 필사본 『화랑세기』는 1989년에 공개되었는데요, 화랑의 기원, 역대 화랑의 지도자인 풍월주風月主의 계보 및 행적, 향가鄕歌 등이 기록되어 있어 원본이 맞다고 보는 학자도 있고, 그 충격적인 내용 때문인지 유교적 가치관과 골품 제도, 혼인에 관한 내용이 확연히 다르다고 하여 위서로 보는 학자들도 있습니다. 마복자 풍습, 색공, 근친혼 등 다소 충격적이고 야한 내용이 포함되어 있어 더더욱 위작 논란이 일어난 것으로 볼 수 있지요. 예전에 방영되었던 드라마 「선덕여왕」은 이 필사본을 소재로 삼았다고 해요.

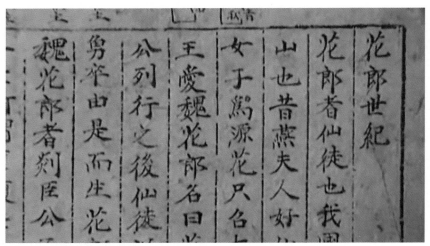

▶1989년에 공개된 「화랑세기」 필사본
화랑과 관련된 다양한 내용이 기록되어 있다.

여인천하, 그녀들의 러브스토리

신라시대가 성적으로 개방적이었다는 것은 왕족이나 귀족의 부인이라 할지라도 공공연히 젊은 애인을 두었다는 사실에서도 잘 나타납니다. 사회적으로 너무 자연스러운 현상이었던 것이죠.

경주 황남동 적석 목곽분에서는 30대 귀족 여성과 20대 남성 인골이 발굴되었는데요, 이들의 모습이 위아래로 비스듬히 포개진 채였다고 해요. 고대시대에는 높은 사람이 죽었을 때 부장품과 함께 시중을 들었던 사람이나 노비들을 함께 묻는 순장 풍습이 있었잖아요? 그런데 이런 순장이 남자에게만 해당되는 것이 아니었던 것이죠.

순장의 증거로는 귀족 여성과 함께 묻힌 다른 인골의 두개골 뒤쪽이 깨어졌다

▶울산 반구대 암각화
신석기시대부터 청동기시대에 걸쳐 지
속적으로 새겨진 것으로 추정된다.

▶천전리 각석
갈문왕과 사촌 누이인 어사추여랑의 사
랑 이야기가 남아 있다.

는 걸 보고 알 수 있었답니다. 슬프고 잔인한 이야기이죠. 아무튼 30대 귀족 여성
과 함께 묻힌 20대 젊은 남성은 별도의 유물이 발견되지 않아 신분이 낮은 사람
이라고 추정할 수 있습니다. 보통 다른 순장 인골들은 합장하지 않는데 이 경우는
서로 포개져 있어 애인이 아닐까 추측할 수 있다는 것이죠. 선덕여왕이나 미실보다
100년이나 앞선 시기로 예상된다는데, 신라 초기 귀족 여성들의 사회적인 영향력이
컸음을 알게 해줍니다.

울산 반구대 암각화와 가까운 곳에 있는 천전리 각석에서도 러브스토리를 발
견할 수 있습니다. 천전리 계곡은 경치가 으뜸이라 많은 사람들이 그곳에서 풍류
를 즐겼다고 해요. 천전리 각석에는 오누이의 사랑이야기가 남아 있는데 신라는
근친혼이 당연시되는 사회였잖아요?

이 러브스토리의 주인공은 사촌 오빠인 입종 갈문왕과 누이인 어사추여랑, 훗
날 지소태후입니다. 이 두 사람이 결혼을 해서 진흥왕을 낳게 됩니다.

지소태후는 신라시대를 배경으로 한 드라마에서 많이 등장해요. 무소불위의 권력을 휘두른 여인으로, 주로 악역으로 표현되죠. 남편이 좀 일찍 죽어서 진흥왕이 어렸을 때 왕위에 오르는데 이때 지소태후 나이가 20대였다고 합니다. 한창 나이에 엄청난 권력을 갖게 된 것이죠. 특히 화랑도가 지소태후를 위해 만들어졌다는 설도 있습니다.

화랑도는 신라의 삼국 통일에 원동력이 되었고, 우수한 인재를 양성하는 하나의 교육제도가 되긴 했지만 다른 시각으로 바라보기도 합니다. 높은 귀족의 아리따운 자제들이 지소태후에게 색공을 바쳐 집안의 권력을 유지했다는 이야기죠. 실제로 지소태후는 화랑도의 우두머리인 풍월주와 관계를 맺었다는군요.

젊고 싱싱한 소년들과 되도록 많은 관계를 맺어야만 회춘하고 건강해지며 신선이 될 수 있다는 도교 숭배 현상이 남자들에게만 해당되는 것은 아닌가 봅니다. 신라 시대에는 이런 풍조가 남녀를 불문하고 왕족과 귀족 사이에 만연했어요.

흙으로 빚어낸 본 서민들의 해학적 성문화

"동경東京, 경주 밝은 달에
밤새도록 노니다가
집에 들어와 잠자리를 바라보니
다리가 넷이어라
둘은 내 것인데
둘은 뉘 것인고
본래 내 것이다마는
빼앗음을 어찌하리잇고."

신라의 처용가를 보면 서민들의 해학적이고 재미있는 성문화를 엿볼 수 있습니다. 처용이라는 사람이 밤새도록 놀다 들어왔는데 이불 밖으로 발이 네 개 있는 겁니다. 두 발은 내 것(아내의 것)인데, 두 발은 누구 것인가 하고 아내와 역신의 불륜을 한탄하는 이야기죠. 야하면서도 독특하고 재미있는 서민 문화를 알려드리려고 이 처용가 이야기를 꺼내봤습니다.

개방적이고 자유분방한 성문화는 왕족과 귀족만의 전유물은 아니었습니다. 신라의 대표적인 유물인 토우를 보면 그 시대 서민들의 개방적인 성문화를 짐작할 수 있습니다.

신라는 토우* 장식이 유명한데요, 특히 인물상을 보면 임신한 배, 유방이나 성기를 과장되게 나타냈거나 남녀의 성행위를 표현한 토우가 많습니다. 국보 195호로 지정된 토우 장식 항아리를 한 번 볼까요?

> • 토우: 흙으로 만든 사람이나 동물의 상. 종교적·주술적 대상물. 부장품. 완구 따위로 사용함

이 항아리를 자세히 보면 임신한 여인이 가야금을 뜯고 있습니다. 개구리를 물고 있는 뱀이나 새, 오리, 거북 등도 있고, 남녀의 성행위 장면도 적나라하게 보입니다. 자연친화적인 사상을 중요하게 생각하였기에 하나의 생명을 소중히 여겼고 그에 따라 임신한 여인, 성행위 등도 묘사된 것이 아닐까 싶어요.

토우라는 것이 일상생활과 밀접한 관련이 있는 상황을 표현하는 것인데, 일반 백성들이 만든 토우를 보면 전반적으로 야한 편입니다. 신라 사람들이 무엇을 즐기고 좋아했는지 잘 알게 해주죠. 남근은 주로 오버사이즈로 발기된 상태이고, 여성의 엉덩이는 크게 강조하며, 여자와 남자의 성행위를 아주 자연스럽게 표현하였습니다. 표정들은 하나 같이 재밌게 웃고 있고요. 토우만 살펴봐도 신라가 얼마나 개방된 성문화를 가지고 있는지 짐작할 수 있답니다. 그런데 특이한 점은요, 여자의 모습이 남자보다 더 크다는 겁니다. 그래서 확실히 신라 때는 여성의

▶토우 장식 장경호
신라시대에 만들어진 것으로 국보 195호로 지정
되어 있다.

지위가 좀 높지 않았나 하고 추측해 봅니다.

　토우 하나로도 상상의 나래를 펼칠 수 있는데요, 어느 귀족 집안의 여자가 이걸 만들라고 주문을 하는 겁니다. 거기에 자신이 아끼는 남자 노비와 관계하는 걸 넣어달라는 것이죠. 그래서 당연히 귀족 부인을 좀 크게 표현하고, 색공을 바치는 남자는 작게 표현한 것이 아닌가 하는, 이런 여러 가지 해석을 할 수 있습니다. 임신한 여자는 장수와 다산의 상징이란 생각도 들고요, 아니면 마복자를 표현한 것일 수도 있겠다는 생각도 듭니다. 백성들이 가장 가깝게 접할 수 있었던 토우에서도 신선술, 무병장수, 음양오행, 자연친화 등 도교적인 어떤 기원과 바람이 깃들어 있음을 잘 알 수 있습니다.

　지금까지 신라의 개방적인 성문화를 보면서 어떤 생각이 드셨나요? 야하고 천박했나요? 아님 자유로운 당시의 성문화가 오히려 지금보다 낫다는 생각이 들었나요? 글쎄요, 저는 다소 충격적인 면도 많았지만 성의 개방적인 부분에서 어느 정도는 지금보다 나은 점도 있다는 생각이 들었어요. 앞에서는 근엄하고 진지한 이미지였는데 뒤에서는 온갖 음탕한 행위를 하는 사람들도 많으니까요. 그리고 특히 성교육 부분은 지금보다 신라 때가 나았을지도 모르겠네요. 요즘은 예전보다 첫 성관계 평균 나이도 낮아졌다고 하죠? 성을 숨기고 부끄러워하기보다는 제대로 된 성에 대한 교육이 필요한 시점인 것 같습니다.

성에 대해 솔직하게 대하는 건 부끄러운 게 아닙니다. 우리나라 수천 년의 무구한 역사 중 조선시대는 500여 년 정도밖에 되지 않는데, 우리는 아직도 유교적인 성의식에서 벗어나지 못하는 것 같아요.

겉으로는 세상 반듯한 사람도 뒤에서는 온갖 추잡한 성적 스캔들이 밝혀지는 폭로의 시대를 살고 있는 지금, 이제는 조금씩 우리의 성문화도 달라져야 하지 않을까요?

'대물'지증왕과 신라의 남근숭배

우리나라에서 최고의 대물은 뭐니 뭐니 해도 지증왕이죠. 지증왕의 성은 김金이고 이름은 지대로智大路예요.

이름에 걸맞게 지증왕의 그곳도 지대로 컸다고 합니다. 다소 19금스러운 지증왕의 남근 이야기를 해볼게요.

『삼국유사』는 지증왕이 음경陰莖의 길이가 무려 한 자 다섯 치一尺五寸나 되어 배필을 구하기 어려웠다는 이야기가 전해져요. '한 자'가 대충 30cm이고, '한 치'는 약 3cm이니까 계산해보면 약 45cm정도가 됩니다.

암튼 그래서 사자를 보내 배필을 찾게 했는데, 사자가 모량부에 이르렀을 때 동로수 아래에서 두 마리의 개가 북만큼이나 커다란 똥덩어리를 두고 다투고 있더래요. 마을 사람들에게 물어 그 똥의 임자인 모량부 상공의 딸을 찾아갔는데 키가 일곱 자 다섯 치七尺五寸나 되었다고 해요. 약 225cm정도하라고 생각하면 되겠죠? 농구를 했던 서장훈 선수보다도 훨씬 큰 거죠.

어쨌든 사신이 그 사실을 보고하자 왕은 수레를 보내 그녀를 왕궁으로 불러들여 왕비로 삼았다고 해요. 45cm의 남근을 가진 지증왕의 천생연분은 키가 225cm인 거대한 여인이었던 거죠.

그런데 말입니다. 이 모든 게 과연 사실일까요? 예로부터 왕족들은 그들의 출신 성분이 일반 평민들과 다르다는 선민의식을 가지고 있었습니다. 특히 신라시대는 성적으로 개방되어 왔기에 남근의 크기에 대한 판타지가 더 심했겠죠? 그래서 과장이 심해져 전설처럼 내려온 게 아닌가 하는 생각이 듭니다.

남근 숭배는 우리나라뿐만 아니라 서양에서도 나타납니다. 고대 그리스와 로마의 조각상에서도 남근에 대한 숭배가 나타나며, 특히 로마에서는 거대한 음경을 소유한 남성이 목욕탕에 입장하면 모두 박수를 쳐주었다는 일화가 있을 정도입니다.

▶신라시대 안압지 목제 남근

이러한 남근 숭배는 아무래도 종족 번식의 열망과 관련이 있지 않을까 싶습니다. 강한 남성이 아무래도 임신을 잘 시킬 것이라는 직관적인 바람이 깃든 것이겠죠? 또한 신라시대에는 남근이 곧 왕권을 의미하기도 합니다. 『삼국유사』에서는 지증왕뿐만 아니라 법흥왕, 진흥왕도 대물로 표현했습니다.

요즘에도 신문 광고나 인터넷 기사 귀퉁이에 뜬금없이 뜨는 '남성 확대'란 광고 문구를 보면 아직도 남근 크기에 대한 열망이 남아 있음을 알고 있습니다.

에밀레종과 인신공양의 비밀

국립경주박물관에 가면 국보 제29호인 성덕대왕 신종을 만날 수 있습니다. 신라 경덕왕이 아버지인 성덕대왕을 위해 짓기 시작하여 아들인 혜공왕 때 완성된 종이죠. 일명 봉덕사종이라고도 하고, 또 우리에게는 '에밀레종'이라는 이름으로도 익숙합니다. 실제로 직접 가서 종을 보게 되면 우선 세 가지에 놀란다고 해요. 먼저 엄청난 크기에 한 번 놀라고요, 둘째 섬세한 조각과 무늬에 놀라고요, 마지막으로 종소리에 놀란다고 합니다.

아쉽게도 지금은 종소리를 들을 수 없죠. 박물관에서 파는 미니어처에 담긴 소리만 들을 수 있습니다. 통일신라의 웅혼한 기상을 만천하에 드높였을 소리였을 텐데요, 실제로 맑고 은은하며 장엄한 것이 한 번 들으면 절대 잊을 수 없는 긴 여운을 남긴다고 합니다.

하지만 신비한 종소리 덕분에 무시무시한 설화도 전해져 내려옵니다. 바로 에밀레종 설화인데요, 왜 에밀레종으로 불렸을까요? 어떤 소리였기에 그런 전설이 전해졌는지 정말 궁금합니다. 지금부터 신라인의 기술이 만들어낸 아름다운 종 이야기를 시작해볼게요.

▶ 성덕대왕 신종
국보 제29호로 봉덕사종, 또는 에밀레종이라고도 한다.

신비한 기술과 아름다운 예술의 조화, 성덕대왕 신종

성덕대왕 신종은 12만 근이라는 많은 양의 구리를 녹여 장장 34년 만에 완성한 종이라고 합니다. 청동으로 만들어져서 그런지 무게도 어마어마합니다. 약 20톤에 달한다고 하는데요, 2톤 트럭 10대라고 생각하시면 되겠네요. 높이는 거의 4미터에 다다르고요. 정말 크죠? 현존하는 우리나라 종 중에서 가장 큰 범종입니다.

이렇게 큰 종을 만들어서 보존하는 것이 얼마나 힘들지 짐작이 가시나요? 러시아 크렘린 궁에도 엄청나게 큰 종이 있다고 해요. 무려 200톤이라네요. 어마어마하죠? 그런데 이 종은 만들다가 그만 깨져버렸다네요. 그래서 깨진 상태 그대로 전시해 놓은 거래요. 미국 필라델피아에 있는 자유의 종도 역시 깨진 채로 관광객을 맞이하고 있습니다.

이처럼 비록 깨진 상태라도 문화재로서 가치가 높이 평가될 정도로 큰 종을 만드는 것 자체가 무척 힘든 기술이었다는 것을 알 수 있습니다. 그만큼 옛날에 거

▶크렘린궁에 전시된 세계 최대의 종
무게가 200톤에 이른다.

대한 종을 만든다는 것은 결코 쉽지 않은 일이었겠죠. 그럼에도 성덕대왕 신종은 1200여 년의 세월을 견디고도 끄떡없이 깨지지 않고 잘 보존되었으며, 아직도 영롱한 소리를 낼 수 있다는 것이 신비로울 따름입니다.

크기뿐만이 아닙니다. 예술성도 뛰어나죠. 특히 하늘을 나는 천인의 모습을 담은 비천상은 한국에 남아 있는 종들 중에서 성덕대왕 신종이 가장 아름답다는 평가를 받는다고 합니다. 향로를 받쳐 든 여인이 연화좌 위에 무릎을 꿇고 공양하는 모습 주위로 부상화가 구름처럼 피어오르는 모습이 아주 멋집니다.

종의 무늬들은 약간 비대칭으로 만들어 소리에 여운을 주게 했고요. 연꽃 모양의 당좌*, 9개의 연꽃봉오리가 나란히 조각되어 있는 유두*, 용머리가 조각된 용뉴*, 피리처럼 생긴 음관* 등이 신라 장인들의 정성을 그대로 느끼게 해줍니다.

• 당좌: 종을 칠 때에 망치가 늘 닿는 자리
• 유두: 종의 어깨 밑으로 돌출되어 있는 부분
• 용뉴: 종(鐘) 꼭대기 부분의 장식
• 음관: 용뉴 뒤쪽에 솟아 있는 대통 모양의 관

어느 독일 고고학자는 성덕대왕 신종을 보고는 너무 놀라면서 이 종만으로도

▶**성덕대왕 신종의 비천상**
한국의 종들 중에서 가장 아름답다는 평을 받는다.

박물관 하나는 세울 수 있겠다며 극찬했다고 합니다. 종에 관한 주조 기술과 역사, 소리 등에 관한 이야기가 그야말로 한 편의 이야기가 되고도 남으니까요. 무엇보다도 성덕대왕 신종의 비장의 무기는 바로 음색인데요. 유홍준 교수는 성덕대왕 신종의 종소리를 인간이 만들어낼 수 있는 가장 위대한 소리라고 말했다죠. 저 역시 비록 박물관에서 들은 소리였지만 그 영롱함에 푹 빠져들었답니다. 실제로는 지금이라도 종을 칠 수는 있지만 오래 보존하기 위해서 녹음된 소리를 들려준다고 합니다.

전문가들은 과연 현대의 기술로 이 소리를 구현해낼 수 있을까 의아해한다고 하더군요. 옛날 방식으로 주조를 했음에도 오늘날 재현하기 힘들 정도로 과학적이라고 합니다.

그런데 그 아름다운 소리와 관련하여 아주 무시무시한 설화가 전해져 내려오고 있어요. 많이 들어서 아시겠지만 우리 조금 더 자세히 들여다보기로 해요.

아름다운 음색의 비밀이 인신공양이라고?

이 종이 완성된 기간이 꽤 길었다고 했죠? 30년이 넘었으니까요. 흙으로 거푸집을 만들어서 쇳물을 붓고, 냉각을 하고……. 그런데 굳는 과정에서 균열이 생겨 조금이라도 금이 가면 소리가 쨍 하고 날아가버리겠죠? 영롱한 종소리를 내기 위해서는 조금의 균열도 생기면 곤란했어요. 그러다보니 계속 실패에 실패를 거듭했죠.

어느 날 지나가던 한 스님이 무시무시한 말을 합니다. 살아있는 어린아이를 끓는 쇳물에 넣어야만 비로소 종이 완성된다는 거예요. 어머나…… 너무 끔찍하죠? 이게 바로 에밀레종 설화입니다.

그래서 이 종은 칠 때마다 "에밀레, 에밀레" 하는 소리가 났다고 해요. 사람들은 아이가 엄마를 원망하며 부르는 소리라고 했답니다. "엄마 탓이야, 엄마 때문이야"라는 아이의 슬픈 울음소리라는 거예요. 너무 잔인하고 엽기적인 설화가 아닐 수 없습니다.

그렇다면 왜 이런 설화가 전해져 내려올까요? 어쩌면 종소리가 워낙 영롱하다보니 어떻게 하면 저런 소리가 나올까 하는 사람들의 심리가 만들어낸 이야기일 수도 있습니다. 그만큼 성덕대왕 신종의 종소리가 신비로웠다는 거죠. 그렇다고 그냥 지어낸 이야기로만 치부하기도 어렵습니다. 왜냐하면 당시 상황을 조금 더 들여다보면 이런 설화가 나올 수도 있었겠구나 하는 생각도 들거든요. 두 가지를 이야기해 볼게요.

첫째, 통일 신라에는 인신공양이라는 풍습이 있었습니다. 당연히 설화겠지 하면서 넘어간다고 해도 또 다르게 생각해보면 30년 동안이나 종이 완성이 안 되는데 뭔가 정성을 다하지 못해서 그렇겠구나 하는 생각이 들 수도 있었을 것 같아요. 고대 사람들이니까요.

지난 2000년에 경주 월성 부근에서 10미터 정도의 우물이 발굴되었는데요. 그 우물 안에서 어린아이 뼈와 함께 주둥이를 없앤 항아리, 귀신을 물리친다는 복숭아 등등이 나왔다고 합니다. 우물은 신라의 시조가 탄생한 신성한 공간이죠. 그곳에서 어린아이 뼈는 물론, 부정한 것을 없애고 귀신을 물리치는 의미의 유물들이 발견된 것을 통해 인신공양 풍습을 추측해볼 수 있습니다. 또한 같은 월성에서 1500년 전에 묻힌 것으로 추정되는 인골 두 구가 발굴되었는데 결박이나 저항의 흔적이 없이 모두 온전한 형태였다고 해요. 그래서 이 역시 성벽을 튼튼하게 쌓기 위해 인간이 제물로 바쳐진 것이 아닐까 생각해볼 수도 있습니다. 고려 시대에도 인주(人柱) 설화*라고 해서 제방이나 성벽을 쌓을 때 사람을 기둥 아래에 묻으면 무너지지 않고 튼튼한 기둥을 세울 수 있다는 설화가 전해집니다.

이렇듯 고대 신라에 인신공양 풍습이 존재했기 때문에 에밀레종에도 비슷한 설화가 나타난 것이 아닐까 하는 이야기입니다.

두 번째로 당시 시대 상황을 좀 살펴보죠. 성덕대왕 신종은 성덕대왕이 죽은 뒤 만들어지기 시작했어요. 성덕대왕이 통치하던 시기는 통일신라에서도 매우 전성기였답니다. 그런 왕이 죽었으니 당연히 백성들은 두려웠겠죠. 나라에 전염병과 기근이 도는 등 흉흉한 일이 생기지는 않을까 걱정하는 목소리가 커져 갔습니다. 아들인 경덕왕은 나라의 기강을 바로잡고 백성들의 마음을 모으고자 성덕대왕을 기리는 종을 만들게 됩니다. 하지만 앞에서도 잠깐 언급했듯이 경덕왕은 종을 완성하지 못하고 눈을 감게 되죠. 아들인 혜공왕에게 종을 꼭 완성하라는 유언을 남기고요. 그런데 혜공왕은 너무 어렸습니다. 8살에 즉위를 했기 때문에 실제로 나라의 권력은 어머니인 만월부인과 외삼촌 김옹이 휘두르고 있었습니다. 혜공왕은 어차피 정치에도 참여하지 못하기 때문에 종 만들기에 더욱 빠져

인주 설화

사람을 제사의 희생물로 쓴 인신공희(人身供犧) 또는 인신공양(人身供養)을 소재로 한 설화. 거대한 토목공사인 성쌓기·둑쌓기·다리놓기 등을 할 때에 사람을 물 속이나 흙 속에 파묻는 것을 인주(人柱)라 한다. 산 사람의 영혼이 이 건축물에 들어갔으므로 견고하고 안전할 것이라는 생각에서 행해진 풍습이다.

들었고, 마침내 성덕대왕 신종이 완성됩니다.

그런데요, 30년이 넘는 세월은 짧은 시간이 아니죠. 얼마나 많은 사람들이 이 종을 만들기 위해 희생됐을까요? 실제로 목숨을 잃은 사람도 있을 것이고요. 이 때문에 에밀레종 인신공양 설화가 나타난 것이 아닌가 하고 생각해볼 수 있습니다. 덧붙여서 종을 완성하고도 젊은 나이에 죽임을 당한 혜공왕이 어머니인 만월부인에 대해 품었을 안타까움이나 원망 등의 심정들이 에밀레종 설화로 나타난 것이라는 이야기도 있고요. 또 혜공왕을 탐탁지 않게 생각했던 무리들이 종의 우수함에 대해 흠집을 내기 위해 사람을 넣어 만들었다는 설화를 퍼뜨린 것이 아닐까 하는 이야기도 있습니다.

종소리는 신비의 영역으로 남겨두어야

결국 이런 설화도 성덕대왕 신종의 신비로운 종소리에서 비롯되었다고 생각합니다. 에밀레종이 들려주는 소리는 뭔가 감동을 주면서도 편안하게 하는 그런 울림이 있거든요. 마치 사람의 맥박처럼 길게 이어지면서 여운을 주는 소리인데 끊어질 듯 작아지다가 다시 은은하게 이어지는 저음이 반복적으로 지속됩니다. 마치 귀가 아니라 마음으로 듣는 소리 같다고나 할까요.

물리학적으로 맥놀이^{beat} 현상이라고 하는데요, 진동수가 거의 같은 두 소리가 중첩된 결과, 커졌다 작아졌다 하는 일이 반복되면서 두 개의 진동이 섞여서 울리는 소리를 말합니다. 전통적인 우리 범종들은 이런 맥놀이 현상을 일으키며 긴 여운을 남긴다고 합니다. 이 맥놀이가 사람의 심장 박동 간격과 비슷하다고 하는데요, 그래서 더 편안하게 느껴진다고 해요.

성덕대왕 신종의 신비로운 종소리에 대해 연구한 결과가 있습니다. 어린아이 설화가 정말 사실일까 하는 조사를 위해 종의 성분을 과학적으로 분석한 겁니다. 1998년, 포항산업과학연구원에서는 정밀한 원소분석기로 분석해 본 결과 사람의 뼈에 들어 있는 인(P) 성분은 전혀 검출되지 않았다고 합니다. 이런 연구에도 불구하고 인신공양 설화를 완전히 부정하지 않는 의견도 있다고 하네요. 액체 상태의 구리물에 인골이 들어가면 분해된 유체가 위로 뜰 것이기 때문에 제조 과정에서 불순물을 제거하면서 없어질 수도 있기 때문이라고 해요. 그래서 자꾸 인 성분이 종의 주조 과정에서 관여한 것이 아닐까 의심하는 거죠. 인 성분은 합금을 만들 때 합성을 용이하게 하는 작용이 있어서 청동불상이나 쇠로 만들어진 다른 문화재에서도 조금 나타난다고 해요. 실제로 사람을 넣은 건 아니지만 동물의 뼈를 넣어 청동이 잘 붙게 한다거나 그런 경우가 있었다고 하네요.

어찌됐건 설화의 사실 여부와 관계없이 현대 과학기술로도 에밀레종 특유의 종소리를 재현하지 못한다는 것 자체가 우리 범종의 우수성을 증명하는 것은 아닐까요? 해마다 제야의 종을 치는 보신각종도 에밀레종을 본떠 현대에 다시 만든 것이지만 그 종소리를 정확히 구현해내지는 못한다고 하더군요.

여러분은 어떻게 생각하세요? 정말 어린아이를 인신공양으로 썼을까요? 과학적으로는 인이 발견되지 않았기 때문에 희박한 의견이지만요, 만약 인이라는 성분을 넣기 위해서 사람을 넣었다면 한 명이 아니라 수천 명을 넣어야만 종을 만들 수 있답니다. 더더욱 잔인한 이야기죠? 저는 이제 이런 이야기는 에밀레종에 얽힌 신비한 이야기로만 남겨두어야 한다고 생각해요.

오랜 세월에 걸쳐 실험에 실험을 거쳐 백성의 힘으로 완성되었고, 또 그보다 더욱 긴긴 세월을 견뎌 우리 앞에 남아 있는 최고의 예술품에 대한 자부심만으로 충분하지 않을까요?

한나 톡톡 성덕대왕 신종의 과학적 원리

성덕대왕 신종의 종소리는 흔히 '심금을 울리는' 소리로 표현되곤 합니다. 전국 사찰에 걸려 있는 주요 종소리 10개를 들려주고 가장 가슴에 와 닿는 소리를 선택하라는 선호도 조사에서 응답자의 97.5%가 이 성덕대왕 신종의 소리를 꼽았을 정도로 우리나라의 다른 종들에 비해서도 그 소리가 주는 감동은 남다르죠.

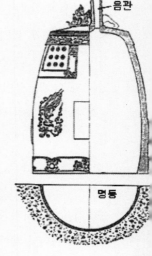

지금부터 성덕대왕 신종 소리의 비밀을 과학적으로 풀어보겠습니다. 종소리의 근원은 종의 몸체의 진동입니다. 종을 치면 몸체의 진동으로 공기가 진동하게 됩니다. 이 공기의 진동이 듣는 사람의 고막에 전달되어 청각세포를 자극하게 되고 청각신경이 자극되어 소리로 인식됩니다. 타종하는 순간 소리는 한꺼번에 생겨나 허공으로 퍼지는데, 제일 처음 종에서 나는 소리는 타종 직후 1초 이내에 소멸하는 소리로 '타음'이라고 합니다. 이 타격 순간음은 소리가 장중하고 당차며 잡음이 없어야 좋은 소리입니다.

성덕대왕 신종에는 종의 윗부분에는 음관이라는 특이한 구조가 존재하는데 여러 학자들은 이 구조가 잡음은 빨리 빠져 나가게 하고 나머지 주파수대의 진동은 종 안에 있게 함으로써 타음의 잡음을 없애주는 역할을 한다고 주장합니다.

당목(범종을 치는 나무)으로 종을 치면 운동에너지가 종의 몸체로 옮겨가서 종이 진동하게 되는데, 성덕대왕 신종의 몸체에서는 1000Hz(1초에 1000번 떨림) 이내에서만 50여 가지의 낱소리 음파가 발생하는 것으로 나타났습니다.

영국 세인트폴 성당의 종 '그레이트 폴'(17t, 1881년 주조)이 20가지에 못 미치는 음파가 발생하는 것과 비교해보면 성덕대왕 신종이 얼마나 다양한 음파가 발생하는지 알 수 있죠. 이렇게 50여 가지의 주파수 성분이 있다는 이야기는 결국 타종을 하는 순간 50여 가지의 떨림이

종의 몸체에서 일어난다는 것입니다. 타음이 지나간 후에 타격 후 5~10여 초까지 계속되는 고음과 중음구간(64Hz~345Hz)을 '정상음'이라고 부르는데, 성덕대왕 신종을 타종한 직후 발생한 낮소리들은 서로 흡수하거나 합병하지 않고, 제 몫의 운동에너지를 공기의 진동으로 바꾸어 마찰에너지로 소모한 뒤 사그라듭니다.

타격 후 1분 이상, 최장 3분 정도까지 지속되는 음을 '여음'이라고 하는데, 정상음 구간에서 많은 센소리들이 소멸하고 나면 약 9초 이후부터는 숨소리와 비슷한 64Hz와 어린아이 곡소리와 비슷한 168Hz의 음파만이 남게 됩니다. 이 여음이 바로 성덕대왕신종에서 감동을 받는 구간인데요. 학자들은 여음을 내는 데 도움을 주는 구조가 '명동(鳴洞)'일 것으로 추정하고 있습니다. 성덕대왕 신종을 비롯한 신라 종은 종각에 높이 매달고 치는 것이 아니라 지상에서 조금 위에 종을 달고 칩니다. 이때에 종구 바로 밑의 바닥에 우묵 패어 있는 명동이라는 구조가 공명현상을 일으키는 역할을 하여 듣기 좋고 은은한 여음을 내는 데 큰 도움을 주는 것입니다. 그러나 안타깝게도 지금 성덕대왕 신종의 명동은 파괴되어 실제로 종을 쳐서 이것을 확인할 수 없기에 학자들은 모형 실험을 통해 이러한 사실을 증명해내었습니다.

우리나라의 종, 특히 성덕대왕 신종의 여음에서 가장 특기할 만한 현상은 '맥놀이 현상'입니다. 맥놀이 현상이란 울림에서 원래 소리와 되돌아오는 소리가 마주치게 되어 서로 더해지거나(보강간섭) 덜해지게(상쇄간섭) 되는 현상을 말하는데, 보강간섭이 일어나면 소리가 커지고, 상쇄간섭이 일어나면 소리가 사라지는 느낌이 듭니다.

우리나라 종만의 특징인 음관과 명동. 그리고 맥놀이 현상. 성덕대왕 신종 하나에도 이렇게 다양한 과학적인 소리와 진동의 원리가 숨어 있다는 사실이 새삼 놀랍습니다. 이렇듯 다양한 과학적 원리와 그 종을 만들었을 수많은 사람들의 노고를 생각할 때, 종소리에서 느껴지는 큰 울림은 어쩌면 당연한 것이 아닐까 생각해 봅니다.

왕의 정력을 지켜라,
임금님의 보양식

어느 예능 프로그램에서 조선시대 임금 중 정력 왕을 뽑은 적이 있습니다. 임금님들의 정력을 대체 무엇으로 비교했냐고요? 바로 자식 수로 비교를 한 것이죠. 1위는 12남 17녀로 태종이 차지했습니다. 말이 12남 17녀지 결국 자식이 29명이란 소리인데……. 그렇다면 잠자리를 대체 몇 번을 한 걸까요? 부럽나요, 여러분?? 저는 왠지 불쌍한 생각이 듭니다.

아무리 좋은 음식을 먹고 건강관리에 힘쓰는 왕이어도 왠지 버거웠을 것 같아요. 그래서 왕들은 몸에 좋은 보양식들을 많이 먹었습니다. 주로 정력에 좋은 보양식들이죠.

그런데 예나 지금이나 몸에 좋다는 보양식은 다소 먹기 불편하거나 때로는 황당한 음식도 있습니다. 아무리 정력에 좋다고 해도 보기에 징그럽거나 먹기에 부담스러운 것을 왕들이 즐겼을까요? 사실 정력을 더 키우려고 그런 음식을 적극적으로 먹은 왕은 드물었을 겁니다. 아마 대부분의 왕들은 "이건 귀한 음식이니 드시옵소서" 하고 신하들이 차려 바치니까 자의 반, 타의 반으로 먹었을 것이라고 생각합니다. 물론 연산군처럼 정력에 좋은 음식이라면 눈에 불을 켜고 찾아나선 왕도 있지만요.

자, 그럼 조선시대 왕들이 특히 정력을 위해 즐겨 먹었던 엽기적인 보양식을 소개해볼까요?

정력에 좋은 8가지 엽기 보양식

엽기 보양식 첫 번째는 바로 동물의 고환입니다. 한식 프로그램에서도 소개되었던 내용인데요, 동물의 고환을 보양 중의 보양, 으뜸으로 쳤다고 하네요.

왜 옛날 사람들에게 동물의 고환이 인기가 많았을까요? 고환이란 것이 알다시피 정자를 만드는 곳이잖아요. 그러니까 이것을 먹으면 분명히 '나도 정력이 좋아질 것이다'라는, 그런 직관적인 느낌이 추가되었다고 봅니다.

하지만 동물의 고환 안에 있는 특이한 호르몬 성분이 정력을 좋아지게 만드는 건 아니고, 남자들의 활력 요소인 테스토스테론을 생성하려면 단백질을 많이 섭취해야 하니까 그런 의미에서 보양식이 되었던 것 같아요. 실제 수탉이나 소의 고환에는 단백질이 많이 들어 있다고 하네요. 단백질이 필요하면 우유, 소 간, 달걀 이런 것들을 많이 먹어도 됩니다. 굳이 이렇게 고환까지 먹을 필요가 있을까 싶어요. 근데 요즘에도 여전히 즐겨 먹는다고 하니 맛도 어느 정도 좋은 모양이에요.

임금님의 수라상에 꼭 필요한 단골손님이었던 고환, 특히 세종대왕 수라상에는 흰 수탉의 고환이나 아니면 소의 고환이 끊임없이 올라왔다고 합니다. 수탉 고환 찜이라는 요리도 있고, 소의 고환을 가지고 만든 우랑탕이라는 음식도 있어요. 세종대왕이 한글만 만든 것이 아니라 보양식도 즐겼다는 사실이 재밌습니다. 아, 참, 세종대왕도 조선 시대 자식 수로 순위를 매겼을 때 18남 4녀로 5위에 해

- 재 료
수탉 고환 50개, 건표고 2개, 마늘 3쪽, 생강 1/2쪽, 통후추
7알, 황칠나무 50g, 황칠잎 20g, 닭다리, 우유, 유자청, 맛술,
소금, 파, 수삼, 대추, 잣, 녹두, 산양삼, 참기름, 달걀

세종대왕이 즐겨 먹었던 복달임 식재료
우수한 강정식품 중 하나

▶수탉 고환찜

▶우랑탕

당하는 정력 왕이랍니다. 그것도 아들 수만으로는 1위인 태종을 이긴다고 해요.
그동안 우리가 알고 있었던 세종대왕의 모습과는 사뭇 다릅니다. 낮에도 밤에도
바쁘게 지냈나 봐요.

　두 번째 음식은 사슴 꼬리입니다. 사슴 꼬리는 사슴 꼬리 조림이라는 음식이
있을 정도로 왕들이 즐겨 먹었던 궁중요리라고 해요. 이 요리는 누가 좋아했을까
요? 바로 폭색증으로 유명한 연산군입니다. 정력에 아주 집착했던 왕이었죠. 어
느 정도였는지 조선왕조실록에 나와 있어요.

　　"무릇 진공하는 물건은 그 즉시 봉진하여 부패하지 않도록 하며 녹미는
　　모름지기 꼬리가 있는 것으로 봉진하도록 해라."

　녹미는 사슴 꼬리를 말하는데요, 원래 되게 작다고 해요. 그런데 두툼한 꼬리
가 있는 것으로 바치라는 것이죠. 연산군의 성화에 지방에 있는 관찰사들이 사슴
꼬리를 구하느라 애를 먹었겠죠? 사슴 꼬리 때문에 국문까지 할 정도였는데 6
개월 안에 나쁜 것을 3번 갖고 오면 파면하라는 것이죠. 아무리 관찰사가 능력이
좋아도 사슴 꼬리 한 번 잘못 바쳤다가 잘리기도 하는 그런 시대였습니다.

▶사슴 꼬리 조림

　사슴 꼬리를 실제로 보면 꼿꼿하게 솟아 있는데, 아마도 그 모양 때문에 연산군이 정력제로 먹지 않았을까 하는 생각이 듭니다.

　그런데 사슴 꼬리 조림이 정력에 좋다는 것이 과연 일리가 있는 말일까요? 사슴 꼬리는 지방이 적고 노린내가 없으며 단백질이 많은 곳이래요. 그래서 정력에 도움을 주는 음식으로 전해졌는데 그뿐 아니라 면역력에도 좋다고 합니다.

　또한 신장을 튼튼하게 해주고 나이 드신 분이나 몸이 쇠약해진 사람에게도 도움이 된다고 하네요. 원기 회복에도 좋은 거죠. 영조도 말년에 너무 몸이 허해져서 사슴 꼬리를 보양식으로 먹었다고 합니다.

　세 번째 보양식은 약간 소름이 돋았어요. 바로 잠자리인데요, 잠자리 중에서도 청령이라고 불리는 눈이 파란 고추잠자리입니다. 이 청령은 실제로 사람 몸에 좋다고 해서 한약재로 사용했다고 하네요. 청령이 도대체 왜 좋은 걸까요? 그리고 정력과는 무슨 상관일까요?

　잠자리가 교미하는 건 많이 보셨죠? 꼬리 부분이 서로 붙은 채로 날아다니잖아요. 그래서 내의원 의원들이 그걸 보고 '교미하는 것도 힘들 텐데 날아다니기까지 하다니 분명 저걸 먹으면 정력에 좋을 것이다' 하고 생각했을 거고, 그 이야

▶ 잠자리의 교미하는 모습

기를 들은 왕들이 잠자리를 찾았다는 겁니다. 그리고 역시나 보양식 킬러인 연산
군도 그 얘길 듣고 가만있지 않았겠죠? 전국에 있는 잠자리를 다 잡아오라고 시
킵니다. 실록에 이렇게 나와 있어요.

> "연산군이 각사의 노복 가운데 어리고 총명한 자를 골라 곤충을 잡아
> 바치게 하다."

연산군은 잠자리뿐만 아니라 엄청난 곤충들을 먹었습니다. 귀뚜라미는 짝짓
기 계절에 크게 울고 높이 뛰잖아요? 그 힘을 보고 정력이 좋다고 생각한 것이
지요. 점프력이 좋은 베짱이도 마찬가지고요. 이렇게 곤충 잡아들이기가 시작된
겁니다.

> "각사의 노복 가운데 연소하고 총명한 자를 골라 궐문 밖에서 번을 나
> 누어 교대로 근무시키되 이들을 회동습역소會童習役所라고 하고……"

심지어 '회동습역소'라고 잠자리 잡아오는 직책까지 만들었습니다.
잠자리를 어떻게 먹느냐고요? 우리가 예상하듯이 튀겨 먹거나 그런 것이 아니
고요, 잠자리의 눈알 부분이 몸에 좋다고 해서 말려서 가루를 내어 먹었다고 합
니다. 굽거나 볶거나 해서 한약재로도 쓰고요. 발기 장애에도 이 청령을 썼다고

▶해구신

합니다. 그리고 달여 먹으면 근육경련을 진정시켜주었다고 해요. 실제 과학적으로도 잠자리의 눈 부분에 정력이 좋아지는 성분이 있다고 하네요. 동의보감 탕액편에도 쓰여 있답니다.

네 번째 정력 음식은 비교적 유명한 해구신입니다. 바로 물개의 생식기죠. 사극에도 많이 나오고 요즘에도 못 구해서 안달이라는데요. 해구신은 역사적으로도 최고의 정력제로 알려져 있습니다. 고려시대 때부터 조선시대까지 해구신을 구하기 위해 난리였다고 하는데요, 이 때문에 오늘날 물개가 멸종 위기에 처한 것은 아닐까요? 그 정도로 해구신이 인기가 많았다고 합니다.

물개의 음경과 고환, 즉 물개의 생식기가 왜 그렇게 정력에 좋은 것으로 알려진 걸까요? 그것은 바로 물개의 짝짓기 풍습 때문입니다. 물개는 수놈이 발정기가 되면 2개월 동안 아무 것도 먹지 않고 교미만 한다고 합니다. 그 횟수가 2개월 동안 최소 수백 번에서 많으면 수천 번을 한다고 해요. 그러니까 물개가 2개월 동안 먹지도 않고 번식하는 것을 보고 정력 왕이라고 하는 것이겠죠.

조선시대 왕들도 물개의 생식기를 먹으면 쇠약해지지 않고 정력에 좋을 것이다 하고 생각해서 많이 먹은 것이지요. 해구신은 달여 먹기도 하는데 한약의 보약재로도 유명합니다. 일본의 도쿠가와 이에야스도 15명의 첩을 거느렸는데, 이

물개 해구신을 상납 받아서 엄청나게 복용했다고 합니다.

그럼 실제로도 해구신이 정력에 좋을까요? 해구신은 단백질이 엄청나게 많고 지방, 당분 또 정력에 도움이 되는 성분인 안드로겐을 포함하고 있다고 해요. 이 안드로겐은 심장과 신장을 따뜻하게 해주고 양기를 보충해주며 단전에 힘을 북돋아주는 그런 효과가 있답니다. 어쨌든 해구신은 정력제로 지금도 유명하죠. 중고 거래를 하고 있는 인터넷 카페에서는 여전히 300만 원 이상의 가격으로 해구신이 판매되곤 합니다.

그런데 여기서 해구신과 관련된 이야기 하나만 할게요. 우리나라에는 원래 물개가 많았다고 해요. 이름이 강치인데, 우리나라 독도에 진짜 많았다고 합니다. 그런데 일본이 독도를 아직도 자기네 땅이라고 우기잖아요? 그 이유가 강치와 연관이 있습니다. 강치가 멸종된 이유가 일본 사람들이 엄청 잡아들였기 때문이라는데요, 우리나라 사람들은 물고기 잡으러 독도까지 잘 가지 않았나 봐요. 태종 때 공도정책*으로 사람이 살지 않으니까 어부들만 갔겠죠. 당연히 강치도 많이 잡지 않았고요.

그런데 일본은 해구신도 인기가 있었지만 강치의 껍질 가죽을 선호했다고 하는군요. 수많은 강치들이 잡혀서 산채로 껍질이 벗겨진 것이죠. 독도가 피바다가 될 정도로 일본이 밀렵을 해서 강치의 씨가 말랐다는 이야기입니다. 일본은 당시 독도 근처에서 어업활동을 했던 이유를 들어서 기록도 있고 하니까 독도가 자기네 땅이라고 우기는 겁니다. 원래 우리 땅인데 본인들이 어업활동을 했던 기록이 있으니 자기네 땅이다 이런 거죠. 오랫동안 비워진 집에 들어가서 몰래 살다가 나중에는 집주인 행세를 하는 것과 같은 이치입니다.

다섯 번째 정력제는 백마입니다. 「옥보단」이라는 영화 보셨나요? 그 영화를 보

공도 정책
섬 거주민들을 본토로 이주시키는 정책. 태종 때 발표된 정책으로, 죄인들이 섬으로 도망쳐서 숨어버림. 섬 주민들이 세금을 내놓지 않음 등의 이유에서 시행되었다. 1882년 고종이 공도 정책을 폐지하고, 독도와 울릉도 개척을 본격화하였다.

면 주인공이 말의 그곳을 이식해서 우주 최강자가 되어 많은 여자들을 현혹시키고 다녀요. 어쨌든 말의 음경은 상징적이죠. 조선시대는 특히 백마를 먹었다고 해요. 왜 백마가 정력에 좋다고 생각했는지 모르겠지만 흑마도 아니고 백마만 먹었다고 합니다. 백의민족이어서 그랬을까요? 백마의 고기, 백마의 피를 먹었는데요, 연산군은 백마의 음경까지 먹었대요. 정말 정력에 집착한 왕이었죠. 연산군이 백마를 어떻게 먹었는지 조선왕조실록 기록을 볼까요?

> "백마를 내수사에 보내라 하라. 백마 가운데 늙고 병들지 않은 것을 찾아서 내수사로 보내라 하였으니 흰말의 고기는 양기를 돕기 때문이었다."

심지어 그 말을 죽이고 바로 받은 뜨거운 말의 피도 마셨다고 해요.

백마를 엄청 좋아했던 사람이 또 한 명 있는데 바로 고려시대 요승이라고 불렸던 신돈*입니다. 신돈의 집에 백마 피비린내가 멈춘 적이 없을 정도로 하루 세끼를 백마 고기와 백마 음경만 잘라먹고 지냈다고 하네요.

여섯 번째는 요즘 남성들도 많이 좋아하는 민물뱀장어입니다. 뱀장어는 생긴 것 자체도 굵고 활력 넘치게 다니잖아요? 실제로 장어는 정력에도 좋고 여성들의 피부 미용, 각종 건강에 좋다고 알려져 있습니다. 두뇌에도 좋아서 고3들도 많이 먹는다고 해요.

특히 우리나라는 장어 중에서도 민물뱀장어를 보양식으로 여겼는데 이원섭 선생이 쓴 『왕실비방』에 따르면 조선왕들은 민물뱀장어를 여름철에 즐겨 먹었다고 합니다. 특히 이 민물뱀장어는 고기로도 먹지만 고아서 먹는데, 거기에 정력에 좋은 마늘을 넣었다고 하네요. 마늘은 타임지가 선정한 슈퍼 푸드죠. 마늘을 넣고 장어를 고아서 짠 즙을 먹으면 잠자리에서 전혀 피로를 못 느낄 만큼 굉장한

신돈

고려 공민왕 때 개혁정책을 펼친 고려 말기의 승려. 공민왕의 신뢰를 받으며 많은 권력을 가지고 최영 등 무장 세력를 비롯해 많은 권문세족을 물러나게 했다. 집권 말기에 처첩을 거느려 자식을 낳고 주색에 빠지자 비난이 높아졌다. 반역의 혐의로 수원으로 유배됐다가 그곳에서 처형됐다.

힘을 발휘했다고 『왕실비방』 책에 쓰여 있습니다. 요즘에도 여름이면 보양식이라고 해서 복날에 삼계탕 다음으로 장어집이 붐비곤 하죠.

일곱 번째는 뱀입니다. 뱀은 주로 술로 담가 먹죠? 뱀에게는 딱히 먹을 고기가 없으니까요. 그래서 뱀술이 유명해요. 뱀을 왜 정력제라고 생각했을까요? 뱀은 교미 시간이 무려 72시간이래요. 그래서 뱀을 정력 왕으로 본 것 같은데, 사실 뱀은 파충류의 특성상 72시간 동안 붙어 있어야 겨우 수정을 한대요. 나름 그들의 불편한 수정 방식인 것이죠. 뱀이 활력 넘쳐서 그런 게 아닌 겁니다.

그래서 뱀은 정력제라기보다는 단백질이 많은 정도라고 생각하면 될 것 같아요. 오히려 비위생적으로 제대로 씻지도 않고 뱀독을 제대로 제거를 못한 상태에서 술을 만들면 큰일이 날 수 있으니 조심해야 한답니다. 그런데도 불구하고 정력에 좋다며 뱀술을 찾는 사람들이 많죠.

마지막으로 여덟 번째는 참새고기입니다. 옛 사람들은 참새가 정력을 왕성하게 하고, 기를 돋울 뿐 아니라 허리와 무릎을 따뜻하게 한다며 기름에 튀겨 소금에 찍어 먹거나 구기자, 토사자 등과 함께 죽으로 만들어 먹었다고 합니다. 참새죽은 10월에서 2월까지가 가장 정기가 솟는 보음보양의 정력 요리라고 옛 문헌에도 전하고 있어요.

이렇게 참새도 정력에 좋다고 하는데요. 예전에는 포장마차나 선술집에서 많이 팔았죠. 참새가 정력에 좋은 이유는 참새의 목 때문이라고 합니다. 목이 굵으면 정력이 좋다는 설이 있는데요, 실제로 거의 맞다고 하네요. 우리가 흔히 알고 있듯이 코가 큰 사람이 아니고요, 목이 굵은 사람이 정력이 세다고 합니다. 참새는 너무 굵다 못해서 아예 목이 없습니다. 그리고 자기 몸집에 비해서 머리가 큰 편이래요. 이것이 참새가 정력에 도움을 주는 포인트입니다.

백제 의자왕이 삼천궁녀를 거느릴 수 있는 비결도 참새죽이었다고 해요. 찹쌀에다가 참새의 살을 발라서 참새죽을 만들어서 먹는 것이죠. 야사에 의하면, 참새죽을 먹은 왕을 모시던 궁녀들이 혼절하거나 복상사를 당했다고도 전해져요. 참새고기는 허약한 몸에 원기를 회복시켜주고 피를 맑게 해주며 신장 및 간 기능 강화에도 좋다고 합니다. 옛날에 할아버지들이 말씀하시길, 메뚜기를 많이 먹은 참새는 오골계 3마리를 줘도 안 바꾼다고 할 정도로 참새가 최고라고 합니다. 그래서 '참새그라'라는 별명까지 가지고 있다고 하네요.

조선 왕들이 즐겼던 베스트 음식

그런데 이렇게 엽기적인 음식들만 왕의 수라상에 오른 건 아닙니다. 왕마다 나름 선호했던 음식들이 있었겠죠. 정력을 위한 보양식은 아니더라도 왕들이 특히 좋아했던 음식을 뽑아봤습니다.

세종대왕이 자주 즐겼던 음식 중에는 의외로 버터가 있습니다. 너무 귀한 음식이라 일반 백성들은 구경도 못했죠. 소젖과 양젖을 끓여서 만들었다고 하는데, 이름을 수유酥油라고 불렀다고 하네요.

버터는 임금님의 고열량 보양식으로도 쓰였지만, 무기력증과 갈증 해소, 피부 건강에 좋았다고 해요. 그래서 사실 버터는 음식이라기보다는 거의 약재로 봐야 합니다. 생산량도 적었고 그만큼 귀한 재료였거든요. 주로 왕이나 양반들의 약으로 사용했던 것으로 보입니다.

조선 후기의 문인화가 조영석趙榮祏이 남긴 사생집의 사제첩麝臍帖 가운데 채유採乳 그림을 보면 어렵게 우유를 얻던 모습을 잘 보여줍니다. 우유를 얻기 위해서 한 사람은 새끼소를 잡고 두 사람이 앞뒤로 어미 소를 잡고 다른 한 사람이 채유

▶ 조영석 『사제첩』의 한 장면
인 「채유(採乳)」

를 합니다. 이 광경은 왠지 네 명의 양반들이 왕에게 바칠 우유 좀 얻겠다고 허둥
지둥 고생하고 있는 것처럼 보이네요.

생산량이 극히 부족했던 우유로는 버터를 만드는 것 외에 타락죽駝酪粥을 끓이
기도 했습니다. 일종의 우유죽인데요, 쌀을 물에 불린 뒤 간 다음 체에 밭쳐서 끓
이다가 다시 우유를 섞어 끓인 겁니다. 왕실에서 주로 만들었던 타락죽은 점점
상류층으로 퍼져 나갔다고 하네요. 요즘에는 기력이 쇠한 노인들이나 어린아이
이유식으로 타락죽 레시피가 쓰이고 있습니다.

숙종은 블랙푸드 마니아였나 봐요. 오골계와 흑염소를 달인 검은 탕을 즐겼다
고 합니다. 동의보감에 따르면 오골계는 간장과 신장에 좋고, 흑염소는 기력 회
복에 좋다고 해요. 지금도 흑염소는 한약재로 사용되곤 하죠.

조선 시대 가장 장수했던 영조는 주로 채식을 선호하고 늘 소식했다고 하네요.
특히 양파를 즐겨 먹었고 청포묵, 미나리, 숙주 등으로 만든 탕평채를 좋아했답
니다. 탕평채는 네 가지 색깔을 섞어 만들었는데 붕당 정치를 일삼던 신하들에게
싸우지 좀 말라는 메시지가 담겨 있대요. 그리고 본인이 소식을 해서 그런지 사
도세자가 많이 먹어 뚱뚱하다며 혼내기도 했고요.

조선 후기로 갈수록 왕이 좋아하는 음식이 좀 변하는데요, 너무 거창한 것보다는 서민적인 음식을 선호했다고 합니다.

정조는 고추장에 밥을 비벼 먹는 것을 좋아했는데요, 고추장도 약간 정력제로 알려져 있습니다. 매운 것을 먹으면 열이 나고 힘이 나서일까요? 아무튼 옛날부터 우리 조상들은 고추장을 먹으면 힘이 난다며 몸에 좋은 재료로 생각했답니다. 요즘에도 매운 음식이 스트레스 해소와 다이어트에 좋다며 인기를 끌고 있죠.

철종은 김치 종류와 막걸리를 좋아했어요. 순무는 다이어트에도 좋고 항암 작용도 한다는데, 강화도에서 나는 순무 김치가 철종의 보양식이었던 것이죠.

고종은 잘 알려져 있다시피 커피와 쿠키를 특히 좋아했고요, 사이다도 잘 마셨다고 하네요. 약간 입에 단 맛을 좋아했나 봐요. 요즘 말로 초딩 입맛이었던 것 같은데요, 아버지에게 휘둘리고 이어서 아내에게도 휘둘렸던 우유부단한 고종의 성격과 왠지 어울리는 식성인 것 같네요.

순종은 어릴 적부터 몸이 약하고 이도 안 좋아서 자주 체했다고 합니다. 그래서 씹지 않고 꿀꺽 삼켜도 되는 차돌조리개를 자주 먹었다고 하네요. 차돌조리개는 차돌박이를 아주 잘게 다져서 동그랗게 만든 음식이에요. 서양의 미트볼과 비슷하게 생겼지만 토마토소스가 아니라 간장 양념으로 조려낸 음식이죠.

왕들이 선호했던 음식도 보양식에서 크게 벗어나지는 않지만 정력을 위해 어쩔 수 없이 먹어야 했던 엽기 보양식보다는 먹을 만한 것 같습니다. 요즘에는 슈퍼 푸드, 웰빙 푸드라고 해서 각종 몸에 좋은 음식들이 많이 소개되곤 합니다. 여러분들도 가끔은 여름철 복날에 왕들이 즐겨 먹었다는 보양식으로 기분내보는 것도 좋을 것 같네요.

궁궐 안에서의 크고 작은 잔칫날, 임금님을 위해 준비하는 화려한 음식들이 있습니다. 그 안의 음식을 총괄하는 셰프는 과연 누굴까요? 바로 조선시대의 궁중 음식을 책임지는 조리사를 바로 대령숙수라 합니다. 대령숙수는 조선시대 궁중의 남자 조리사를 일컫는 말인데요, 풀어 말하면 대령侍令이란 왕명을 기다린다는 뜻이고 숙수熟手는 요리사란 뜻입니다. 왕명을 기다리는 셰프라니, 왠지 멋지네요.

이들은 궁중음식을 맡은 이조吏曹 사옹원司饔院에 속해 있었는데요, 사옹원은 조선시대에 임금의 식사 및 대궐 안 음식물의 공급 등에 관계된 일을 맡아보던 국립 기관입니다. 사옹원의 '옹饔'은 음식물을 잘 익힌다는 뜻이라고 해요. 『경국대전經國大典』을 보면 당상관을 겸하는 도제조都提調를 필두로 하여 아래 제조, 부제조, 첨정, 판관, 주부, 직장, 봉사 등에 이르기까지 많은 인원수로 구성되어 있습니다. 이렇듯 궁중 음식을 만드는데 많은 직책을 두고 중요시 했다는 걸 알 수 있습니다.

대령숙수는 세습에 의해 대대로 이어졌고, 궁 밖에 살면서 궁중의 잔치인 진연進宴이나 진찬 때 입궐하여 음식을 만들었습니다. 대령숙수가 잔치가 있을 때만 입궐했다면, 평소의 임금의 수라는 누가 만들었을까요? 평상시에는 소주방燒廚房에서 만들었어요. 진연과 같은 큰 잔치 때에는 대령숙수와 사옹원에 속한 숙수들이 가가假家라는 집을 임시로 지어서 음식을 만들었습니다. 나라의 잔치 때에는 숙설청熟設廳에서 모든 차비를 하는데, 진연의 경우 진연도감進宴都監이 일시적으로 설치되고 숙설소熟設所, 궁중에서 큰 잔치를 준비하기 위해 임시로 세운 주방를 세웠습니다. 숙설소에는 감관이 파견되고 40~50명에 이르는 숙수가 음식을 담당하기도 했죠.

도대체 얼마나 많은 사람들이 초대되는 잔치이기에 이렇게 많은 준비가 필요했던 걸까요? 정조가 어머니를 위해 마련한 혜경궁 홍 씨의 회갑 날 기록인 「봉수당진찬도」를 보면 수백 명의 신하들이 각각 독상을 앞에 두고 있는 모습이 보입니다. 여기서 우리는 엄청난 스케일의 진찬연의 모습에 놀라고, 모두 독상을 받고 있다는 점에 두 번 놀라게 됩니다. 이 음식들을 하나하나 준비하는 데 많은 인원과 노력이 필요했겠죠? 그리고 흔히 우리나라는 예로부터 한 상

대령숙수는 조선시대 궁중의
남자 조리사를 일컫는 말이
에요.

▶봉수당진찬도
혜경궁 홍 씨의 회갑 날 기
록을 담고 있다.

에 가족 모두가 모여 앉아 옹기종기 식사를 하는 겸상 문화가 전통적인 것으로 알고 있는데,
실제로 우리나라는 겸상하지 않았다고 합니다. 궁궐 뿐 아니라 일반 평민들도 독상 문화였고
겸상은 천민이나 하는 것이라고 여겼다고 합니다. 오히려 일제 강점기 때 일본의 겸상 문화가
들어오면서 바뀐 것이라고 하네요.

어쨌든 이러한 궁궐의 잔치에서나 먹을 수 있는 귀한 요리를 담당하던 대령숙수는 구한말
조선 왕조의 몰락으로 더 이상 궁궐 안에서 요리할 수 없게 됩니다. 고종의 숙수였던 안순환이
1903년 요릿집 명월관을 만들면서 일반인들에게도 궁중음식이 널리 알려집니다.

조선시대의 슬픈 정절녀, 궁녀와 열녀

조선은 성리학의 나라였죠. 하늘같은 유교 문화에서 조선 여성들의 삶은 숨이 막히고 팍팍했답니다. 그중에서도 성리학의 법도에 갇힌 채 원치 않는 삶을 살았던, 혹은 그렇게 살아야만 한다고 받아들였던 여인들이 있었습니다. 어쩌면 시대의 희생양이라고도 할 수 있죠. 바로 궁녀와 열녀 이야기입니다.

남녀차별이 심했던 조선시대 여성들은 오히려 삼국시대나 고려시대보다도 못한 삶을 살았습니다. 고려시대에는 딸도 부모님을 모실 수 있고 재산도 물려받을 수 있었죠. 남자들이 처가에 살며 도움을 받는 경우도 있었고, 재혼도 흉이 아니었고요. 왠지 조선시대보다는 여성들이 귀한 존재로 대접받았다는 생각이 드네요.

궁녀와 열녀는 조선 여인의 희생을 상징한다고 볼 수 있습니다. 잘 알다시피 궁녀는 왕의 선택을 기다리는 여성이었고, 열녀는 지아비가 죽은 후 평생 수절해야 했으니까요.

물론 궁녀 중에는 후궁이 된 여인도 있지만 왕의 승은을 입지 못한 대부분의

▶조선시대 궁녀의 삶을 다룬 영화 「궁녀」 포스터

궁녀는 평생 처녀로 생을 마감해야 했습니다. 열녀 또한 가문을 위해 기꺼이 자신의 인생을 바쳐야 했습니다.

　조선 시대 궁녀와 열녀, 평생을 외롭게 살아야 했던 그녀들의 삶 속으로 들어가 보겠습니다.

궁녀는 커리어 우먼인가, 왕의 여자인가

왕족을 제외한 궁에 있는 모든 여인을 일컫는 궁녀는 파란만장한 삶의 모습 때문인지 우리가 쉽게 접할 수 있는 책이나 영화, 드라마 등에서 단골 소재로 등장합니다. 대장금처럼 역경을 딛고 일어나 당찬 조선시대의 여인상을 보여주는 경우도 있고요, 또는 왕실의 온갖 암투와 시기, 권력투쟁을 다룰 때에도 어김없이 등장하곤 합니다. 종종 최고 권력자인 왕이 신분이 천한 궁녀를 사랑하는 이야기도 등장하죠. 아무튼 철모르던 시절 궁에 들어와 평생을 궁에서 일하며 살아야 한다

▶금사미단
피가 흘러내리지 않으면 처녀로 보았다.(EBS 역사채널: 조선의 커리어우먼, 궁녀)

는 사실 자체만으로도 온갖 스토리가 나올 법하죠.

금사미단金絲未斷이란 생각시들이 궁녀가 되기 위해 거쳐야 하는 과정으로, 앵무새 피를 이용하여 처녀인지 아닌지를 가려내는 것을 말해요. 앵무새 피를 궁녀가 되려는 아이의 팔목에 한 방울 떨어뜨려 흘러내리지 않으면 입궁이 허락되었고, 피가 흘러내리면 처녀가 아니라고 하여 내쳐졌죠. 과학적으로도 근거가 없는, 조선시대 사람을 선발하는 데 있어서 반상차별, 적서차별과 함께 남녀차별의 한 단면을 보여주는 대표적인 사례라고 할 수 있습니다.

이렇게 금사미단을 통과하여 궁녀가 되면 견습 나인들을 대상으로 '쥐부리 글려'를 했는데, 이는 내관들이 횃불을 궁녀들 입에 들이대고 지지는 시늉을 하면서 말조심과 입단속을 시키기 위한 교육이었다고 하네요.

보통 6~7세에 입궁해서 생각시아기 나인 시절을 거쳐 18세 정도가 되면 관례를 치르고 정식 궁녀나인가 되었는데, 나인이 된 뒤에는 15년이 지나야 상궁이 될 수 있었습니다. 처음에는 주로 양반가에서 뽑혔는데, 이후에 평민 중에서도 궁녀가 되었다고 해요. 사실 궁녀가 되는 것도 쉬운 일은 아니었습니다. 보통 10년에 한 번씩 뽑았다고 하고요, 궁녀가 되려면 집안에 죄인이 없어야 하고, 돌림병이나 유전병에 걸린 사람도 없어야 하며, 몸에 큰 상처도 없어야 했습니다. 어린 시절부터 가족과 떨어져 낯설고 두려운 커다란 궁에서 지내야 했으니 궁녀들의 내공도 보통이 아니었을 거라는 생각이 듭니다.

궁녀란 좁게는 상궁, 나인을 말하고 넓게는 무수리, 하녀들까지 포함합니다. 평생 궁궐에서만 생활할 수밖에 없었던 궁녀들의 삶과 위상은 어떠했을까요?

궁녀는 내명부에 속한 실무직으로 종9품 주변궁부터 정5품 상궁까지의 품계를 받았습니다. 후궁이 될 경우 정1품 빈부터 종4품 숙원의 품계가 내려집니다. 반면 일반 궁녀에 비해 대우가 좋지 않았던 비자*, 무수리*, 각심이*, 의녀* 등은 품계도 받지 못했고 상궁, 나인의 시중을 들어야 했습니다.

- 비자: 궁궐에서 문안 편지를 전달하던 여자 종
- 무수리: 궁중에서 청소 따위의 잔심부름을 담당하던 계집종
- 각심이: 상궁이나 나인의 방에 속하여 잡역에 종사하던 여자 종
- 의녀: 간단한 의술을 익혀 내의원과 혜민서에서 심부름하던 여자

왕의 처소에서 일하는 지밀직은 가장 인기가 높았는데요, 왕을 보좌하는 상궁은 왕의 측근이기에 중요한 정보를 쉽게 얻을 수 있었고 그 영향력도 커서 정승들도 함부로 하지 못했죠. 재산을 관리하던 제조상궁의 권한도 막강했고요. 또한 문자 교육을 못 받은 대비들 옆에서 문서관리를 하던 궁녀들도 상당한 실세로 활동했다고 합니다.

궁녀는 궁중에서 일하는 여성 관리로 국가 공무원 대우를 받았습니다. 조선 시대 궁녀는 500~600명에 이르며 그녀들의 최고 보수는 오늘날로 치면 200만 원 정도였다고 해요. 거기다 때에 따라 특별 보너스도 받았고요. 당시 여성들은 관직의 길이 막혀 있었는데 국가에서 유일하게 월급을 받는 공무원 여성은 궁녀뿐이었던 거죠. 가장 지위가 높은 어른 상궁인 제조상궁은 정2품 관료 녹봉에 해당하는 높은 월급을 받았다고 합니다. 궁녀가 고소득 전문직이라고 하는 이유입니다.

궁녀로서 갖추어야 할 몸과 마음가짐에 대해 철저한 교육을 받은 궁녀는 조선 시대 여인으로 누릴 수 있었던 최고의 커리어 우먼이었지만 반면에 거스를 수 없

▶칠궁 중의 하나인 연호궁
영조의 후궁이자 효장세자의 생모인
정빈 이 씨의 신위를 모신 사당이다.

는 운명이 있었죠. 바로 왕의 여자였던 겁니다.

어린 나이에 궁에 들어와 평생을 지내는 궁녀들의 최대 희망은 임금님의 승은이었고, 승은을 입는다는 것은 곧 신분상승을 의미하는 것이었죠. 드문 일이었지만 왕자나 옹주를 낳으면 후궁이 될 수도 있었고요.

청와대 경내에는 칠궁*이라는 건물이 있는데요. 궁녀가 오를 수 있는 최고의 자리에 오른 이들을 모시는 곳이에요. 칠궁에 모셔진 후궁은 정말 성공한 궁녀라고 볼 수 있습니다. 왕비 못지않은 부귀영화를 누린 사람도 있고요. 왕이 될 아들을 낳았지만 궁녀의 신분 때문에 정실왕비가 되지 못한 사람도 있습니다.

궁녀들은 왕의 승은을 입기 위해 은밀한 성 단련법을 익혔다고 합니다. 영화 「간신」을 보면 실로 감을 달아 혀를 단련했던 홍시 먹기나 천장에서 떨어지는 물방울을 배꼽으로 받아 임신이 수월하게 하는 단련법이 나오지요. 또 일상생활에서도 걸레질을 할 때 무릎을 닿지 않게 하고 엉덩이를 들거나, 뒤꿈치를 닿지 않게 걸으며 뒤 근육과 종아리의 힘을 길러주는 등 일종의 방중술 훈련을 했다고 합니다.

칠궁

조선의 왕들을 낳은 친모이지만 왕비에 오르지 못한 후궁 7인의 신위를 모신 곳. 영조가 후궁 출신인 모친 숙빈 최 씨의 신주를 모신 사당 '육상궁'을 건립한 이후 역대 왕 또는 왕으로 추존되는 이의 생모인 후궁의 묘를 옮겨와 합사하게 되었다. 육상궁 외에 연호궁(영조의 후궁으로 추존왕 진종(효장세자)의 생모인 정빈 이 씨), 저경궁(선조의 후궁으로 추존왕 원종의 생모인 인빈 김 씨), 대빈궁(숙종의 후궁으로 경종의 생모인 희빈 장 씨), 선희궁(영조의 후궁으로 추존왕 장조(사도세자)의 생모인 영빈 이 씨), 경우궁(정조의 후궁으로 순조의 생모인 수빈 박 씨), 덕안궁(고종의 후궁으로 영친왕의 생모인 귀비 엄 씨) 등 7명의 신위가 있다.

또한 마릴린 먼로가 향수 몇 방울만 바르고서 아무것도 걸치지 않고 잤다고 해서 미인들의 취침법으로 유명해진 나체 수면법이 사실은 조선시대 궁녀들의 필살기였다는 것을 아시나요? 추운 겨울에도 옷을 벗고 이불만 덮고 잤기 때문에 건강한 피부를 유지할 수 있었다고 해요. 목욕할 때도 쑥과 무청을 이용해서 피부 노폐물을 배출했다는데 요즘도 사우나에서 애용하시는 분 많으시죠?

누구든 왕의 침소에 들 때에는 금박이 들어 있는 소금으로 깨끗하게 양치를 했는데, 후궁들은 왕의 침소에 안 들어 갈 때에도 벚꽃 말린 것을 고운 소금에 섞어 양치질하여 구내염과 구취가 나는 것을 방지했다고 하네요.

이렇듯 왕의 눈에 들기 위해 평생을 노력해도 왕의 얼굴 한 번 못 보고 삶을 마감하는 궁녀들이 허다했죠. 조선시대 유일한 관직 여성이었지만 궁에 들어서는 순간 이미 평범한 여성으로서의 삶은 포기해야 했어요. 늙고 병들기 전까지 궁을 나올 수 없었는데, 모시던 상전이 승하하거나 병들었을 때만 나올 수 있었죠. 또는 나라에 변란이 일어나거나 홍수나 극심한 가뭄이 들 때 궁중에 음기가 쌓였다고 하여 궁녀를 내보내는 출궁 제도가 있었다고 해요. 사실 이런 출궁 제도보다 더욱 심각한 것은 의녀들의 중국 사신 접대였다고 하네요. 사신은 물론 권력 있는 신료들의 연회 자리 등에서도 기녀의 소임을 했다고 하니 의녀들은 또 다른 슬픔을 안고 살아가는 여인들이었죠. 자신의 자리에서 맡은 바 소임을 다해도 결국은 언제 어떻게 희생될지 모르는 삶을 살았을 것 같아요.

한평생을 궁에서 보내야 했던 그녀들의 말년은 쓸쓸했습니다. 왕족 외에는 궁에서 죽을 수 없었기 때문에 나이 들고 병들면 요금문이라는 쪽문으로 나가야 했습니다. 서울 은평구에 '궁말'이라는 곳이 있는데, 궁에서 나온 궁녀들이 이곳에서 모여 살았다고 해요. 높은 관직에 오른 궁녀는 양자도 들일 수 있었지만 대부분의 궁녀는 그렇지 못했죠. 평생 수절하다가 처녀의 몸으로 남은 생을 보낸 후

불교의 법도에 따라 화장되었을 것입니다.

왕의 승은을 입어야만 신분이 오르고 혹시라도 후궁이 될 수 있었지만, 평생 왕의 얼굴도 한 번 못 보고 죽은 궁녀들이 많았겠죠? 궁녀들은 만 18세가 되면 남편이 존재하지 않는 혼례식을 올리게 되는데, 2명씩 짝을 지어 같은 방을 쓰게 했대요. 그러다 보니 동성애가 공공연하게 이루어지고 때로는 내시나 관료들과 정을 통하기도 했습니다. 하지만 발각되면 무시무시한 처벌이 기다리고 있었기 때문에 그야말로 목숨을 건 로맨스였죠. 궁녀가 임신이라도 하게 되면 아이를 낳고 100일 동안 젖을 물릴 수 있는 일반 여성 죄인과는 달리 출산과 동시에 사형에 처해졌다고 합니다.

그나마 궁녀의 장점이 있다면 궁궐의 고소득 전문직 여인이었다는 점이겠지만 그녀들의 삶은 정말 애환이 많았을 것 같네요.

조선시대 흑역사, 열녀들의 잔혹한 삶
파란만장한 궁녀들의 삶을 살펴봤으니 이제 열녀의 삶에는 어떤 이야기가 숨겨져 있는지 살펴볼까요?

궁녀들이 궁 안에서 갇혀 지냈다면 열녀들은 집 안에서 갇혀 지낸 삶이었어요. 조선시대에는 성리학을 중시했는데 특히 충과 효, 그리고 열을 강조했어요. 열이란 곧 절개를 뜻하고, 절개란 믿음과 순결을 끝까지 지키려는 마음을 가리키죠. 즉 신하는 임금에게 충성을 다해야 하고, 자식은 부모에게 효도해야 하며, 아내는 남편을 위해 믿음과 순결을 지켜야 한다는 것입니다.

열녀를 바로 풀어서 설명하면 '열행(烈行)을 실천한 여성'이라는 뜻입니다.

열행의 내용은 '여성이 사회적으로 유일하게 공인된 성적 상대자(남편)에게 자신의 성적 종속성을 천명하기 위해 자신의 신체를 학대하거나 신체의 일부 또는 신체 전부를 희생하는 것'입니다. 쉽게 말해, 남편을 위험에서 구하거나 정조를 지키기 위해 자신의 신체 일부를 훼손하거나 목숨을 버리는 행위를 말하는 거죠. 실제 조선시대에는 남편이 아프면 아내가 허벅지 살을 도려내 피와 살을 먹이거나 외간 남자가 손목을 잡으면 손목을 잘라버리고, 남편이 죽으면 다른 남자와 정을 통하지 않고 수절하며, 심지어 남편을 따라 죽는 열행을 실천한 여성들이 정말로 존재했다고 합니다. 또 개가를 거부하며 코나 귀를 베어버리거나 굶어 죽는 경우도 있었으며, 임진왜란과 병자호란 같은 큰 전쟁에서는 적들의 겁탈에 저항하다 학살당한 여성들도 있었다네요. 뭔가 으스스한 기운이 흐르죠? 그런데 나라에서는 열녀문을 세워 이들을 표창하고 집안의 세금과 부역을 면제해주었으며, 열을 실천한 여성은 그 집안의 자랑이 되었다는군요. 열녀문이 있는 집안은 가문의 위상은 물론 남성들이 부역을 가지 않아도 되었고, 토지도 하사받았다고 해요. 천민의 경우는 평민으로 신분이 올라가기도 하고요.

그런데 열녀문도 조선 전기까지는 괜찮았는데 두 번의 전쟁을 겪은 후기에는 과부가 너무 많아서 국가적으로 부담이 컸던 모양입니다. 결혼을 약속한 약혼자가 죽어도 처녀 과부로 평생 혼자 사는 여성들이 있었으니까요. 이후에는 열녀문의 기준이 매우 높아져서 아예 죽은 남편을 따라 목숨을 바쳐야 열녀가 되었다고 하네요.

고려시대에는 재혼이 가능하다고 앞에서 말씀드렸죠? 열녀라는 단어 자체가 없던 시대였습니다. 조선 초기만 해도 고려시대 분위기가 있었는데 중기 이후에 여성들이 시집살이를 시작하면서 바뀌게 되었다는군요. 철저하게 남성 중심의 사회가 된 것이죠. 조선 중기 때의 문인 허봉이 지은 야사집 『해동야언海東野言』 성종기成宗紀에는 의부라는 말이 아예 없어졌다고 합니다. 의부는 부인이 죽으면 남

▶은장도
조선시대 여성들의 자결용으로 사용되었다.

▶삼강행실도
여성의 정절에 대한 내용을 담고 있다.

편이 절개를 지킨다는 뜻이죠. 조선시대의 법전인 『경국대전』에서는 한 번 결혼한 여성은 다시 결혼해서는 안 된다는 '과부의 재혼 금지'를 법으로 정해 놓았고요. 어쩔 수 없는 사정으로 재가를 한 경우에는 자식들이 불이익을 받고 벼슬길에 나갈 수 없었다고 합니다. 뿐만 아니라 남편이 죽으면 아내는 3년간 무덤을 지켜야 했고, 이후에는 평생 상복을 입고 지내도록 강요당했죠. 죽은 남편을 위해 스스로 목숨을 끊는 경우도 있었으니 뭐라 할 말이 없습니다. 나라에서는 여성이 정절을 지키는 것을 강조하기 시작했는데 우리가 잘 아는 은장도도 이때 생겨났어요. 은장도는 아시다시피 자결용입니다. 또한 여성이 겁탈 당할 상황에 처했을 경우 자결을 종용하는 분위기를 만들기도 했습니다. 삼강행실도를 보면 왜적에게 겁탈 당하려는 여성이 절벽에서 떨어지고 있는데 정절을 지키기 위해 자결하는 것이죠. 전쟁은 실제 정권을 잡고 있는 남성들에 의해 일어난 것인데, 이렇게 열녀를 강요하는 어처구니없는 일이 일어나게 됩니다.

임진왜란과 병자호란 후에는 남편이 죽으면 집안에서 여성의 죽음을 강요하기도 했습니다. 그렇게 여성이 죽으면 열녀문이 생기고 그 가문의 위상이 높아지기 때문이지요. 미망인未亡人이라는 단어는 남편을 따라 죽어야 하는데 '아직 죽지 않은 사람'을 의미합니다. 결국 '남편이 죽었는데 아직 안 죽었군요'라는 뜻이었던

▶숭정각
영조가 원정익의 처 전의 이 씨를 위해
세워 준 열녀비이다.

겁니다. 고대 인도에서도 미망인들의 자살이 많았다고 하죠. 남편이 화장하는 동
안 불길에 몸을 던졌다고 하는데 정절을 표현하는 최고의 행위였다고 해요. 이렇
게 산 채로 불타 죽은 여성들을 '정절을 지킨 충실한 아내' 즉 '사티'라고 불렀다고
하는데 저는 무섭기만 하네요. 조선시대 열녀를 치하하고 죽음을 종용하는 의미
를 담고 있다는 점에서 미망인이라는 단어는 사용하지 말아야겠다는 생각이 듭
니다.

　영조가 내린 열녀문 숭정각 얘기를 해볼게요. 1729년 영조 임금이 원정익의 부
인 전의 이 씨에게 내린 문인데요, 명문가에서 태어난 이 씨는 남편 원정익과 혼
인한 뒤 남편을 정성껏 섬기고 시부모를 극진히 모시며 살았는데 어느 날 남편이
중병으로 앓아눕자 백방으로 약을 구하며 지극정성으로 간호했어요. 하지만 곧
남편은 세상을 떠났고, 3년 상을 치른 후 그리움에 식음을 전폐하다 20대 후반
꽃다운 나이에 남편의 뒤를 따랐다고 하네요. 이 사실을 알게 된 조정에서 '열녀
원정익의 처 전의 이 씨의 문'이라 기록된 현판을 단 열녀문을 하사해 부인 이 씨
의 높은 뜻을 기렸다고 합니다.

　조선 후기로 갈수록 성리학은 점점 변질되어 철저히 남성 중심의 사회가 되었

습니다. 스스로의 의지와 선택이 아닌 열녀의 강요는 순장과 다를 바 없다고 생각해요. 열녀라는 말 속에 담긴 진실은 여성들의 잔혹한 흑역사이고 비인간적인 제도라고 생각합니다. 여성에게만 정절을 강요했던 조선의 풍속은 근대 이후 흔들렸고, 갑오개혁 때 공식적으로 과부의 재혼이 허용되었습니다.

요즘도 시골에 가면 마을 어귀에 세워진 열녀비나 열녀문을 볼 수 있어요. 도대체 누구를 위한 열녀문일까요? 오직 남성 중심 사회가 만들어낸 비극의 표상이라는 것을 아직도 모르는 사람이 있을까요?

여성의 지위향상은 여전히 현재 진행형

이제 궁녀는 역사 속으로 사라졌고, 열녀 또한 사회 통념상 이해가 되지 않을 정도로 세상은 많이 바뀌었습니다. 자식이 있는 이혼녀와 총각의 결혼이 이제 무슨 이슈가 될까요? 나이 차이도 별로 신경 안 쓰는 시대인데요. 여성들의 사회적 지위도 높아져서 오히려 역차별이라는 말도 생겼지요. 그런데요, 과연 겉으로 보이는 만큼 세상이 그렇게 변했을까요? 조금만 깊이 들여다보면 아직도 우리는 제자리걸음이라는 생각이 듭니다.

시대가 바뀌어도 변하지 않는 것들이 있습니다. 남성 중심 사회의 치부가 그대로 수면에 드러나는 성 관련 범죄들이 잊을 만하면 터지곤 하죠. 적어도 성에 관한 문제만큼은 아직도 여전히 여성들이 약자이고, 해결해야 할 사회적인 문제가 많아 보입니다. 피해자들이 떳떳하게 이야기를 하지 못하는 사회는 정의로운 사회가 아니겠죠.

마치 조선시대 망령 같은 관습들이 우리 주변을 맴돌고 있는 건 아닌지 돌아보게 됩니다. 자신의 경험을 밝히는 #MeToo 운동은 우리나라뿐만 아니라 세계적으로 이슈인데요. 또한 요즘엔 데이트 폭력* 문제도 큰 사회적 이슈로 떠오르고 있습니다.

언제까지 여성은 약자로 남아야 할까요? 성폭력과 데이트 폭력 문제가 해결되고, 남녀가 서로 존중하면서 서로의 다름을 인정하고 부족한 부분을 채워줄 때 진정한 남녀평등이 이루어질 것입니다.

데이트 폭력

미혼의 연인 사이에서 한 쪽이 가하는 폭력이나 위협을 말한다. 여기에는 폭력적인 행위를 암시하면서 정신적인 압박을 가하여 권력관계에서 우위를 차지하는 것이나 언어폭력 등의 비물리적인 행위도 포함된다. 연인이라는 친밀한 관계의 특징상 지속적, 반복적으로 발생하고 재범률 또한 매우 높은 편이다. 사적인 문제로 생각하여 가볍게 넘어가는 인식 때문에 더 큰 피해를 불러일으키기도 하므로 사소한 증상에도 주의가 필요하다.

조선시대 관련 사극을 보면 여인이 품에서 은장도를 꺼내들고 결의에 찬 눈빛으로 "나를 욕보이겠다면 내가 이 칼로 자결하겠다!"고 외치는 모습을 종종 볼 수 있습니다. 은장도의 용도는 무엇이었으며 과연 여자만 착용했던 칼인지 살펴볼까요?

은장도는 남녀가 몸에 지니는 노리개 또는 호신용 칼이라고 합니다. 은장도와 칼집에 아름다운 문양을 새겨놓고 예쁜 수술을 달아 일종의 장식으로 쓰기도 하고 때로는 자결을 위해 사용하기도 하죠. 근데 호신용 칼이면서 자결을 위한 용도라는 게 왠지 웃깁니다. 요즘 같은 상황에서는 여자가 만약 은장도를 몸에 지니고 있다면 겁탈하려는 남자를 찌르는 용도가 아니었을까요? 그런데 그 칼이 스스로 자결을 하는 용도라니, 강제로 겁탈당하는 것도 억울한데 스스로 죽어야만 했던 조선의 여인들은 꽤나 한스러웠을 겁니다. 도대체 이런 은장도는 언제부터 만든 걸까요?

우리나라에서 은장도를 차는 풍습이 생긴 것은 고려 때부터이며 조선시대에 보편화되었습니다. 아마도 조선시대 유교적인 분위기 속에서 은장도는 널리 퍼져 나간 것으로 보입니다. 은장도를 만들 때 금과 은이 사용되었기 때문에 주로 양반 댁 규수들이나 찰 수 있었고, 귀천을 가리는 기준이 되기도 하였기에 연산군 때는 사치를 금하는 명령을 내리면서 은장도 사용을 금한 적도 있었다고 하네요. 연산군이 즉위 초기에는 사치풍조를 잠재우고, 변방지역의 안정을 꾀하기도 했다는데 말년에는 스스로 사치와 향락에 빠지다니 참 아이러니합니다.

은장도는 차는 위치에 따라서 각각 명칭이 다릅니다. 부녀자들이 노리개로 옷고름에 찬 것은 패도라 하였으며, 주머니 속에 지닌 것은 낭도라 했습니다. 패도 중 가장 큰 크기는 전장[전체 길이]이 5치[15cm] 정도였고 칼날은 3치[9cm] 정도였습니다. 전장이 3치[9cm] 칼날이 1.5치[4.5cm] 정도가 보통 사이즈였습니다. 낭도의 경우에는 전장이 3치[9cm]였으며 칼날은 1.5치[4.5cm]정도로 작았습니다.

칼날에는 남녀 간의 사랑과 의의를 표시하기 위해 '일편단심'이라고 글자를 새긴 것과, 칼자루와 칼집에 십장생무늬와 길상문을 새긴 것도 있습니다.

나를 욕보이겠다면 내가 이 칼로 자결하겠다!

은장도는 대부분 결혼을 축하하거나 성인이 된 것을 기념하여 주는 풍습이 있었습니다. 본인의 행복을 바라며 온갖 불행에서 보호해 준다는 뜻이 담겨 있었던 거죠. 은과 금 등으로 만든 은장도는 가격이 비싸 부유층에서만 사용했습니다.

은장도는 호신용과 장식용 외에도 고기나 과일 같을 것을 먹을 때도 사용하였으며, 은으로 만들었기 때문에 독의 여부를 알 수 있어 음식을 먹기 전 음식을 찔러 보는 용으로도 사용했습니다. 또는 은젓가락이 달린 경우도 있어 외부에서 식사를 할 때 사용하기도 했습니다.

요즘처럼 험한 세상 여학생들에게 다시 은장도를 선물하는 풍습이 생기는 건 어떨지 생각해봅니다. 물론 자결용이 아니라 호신용으로 말이죠. 🏮

이태원 지명에 담긴 아픈 역사, 그리고 환향녀

여러분에게 이태원은 어떤 곳인가요? 요즘 경리단길이며 블루스퀘어 등 이태원을 상징하는 명소도 많이 생겼고, 한국인뿐만 아니라 외국인 여행자들 사이에서도 반드시 한 번쯤은 들려야 할 핫 플레이스로 유명한 곳이죠.

하지만 점점 화려해지고 있는 이태원의 이면에는 우리가 잘 모르는, 혹은 잊고 지낸 가슴 아픈 역사적 비밀이 숨어 있답니다. 그 비밀이 무엇일까요? 한번 찾아가 보기로 하겠습니다.

이태원이라는 이름이 가진 세 가지 의미
우리가 이태원 하면 떠오르는 것은 이국적인 느낌의 거리와 핫한 맛집, 할로윈데이의 화려한 축제의 모습들입니다. 하지만 이태원의 역사적인 의미에 대해서도 한 번 생각해보았으면 합니다.

이태원은 세 가지 이름을 가지고 있습니다. 먼저 가장 정설로 알려진 것이 이태원梨泰院, 조선시대 효종 때 배나무가 많아서 얻어진 이름입니다. 큰 배 밭이 있는 사원이라는 뜻이죠. 현재 이태원의 한자 명칭입니다.

예로부터 이태원이 사통팔달*四通八達 교통의 요충지였다고 하니, 길을 오가는 나그네들이 하룻밤 머물 수 있는 교통과 상권의 중심지 역할을 하지 않았을까요? 당연히 공영 숙소인 역원驛院이 있었을 테고……. 이태원의 '원院'이라는 글자 역시 여기서 유래했을 겁니다.

· 사통팔달: 도로나 교통망, 통신망 따위가 이리저리 사방으로 통함

두 번째로 이태원이라는 지명의 역사에는 '이타인異他人', 즉 이방인들이 묵는 숙박 시설이라는 의미도 있습니다. 『동국여지비고*東國輿地備攷』라는 책에 이런 말이 있어요.

동국여지비고
조선시대의 국가와 서울의 인문·지리·법제와 관련된 내용을 기록한 책. 2권 2책. 작자 미상이며 1870년경 제작한 것으로 보인다.

"이태원은 목멱산 남쪽에 있다. 입으로 전하는 말로는 임진왜란 후에 항복하고 귀순한 왜인들을 숭례문 밖 남산 아래에 살게 함에 스스로 한 마을을 이루고, 그 마을 이름을 이타방異他房이라고 하던 것이 후에 이태원으로 바뀌었다."

구전되던 이야기를 담은 글이라 신빙성이 크지 않겠지만, 이태원이라는 지명이 임진왜란과 깊은 관련이 있는 것만은 분명한 것 같아요. 임진왜란 때 항복하거나 투항한 왜군들이 이곳에 집단 귀화해서 살았고, 이들을 '이타인'이라 부른 것에서 지명이 유래했다고 보는 것입니다. 그러다가 일제 강점기 때는 아예 일본에서 건너온 사람들의 주거지가 됩니다.

1945년, 일제가 패망하고 일본인들이 물러가면서 이태원은 잠시 해방의 기쁨을 맛보지만, 6·25 전쟁이 터지면서 다시 새로운 지역으로 탈바꿈합니다. 전후 신탁통치를 위해 미군이 한반도에 주둔하게 되면서 용산을 중심으로 미군부대가 생겼고, 이태원은 미군들의 위락지대*로 특수를 누리게 됩니다. 아마도 우리에

· 위락지구: 다른 지역의 환경을 보호하기 위하여 한쪽으로 위락시설을 집단적으로 건설하는 지구

겐 '이태원=미제=미군'이라는 등식이 낯설지 않을 겁니다. 현재는 다양한 나라들의 공관이 생기고 주재원들이 살면서 이색적인 관광 명소로 발전했습니다.

그러면 이태원의 세 번째 이름은 무엇일까요? 벌써부터 가슴이 먹먹하네요. 너무도 가슴 아픈 역사가 고스란히 드러나는 이름이기 때문입니다.

이태원이 배나무 골 말고 다른 한자로도 사용된 기록들이 남아 있는데요. 그중에 눈에 띄는 것이 이태원을 '異胎院'이라고 표기한 것입니다. 한자를 그대로 풀면 '태가 다르다'는 뜻이죠. 다시 말해 이방인의 아이를 임신한 여자들이 있는 사원이라는 뜻입니다.

배나무 '이梨' 자를 쓰지 않고 다를 '이異' 자를 쓴 것도 그렇지만, 아무리 봐도 아이를 잉태한다는 '태胎' 자는 지금의 이태원이라는 지명과는 전혀 어울리지 않습니다. 이 명칭은 여러 가지 논란이 있기는 합니다만, 설명을 하기 위해서 잠시 임진왜란 때로 거슬러 올라가 보겠습니다.

운종사 비구니 겁탈 사건

정명가도
명나라를 치기 위해 조선에 길을 빌린다는 뜻으로 왜란을 일으킨 도요토미 히데요시의 전쟁 명분이 고스란히 들어있는 구호다. 다른 표현으로 가도입명(假道入明)이라고도 한다.

1592년 '정명가도※征明假道'를 외치며 조선을 침략한 왜군은 한반도를 유린하며 온갖 악행을 자행합니다. 식량은 말할 것도 없고 무고한 여자들이 겁탈당하는 일이 다반사였어요. 당시 왜군들은 여자들을 많이 범할수록 자신의 힘을 과시할 수 있다고 생각한 것이겠죠.

가토 기요사마가 이끄는 군대가 한강 근처에 도달하여 지금의 이태원 지역에 주둔했는데, 당시 이태원에는 여성 출가 스님인 비구니들이 거주했던 운종사雲鍾寺라는 절이 있었다고 합니다. 전쟁과 행군에 지친 왜군은 이곳 운종사에 머물면서

▶구마모토성에 세워진 가토 기요사마의 동상　▶일제에 의해 만들어진 용산 군용수용지 명세도

비구니들을 닥치는 대로 겁탈했습니다. 이후 이 사건은 조선 사회에 많은 모순을 드러낸 충격적인 결과를 가져왔고요.

임진왜란으로 인해 수없이 많은 조선 여인들이 원치 않는 임신을 하게 되었고, 그 결과는 참혹했습니다. 낙태를 하기 위해 비탈진 산을 구르고, 간장 항아리를 마시는 등 온갖 애를 쓰거나 아이가 태어나도 그 자리에서 바로 뒤집어 죽게 했습니다. 모두에게 비극적인 사건이었죠.

그러나 운종사의 비구니들은 불교의 교리에 따라 살생을 할 수 없었습니다. 수많은 비구니들이 일본군의 아이를 낳았고, 나라에서는 이를 벌할 수가 없었죠. 게다가 왜군이 절까지 불태우고 떠나는 바람에 이들이 기거할 곳도 마땅치 않았습니다.

결국 임진왜란 때 이방인의 자식으로 태어난 아이들을 모아 놓고 기르게 되었고, 이때부터 이태원은 사생아들이 사는 곳, 즉 '이태원梨泰院'이 아닌 '이태원異胎圓'이 되었다는 설이 항간에 돌게 됩니다. 1932년 7월 17일자 「동아일보」에는 그것에 관한 전설을 이렇게 소개하고 있습니다.

> "운종사에서 일을 보든 미녀[비구니]들은 청정[가토 기요사마]과 성교가 잇슨 후 청정이도 가버렷고 운종사도 불타업서젓스니 그들은 오고갈 때가 업시 되엇다. 그리하야 그들은 륭경산隆景山 미테다 토막을 짓고 청정과 관게가 잇슨 결과로 임신하얏든 태아를 나케 되니 아비가 타국인임을 생각할 때 그는 반드시 이태異胎라 하야 이웃 동리 사람들은 벌서 알고 수군거리길 이태가 잇는 집이라고 해서 이태원이라 불느게 되엇다 한다."

이후 병자호란 때도 많은 조선 여성들이 겁탈을 당하는데 그 당시 임신한 여성들도 이태원으로 모이게 되었답니다. 이태원의 아픈 혼혈 역사는 이렇듯 조선시대부터 생겨난 것입니다.

홍제천과 환향녀

임진왜란의 화마로 온 나라가 쑥대밭이 되고 얼마 지나지 않아, 조선의 백성들은 또 다시 병자호란을 맞게 되었죠. 이때 청나라는 50만여 명의 조선 백성들을 포로와 인질로 끌고 갔다고 합니다. 여전히 여성들은 전쟁의 희생양이었죠.

특히 미인이 많기로 소문난 지역이었던 의주와 평양에서는 일반 백성은 물론이고 양반의 부인과 첩까지 납치되는 일이 비일비재했습니다. 대부분의 여인들이 다시 고국으로 돌아올 수 없었다고 해요. 하지만 운 좋게 도망을 치거나 속환금＊贖還金을 주고 풀려난 이들도 있었죠.

• 속환금: 포로에서 풀려나기 위해 내는 몸값

문제는 수만 가지 사연을 품고 다시 고국으로 돌아온 여인들이었습니다. 우리가 익히 알고 있듯이 사람들은 그녀들에게 손가락질하며 '환향녀還鄕女'라고 불렀

습니다. 오랑캐에게 정절을 잃었다는 것이죠. 환향녀는 공녀*와는 좀 다른 개념
인데 당시뿐만 아니라 오늘날까지도 속된 표현으로 쓰이기도 하죠. 그렇게 될 수
밖에 없었던 역사를 한번 살펴볼게요.

• 공녀: 고려 · 조선시대
에 중국 원나라 · 명나
라의 요구로 여자를 바
치던 일. 또는 그 여자

병자호란 때 끌려간 여인들이 다시 고국으로 돌아왔을 때 가족의 귀환이라는
안도감보다는 보수적인 유교 사회에서 청나라 오랑캐에게 몸이 더럽혀진 여자라
는 인식이 더 강했을 겁니다. 일반 백성보다 양반들이 훨씬 심했겠죠. 실제로 임
신을 한 채 조선으로 돌아온 여자도 있었다고 해요. 청나라에서 성폭행을 당했기
때문입니다. 그 여인의 잘못도 아닐 텐데 오히려 이혼을 당하기도 했습니다. 실
제로 속환금도 남편이 아닌 친정에서 내주고 데려왔다고 하더군요. 이렇게 꿈에
그리던 조선 땅에 돌아왔어도 환영받지 못했고 남편에게 이혼을 요구받으며 사
람 이하의 취급을 받았습니다. 심지어 양반집에서는 대놓고 자결을 강요하기도
했고, 결국 자결을 택한 여인들도 많았습니다.

그런데 유교사회인 조선에서 이혼이 가능했을까요? 이혼소송 관련 상소문이
빗발치자 인조와 신하들은 이 사태에 대해 고민했는데, 이때 최명길이 모든 책임
은 남자에게 있다고 말했습니다. 그리고 이러한 이혼소송은 절대로 허락하면 안
된다고 주장했죠.

고심하던 인조는 환향녀들을 위한 대책을 내놓았습니다. 여기서 '홍제천弘濟川'
이야기가 나옵니다. 홍제천은 지금의 종로구, 서대문구, 마포구를 가로질러 흐르
는 하천으로 한강, 탄천, 중랑천, 안양천과 함께 서울을 관통하여 흐르는 5대 하
천으로 꼽힌다고 합니다. 조선시대에는 홍제천 주변에 중국 사신이나 관리가 묵
던 홍제원弘濟院이 있었다고 하는데, 지금은 흔적조차 없고 홍제천 주변을 따라 조
성된 자전거 도로만 있어요. 조선시대에는 청나라에서 한양으로 들어오는 길목
이었을 겁니다.

▶ 홍제천
환양녀의 아픈 역사를 담고 있다.

인조는 홍제천에서 몸을 씻으면 아녀자들의 과거를 묻지 않겠다고 어명을 내립니다. 더 이상 집안에서도 여성에게 책임을 묻지 말라고 한 것이죠. 그러니 양반이고 천민이고 할 것 없이 홍제천에서 몸을 씻는 진풍경이 벌어졌다고 해요. 전쟁이 완전히 끝난 후에도 이곳으로 환향녀들이 몰려들었고요. 그중에는 결국 집으로 돌아가지 못하는 여인들도 많았는데, 이들이 주변에 터를 잡고 살기 시작했어요. 왕의 큰 은혜에 감사한다는 의미로 '홍은동'이라고 불렀답니다.

하지만 이 대책도 오래가지는 못하고 남편들은 끊임없이 이혼을 요구했습니다. 이에 인조는 첩을 들이라는 강구책을 마련했고, 너도나도 할 것 없이 첩을 들이게 됩니다. 결국 첩을 들이고 아들을 못 낳는다, 음식을 못 한다는 등 갖가지 이유를 대서 부인을 쫓아냈습니다. 이러한 역사적 사실을 바탕으로 나온 것이 환향녀이고 지금까지도 속되게 부르는 뜻으로 사용하기도 하죠.

정말 안타깝고 부끄러운 역사가 아닐 수 없습니다. 그리고 일제 강점기에 위안부 할머니들의 모습도 함께 겹쳐져서 더욱 마음이 아프네요.

이태원과 홍제천의 슬픈 기억

전쟁으로 상처 입은 여인들을 따뜻하게 품어줘야 할 조선의 반응은 싸늘했습니

▶드라마 「환향녀」의 한 장면(KBS2
전설의 고향 「환향녀」편)

다. 청으로 끌려갔던 여인들은 결국 돌아와서도 더 큰 고통을 겪게 되었고요. 원치 않는 임신이지만 아이를 버리지 못하고 홀로 키워야 했던 이태원의 여인들도, 환향녀라는 손가락질을 받으며 한과 눈물을 삼켜야 했던 홍제천의 여인들도 모두 가슴 아픈 우리의 역사입니다.

이런 드라마틱한 요소 때문인지 이들에 대한 이야기가 드라마나 영화로도 많이 만들어졌죠.

우리는 가슴 아픈 역사를 통해 슬픔은 보듬고 상처는 치유하며 결과에 대한 책임은 지는 성숙한 자세를 키워나가야 할 것입니다. 두 번의 왜란과 호란으로 조선 여인들이 겪었던 시련은 이태원과 홍제천의 지명에 가슴 아픈 전설로 남아 있습니다. 이태원 지명의 아픔을 보듬기라도 하듯 효종은 큰 배 밭을 만들어 배나무 골로 거듭나도록 했지만 이태원의 아픈 역사는 여전히 우리에게 많은 생각할 거리를 남겨 줍니다. 전쟁으로 인한 피해는 고스란히 여성들과 아이들에게 남게 되죠. 다시는 이러한 역사가 되풀이되지 않기를 바랄 뿐입니다. 화려한 이태원의 이국적인 거리를 바라보면서 우리의 아픈 역사를 한번 되새겨보았으면 좋겠습니다.

매년 10월 31일 할로윈데이가 되면 사람들이 모이는 핫 플레이스엔 괴기스러운 분장으로 할로윈 코스튬을 한 젊은 남녀들로 붐빕니다. 그중에서도 할로윈데이 축제로 가장 유명한 곳은 뭐니 뭐니 해도 이태원이죠.

그렇다면 할로윈데이는 대체 언제, 어디에서 생겨난 것일까요?

할로윈 데이는 미국 전역에서 매년 10월 31일 유령이나 괴물 분장을 하고 즐기는 축제로 그리스도교 축일인 만성절 전날 미국 전역에서 다양한 복장을 갖춰 입고 벌이는 축제입니다. 미국에서 유명해졌지만 본래 할로윈은 켈트인의 전통 축제 '사원Samhain'에서 기원한 것으로 알려져 있어요. 켈트 족은 한 해의 마지막 날이 되면 음식을 마련해 죽음의 신에게 제의를 올림으로써 죽은 이들의 혼을 달래고 악령을 쫓았습니다.

근데 왜 12월 31일이 아니라 10월 31일이냐면 켈트족들의 전통 달력은 10월이 마지막 달이었기 때문이에요. 이때 악령들이 해를 끼칠까 두려워한 사람들이 자신을 같은 악령으로 착각하도록 기괴한 모습으로 꾸미는 풍습이 있었는데, 이것이 바로 할로윈 분장 문화의 원형이 된 거죠.

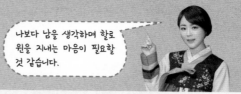

나보다 남을 생각하여 할로윈을 지내는 마음이 필요할 것 같습니다.

19세기 중반까지만 해도 미국의 할로윈은 켈트 족의 풍습을 간직하고 있던 스코틀랜드 · 아일랜드 이민자들이 치르는 소규모 지역 축제였습니다. 그러다 1840년대 아일랜드 대기근으로 1백만 명의 아일랜드인들이 미국으로 이주하면서 퍼져나가기 시작했고, 지금은 미국을 대표하는 축제로 자리 잡았죠.

할로윈데이가 되면 각 가정에서는 호박에 눈, 코, 입을 파서 잭오랜턴이라는 등을 만들고, 검은 고양이나 거미 같이 할로윈을 상징하는 여러 가지 장식물로 집을 꾸밉니다. 아이들은 괴물이나 마녀, 유령으로 분장한 채 이웃집을 찾아다니면서 사탕과 초콜릿 등을 얻는데, 이때 외치는 말이 '과자를 안 주면 장난칠 거야'라는 의미의 '트릭 오어 트릿trick or treat'입니다. 할로윈의 대표적인 놀이인 트릭 오어 트릿은 중세에 특별한 날이 되면 집집마다 돌아다니는 아이나 가난한 이들에게 음식을 나눠주던 풍습에서 기원한 것이라고 해요.

이날 학교를 비롯한 곳곳에서 분장 파티가 열리며 아이들뿐 아니라 성인들도 전통적인 주제나 유명인 혹은 영화 주인공으로 분장하고 축제를 즐깁니다. 우리나라의 유치원이나 어린이집에서도 어느 순간부터 할로윈데이를 꼭 챙기기 시작했는데요. 할로윈 분장은 어른들뿐 아니라 아이들에게도 큰 인기를 얻고 있습니다. 우리나라의 할로윈데이 모습은 2000년대에 들어서서야 처음 나타나기 시작했다고 하네요.

오늘날의 할로윈은 본래의 의미를 상실한 채 너무 상업적으로 변질됐다는 인식이 있어요. 마치 발렌타인데이처럼 할로윈 축제를 이용해서 상업적으로 이득을 얻으려는 모습이 여기저기 많이 보이곤 합니다. 켈트인들이 먼저 세상을 떠난 이들의 평온을 빌고 중세 사람들이 가난한 이들에게 음식을 베풀었던 것처럼 나보다 남을 생각하며 할로윈을 지내는 마음이 필요할 것 같습니다.

조선의 은밀한 포르노그래피, 춘화

신윤복과 김홍도. 한 번쯤은 들어본 유명한 조선 후기 화가들이죠. 이들은 주로 민중들의 삶을 표현한 풍속화를 그렸지만 다소 야한 춘화도 그렸다는 사실, 알고 계시나요?

요즘은 에로틱한 영화, 드라마, 소설, 노골적인 야동까지 다양한 포르노그래피의 홍수 속에 살고 있습니다. 하지만 옛날 조선시대에는 유일한 포르노그래피가 바로 춘화였습니다. 일명 조선시대 빨간책이었던 거죠.

춘화春畵는 말 그대로 봄을 그린 그림, 남녀의 성희性戱 장면을 그린 풍속화입니다. 춘화도春花圖 또는 운우도雲雨圖라고도 하죠. 춘春은 오래전부터 남녀의 애정을 표현할 때 자주 등장합니다. 춘의春意, 춘정春情이라는 말도 있죠. 남녀가 사랑에 빠지면 봄이 오는 느낌이라 붙인 이름일까요? 그림에 나타나는 풍류와 해학처럼 춘화라는 이름도 은밀하면서도 재미있게 다가옵니다.

살랑살랑 불어오는 봄바람을 맞으며 사랑에 빠지고 싶지 않을 사람이 누가 있을까요? 멋들어진 조선시대 춘화 구경 한번 해보죠. 그 속에 담겨진 의미를 해석하는 건 덤입니다.

춘화를 통해 슬며시 엿보는 조선시대 성문화

인류가 존재한 이래 성性은 늘 함께했습니다. 오히려 현재보다 옛날 사람들이 더 개방적이었던 것 같아요. 삼국시대는 도교의 영향으로 젊은 남자와 젊은 여자의 색공을 받아야 몸이 더 좋아지고 회춘할 수 있다는 방중술이 당연시되는 사회였고요. 고려시대 후반의 왕들은 성적으로 문란하기 이를 데가 없었습니다.

조선시대는 성리학을 기본으로 한 사회였기 때문에 성을 음탕한 것이라 여기고 앞에서는 쉬쉬했지요. 하지만 아무리 유교 문화가 지배한다고 해도 겉으로 드러나지 않을 뿐, 성문화가 뒤처지거나 하는 일은 없었습니다.

성은 부끄러운 것이 아닙니다. 우리가 밥을 먹고 잠을 자고 일을 하는 것처럼 성생활도 자연스러운 일상 중에 하나일 뿐이죠. 춘화를 보는 시각도 사실 이런 측면에서 얘기하고 싶습니다. 이미 조선시대 춘화 중에서도 단원 김홍도와 혜원 신윤복이 그렸다는 유명한 작품들은 인간의 욕망인 성을 예술적으로 승화시켰다는 평을 받고 있으며, 문화재로서 보존가치도 뛰어나요. 그리고 그 속에 많은 의미와 이야기를 담고 있습니다.

우리나라에는 언제부터 춘화가 등장했을까요? 영조 때 박양한朴亮漢이 지은 『매옹한록梅翁閑錄』에 의하면, 인조 때 상아로 만든 남녀의 형상을 한 조각품이 처음 전래되었다고 합니다. 하지만 원나라 왕실과 관계가 있었던 고려시대부터 왕실을 중심으로 사용되었을 것이라는 의견도 있습니다.

남녀가 유별한 조선사회에서 궁중 화가 신윤복이 춘화를 그릴 수 있었던 것은 왕실의 필요에 의해서라는 말도 있습니다. 조선시대에 제일 중요한 것은 후손을 통한 왕실의 보존인데 세자나 세자빈, 후궁들이 눈으로 직접 볼 수 있는 구체적인 성교육 지침서가 필요했다는 것이죠. 꼭 왕실이 아니어도 당시 사람들은 책과 그림을 통해 성에 관한 많은 지식을 얻을 수 있었으리라 짐작이 됩니다.

조선시대에 춘화가 본격적으로 유행한 것은 18세기 후반으로 추정됩니다. 김홍도와 신윤복의 풍속화 중 춘화를 떠올리게 하는 그림들이 등장하면서부터죠. 이후 그려지는 작자 미상의 춘화들도 두 사람의 화풍을 따른 것이 많다고 해요.

춘화는 주로 중상류 계층을 중심으로 주문 제작, 유통되었는데 아주 은밀한 거래가 이루어졌다고 해요. 이미 중국이나 일본에서 건너온 춘화, 서적, 성기구 등을 접한 음란서생들이 더욱 노골적이고 선정적인 것을 찾게 되면서 춘화는 점점 퇴폐적이고 향락적인 분위기로 흐르게 되죠.

조선의 춘화에서도 중국 춘화와 마찬가지로 도교의 흔적을 찾을 수 있다고 합니다. 방중술房中術 같은 수행법이 표현된 것이죠. 여기서 특이한 점은요, 남자들에게 여러 여성과 관계를 하되 되도록 사정을 하지 말 것을 강조한다고 하네요. 에너지를 사용하지 않고 자신의 정기를 보존하라는 것이죠. 그렇게 해서 건강과 장수를 추구한다는 겁니다.

우리가 조선시대 춘화를 살펴보기 좋은 작품으로는 김홍도의 『운우도첩雲雨圖帖』과 신윤복의 『건곤일회첩乾坤一會帖』이 있습니다. 두 사람의 이름이 새겨진 낙관이 찍혀 있으며, 다양하게 표현된 남녀의 성행위 장면을 통해 당시의 성문화를 엿볼 수 있죠. 김홍도의 작품은 주로 사계절을 배경으로 풍류를 즐기는 장면이 돋보이고요, 신윤복의 작품은 그에 비해 기생방이나 사대부 집안에서 벌어지는 장면들이 많이 등장합니다.

▶김홍도 「운우도첩」 12점 그림 중의 하나

▶신윤복 「건곤일회첩」 그림 중의 하나

　조선시대 춘화에 많이 등장하는 장면이 '훔쳐보기'라고 하는데요, 이는 다른 이들의 일상을 몰래 훔쳐보면서 성적인 호기심을 더욱 자극하는 것이죠. 양반이 시골 여인을 힐끗 쳐다본다거나, 빨래하는 여인들을 숨어서 본다거나, 여종이 주인마님 방을 허락도 없이 훔쳐봅니다. 가장 유명한 것은 신혼 첫날밤 아이들이 문풍지를 몰래 뚫어 훔쳐보는 풍경인데요, 각종 사극에서 많이 묘사되곤 하죠. 그런데 그것이 성교육이라는 명목으로 실제 행해지곤 했답니다.

　그리고 춘화에 등장하는 인물을 보면 무척 다양한데요, 양반, 기생, 양반집 부인, 여종, 심지어 스님도 많이 나옵니다. 신분과 성별을 가리지 않고 다양한 계층의 사람들을 표현한 것도 조선 춘화의 특징입니다.

　수려한 풍경의 숨 막히는 아름다움, 풍류를 즐기는 여유, 때로는 양반을 겨냥한 적나라한 풍자와 해학까지 단지 성행위만을 묘사하는 일차원적인 그림이 아니라 그 속에 깃든 당시 사회상과 예술적 가치를 찾을 수 있습니다.

신윤복의 에로티시즘, 김홍도의 한국적 유머 읽기

신윤복과 김홍도의 춘화는 그 특징이 조금씩 다릅니다. 김홍도의 화풍은 좀 남성

▶사시장춘

적이고 해학미가 돋보입니다. 특히 서민층의 생활을 많이 그렸고요. 신윤복의 화풍은 여성적이고 섬세하며, 그림을 보면 선이 곱고 정말 여자들이 예쁩니다. 여성의 마음을 잘 표현한 듯한 몸짓이나 표정을 볼 수 있어요. 그래서 신윤복은 여자였다는 설도 있습니다.

두 사람의 그림을 비교해보겠습니다.

먼저 신윤복의 춘화입니다. 사시장춘四時長春은 춘화 역사상 최고의 에로티시즘을 표현한 작품이라고 합니다. 실제로 보면 야한 장면이 전혀 없음에도 불구하고 이상하게도 매우 야하게 느껴지는 그림입니다. 정말 그런지 한 번 보실까요? 설명을 곁들여 보겠습니다.

배경은 깊은 산입니다. 이렇게 깊은 산에 집이 있을 리 만무한데, 약간 별장 같기도 하고, 요즘으로 치면 무인텔 느낌이 난다고 할까요? 사시장춘은 '사계절이 봄'이라는 뜻으로 남녀가 사랑을 하면 사계절이 봄과 같다는 뜻을 내포하고 있습니다. 이 그림에 나오는 장소를 절로 생각하는 의견도 있는데 절은 아닌 것 같죠? 앞에 동자승이 있는 것도 아니고 곱게 댕기 내린 여종이 서 있는 것도 그렇고요. 요즘으로 치면 사대부의 별장 같은 느낌입니다.

그리고 문 앞에 놓인 신발은 매우 고급스러운 신발로 여종이 신고 있는 짚신과 대조를 이룹니다. 안에 있는 사람이 높은 신분의 사람이라는 것을 추측할 수 있죠. 그런데 이들이 왜 집에서 즐기지 않고 이런 산골까지 와 있는 걸까 의문이 듭니다. 여자 신발의 주인이 부인인지, 기생인지는 알 수 없으나 아마도 불륜일 확률이 높겠죠. 신발이 놓인 것을 보면 여자 신발은 가지런하고 남자 신발은 아무렇게나 흐트러져 있는 것이 왠지 급하게 들어갔다는 것을 추측할 수 있습니다. 여종이 술상을 들고는 엉덩이를 뒤로 빼며 주춤하고 방 앞에 서있는데요, 마치 문지방을 통해 안에 있는 남자와 여자의 소리가 들리는 듯합니다. 뭔가 못 들어가는 이유가 있겠죠?

이 그림을 명작으로 보는 이유는 배경 때문이라고 해요. 배경도 자세히 살펴보겠습니다.

거친 각도로 억새풀처럼 표현한 솔방울들이 보이는데요, 마치 남성의 음모를 표현한 듯합니다. 왼편의 솔나무가 계곡을 향하고 있는데 계곡은 여성을 상징하는 듯해요. 계곡에서 흐르는 물이 아주 에로틱하죠. 계곡 위쪽의 나무는 고운 여성의 음모를 표현하는 것 같고요. 방 옆에 피어 있는 하얀 꽃도 두 남녀가 방 안에서 무엇을 하고 있는지 보여주는 듯합니다.

이처럼 계곡을 비롯한 배경 그림을 멋지면서도 은근히 야하게 그림으로써 방 안에서 무슨 일이 벌어지고 있는지 추측하게 합니다. 직설적인 표현이 없어도 배경만으로 방 안의 풍경을 상상할 수 있고, 에로티시즘이 느껴지는 것이죠.

▶신윤복 단오 풍경　　　　　　　　▶신윤복 춘화첩 중의 하나

　　이 그림을 보고 느끼는 바는 각자가 다를 것이고, 지금까지의 해석 말고 다른 의견이 있을 수도 있습니다. 여러분들은 어떻게 느껴지시나요?

　　신윤복 춘화의 특징 중 하나는 몰래 엿보는 것이 많이 등장한다는 것입니다. 왼쪽의 단오 풍경 그림은 유명하죠? 계곡 근처에서 그네 타고, 쉬고 있는 여인들과 멱을 감고 있는 여인들을 훔쳐보는 두 어린 승려의 얼굴에 장난기가 가득합니다. 그리고 오른쪽 그림에서는 방 안의 정사 장면을 훔쳐보는 어린 여종도 자신의 욕망을 숨기지 않습니다.

　　김홍도의 그림 중에도 배경을 야릇하게 묘사한 작품이 있습니다. 바위 아래 두 남녀가 등장하는 그림은 남녀가 정사를 벌이는 장면보다 배경이 더 돋보입니다. 오른쪽 바위 형태는 여성의 성기를 암시하고 있고요, 바위와 연결된 평지는 마치 바위 속으로 파고드는 거대한 남근을 떠올리게 합니다.

　　바위와 평지가 만나는 곳에 무성한 풀들 역시 그런 분위기를 만들어 주는데, 자연의 형태를 통해 음양의 조화를 표현한 것입니다. 이렇듯 산이나 계곡, 바위, 꽃 등 배경을 활용하여 노골적이지 않게 은은히 야릇하게 묘사하는 것도 조선 후

▶김홍도의 음양조화적 춘화

▶김홍도의 주모와 노인이 등장하는 춘화

▶김홍도의 해학적 춘화

기 춘화의 전형적인 양식이라고 합니다.

춘화에는 젊은 남자와 여자만 주인공으로 나오는 것이 아닙니다. 김홍도의 다음 작품을 보면요, 나이든 남자와 여자가 등장합니다. 배경은 물론 그림에 나오는 인물들도 아주 소박하고요. 그런데 그림을 살펴보면 여자는 준비가 되어 있는 반면 남자는 그렇지 못한 것 같네요. 그래서 여자의 얼굴엔 못마땅한 기색이 역력합니다. 늙어가는 것의 안타까움과 쇠락해가는 노인의 성을 표현했다고 해석하기도 합니다. 왠지 짠하면서도 사실적인 묘사에 감탄하게 되네요. 2002년에 개봉해서 화제가 되었던 노인들의 성생활을 담은 영화 「죽어도 좋아!」가 생각납니다.

김홍도는 풍류와 해학의 작가였는데요, 한 남성이 기생에게 빠르게 달려가는

▶중국 춘화　　　　　　　　　　▶일본 춘화

모습이 매우 우스꽝스럽게 느껴집니다. 뭐가 급한지 방문도 활짝 열어둔 채로요. 방문 앞에 옷도 허물 벗듯이 급하게 벗은 모양입니다. 여성은 이미 준비를 다 마쳤습니다. 섹시하게 허벅지를 든 상태지만 왠지 얼굴은 곰방대를 들고 "아 피곤해"라고 말하는 듯하죠. 김홍도만의 해학적인 표현이 잘 드러나는 그림입니다.

조선시대 춘화에는 스토리텔링이 있다

지금까지 신윤복과 김홍도의 춘화를 중심으로 살펴봤는데요, 조선시대 춘화를 보면 중국이나 일본의 춘화와는 달리 서정적이라는 것을 알 수 있습니다. 중국이나 일본 춘화는 성행위 장면을 아주 노골적이고 과장되게 표현한다고 해요.

그런데 조선 춘화는 남녀의 성행위 장면을 직접적으로 묘사하지 않으면서 스토리를 유추하게 하는 그림이 많다고 합니다. 좀 더 비교를 해볼게요.

• 전족: 중국 옛 풍습의 하나. 여자의 엄지발가락 이외의 발가락들을 어릴 때부터 발바닥 방향으로 접어 넣은 듯 힘껏 묶어 헝겊으로 동여매어 자라지 못하게 한 일이나 그런 발

중국 춘화는 자세가 좀 괴기스럽다는 평이 있고요, 도구를 사용하거나 여자들이 전족*을 하고 있어서 아주 힘들어하는 모습이 그려집니다. 배경도 별로 세련

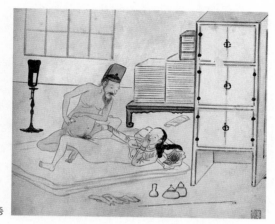

▶신윤복의 노인과 여종

되지 못한 것 같아요. 일본 춘화는 성기를 너무 강조하다 보니까 전반적으로 오버스럽고 그림의 질이 떨어져 보입니다.

사실 우리 춘화를 보다가 중국이나 일본 춘화를 보면 언뜻 봐도 작품의 질이 확 차이가 납니다. 조선의 춘화는 중국과 일본의 춘화와 달리 매우 디테일하고 표현력이 뛰어나죠. 성행위 장면 자체에 초점을 맞춘다기보다는 배경 이미지나 그림에서 풍겨 나오는 스토리텔링으로 더욱 관능적이고 야릇한 분위기를 자아냅니다. 이렇듯 섬세하게 그림 하나하나에 스토리텔링을 담은 우리만의 독특한 춘화 양식에 감탄할 수밖에 없습니다. 마치 모두 훌러덩 벗은 목욕탕보다 보일 듯 말 듯한 노출이 더 섹시한 것처럼요.

스토리텔링이 잘 나타난 춘화 몇 점을 살펴보겠습니다.

신윤복의 작품인데요, 위 그림을 보면 가구도 고급스럽고 책이 가득 쌓여 있는 방에 나이든 남성이 갓을 쓰고 있는걸 보니 양반임을 알 수 있습니다. 누워 있는 여인은 댕기를 곱게 내린 어린 여종으로 보입니다. 여종은 짧은 저고리만 걸친 채 기분 좋은 웃음을 짓고 있습니다. 아마도 양반이 거처하는 사랑채 같은 곳

▶신윤복 「건곤일회첩」 그림 중의 하나

에 몰래 들어온 것 같죠. 여종의 표정을 보니 그림만 보아도 이들의 관계는 오래
된 사이 같습니다. 옆에 춘화 같은 책이 놓여 있는데 양반이 여종에게 보여줬나
봅니다. 그리고 양반이 들고 있는 흰색 잔이 특이한데요. 손가락으로 무슨 말을
하며 가리키고 있는 것 같죠? 이것에 대한 해석은 다양합니다.

조선시대에는 젊은 여성의 애액을 먹으면 회춘한다는 설이 있었다고 해요. 그
래서 애액을 받으려는 컵이라는 말이 있고요, 피임 도구라는 말도 있습니다. 이
한 폭의 그림 속에도 재미난 스토리텔링이 담겨져 있습니다.

이번에도 신윤복의 작품이네요. 두 여인이 춘화를 같이 보고 있습니다. 앞쪽
의 여인이 하얀색 한복을 입고 있는 것으로 보아 상복을 뜻하며 과부라고 해석하
기도 해요. 어찌되었든 앞에 있는 여인이 좀 더 적극적으로 춘화를 보여주고 있
고 뒤에 있는 여인은 부끄럽다는 듯이 쳐다보고 있어요. 그런데 한쪽 손은 나와
있지만 다른 쪽 손은 치맛자락으로 들어간 듯 보입니다. 두 여인의 풍만한 가체
를 보면 기생이거나 양반 댁 규수인 것 같고요. 이 춘화의 하이라이트는 바로 촛
불입니다. 뒤에서 춘화를 보고 있는 여인 앞의 촛불의 불빛이 한쪽으로 흔들리고

▶최우석, 「운우도화첩」의 머슴
과 여종이 등장하는 그림

있죠? 바로 여인의 숨이 거칠어졌다는 걸 의미합니다. 춘화를 보고 흥분한 것이
죠. 이 그림을 보고 앞의 여인이 뒤에 있는 여인을 꼬시는 것이라고 하여 여색 쪽
으로 해석하기도 합니다. 참 그림 한 장 가지고도 많은 이야기를 상상할 수 있어
요. 이것이 우리나라 춘화의 매력입니다.

　양반과 기생만이 아니라 일반 백성들도 춘화에 등장합니다. 위의 춘화는 특
히 머슴과 여종을 주인공으로 내세워 한국적이고 서민적인 느낌을 갖게 해줍니
다. 젊은 두 청춘의 성적 욕구를 사실적으로 묘사하고 있는데요, 아마도 주인
마님이 외출한 틈을 타서 급하게 사랑을 나누는 모습 같습니다. 정사를 나누는
주인공 외에도 한 쌍의 닭과 병아리들은 다산을 의미하고요, 절구와 절굿공이
는 간접적으로 성교를 의미한다고 하네요. 닭 한 마리는 무심한 듯 이 둘을 바
라보고 있고요. 왠지 여느 양반 댁 뒷마당에서 흔히 나타났을 것 같은 자연스러
운 그림입니다.

　마지막으로 한 가지 더 조선 춘화의 특징을 살펴보면요, 스님이 많이 등장합니
다. 부패한 불교를 비판하려는 의도였을까요? 당시 절에서 탑돌이를 하던 여인

▶ 최우석, 『운우도화첩』의 스님이 등장하는 그림

이 스님과 관계를 맺고 임신하는 경우도 종종 있었다고 해요. 조선시대 후반 성적으로 문란한 사찰이나 스님의 이중성을 대놓고 풍자하고 있습니다.

색과 함께 사회상을 담은 문화적 산물, 춘화

춘화를 단순히 성적인 욕망을 표현한 그림으로 치부하기에는 그림 한 폭에 담긴 사연이 너무나도 많습니다. 디테일한 표현이나 수려한 풍경 속에도 하나하나 의미가 담겨 있다는 사실이 놀랍죠.

그런데 김홍도의 낙관이 찍혀 있다고 해서 그것이 김홍도의 작품이라고 단정 지을 수 없다는 의견도 있습니다. 당대 최고의 화가가 굳이 춘화를 그릴 필요가 있었겠냐는 것이죠. 그의 명성에 어울리지 않는 작품이라고 보기도 합니다. 하지만 김홍도가 춘화를 그렸다고 해서 그의 명성에 흠집이 생기는 건 아닌 것 같아요. 어차피 춘화도 풍속화 중 하나일 뿐이니까요.

아무튼 우리는 춘화를 통해서 최고의 화가들이 그려낸 당대 사회상과 풍자를 재미있게 읽어낼 수 있습니다. 보수적인 사회에서 인간의 숨겨진 욕망을 드러내고 권력자들의 이중성을 비판하며 소외된 계층의 삶을 표현한 것이죠. 그러면서 너무 외설적이지 않고 격조를 지킨 것이 조선의 춘화가 예술적인 가치를 가질 수 있는 이유 아닐까요?

조선의 춘화에는 이름처럼 남녀 간의 사랑과 야릇한 에로티시즘으로 인한 봄 기운이 느껴집니다. 요즘에 즐비한 상업적이고 저속한 포르노그래피보다 훨씬 더 관능적이고 매력적으로 느껴지네요. 제가 나중에 아이를 낳으면 성교육을 춘화로 하면 어떨까 하는 생각이 듭니다. 역사 공부도 하고 성교육도 하고 일석이조 아닐까요?

금서부터 춘화까지 구해 주었던
걸어 다니는 서점, 책쾌

조선시대에 서점이 있었을까요? 아이러니하게도 유교 경전이 중심이 되던 조선시대에 막상 서점은 없었습니다. 아마도 서적을 통해 유교적 소양을 쌓는 것은 양반들에게만 허용된 일종의 특권이었기 때문에 일반 평민들이 이용할 수 있는 서점을 만들지 않은 것일 수도 있겠네요.

조선시대 국영 서점으로 교서관이 있었지만 이것도 역시 일반인들에게는 오픈되지 않은 공간으로 궁중서적의 출판과 관리들을 위한 교부만 담당한 공간이었지 판매의 목적은 아니었습니다.

그나마 요즘의 서점과 비슷한 모습은 1576년 선조 때 펴낸 『고사촬요』에서 찾아볼 수 있는데요. 일부 사람들이 돈을 벌기 위해 한글로 된 책을 손수 찍어서 팔았다고 합니다. 이런 책을 '방각본'이라고 하는데 돈을 적게 들여 만들었기에 인쇄상태와 종이 질이 안 좋았다고 해요. 일종의 해적판 책인 거죠. 재밌게도 책의 마지막 쪽에는 "이 책을 사고 싶으면 수표교 아래에 있는 하한수의 집으로 찾아오시오."라고 쓰여 있어, 원작자에게 직접 찾아가 구매하라고 알려줬다고 합니다. 결국은 일반 백성이 개인적으로 책을 쓰고 직거래를 했던 셈이지요. 오늘날과 같은 전문 서점이 생기기 시작한 것은 구한말 소학교가 생겨나면서부터라고 합니다.

그렇다면 그전에는 일반 백성들은 책을 어디서 구했을까요? 바로 그런 일을 했던 사람들이 책쾌입니다.

책쾌는 조선시대 16세기에 등장하는데요. 여기서 쾌(儈)의 뜻은 거간, 중개인, 상인을 뜻하며 수요자와 공급자 사이에 중간상이 되어 수수료를 챙겼는데, 더 큰 이익을 목적으로 서적을 대량 구입하여 수요자에게 이익을 남기고 팔기도 했습니다. 책쾌는 당시 책을 잘 쓰는 유명한 저자가 나타나면 찾아가서 책을 얻고 고객들에게 홍보하여 판매를 했습니다.

또 역관을 통해 청나라로부터 수입한 책을 판매하기도 하였다니 요즘으로 치면 작은 출판사 역할을 한 것이지요. 서적을 취급하는 직업의 성격상 책의 내용을 알아야 했으니 책쾌는 한글

▶MBC 드라마 「밤을 걷는 선비」 포스터

과 한자를 사용할 수 있을 정도의 인텔리여야 했겠죠? 중인 또는 몰락양반이 그 주류를 이루었을 것으로 추측됩니다.

책쾌는 조선 후기로 갈수록 인기가 급상승했는데요. 한글 보급과 서민문화의 발달로 한글소설이 엄청난 인기를 끌게 되었는데 심지어 여성들은 비녀를 팔아 책을 빌려보고 날 가는 줄 몰랐다고 할 정도입니다.

이때 책쾌는 새로운 문물을 소개하는 청나라의 책이나 문체반정을 일으킨 금서들과 함께 춘화집 또한 유통했다고 합니다. 책쾌로 유명한 사람들로는 송희정, 박의석, 조신선 등이 있었으며, 그들은 소매에 책을 가득 넣어 도성 안을 돌아다니며 싼값에 책을 사들여 팔 때에는 값을 몇 배로 받았다고 해요. 책에 대해 모르는 것이 없을 정도로 해박하고 문학적 비평 능력도 탁월하여 군자에 비유되기도 했답니다.

이러한 매력 때문에 책쾌의 이야기를 다룬 「밤을 걷는 선비」라는 만화가 큰 인기를 얻었고, 드라마로까지 만들어지기도 했습니다.

먹방의 원조, 조선시대 푸드파이터

유튜브를 통해 외국에서 엄청난 인기를 끄는 콘텐트가 있습니다. 바로 먹방이죠. 남이 음식을 먹는 영상을 왜 재밌어 할까 의아해하는 분들도 있겠지만 음식의 맛에 대한 정보 전달, 대리 체험, 엄청난 양의 음식을 먹는 모습 등 여러 가지 이유로 인기를 끌고 있는 것이 사실입니다.

우리나라는 잘 알려진 대로 먹방 강국입니다. '먹방'이라는 단어도 우리나라에서 만들어졌다고 해요. 외국에서도 먹방을 소리 나는 대로 'MUKBANG'이라고 쓴다는군요.

외국 사람들은 한국의 먹방 문화, 많이 먹는 푸드파이터 문화, 특이한 음식을 먹고 리액션하는 그런 문화를 엄청 재밌어 합니다. 덩달아 한국의 음식문화도 인기를 끌고 있고요.

그런데 사실 우리나라는 예로부터 이러한 푸드파이터 기질이 있었다는 거 알고 계셨나요? 조선시대 사람들은 도대체 얼마나 먹었길래 외국에서 놀랄 정도였는지 한번 알아보도록 할게요.

▶조선시대 선비의 흔한 밥상
밥그릇과 국그릇의 엄청난 크기를 확인할 수 있다.

조선시대 사람들의 먹방 스케일

조선시대 먹방이 궁금해서 자료를 찾던 중에 저의 시선을 완전히 빼앗아버린 결정적인 사진 한 장을 발견했습니다.

그릇 한번 보실래요? 저것이 밥그릇인가요? 보통 우리가 3명 정도 모여서 양푼에 밥 비벼먹거나 할 때 쓰이는 정도의 크기네요. 그리고 이분이 지금 밥을 먹기 시작한 것이 아니라 먹는 중간에 찍은 사진이라고 합니다.

보통 그릇에 밥을 담을 때 수북하게 쌓아 올리는 걸 고봉으로 담는다고 하잖아요? 조선시대에는 진짜 밥을 산만큼 쌓아서 줬나 봅니다. 반찬은 별로 없어도 우선 밥그릇과 국그릇이 엄청 크다는 것을 알 수 있습니다. 정말 스케일이 남다르죠?

그런데 사실 이것이 실제로 조선시대 음식문화였다고 해요. 구한말 조선에 온 외국인 선교사들의 기록에 의하면 우리나라 사람들의 식욕이 무척 왕성했다고 합니다. 밥이면 밥, 과일이면 과일 싹싹 비웠다고 해요. 특이한 건 닭을 엄청 잡아먹었다는 기록도 있습니다. 그리고 선교사들이 한 가지 더 놀란 건 생각보다 조선 사람들의 키가 컸다는 겁니다. 동남아시아나 중국보다도 상당히 큰 편에 속했다고 해요. 일본과 비교해 보면 더 이해가 빠른데요, 일본 사람들과 우리나라 사람 키 차이가 평균적으로 10센티미터 이상 났다고 합니다. 정말 엄청 나죠? 남자들 키가 그렇고요, 여자들도 5~7센티미터 정도 우리가 더 컸다고 합니다. 또한 키가 클 뿐만 아니라 발육상태도 좋고 덩치와 풍채가 있어 또 한 번 놀랐다고 하네요. 가난한 나라라고 생각했는데 생각보다 사람들이 크고 풍채가 좋았다는 거죠. 서양 사람들의 시선으로 봤을 때 우리나라 사람들은 먹는 스케일도 크고 항상 무언가를 끊임없이 먹고 있었다고 합니다.

우리 조상들이 왜 이렇게 식욕이 왕성했는가 하는 것에는 대한 몇 가지 설이 있습니다. 한번 살펴볼게요.

첫째, 농경사회다 보니 매일 농사짓고 일하는 것이 일상이었습니다. 농사일을 많이 하니까 자연스럽게 배가 금세 꺼지겠죠. 몸을 많이 쓰기 때문에 많이 먹어야 한다는 말입니다.

둘째, 말을 타고 다니는 사람들은 거의 극소수고 가마를 타는 사람들도 일부 양반들뿐이었습니다. 대부분의 사람들은 주로 걸어 다녔죠. 옛날에는 정말 부산에서 한양까지 걸어서 갔잖아요? 걷다가 지치면 주막에 들러서 쉬다가 또 걷다가를 반복하며 오로지 도보로만 움직여야 한 것이죠. 조선 후기나 개화기 때 자동차나 전차 같은 근대 문물이 들어왔다고 해도 일반 백성들은 주로 걸어 다닐 수밖에 없었죠. 하루 종일 걸으니까 유산소 운동이 엄청나게 됐을 것이고, 칼로리 소모가 많아 밥을 많이 먹을 수밖에 없었다는 것입니다.

셋째, 한반도가 워낙 풍요로운 땅이라서 엄청난 기근이나 흉년이 들지 않는 이상 어느 정도 풍족하게 먹을 게 많았다고 보는 입장입니다.

넷째, 우리나라는 미식가가 많았다고 해요. 음식에 대한 기록도 많이 남아 있고요. 구황작물, 식용작물, 고기 부위별 조리법 같은 정보가 자세히 실려 있다고 하네요. 그러니까 요리를 잘하기 때문에 이것저것 잘 찾고 잘 요리해서 먹을 줄 알았다는 겁니다.

잠깐 여담인데요, 저는 외국 여행을 할 때마다 음식에 관심이 많이 가요. 영국에 갔을 때였는데, 음식문화가 너무 간단해서 좀 놀랐습니다. 아침에 브런치로 토스트와 베이컨 정도를 먹었는데 점심도 샌드위치, 그리고 저녁에는 스테이크 잠깐 굽고 끝. 특별히 요리라고 할 것이 없다 보니 영국의 대표 요리가 너무 궁금했던 거죠. 그래서 대표 요리를 먹기 위해 어느 음식점을 방문했습니다. 피시 앤 칩이라고 생선과 감자튀김이 전부였어요. 그런데 이것이 전통요리라는 거예요. 물론 맛있게 먹기는 했지만 뭔가 전통요리라고 하면 정성도 듬뿍 들어가고, 보기에도 특별해야 할 것 같은데 너무 심플해서 요리라는 생각은 들지 않았어요. 우리나라는 그에 비하면 요리법이 정말 다양하고 준비 과정도 오래 걸리며 어떻게 조리하느냐에 따라 음식의 맛도 달라지잖아요. 그러니 미식가의 나라라고 해도 손색이 없는 것 같습니다.

다섯째, 농경사회로 아무래도 평소 채식 위주로 먹다 보니까 많이 먹을 수밖에 없다는 거죠. 고기를 먹으면 뭔가 든든하게 포만감이 들 텐데 채소와 탄수화물만 먹으니까 포만감이 잘 안 들잖아요. 그래서 밥을 더 많이 먹게 된 것이 아닌가 하는 이야기입니다.

그런데 정말 옛날 사람들이 현대인보다 몸을 많이 쓴 건 맞는 것 같아요. 걸어 다니고, 농사짓고 하루 종일 움직이죠. 몸을 많이 쓰는 운동선수들도 엄청 먹잖아요? 확실히 몸을 많이 쓰면 기초 대사량이 많아져서 그럴 수밖에 없겠다 싶습니다. 주변에 운동하는 친구들 보면 먹는 양이 장난 아니죠. 그와 같은 이유인 것 같아요.

필원잡기
조선 초기의 문신인 서거정(徐居正)이 역사에 누락된 사실과 조야(朝野)의 한담(閑譚)을 소재로 서술한 한문 수필집이다.

실제로 많이 먹은 사람에 대한 기록도 남아 있습니다. 서거정이 지은 『필원잡기※筆苑雜記』라는 옛 서적에 보면 '홍일동'이라는 사람이 나옵니다. 이 홍일동은 실존 인물이라고 합니다. 홍일동, 홍길동 왠지 비슷해서 '홍길동'의 형 같죠? 근데 정말로 그렇다는 설도 있긴 합니다. 아무튼 그 홍일동이라는 사람은 세조 때 인물인데요, 바른말을 잘하고 글도 잘 쓰는 그런 인재였다고 합니다. 하지만 그 사람이 최고로 잘했던 건 먹는 것이었다고 해요. 요즘으로 치면 푸드파이터인 거죠. 이 사람이 진관사라는 곳에 놀러갔는데 그때 먹은 목록이 기록으로 남아 있습니다. 과연 얼마나 먹었을까요?

> 떡 한 그릇
> 국수 세 그릇
> 밥 세 그릇(고봉으로 먹었을 것이라 추정)
> 두부와 청포 아홉 그릇

그런데 이만큼 먹고도 홍일동은 집에 와서는 배가 고팠던지 또 먹습니다.

> 삶은 닭 두 마리
> 생선국 세 그릇
> 어회 한 그릇
> 술 사십 잔

이렇게 먹은 후에야 드디어 잠이 들었다고 합니다. 대단하죠? 그런데 이 사람은 이후로도 그렇게 계속 많이 먹다가 결국 위에 병을 얻어 죽었다고 합니다. 과식은 역시 건강에 좋지 않네요.

이순신 장군의 라이벌인 원균도 엄청나게 잘 먹었다고 합니다. 약간 과장된 것같긴 한데 한 끼에 쌀 한 말로 밥을 지어 먹었다고 합니다. 반찬으로는 닭을 여러 마리 잡아먹고, 술도 스케일이 커서 잔으로 마시는 게 아니라 동이로 비웠대요. 아무래도 무장이니까 잘 먹었지 않았겠느냐 생각할 수도 있지만 『난중일기亂中日記』나 당시 사료를 보면 임진왜란이라는 국난을 겪으면서도 원균은 지나치게 많이 먹은 것으로 나옵니다. 너무 뚱뚱해서 제대로 걷지도 못했다는 기록까지 있습니다. 심지어 유성룡의 『징비록懲毖錄』에도 등장하는데요, 원균이 잘 도망치지 못한 이유가 비만으로 뚱뚱해지는 바람에 몸이 무거워서 제대로 뛰지 못해 그렇게 됐다는 기록이 있습니다.

조선의 고기 먹방왕, 세종대왕

그런데 조선시대 먹방 하면 떠오르는 인물들이 있습니다. 누가 제일 거창하게 잘 먹었을까요? 바로 조선의 왕들입니다. 엄청나게 으리으리한 수라상을 받았을 테니까요.

조선의 왕들은 하루에 여섯 번 식사를 했다고 합니다. 일어나자마자 밥상부터 받았는데요, 그것을 초조반이라고 하죠. 그리고 아침수라, 낮것상, 참, 저녁수라, 야참 이렇게 여섯 번을 먹었습니다. 낮것상과 저녁수라 사이의 참은 생략되기도 하고요.

초조반은 아침 6시에 일어나서 간단한 미음이나 죽을 먹었다고 합니다. 그리고 아침수라는 오전 10시에 밥, 국, 김치, 조치*, 전골 같은 기본 반찬 등 12첩 반상

* 조치: 바특하게 만든 찌개나 찜.

을 아침부터 거창하게 먹습니다. 낮것상은 12시쯤에 면이나 만두, 떡국 같은 음식을 먹고요, 오후 3시쯤에는 다과상으로 참을 먹고, 저녁 6시에는 또다시 12첩 반상으로 저녁수라를 먹습니다. 저녁수라 양이 가장 많았다고 하는데요. 밤 9시쯤 왕이 침소에 들기 전에 책을 읽고 있으면 야참으로 국수나 식혜, 약식 같은 것들을 내왔다고 해요. 물론 중간 중간 "참을 내오거라" 명령하면 언제든 맛난 디저트를 대령했고요.

사실 임금님의 수라상이 너무 거창하다고 해서 네 번만 먹었다는 왕도 있고요, 검소했던 영조 임금은 그마저도 줄여서 하루 삼시세끼만 먹었다고 합니다. 영조는 보기에도 많이 마른 편인데요, 평소에도 소식을 했기 때문에 장수했던 왕으로 유명합니다. 영조는 재위 기간도 52년으로 제일 길었고요.

반면에 고기를 너무 좋아한 최고의 먹방왕이 있습니다. 바로 세종대왕입니다. 세종대왕은 비만으로 성인병에 시달리면서도 고기반찬이 없으면 밥을 안 먹었다고 해요.

상궁이 "오늘은 무엇을 올릴까요? 전하." 이러면 "고기가 먹고 싶구나."

날씨가 더워져서 "입맛을 돋우기 위해 어떤 음식이 좋을까요? 전하." 이러면 "음…… 역시 고기가 당기는구나."

겨울이 되어 "몸이 허하실 텐데 무엇을 올릴까요? 전하." 이러면 "당연히 고기가 제일이지."

그야말로 기승전 고기였죠. 사실 저도 엄청난 육식 마니아라 세종대왕님 마음이 이해가 갑니다.

그런데 세종대왕은 독서와 학문에 열중했던 왕이잖아요? 고기만 엄청 먹고 움직이지 않으니 주변에서 보기에도 꽤 걱정스러웠을 겁니다. 실제로도 뚱뚱했다고 해요. 세종대왕이 고기만 먹고 하도 안 움직이니까 아버지인 태종이 불만이 많았죠. 그래서 책을 태워버렸다는 일화도 있습니다. 운동 좀 하라고 잔소리를 하기도 했죠.

실제로 세종실록 3권 내용을 보면요, 태종이 이렇게 말합니다.

> "주상의 몸이 너무 무거우니 내일은 주상과 더불어 노상왕(정종)을 모시고 동쪽 교외 광진에 가고자 한다. 또 앞으로 광주에서 사냥을 할 터이니, 곧 병조로 하여금 경기도 각관의 재인*, 화척*을 초벌리에 모이도록 약속하라."

• 재인: 재주가 있는 사람. 광대
• 화척: 소를 잡는 백정

"너 너무 뚱뚱해. 사냥 좀 하면서 돌아다녀." 바로 이 말인 것이죠. 하지만 그런 강경책에도 세종의 고기사랑은 식을 줄 몰랐습니다.

그리고 세종대왕은 특히 스태미너에 좋은 보양식도 많이 먹었습니다. 소의 고환, 닭의 고환이 정력에 좋다고 해서 많이 먹었고요, 실제로 자식들도 많이 낳았어요.

어쨌든 세종대왕은 성인병, 비만, 당뇨에 시달렸다고 합니다. 눈도 안 좋아서 망막병증을 앓게 되고요, 두통, 이질, 부종, 수전증 등 잔병들이 세종대왕을 괴롭히다 마지막에는 임질도 걸리죠. 그 임질 때문에 세종대왕이 매독에 걸렸다고 하며 성병으로 치부하기도 하는데, 당시 임질은 비뇨기과적인 모든 병을 다 임질로 표현했다고 합니다.

실제로 매독균은 조선시대 중종 때쯤 처음으로 우리나라에서 발견되고요. 아무튼 세종대왕은 임질과 당뇨 등 여러 합병증에 시달린 것으로 보입니다. 마지막에는 "한 가지 병이 겨우 나으면 한 가지 병이 또 생기매 짐의 쇠로함이 심하다"고 한탄했다 합니다. 이래서 비만으로 인한 각종 성인병이 무섭다고 하는 것 같습니다.

조선 사람은 대식가였다?

먹방 이야기를 하다 보니 끼니라는 말이 궁금해서 찾아봤어요. 끼니란 아침, 점심, 저녁처럼 때에 맞춰서 먹는 밥인데요, 1459년에 『월인석보月印釋譜』에 처음 등장합니다. 때 시時의 '시'라는 발음을 우리 스타일로 발음하다 보니까 끼가 됐고, 쌀을 뜻하는 우리말 '니'가 합쳐져 끼니라는 말이 생겨났다고 하네요.

조선시대 일반 백성들의 끼니는 어땠을까요? 왕들은 여섯 끼를 먹었지만 백성들은 보통 두 끼를 먹었다고 합니다. 여름에는 낮에 일을 많이 하니까 참을 먹어서 세 끼를 먹었고요. 평소에는 주로 아침과 저녁 조석朝夕으로만 먹었지요. 아무래도 하루 두 번만 먹기 때문에 밥 양이 그렇게 많은 건 아니었으리라고 생각할 수 있습니다.

그런데 조선 후기에는 끼니를 매우 사치스럽게 먹었던 사람들도 있었나 봅니다. 당시 돈 많은 양반들은 마치 왕이 된 것 마냥 사치스럽게 밥상을 차려 먹었다고 하는데요. 이익의 『성호사설*星湖僿說』에 이런 내용이 있습니다.

성호사설
조선후기의 실학자인 성호 이익(李瀷)의 문답집. 저자가 40세 전후부터 책을 읽다가 느낀 점이나 제자들의 질문에 답변한 것을 그의 나이 80에 이르렀을 때에 집안 조카들이 정리하여 엮었다고 한다.

"요즘 사람들은 새벽에 일찍 일어나 흰 죽 먹는 것을 조반이라고 하고 한낮에 배불리 먹는 걸 점심이라 한다. 부유하거나 귀한 집에서는 하루에 일곱 차례를 먹는데 술과 고기가 넉넉하고 진수성찬이 가득하니 하루에 소비하는 것으로 백 명이 먹을 수 있다. 옛날 하증何曾(사치를 좋아하고 날

마다 맛있고 좋은 음식을 먹었던 중국인)처럼 집집마다 사치하니 민생이
어찌 곤궁하지 않겠는가?"

가난한 사람들은 굶어죽고 있는데 돈 많은 사람들은 하루에 일곱 끼를 먹고,
하루에 소비하는 음식의 양이 백 명을 먹일 수 있을 정도의 양이었다는 거죠. 어
쨌든 일반 백성들은 하루 두 끼를 먹었다고 하는데요, 없는 살림에도 먹을 때는
정말 대식가였던 모양입니다.

신문기사에서 본 내용인데요, 어떤 프랑스 신부가 음식 7인분을 먹어치우는 조
선인을 보고 놀랐다는 내용이었어요. 외국 사람들은 보통 조선인들의 식성이 대
단하다고 이야기하는데요. 서너 명이 앉아 있으면 복숭아나 참외 20~25개가 순
식간에 없어진다고 해요. 앞에서 소개한 고봉밥은 많은 외국인들에게 충격을 주
었는데 사람들이 밥 먹을 때 말을 하지 않는 이유가 밥을 더 많이 먹기 위해서인
것 같다고 생각하더라고요. 어떤 오스트리아 여행가는 중국이나 일본 사람들은
식사 때만 먹는 것 같은데 한국 사람들은 끊임없이 아무 때나 먹는 것 같다고까
지 말했어요. 서양 사람들 시각에서는 우리나라 사람들의 먹성이 대단하다고 느
껴졌던 것이죠. 일본 음식문화가 우리나라처럼 푸짐하진 않잖아요. 사람들도 소
식을 하는 편이고요.

조선 중기 성현이 지은 『용재총화慵齋叢話』에 의하면 "조선인은 기이할 정도로
많이 먹었다. 가난뱅이들은 빚을 내서라도 실컷 먹어댔고 관료들은 하루 3끼 꼬
박꼬박 술을 마셨다"고 비판한 기록도 있습니다.

용재총화
조선 중기의 문신 학자인
성현(成俔)의 수필집. 고려
로부터 조선 성종대에 이
르기까지 형성, 변화된 민
간 풍속이나 문물 제도·
문화·역사·지리·학
문·종교·문학·음악·
서화 등 문화 전반에 걸쳐
다루고 있어, 당시의 문화
전반을 이해하는 데 많은
도움을 준다.

그런데 이에 대해 다른 의견도 있습니다. 맛 칼럼니스트 황교익 씨는 대식가라
는 표현은 틀렸다고 주장합니다. 왜냐하면 그때는 너무 없이 살았기 때문에 먹을
수 있을 때 배불리 먹자는 인식이 기본적으로 있었다는 것입니다. 음식이 많아서

배불리 먹은 게 아니라 먹을 것이 부족했기 때문에 음식이 있을 때 일단 많이 먹고 보자는 심리였다는 겁니다. 서양인들이 보기엔 대식가였지만 실제로는 폭식이었다는 것이죠. 그리고 조선은 곡물 농사를 짓고, 고기가 귀하기 때문에 그나마 닭밖에 먹을 것이 없고, 탄수화물 위주로 먹으니 항상 배가 고프고 빨리 꺼졌다는 것입니다. 당연히 밥을 많이 먹는 것 이외에 다른 방법이 없었다는 겁니다. 과일을 많이 먹은 이유도 그것으로 끼니를 때웠기 때문이랍니다. 영양을 균형 있게 맞춰줘야 살도 찌는 건데, 주로 탄수화물과 과일로 끼니를 때우고 많이 움직이니 사람들이 대부분 마른 체형이었다는 것이죠.

외국인들의 눈에 비친 대식가의 모습에 민초들의 아픈 삶이 담겨 있다고 생각하니 좀 안타깝습니다. 옛날에 할머니들이 배고팠던 기억 때문에 손주들한테 먹이는 것만으로도 기쁨을 느끼셨잖아요. 배부른데도 항상 더 먹어라 이것도 먹어봐라 하시며 음식을 권하시던 할머니 생각이 납니다.

비록 대식가로서의 그늘에 안타까운 사연이 담겨 있긴 하지만 그래도 외국과 비교해 봤을 때 우리나라 사람들이 많이 먹는 건 맞는 것 같습니다. 먹방에 특성화된 무언가가 있는 건 확실한 것 같아요.

또한 우리나라는 예로부터 먹는 즐거움을 누릴 줄 알았던 민족이었습니다. 때에 따라 몸에 좋은 제철 음식을 가지고 요리하며 즐길 줄 알았어요. 사계절이 뚜렷했기 때문에 특정한 시기나 계절에만 얻을 수 있는 채소, 과일, 해산물 등으로 만든 음식을 상에 올렸습니다.

봄에는 쑥과 냉이로 국을 만들고 메밀국수와 조밥을 먹었으며 여름이면 더위에 잃은 입맛을 수박과 참외로 시원하게 달래고, 오곡이 무르익는 가장 풍요로운 시기 가을에는 곶감을 말리고 무와 배추로 김장을 준비하며, 겨울이면 참꼬막 요리를 해 먹거나 겨울철 별미인 과메기를 김에 싸먹었어요.

　사실상 조선 시대부터 1970년대까지만 해도 우리의 밥상에서 육류는 보기 힘들었습니다. 1970년대만 해도 연간 1인당 육류 소비량이 5킬로그램 정도로 1년 중 중요한 잔칫날에나 고기를 먹을 수 있었죠. 하지만 요즘은 육류 소비량이 부쩍 늘어 50킬로그램 정도라니 거의 10배나 늘어난 거예요. 그에 따른 각종 성인병과 심장질환 증가도 문제가 되고 있고요.

　'함포고복含哺鼓腹'이라고 배불리 먹고 배를 두드린다는 말이 있어요. 천하가 태평하여 즐거운 모양을 뜻합니다. 지금은 조선시대보다 풍요로운 시대로 먹을 걱정은 많이 줄어들었죠. 이제는 많이 먹는 것보다 얼마나 몸에 좋은 음식을 잘 챙겨먹느냐가 중요한 시대가 된 것 같습니다.

요즘 한정식집의 모습을 보면 거나하게 차려진 한 상에 여러 명이 둘러 앉아 같이 오손도손 먹는 모습이 보편적이죠? 그러다 보니 왠지 낯선 사람들과 겸상할 때면 본인 앞에 놓인 반찬만 주구장창 먹어야 하고, 고기반찬은 저 멀리 있어서 먹기 불편할 때가 있습니다. 집에서도 흔히 한상에 온 가족이 모여 앉아 밥과 찌개와 반찬도 함께 먹습니다.

제가 예전에 영국에 갔을 때 카페에서 일하면서 점심시간에 된장찌개를 끓여서 직원들과 나누어 먹는데, 영국 사람들이 보고 기겁을 했습니다. 그들이 보기에는 고약한 냄새의 'funny soup'을 여러 명이 같이 숟가락으로 퍼 먹는 게 비위생적이고 충격적이었나 봅니다. 요즘은 위생문제로 따로 덜어먹는 문화도 많이 생긴 것 같습니다.

하지만 이러한 겸상 문화가 우리 고유의 문화가 아니라는 것 알고 계시나요?

조선은 겸상을 한 적도 없고, 해서도 안 되는 문화로 알았습니다. 우리가 가지고 있는 어떠한 사료에도 조선 사람들이 겸상을 했다는 증거는 없습니다. 왜냐하면 조선은 유교사회였기 때문이죠. 철저한 신분사회였기에 평민들도 심지어 겸상을 꺼렸고 노비들끼리만 겸상을 했다고 합니다. 얼마 전까지 시골에선 가부장적인 전통으로 남자끼리 여자끼리 따로 상을 보기도 했지만 조선시대에는 아버지와 아들이 같이 겸상하는 것도 금기였습니다.

겸상 문화를 꺼린 이유는 유교적인 전통 외에도 온돌문화로 인한 작은 방 때문이기도 했습니다. 온돌은 방이 작을수록 효율이 높기에 아무리 잘사는 부유한 양반집이라 하더라도 방의 칸수가 많아질 뿐 방 자체는 크지 않았습니다. 그 제한적인 방에 큰상이 들어가기도 힘들었고, 여러 명이 둘러 앉아 먹기도 힘들었죠. 그런 여러 가지 이유로 조선시대에는 독상 체제였던 우리의 식문화가 왜 겸상으로 변했을까요?

겸상은 바로 구한말 일본에 의해 들어온 문화입니다. 19세기 말 일본식당이 조선에 들어오면서 겸상이 신문화라는 인식이 널리 퍼진 거죠. 주로 기생이 있는 요릿집 등을 통해서였는데,

▶조선시대 식사 모습
모두 독상에서 식사하고 있다.

솔직히 요릿집 입장에서는 한상 거나하게 한번에 차리는 게 쉬웠을 것이고, 찬수도 많아서 더 화려하게 보였겠죠? 지금의 한정식집도 마찬가지 이유일 것이고요. 또한 구한말 여성의 지위가 전보다 높아지면서 남녀가 한상에서 같이 밥을 먹는 게 뭔가 공평한 신문화로 받아들여진 것도 겸상 문화가 널리 퍼지는 데 일조하였을 것으로 보입니다.

한편 일제 강점기 이후 먹을 게 부족해지고 생활이 힘들어지면서 식생활의 변화가 나타납니다. 먹을 게 부족하다보니 독상을 차리기 힘들어지면서 점차 겸상 문화가 자리 잡기 시작합니다. 거기다 예전 같으면 어디 양반이 겸상을 하냐고 했겠지만 신분제의 붕괴로 인해 인식이 바뀌게 되고요. 결국 6.25 이후 생활고가 더 심해지면서 겸상은 우리나라의 원래 문화인 것처럼 되어 굳어졌습니다.

흔히 일본이 독상 문화고 우리가 겸상 문화며, 일본의 식문화가 깔끔하고 우리나라는 다소 비위생적이라 생각했다면 그건 잘못됐다는 거죠. 식문화는 시대 상황에 따른 문화전파로 인해 바뀔 수는 있지만, 우리의 원래 식문화가 어땠는지 아는 것과 모르는 것은 큰 차이가 있다고 생각합니다.

억울한 죽음이 없게 하라, 조선 시대 CSI

예나 지금이나 인간이 살고 있는 이 땅에는 끊임없이 범죄가 일어납니다. 조선시대도 예외는 아니었겠죠. 과연 그때는 살인사건에 어떻게 대응했을까요. 백성의 억울한 죽음의 원인을 파헤치는 데 있어서 한 치의 소홀함도 없었을까요? 그리고 그 옛날 조선시대에도 과학적인 수사가 이루어졌을까요?

조선 후기의 실학자 정약용이 저술한 『흠흠신서欽欽新書』에는 당시 유배지에서 일어난 살인사건 등 강력 범죄를 과학적으로 수사하여 기록한 수사일지가 있습니다. 아주 세세한 기록으로 조선시대 '프로파일러'라고 해도 손색이 없을 정도예요. "흠흠欽欽 – 신중하고 또 신중하라"는 뜻의 형법 연구서인 흠흠신서는 백성들에 대한 애정의 마음에서 시작된 것이었습니다. 이 책은 350여 건의 사례를 담고 있는데요, 타살인지 자살인지 판별하는 방법은 물론 진짜 정신이상자를 구분하는 방법까지 구체적으로 써놓아 관리들이 실제 현장에서 적용할 수 있도록 했습니다.

또한 억울함이 없게 한다는 의미의 『무원록無寃錄』에는 억울하게 죽은 사람들, 죄를 뒤집어 쓴 사람들을 위한 여러 가지 과학수사 기법이 담겨 있습니다. 무원

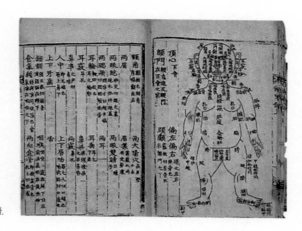

▶왕여, 『무원록』
실제 검시에서 활용된 법의학서이다.

록은 법의학 책을 넘어 진실을 밝히는 열쇠였던 것이죠. 그럼 우선 조선의 법과
정의를 담은 무원록부터 펼쳐보도록 할까요?

과학적이고 체계적인 수사의 시작, 무원록

조선 시대에도 살인사건은 아주 무겁고 중대한 사건이었습니다. 관리가 사건을
접수하면 죽음의 원인을 밝혀야 하는데 이러한 제도를 '검험檢驗 제도'라고 했습니
다. 담당 관원이 시체의 상태를 보고하는 검안서를 작성할 때에는 『무원록』이 지
침서가 되었다고 합니다. 검험의 검시*檢屍 기록은 사건을 해결하는 데 가장 중요
한 자료죠.

무원록은 1341년에 중국 원나라 왕여王與가 편찬한 법의학서입니다. 우리나라
에서는 조선 전기 세종 때 최치운崔致雲이 주해한 『신주무원록新註無寃錄』이 간행되었
는데, 실제 검시에서 활용되었습니다.

영조와 정조 때에는 내용을 다시 검토하고 우리 실정에 맞게 고친 『증수무원록

• 검시: 사람의 사망이 범
죄로 인한 것인가를 판
단하기 위하여 수사 기
관이 변사체를 조사하는
일

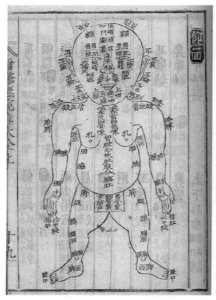

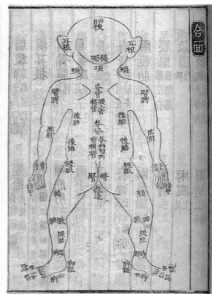

▶『무원록』의 시신 앞 시형도　　　　　　▶『무원록』의 시신 뒤 시형도

增修無寃錄』을 편찬했으며, 정조 때는 좀 더 이해하기 쉽게 한글로 번역한『증수무원
록언해增修無寃錄諺解』를 발간했습니다.

　무원록에는 검시 도구와 절차, 방법 등이 실려 있고, 검시의 기준이 되는 사망
내용에 관한 다양한 사례를 원인별로 구분해서 자세히 설명해놓았습니다. 구체
적이고 체계적인 정리를 통해 사건 해결에 많은 도움을 주었죠.

　검시를 하는 방법에 대해 쓴 무원록이 얼마나 꼼꼼했는지 그림으로 살펴볼게
요. 사람의 몸을 하나하나 그려서 총 75군데를 검시합니다. 시신의 앞과 뒤를 보
여주고 귀, 머리, 어깨, 가슴, 배, 다리, 엉덩이, 손등 하나하나 어느 부분을 어떻
게 살피라고 표시해놓았습니다. 이것을 시형도屍型圖라고 하는데요, 이 시형도에
맞춰서 신체 부위를 자세하게 살펴봤다는 거죠. 얼마나 검시 체계가 촘촘했는지

잘 알 수 있습니다.

살인이나 자살 등을 비롯하여 사람이 죽는 사건이 발생했을 때 원인을 밝히는 일은 매우 중요합니다. 그런데 조선시대에도 우리가 생각하는 것 이상으로 치밀한 수사가 이루어졌다는 것을 알 수 있습니다. 우선 신고가 들어오면 즉시 수사에 나서는데 최소 두 차례에 걸친 절차를 밟았다고 합니다. 설마 지금보다는 대충 하지 않았을까 생각하면 오산입니다. 아주 과학적이고 체계적으로 움직였거든요. 그 절차를 따라가 볼까요?

사건이 일어나면 먼저 1차 수사는 중앙은 5부 관원, 지방은 각 고을의 수령이 직접 검험관이 되어 담당합니다. 검험관은 서리, 의원醫員, 율관*律官, 오작인*仵作人, 시체가 여자일 경우에는 수생파*收生婆와 함께 시체를 검안하고 여러 방법을 동원해서 사망 원인을 밝혀 정황을 파악한 뒤 한성부와 관찰사에 보고합니다.

- 율관: 조선시대 형률에 밝은 사람을 뽑던 과거(잡과)에 급제하여 임명된 벼슬아치
- 오작인: 시체를 직접 처리하는 잡역인
- 수생파: 해산 등과 같이 여성 돌보는 일을 하는 사람
- 당하관: 조선 시대 정삼품 이하의 품계에 해당하는 벼슬을 통틀어 이르는 말

그리고 2차 수사가 진행되는데요, 중앙에서는 한성부의 당하관*堂下官이, 지방에서는 이웃 고을 수령이 사건을 담당하게 됩니다. 초검과 똑같은 방법으로 검험한 후에 결과를 보고하면 한성부와 관찰사는 형조에 보고하게 됩니다. 그런데 여기서 끝이 아닙니다. 1, 2차 검시 기록에 이견이 있거나 뭔가 부족하다 싶으면 일치할 때까지 3차, 4차, 5차에 걸쳐 재수사를 했다고 해요. 심지어 암행어사까지 비밀리에 나서서 1~5차까지 조사했던 군수들을 불러내 다시 조사를 하는 경우도 있었습니다. 그렇게 수사를 마친 후 모든 내용을 종합해서 왕이 판결을 내리면 그제야 사건 종료가 되는 겁니다. 아주 신중하고 철저한 시스템이라는 걸 알 수 있죠.

이렇게 사건을 꼼꼼하게 들여다봤던 이유가 무엇일까요? 간단합니다. 억울하게 죄인이 되는 사람을 만들지 않기 위해, 그리고 억울한 죽음을 끝까지 파헤치기 위

해서였죠. 그렇게 정확한 수사를 위해서 마지막까지 심혈을 기울인 것입니다.

검시 기록을 통해 본 다양한 수사기법

살인사건 수사에서 가장 중요한 것 두 가지가 첫째는 사망 원인을 밝히는 것이고, 둘째는 관련자들의 진술과 정황을 파악해 범인을 찾는 것이죠. 자살인지, 타살인지, 병사인지, 타살이라면 범행 도구가 무엇인지 등 조선시대에는 모든 수사의 기본이라고 할 수 있는 사망 원인을 밝히는 데 특히 많은 노력을 기울였습니다. 그래서 『무원록』도 시신을 검시하는 방법을 자세히 다루고 있습니다. 하지만 지금처럼 시신에 칼을 대서 부검을 할 수는 없는 시대였으니 시신의 겉모습을 보고 판단하거나 뭔가 시료를 써서 시신이 변하는 모습을 살펴보는 것이었죠. 당시에는 어떤 검시 방법을 썼는지 검시 기록을 통해 다양한 수사 기법에 대해 알아보겠습니다.

수사가 시작되면 우선 시신의 상태를 관찰하는 것이 가장 중요하죠. 그런데 이 일을 하는 사람은 실제로 노비라고 합니다. 시체를 만진다고 해서 오작사령^{시체를 다루는 관비}이라고 불러요. 이외에도 사건이 벌어진 곳의 상황을 세세하게 기록하는 사람도 있습니다. 시신의 모습은 물론 주변 가구들까지, 예를 들어 집안에 촛대가 몇 개인가까지 빼곡하게 기록합니다.

다음은 시신을 세척할 차례인데요. 본격적인 검시에 앞서 술 찌꺼기, 식초, 물 등을 이용하여 시신을 세척합니다. 일상생활에서 흔히 구할 수 있는 시료들이죠. 이 술 찌꺼기와 식초를 시신에 씌우고 옷으로 덮은 다음, 끓인 술과 식초를 부으면 시신이 부드러워지는데 이때 물로 씻어내면 숨겨져 있던 상흔이 발견된다고 해요. 그리고 본격적으로 시신의 상태를 살피는 것입니다. 검안은 시체의 머리부터 시작해요. 검안을 한 후 기록하는 것을 시장^{屍帳}이라고 하는데, 검안과 시장을 합해서 검시라고 하는 겁니다.

사건의 정황을 파악하기 위해서는 사망 시간을 알아내는 것이 필수였죠. 조선 시대에는 시신이 부패한 정도를 통해 사망 시간을 추정했습니다. 시신의 부패 단계는 다음과 같아요.

1단계: 얼굴과 몸의 빛깔 변화

2단계: 코와 귀에서 핏물이 나오며 몸에서 구더기가 나오고 배가 팽창

3단계: 부패가 많이 진행되어 머리카락이 빠짐

그리고 부패하는 기간은 계절에 따라 차이를 보이는데, 한여름에는 부패가 빨리 진행되어 3~4일 만에 3단계의 부패가 모두 진행되는 반면, 겨울에는 1단계를 거치는 데도 4~5일이 소요된다고 해요. 이러한 부패 과정의 소요 시간을 정리해서 사망 시간을 추정할 수 있는 것이죠. 사망 시간을 알았다면 이제는 정확한 사망 원인을 찾아야 하기 때문에 사체의 빛깔을 살핍니다.

붉은색 : 맞아 죽음.

푸른색 : 독살 혹은 질식사

누런색 : 병사

검은색 : 시신이 부패함.

흰색 : 살해 후 목을 맴(자살로 위장).

이처럼 자살로 위장한 경우까지 안색으로 알아냅니다. 또한 시체의 빛깔뿐 아니라 시체에 남겨진 흔적으로도 많은 정보를 얻을 수가 있습니다. 조선시대는 맞아 죽은 경우가 많았다고 하는데요, 이럴 때는 눈과 입이 열리고 손발이 흐트러진 상태로 발견된다고 해요. 상처의 색이 검붉고 부어올라 있기도 하죠. 독살의

▶응용법물
검시를 할 때 사용한 검시 재료이다.

경우 입술과 혀가 문드러지고 입이 검으며 손톱이 파랗게 변합니다. 또한 구타에 의한 흔적과 비슷하게 멍 자국이 발견되기도 하고요.

하지만 눈으로만 보는 것은 한계가 있죠. 그래서 응용법물應用法物이라고 하는 검시 재료를 사용합니다. 앞에서 시체의 몸을 닦는 술 찌꺼기, 식초 외에 소금, 초, 파, 매실, 감초, 토분, 망치, 탕수기, 목탄, 백반, 벽지, 솜, 거적자리, 닭, 가는 노끈, 재, 분기, 자, 은비녀 등 정말 다양해요. 이런 것들을 이용해서 시신의 상태를 하나하나 살펴본 것이죠.

응용법물을 이용한 수사기법에 대해 몇 가지 살펴볼게요. 현대 수사기법과 비교해보면 재미있을 것 같습니다.

• 루미놀: 혈액 속에서 과산화수소를 작용시키면 파란 형광을 내는 유기 화합물. 철, 구리 따위를 촉매로 쓰면 더욱 강한 빛을 냄. 이 현상을 혈흔의 감식에 이용함

먼저 흉기를 찾아내는 방법인데요, 아무리 외관상 깨끗한 칼이어도 뜨겁게 달군 후 식초로 씻어내면 핏자국이 드러난다고 합니다. 그래서 핏자국이 드러난 흉기가 발견되면 살인사건으로 간주한 것이죠. 꽤 과학적인 방법이죠? 이것은 현대에서 혈흔을 찾기 위해 루미놀※luminol을 사용하는 것과 같은 원리라고 해요.

▶은비녀
독살을 판별하는 도구로 사용되었다.

그리고 영화나 드라마에서 자주 나와서 본 적이 있을 거예요. 바로 은비녀를 통해 독살을 알아내는 방법입니다. 사극에서 독약에 은비녀를 넣었다 빼면 까맣게 변하잖아요?

은비녀를 쥐엄나무 껍질 삶은 물에 씻은 뒤 독살당한 것으로 추정되는 시신의 목에 넣고는 입을 봉합니다. 그리고 잠시 후 꺼냈을 때 색이 푸르스름한 검은색이면 확실한 독살이고, 잘 발견되지 않을 때는 시신의 하반신을 뜨겁게 만든다고 해요. 그러면 더운 기운이 올라와 은비녀가 확실히 검게 변한다고 합니다.

비슷한 방법으로 닭과 흰쌀밥을 이용하기도 했습니다. 시신의 목에 흰쌀밥을 넣은 뒤 입을 막고 하루 정도 놓아둔 다음에 그 밥을 닭에게 줍니다. 닭이 그걸 먹고 죽으면 100% 독살인 거죠. 이것을 반계법이라고 합니다. 하지만 이 검사는 영조 때 잠시 금지됐는데 어떤 백성이 검시에 사용한 닭을 먹고 죽는 사건이 발생했기 때문입니다.

하지만 다소 비과학적인 수사법도 보입니다. 예를 들면 백골에 핏방울을 떨어뜨려 혈연관계를 알아봤다고 하는데요, 친자식이면 백골에 핏방울이 스며든다는 거예요. 자식이 아니면 흡수되지 않고요. 전혀 근거 없는 내용입니다. 마치 궁녀를 선발할 때 앵무새 피를 손목에 떨어뜨려 동그랗게 고여 있는지 혹은 흐르는지를 보면서 처녀인지 아닌지를 판별했던 것과 비슷하네요.

그리고 사건 수사 및 검시 과정에서 시대적 한계도 남아 있긴 합니다. 바로 변사자에 대한 검시가 종종 생략되곤 한 것인데요. 예를 들어 선조 34년[1601]에는 수령이 관내 백성을 형벌로 다스리다가 죽은 경우 굳이 검시까지 하지는 말 것을 규정으로 만들었으며, 영조 28년[1752]에는 연좌제로 인해 유배지에 머물던 양반집 부녀자가 죽는 사건이 발생했는데 이 경우 검시하는 것이 매우 불미스러운 일이라 판단하여 검시를 중지시켰다고 하네요. 조선시대의 유교적인 성격상 신분관계나 남녀유별을 이유로 검시를 생략한 조치는 적절했다고 보긴 어렵겠죠? 이러한 부분에 아쉬움을 가진 정약용은 『흠흠신서』를 저술하게 됩니다.

신중하고 또 신중하라 『흠흠신서』

『흠흠신서欽欽新書』는 순조 22년[1822]에 정약용이 간행한 형법서입니다. 지방 수령이 형사 사건을 함부로 처리해 억울한 옥사가 생기는 것을 막고자 사건의 유형별로 처리 기준을 제시한 것이죠. 사건을 맡은 수령은 마음을 바르게 가지고 사심 없이 일을 처리해야 한다는 취지에서 책의 제목을 『흠흠신서』라 지었습니다. '흠흠'이란 걱정이 되어 잊지 못하는 모양을 말하는 것으로, 신중히 재판하라는 뜻이 담겨 있죠. 정약용은 황해도 곡산부사와 형조참의를 지내면서 형사사건 여러 건을 직접 처리했는데, 이때 쌓은 실무 지식과 국내외 이론을 종합하여 이 책을 편찬했어요. 중국과 조선에서 일어난 중요한 사건과 직접 처리했던 사건의 자세한 판례를 모았는데요, 사건이 일어났을 경우 조사하고 처리하는 방식과 절차, 죄의 경중에 따른 처벌 기준의 확정 등을 이해하기 쉽게 정리해놓았습니다.

다산 정약용이 20여 년이라는 긴 시간을 들여 『흠흠신서』를 쓴 이유는 서문에 적혀 있습니다.

> "살려야 할 사람은 죽이고 죽여야 할 사람은 살리고서도 태연하고 편안할 뿐만 아니라 비참함과 고통으로 울부짖는 백성의 소리를 듣고도 구제할 줄 모르니 이것이 바로 깊은 재앙이 아닌가."
>
> —『흠흠신서』 서문 中

평생의 절반을 유배지에서 보내며 정약용이 만난 백성들의 삶은 각박했습니다. 가혹한 고문과 수사로 인한 억울한 죽음, 쌓여가는 백성들의 원한. 그 안에서 조선의 정의를 바로 세우려 한 것이죠.

대표적인 사건 하나를 소개해드릴게요.

정조 23년[1799] 4월, 정조는 정약용을 형조참의에 임명하고 이미 확정 판결된 것들을 포함해 전국의 형사사건을 모두 재조사하라고 명령했습니다. 특히 정조가 직접 함봉련 사건에 의문의 꼬투리가 있으니 자세히 살펴보라고 했죠. 사건은 평창의 나졸 모갑[某甲]이 환곡을 독촉하러 김태명의 집에 가서 송아지를 끌고 가다가 길에서 김태명을 만난 것에서 시작합니다. 김태명이 송아지를 도로 빼앗으려다가 서로 싸움이 일어났고, 김태명은 모갑의 배를 짚고 무릎으로 가슴을 짓찧은 후 송아지를 데리고 가다가 길에서 땔감을 지고 돌아오는 함봉련을 만납니다.

함봉련은 김태명 일가 사람의 머슴이었어요. 김태명은 함봉련에게 모갑을 가리키며 그가 자신의 송아지를 훔친 사람이니 혼을 내주라고 했습니다. 함봉련은 지게를 진 채 모갑의 등을 떠밀었는데 그가 밭 사이에 넘어졌다가 곧 일어나 집으로 돌아갔습니다. 그런데 모갑이 집에서 피를 토해내며 아내에게 "나를 죽인 자는 김태명이니 복수하라"고 한 후 그만 죽고 말았죠. 아내가 그의 말대로 고발했고 초검과 시체검험서에서 가슴 한 곳이 검붉고 딱딱하며 둘레는 3촌 7푼이고 코와 입

119

이 피로 막힌 것 외에는 별로 다친 자국이 없어서 죽은 원인으로 맞아 죽었다고 적었습니다. 그런데 주범을 함봉련, 목격한 증인을 김태명으로 한 것이죠.

정약용은 이 사건이 대표적으로 거짓 진술에 의한 오판임을 지적했습니다. 우선 형사 사건을 판결함에 있어 세 가지 근거를 기본으로 해야 한다고 주장했죠. 첫째 유족의 진술, 둘째 시체검험서의 증거, 셋째는 증인의 증언이 서로 맞아떨어져야 한다는 것입니다.

그런데 정약용은 시체검험서의 다친 자국과 유족의 진술이 서로 일치함에도 오로지 범인의 꾸며낸 말을 믿고 주범을 바꾸었다고 결론 내렸습니다. 그는 시체검험서로 보면 멍자국은 가슴인데 가슴을 짓찧은 자는 김태명의 무릎이며, 함봉련은 단지 손바닥으로 등을 떠밀었다고 했는데 등에는 다친 자국이 없다고 지적했습니다.

더구나 김태명은 주범으로 고발당한 장본인인데도 불구하고 목격자로 삼았기 때문에 함봉련에게 올바른 증언을 하지 않았죠. 다른 증인들도 함봉련이 김태명의 머슴이라 김태명 편을 들었다는 것이 밝혀졌습니다. 김태명에게 훗날 앙갚음 당할까봐 두려웠던 것이죠. 정조는 그의 보고서를 받자마자 곧바로 10년째 억울한 옥살이를 한 함봉련을 석방하고 김태명을 체포하여 사형에서 한 등급을 줄여 조사 처리하도록 한 후 함봉련에 대한 원래의 사건 문서를 모두 태워 없애도록 지시했습니다.

특히 함봉련에 대한 원래의 사건 문서를 태워 없애라고 한 것은 무죄를 받은 사람의 경우 관청에 서류조차 남겨서는 안 된다는 의지를 천명한 것으로 볼 수 있습니다. 죄 없는 사람에 대한 서류가 남는 것조차 부당한 대우라고 생각한 것이죠. 요즘에도 흔히 빨간 줄이라고 해서 전과자 딱지 붙는 것이 제일 무섭잖아요? 심지어 누명까지 썼으니 당연히 그 기록은 지워져야 맞는 거죠.

이렇듯 『흠흠신서』는 단순한 사건 기록물이 아닙니다. 정의란 무엇인가에 대한 정약용의 끊임없는 질문에 대한 열정과 조선의 정의를 구현해야 할 지도층을 향한 엄중한 가르침이었던 거죠. 『흠흠신서』는 수많은 판례로 조선말 법관들의 교과서가 됩니다.

오늘날에도 여전히 살아 숨쉬는 조선의 정의

『무원록』에는 원통한 죽음이 없게 하라는 뜻이 담겨 있습니다. 그래서 사실 저는 치밀하고 과학적으로 수사에 임하는 검시 방법도 놀랍지만 그보다도 『무원록』이 지닌 의미에 마음이 더 가더라고요. 한 사람의 죽음이라도 허투루 생각하지 않고 소중히 다루었다는 것을 잘 알 수 있는 책입니다. 수사를 끈질기게 진행했다는 것은 무엇보다 억울한 죽음이 없게 한다는 것이잖아요. 그리고 억울하게 진범이 되는 경우도 최소화하려는 것이고요. 심지어 오랜 시간이 지났지만 무덤까지 파가면서 진실을 밝히려고 한 경우도 있었다고 해요.

『흠흠신서』에서도 역시 다산 정약용의 백성을 향한 사랑을 느낄 수 있습니다.

"신중하고, 또 신중하라. 과연 나는 이 땅의 정의를 실현할 자격이 있는가? 끊임없이 자신을 향해 묻고 또 물으라."

정약용이 『흠흠신서』에 담은 정신이 오늘을 사는 우리에게도 필요하지 않을까요?

예전에 「재심」이라는 영화를 봤는데요, 약촌 오거리 살인사건 실화를 기반으로

▶영화 「재심」 포스터
약촌오거리 살인사건 실화를 바탕으로 공권력의 무서움을 보여준 작품이다.

한 작품이었어요. 당시 16살이었던 목격자 최 씨는 강압적인 수사로 인한 거짓 진술로 실제로 살인을 저지르지 않았음에도 피의자의 누명을 쓰게 되죠. 사회적 약자를 짓밟은 공권력의 무서움을 잘 보여준 작품이었습니다. 결국 재심을 통해 최 씨는 18년 만에 억울함을 풀게 됩니다.

이러한 억울한 사건들은 과연 누구의 책임일까요? 피해자의 억울한 누명은 풀렸지만 당시 약촌 오거리 사건 담당자들은 처벌받지 않았습니다. 담당 형사와 해당 검사 모두 아무런 처벌도 받지 않았고, 심지어 검사는 그 이후로 인사 이동에서 승진을 했죠. 2000년에 발생한 약촌 오거리 살인사건은 진범이 유죄판결을 받으면서 마무리 되었지만 억울하게 옥살이를 한 최 씨의 10년은 무엇으로도 보상받을 수 없을 것입니다. 그런 억울함을 최대한 줄이기 위한 노력이 무엇보다 필요하다고 생각합니다.

어찌 보면 조선시대보다도 더 억울한 일들이 요즘에도 종종 일어나곤 합니다.

원통한 죽음이 없게 하라는 『무원록』, 억울한 사람이 나타나지 않도록 신중하고
또 신중하라는 『흠흠신서』의 정신이 오늘날 사건 수사와 재판을 하는 이들에게
절실히 요구되지 않을까 생각해봅니다.

조선시대에는 범죄가 벌어지면 지방과 한양에서의 수사가 달랐습니다. 지방에서는 각 관아에서 처리했지만 수도인 한양의 경우 한성부의 치안을 맡은 포도청에서 담당했습니다. 한성부가 서울시청의 역할을 했다면 포도청은 지금의 경찰서 기능을 한 것이죠.

포도청은 본래 지방의 도적떼를 잡기 위한 임시직이었으나 성종12년에 좌변 우변으로 나누어 치안 일을 맡았으며, 중종 때 이르러 제도적으로 좌포도청, 우포도청이 완성되었습니다. 구체적인 관직명을 보면 좌우에 각각 종2품 포도대장, 종5품 종사관, 군관, 포도부장, 포도군사, 무료부장, 가설부장, 겸록부장, 서원, 사령 등이 있었으며, 각각 약 200명 정도의 인원으로 구성됐어요. 1894년 포도청은 좌우가 통폐합되면서 경무청이라는 이름으로 바뀝니다.

포도청에서 근무하는 포졸은 다른 말로 포도군사라고도 하는데 지금으로 말하면 경찰에 해당합니다. 포졸들은 육각형 모양의 육모방망이를 차고 다녔는데 윗사람을 경호하거나 죄인을 잡을 때, 자기 자신을 보호할 때 사용했다고 합니다. 요즘 경찰들의 삼단봉과 비슷한 것이죠.

포도청에서는 수도와 경기 지방의 야간 순찰을 비롯하여 도적, 강도, 살인 사건 등을 담당했습니다.

조선시대 포도청의 활약상으로는 영조 때의 "검계 소탕 일화"가 전해지는데요.
영조 때의 『승정원일기』에는 '검계'라는 이름의 조직이 있는데 칼로 사람을 죽인다고 해서 붙여진 것이며, 주로 양반가의 사나운 노비들이 가입했다고 기록되어 있습니다. 18세기 학자 이규상은 「장대장전」에서, 실존 인물이었던 포도대장 장붕익이 검계 조직원을 일망타진 하는 데 큰 역할을 했다고 묘사하고 있습니다. 이 과정이 상당히 드라마틱한데요.

검계 조직 쪽에서 먼저 밤에 담을 넘고 들어와 장붕익의 암살을 시도했는데 장붕익이 맞서 싸우면서 목숨을 면했다고 합니다. 화가 난 장붕익은 그 뒤로 검계들을 무자비하게 잡아들이기 시작합니다. 당시 검계 조직원들은 몸에 모두 칼자국이 있었다고 하는데, 이를 이용하여 몸에

▶조선 후기 김준근의 포도청 풍속화

칼자국이 있는 사람들은 닥치는 대로 잡아들여 죽였다고 합니다. 결국 검계는 완전히 소탕되었고 자칫하면 더 많은 피로 물들 뻔한 한양은 잠잠해지게 되죠.

또한 조선시대 여형사로 '다모'가 있었다고 하죠? MBC 사극으로 큰 인기를 얻어 "아프냐? 나도 아프다"라는 유행어를 만들어내며 '다모폐인'을 양산하기도 했었는데요. 실제로 다모는 원래 포도청의 여형사라기보다는 천민 신분으로 포도청뿐만 아니라 여러 관청에 배속되어 식모와 같은 역할을 했다고 해요. 그러던 것이 정조 때 만든 장용영이나 지방 군현에 다모가 배치되면서 여형사 비슷한 일을 담당하게 됩니다.

이 내용을 종합해보면 원래 다모는 여러 관청에 소속 되어있던 관비의 일종이었으나 내외가 엄격히 구분되어 있던 조선 사회에서 여성과 관련된 범죄수사나 정보 수집, 여성피의자 수색이나 검시 등을 담당할 여성들이 필요하게 되면서 포도청에 소속된 다모가 수사권을 일부 행사했던 것으로 보입니다. 🃏

조선시대 그녀들의 뷰티시크릿

백옥주사라고 들어보셨나요? 하얗고 백옥 같은 피부를 가지기 위해서 요즘 여자들에게 인기죠. 심지어는 청와대에서도 한때 대량으로 구매했다가 지탄받기도 했는데요, 하지만 그 정도로 여자라면 누구든지 피부미용에 관심을 가지기 마련입니다.

요즘은 여성만 그런 게 아니죠. 남자들만을 위한 화장품 시장도 치열해요. 피부 좋은 사람 보면 저도 엄청 부럽답니다. 타고난 사람도 있을 것이고, 아주 부지런히 관리하시는 분도 있겠죠. 화장을 안 할 수는 없으니까 화장품에 대한 고민도 끝이 없고요.

그런데 옛날 여인들은 어떻게 화장을 했고, 어떤 화장품을 썼는지 궁금하지 않나요? 지금처럼 화장품이 발달하지도 않았을 텐데 말이에요. 조선 시대 풍속화를 보면 진하게 화장을 한 기생들이 등장하곤 하는데, 그럼 사대부집 여인들은 어떤 화장을 했을까요? 그녀들이 어떻게 피부를 가꾸고 자신을 드러내려고 했는지, 화장법은 또 어땠는지 궁금해집니다. 조선시대 뷰티 아이템을 지금의 화장품과 비교해보는 것도 재미있을 것 같네요.

▶조선시대 미인도

조선시대 미인의 기준

드라마 사극이나 영화, 전해져오는 그림 등을 보더라도 일단 고려와 신라 여인들은 화려합니다. 특히 신라는 남자도 그래요. 화랑만 봐도 눈 화장이 엄청 진한 걸 알 수 있잖아요?

조선은 성리학의 시대라서 그런지 소박하고 단아한 화장이 유행했습니다. 외모보다는 내면의 아름다움을 더 중요시했다고 할까요? 유교적인 사상과 남성 위주의 사회에서 여성들에게 차분하고 점잖은 모습을 요구했나 봅니다.

위 두 그림을 보면 당시 시대상황이 그려지는데요, 조선 시대 미인의 기준을 살펴볼게요.

앞의 「미인도」를 보면 일단 화장 자체가 흐리흐리하다는 걸 알 수 있어요. 얼굴을 집중해서 보면, 진한 부분이 보이지 않고 피부는 하얗고 눈썹은 얇으며 입술 연지만 붉게 표현되어 있죠. 정말 눈썹이 있는 듯 없는 듯합니다. 이것이 화장 트렌드였나 봐요.

머리는 구름처럼 뭉게뭉게 가체로 멋을 냈습니다. 비싼 가체는 가격도 엄청나서 요즘으로 치면 명품 백 같은 아이템이었죠. 일단 머리가 풍성하면 얼굴이 작아 보이는 효과도 있습니다. 미스코리아 머리 효과라고 할까요? 어쨌든 숱이 많고 탐스러운 머릿결이 미인의 기준이었어요.

하얀 피부가 미인이라고 생각하는 건 예나 지금이나 똑같네요. 보드랍고 백옥같이 흰 살결, 복숭아처럼 발그레한 뺨, 앵두 같은 입술, 미인을 표현하는 작품속에 많이 등장하는 말이죠.

이마가 직각으로 표현되어 있는데요, 요즘 시각으로 봤을 때는 조금 촌스럽기도 하죠. 네모난 이마와 동그란 눈썹, 즉 진수아미 화장법은 중국에서 유행이었다고 해요. 유교 사회였으니 우리도 중국을 많이 따른 것 같습니다.

그리고 눈여겨봐야 할 것이 일단 아주 말랐습니다. 마른 몸매에 가느다란 허리, 사뿐사뿐한 걸음걸이가 미인이었다는 것을 알 수 있습니다. 날씬한 허리 때문에 엉덩이가 강조되기도 합니다. 저고리가 짧고 가슴을 눌렀는데 가슴이 크면 둔하다는 느낌을 받았다고 해요.

그래서 최대한 눌러서 가슴 선을 없게 하고 허리와 어깨선을 강조한 것이 특징입니다. 그래서 당시의 브래지어 역할을 했던 가슴 가리개는 거의 가슴을 납작하게 붕대로 누르듯이 두르는 것이었죠.

조선시대 미인의 기준이었던 구색(九色)

1. 삼백: 세 가지가 희고 예쁘다 하였으니 이는 피부, 이, 손이로다.

2. 삼흑: 세 가지가 칠흑처럼 검다 하였으니 이는 눈, 머리카락, 눈썹이로다.

3. 삼홍: 세 가지가 발그레하니 입술, 뺨, 손톱이로다.

4. 삼단: 세 가지가 아담하게 짧아야 하니 귀, 이, 턱이로다.

5. 삼광: 세 가지가 적당한 간격으로 넓어야 하니 가슴, 이마, 눈 사이로다.

6. 삼세: 세 가지가 보드라니 가늘어야 하겠는데 손가락, 허리, 발이로다.

7. 삼박: 세 가지가 애처롭게 가늘어야 하니 손가락, 발목, 콧구멍이로다.

8. 삼후: 세 가지가 깜찍하게 도톰하니 입술, 팔, 엉덩이로다.

9. 삼장: 세 가지가 훤칠하게 길어야 하니 키, 머리카락, 손이로다.

재미있는 이야기가 있는데요, 조선시대는 화장 전후가 달라지면 "어디서 야용冶容을 부려"라고 했답니다. 즉 끼를 부리고 욕심을 부렸다고 해서 경멸한 것입니다. 야용은 억지로 아름답게 꾸민다는 분장의 의미입니다. 요즘에는 화장발, 조명발, 사진발 등으로 충분히 다른 사람으로 변신할 수 있지만 조선 시대에는 그것이 심각한 문제였나 봐요. 경멸까지 했다니 좀 너무 하다 싶네요.

요즘은 비포 애프터가 완전히 다른 사람을 새로 태어났다 하여 능력자로 보는데 조선시대에는 화장발 자체를 경멸하고, 너무 과한 화장은 천하게 본 것입니다. 신체가 단정해야 마음도 깨끗하다는 의식이 있었으니 진한 화장은 별로 선호하지 않았나 봐요. 그래서 분을 바르고 눈썹을 그릴 때도 본래의 얼굴에서 크게 바뀌지 않는 범위에서 가꾸도록 했던 겁니다. 요즘으로 치면 투명화장을 선호했다고 생각하면 되겠네요.

조선 시대 피부 화장법

그럼 좀 더 구체적으로 조선시대 여인들의 피부 화장을 단계별로 살펴보겠습니다.

"오늘은 담장으로 하거라."

이게 무슨 말이냐고요? 피부 손질을 깔끔하게 한 듯 안 한 듯 표현하는 것을 담장淡粧이라고 합니다. 주로 사대부 여인들의 화장법인데 맑고 깨끗하게 보이는 피부를 중요하게 생각했습니다. 요즘 표현으로는 기초 화장품을 정성들여 바른 후에 BB크림을 바른 정도의 단계인 셈이죠. 만약 색조화장을 한다면 농장濃粧이라고 하여 볼터치도 하고 입술도 칠하면서 멋을 냈습니다. 약간의 색조화장을 한 일상 메이크업 정도죠. 특별한 날엔 농장을 했지만 그 또한 아주 옅은 화장이었습니다.

"오늘은 염장하고 싶구나."

염장艶粧은 짙은 화장으로 요염하게 꾸미고 싶을 때 하는 화장입니다. 누군가를 유혹하거나 자신을 드러내고 싶을 때 이런 화장을 선호하겠죠. 뇌쇄적이고 섹시한 화장을 말합니다. 오늘날 클럽을 가거나 파티를 할 때 정도로 힘이 들어간 화장 단계로 보면 되겠죠? 당연히 주로 기생들이 선호하던 화장이었습니다. 과한 눈 화장과 진한 눈썹, 빨간 볼터치와 입술. 이런 화장은 조선시대 기준으로 보면 야용의 느낌입니다.

화장의 종류가 또 있는데요, 혼례를 치르는 신부의 화장은 응장凝粧이라고 했습니다. 사대부 집도 이날만큼은 연지 곤지 찍고 조금 진하게 화장하는 것이 허용됐습니다. 생전 화장을 잘 안하는 사람도 결혼식에서는 웨딩드레스 입고 처음으로 속눈썹도 붙이고 음영도 세심하게 넣는 화사한 신부화장을 받곤 하잖아요.

우리가 옛날이라고 해서 화장 문화가 별로 없지 않았을까 생각할 수도 있지만, 이렇듯 다양한 화장법이 존재했고 화장 기술도 어느 정도 수준이 있었습니다.

조선시대 여성들의 기초화장을 살펴보면 오늘날과 마찬가지로 세안 단계에서 부터 피부에 영양을 주는 단계까지 한결같은 목적은 수분을 공급하고 피부를 희게 만들며 윤기와 탄력을 더하는 것이었습니다.

또한 우리나라 여인들은 뽀얗고 흰 피부를 선호했는데 이것은 하멜표류기에서도 알 수 있어요. "많은 조선인들이 우리가 이상하게 생겼다고 생각하지 않았다. 우리의 흰 피부를 부러워했다"라는 대목이 나오니까요.

숙종 때 화장품 행상인 매분구賣粉嫗가 있었던 것으로 보아 조선시대에도 화장품의 생산 판매가 이루어졌음을 알 수 있습니다. 일제 강점기인 1916년에 우리나라 최초의 파우더 박가분이 탄생하게 되는데, 당시 엄청난 히트를 쳤다고 해요. 기생과 사대부 여인들은 분 색깔도 달랐는데요, 기생들이나 혼례를 치르는 새색시들은 복숭아색 분을 사용했고, 사대부 여인들은 노란색 분을 사용했다고 합니다. 아무래도 축첩 제도가 허용되던 시대였으니 기생들은 예쁘게 보이기 위해 화려했고, 정실부인들은 정숙함을 강조하기 위해 노르스름한 느낌으로 연하게 화장을 했던 것 같습니다.

『규합총서』라고 한글로 된 책이 있는데요, 19세기 조선의 여성들이 살림을 하고 자신을 가꾸는 생활의 소소한 이야기들을 잘 기록되어 있습니다. 조선시대 여인들의 미용실 잡지였던 셈이죠.

여기에는 여러 화장품과 화장 도구들도 소개되어 있어, 아마도 당시 여인들은 "이번 규합총서에 나온 새로운 연지 봤어?" 이런 대화들을 나눴을 것 같아요.

▶규합총서
빙허각 이 씨가 엮은 일종의 여
성생활백과이다.

조선 시대 여인들은 어떤 화장품을 썼을까?

그렇다면 조선시대 여인들은 어떤 재료를 가지고 화장을 했을까요? 우리가 화장
을 하는 것처럼 순서대로 살펴볼게요.

먼저 세안과 팩입니다. 조선에도 딱딱한 비누는 없어도 가루비누는 있었답니
다. 물로는 화장이 잘 지워지지 않으니 당연히 질감이 있는 것을 찾았을 것 같아
요. 조두가 그 역할을 했는데요, 녹두나 팥을 갈아서 만든 가루비누입니다. 이
것을 물에 개서 사용하면 까끌까끌한 질감이 되면서 일종의 스크럽제로 쓸 수 있
었습니다. 곡물 성분을 활용하는 것이 효과가 좋다는 사실은 오늘날 화장품 회사
에서 활발히 연구되고 있다는 것만 보아도 알 수 있겠죠?

조선시대엔 의외로 팩도 다양하게 발달했습니다. 꿀 찌꺼기를 펴서 얼굴에 발
랐다가 일정 시간이 지난 후 떼어내는 것을 '미안법'이라고 했는데요, 오늘날의
마스크팩과 같은 효과를 얻을 수 있었습니다. 달걀과 꿀을 섞어서 바르기도 했고
요. 요즘에도 달걀과 꿀은 천연 팩 재료로 많이 사용하잖아요?

또 돼지족발도 피부미용에 자주 이용되는 재료였습니다. 콜라겐이 피부에 좋다는 건 잘 아시죠? 콜라겐이 녹아 이루어진 젤라틴 성분이 피부에 탄력을 주기 때문이에요. 그 외에 밤 껍데기나 표고버섯 가루도 활용했는데, 주름 제거에 효과가 좋다고 해요.

실제로 『규합총서』 면지법面脂法을 보면 팩을 활용하는 방법들이 다양하게 나와 있습니다.

"겨울에 얼굴이 거칠고 터지는 데는 달걀 3개를 술에 담가 김이 새지 않도록 두껍게 봉해서 4일 정도 삭혔다가 그 달걀을 얼굴에 바르면 트지 않을 뿐더러 윤이 지고 옥 같아진다. 얼굴과 손이 터서 피가 나거든 돼지발기름에 괴화느티나무꽃를 섞어 바르면 낫는다."

이처럼 돼지기름도 크림으로 만들어서 썼다고 합니다. 그밖에도 다시마 팩, 해초 팩도 애용했고요. 아무튼 조선 여인들도 우리처럼 자기 전에 세수하고 팩을 즐겨 했다는 것을 알 수 있습니다.

다음으로 스킨이에요. 오늘날의 스킨을 조선시대엔 '미안수'라고 불렀는데요, 수세미, 오이, 수박 등 수분이 많은 열매와 야채를 활용했어요. 거기에 향이 좋은 창포나 복숭아 잎 등 다른 식물을 첨가하기도 했답니다. 요즘도 오이 즙을 짜서 직접 스킨으로 쓰는 사람도 있잖아요. 여름철 햇볕에 그을린 피부에 오이 팩만큼 좋은 게 없죠?

규합총서에 보면 아래와 같이 자세하게 미안수를 만드는 방법이 쓰여 있어요.

"음력 8월 보름쯤 박 줄기, 수세미 덩굴, 오이, 수박 등을 땅으로부터 2치

쯤 되는 높이 부분에서 잘라내어 며칠간 뿌리 쪽 덩굴을 빈 병에 꽂아두
면 물이 병에 차는데 이것을 '미안수(아름다운 얼굴로 만들어주는 물)'라
부르며, 모든 화장은 미안수를 먼저 바르고 시작한다."

다음으로 로션을 살펴볼까요? 건조한 얼굴에는 '면약面藥'이라는 크림을 발랐다
고 합니다. 얼굴을 위한 약이라는 뜻인데 그만큼 피부를 보호한다는 의미가 담긴
것 같아요. 재료로는 달걀과 살구 씨 분말을 섞어서 바르기도 하고, 꿀과 마늘을
섞어 기름에 융해된 것을 크림의 원료로 사용하기도 했습니다. 끈끈할 것 같기도
하고 따가울 것 같기도 하죠? 하지만 화이트닝과 피부 보호, 겨울철 동상 예방에
도 효과가 탁월했다고 합니다. 친정어머니가 딸 시집갈 때면 아끼던 면약을 꺼
내 놓거나 만들어주었다고 해요. 벌이 지은 집을 허물어 밀랍을 채취한 후에 기
름을 넣고 녹여서 현대의 영양크림처럼 사용하기도 했고요.

자, 그럼 이제 본격적으로 색조화장으로 들어갑니다. 색조화장의 시작은 피부
를 환하고 균일하게 보정해주는 거라고 할 수 있는데요, 조선시대에는 분(粉)을
발라 더 뽀얀 얼굴로 만들었어요.

얼굴을 하얗게 만들어주는 분백분은 쌀가루나 분꽃 씨의 분말, 조개껍데기를
갈아서 빻은 분말, 백토의 분말 등을 사용했습니다. 화사한 얼굴색을 만들어주는
색분은 복숭아 가루, 분홍 백합꽃의 수술, 말린 칡가루, 흰 돌가루 등을 사용했고
요. 그런데 아무래도 가루다 보니까 얼굴에 잘 먹지가 않았겠죠? 그래서 족집게
나 실면도로 잔털 제거를 꼼꼼하게 해야 하는 번거로움이 있었다고 하네요. 나중
에는 얼굴에 밀착되도록 납 처리를 한 분들이 나오는데 이 때문에 납중독의 문제
도 생겼어요. 분을 바르는 것은 피부표현 단계가 너무 복잡해지고 화장에 들이는
시간과 노력이 부담스럽게 커져서 일반 서민보다는 궁중의 여인들이나 기녀들이
분꽃가루를 즐겨 쓰곤 했다고 해요.

눈썹을 그리는 것은 미묵眉墨이라 하는데요, 조선 여인들은 눈썹을 가늘고 까맣게 초승달처럼 둥글게 그렸답니다. 조선시대 미인도 속의 눈썹들을 보면 초승달이나 버들잎 모양처럼 적당한 곡선감을 지닌, 여리고 날렵한 모양의 여성스러운 눈썹을 선호했음을 알 수 있습니다. 소나무, 버드나무, 굴참나무의 재, 밤나무 목탄, 목화꽃 등이 눈썹 그리는 재료로 이용되었습니다. 이 재들을 참기름에 개서 사용했는데 금가루를 살짝 넣으면 오늘날의 펄처럼 되는 효과를 볼 수 있었겠죠. 솔을 이용해서 그렸는데 색도 지금처럼 검은색, 검푸른색, 회색, 밤색 등 아주 다양했다고 합니다. 아이라이너를 그린 그림은 아직 못 봤어요. 붓으로 살짝 그리기만 하면 됐을 텐데요. 아마도 아이라이너를 그려서 눈을 도드라지게 해 놓으면 야용이라고 경멸당했을 수도 있겠네요. 조선시대는 쌍꺼풀이 없는 선한 눈매가 미인이었다고 합니다.

다음으로 입술연지를 살펴볼게요. 화장을 진하게 하지 않았을 테니 얼굴에 생기를 불어 넣기 위해서는 붉은색을 이용해야겠죠?

입술연지는 붉은 빛깔이 도는, 백합의 꽃술을 말린 '산단'이나 홍화紅花 꽃잎으로 만들었어요. 홍화는 잇꽃이라고 부르기도 했는데요, 꽃잎을 절구에 넣어 찧어 베로 짜서 말린 후 가루로 만들기도 했고, 달걀과 섞어서 동그랗게 환을 만들어 필요할 때마다 기름에 개어서 쓰기도 했습니다. 입술은 물론 볼터치처럼 뺨에도 발랐습니다. 그 외에도 앵두 즙, 석류 즙, 산딸기 즙 등 입술 빨개지는 재료를 다양하게 사용했고요, 심지어 고춧가루 분말이나 붉은색 돌가루도 섞어서 사용했다고 하네요. 주로 재료를 구하지 못한 서민들이었겠죠? 입술이 매울 것만 같은데, 여기에 달걀노른자를 섞으면 신기하게도 매운 느낌이 심하지 않다고 합니다. 그래도 지렁이를 이용해서 붉은 립스틱을 만들었던 서양보다는 홍화 꽃잎 색이 더 청순할 것 같다는 생각이 드네요. 옛날엔 입술이 파라면 음녀라고 해서 꺼렸기 때문에 시집가기 위해서라도 입술에 연지는 꼭 발랐다고 합니다.

이렇게 얼굴 화장이 끝났습니다. 다음엔 머리 손질이에요. 머리에 윤기를 더하기 위해 바른 기름이 있는데, 아마 금세 떠오르는 기름이 있을 거예요. 맞아요, 동백기름입니다. 동백나무 씨에서 추출한 동백기름은 머리에 윤기를 더해줄 뿐만 아니라 접착력이 뛰어났다고 해요. 그런데 동백꽃은 남쪽에서만 피잖아요. 그래서 산다화 열매를 사용하는 경우도 많았고요, 밀랍과 참기름을 섞어서 끓여 만든 밀기름도 많이 사용했다고 합니다. 조선시대 기생들은 대개 한 달에 한 번 머리를 감았지만, 깔끔한 올림머리를 유지할 수 있었던 것은 아침마다 참빗으로 빗고 동백기름이나 산수유 씨 기름 등을 발라 차분하게 정리했기 때문이라고 해요.

그리고 꽃단장의 하이라이트 향수를 빼놓을 수 없죠. 조선시대에도 향수가 있었습니다. 몸에서 향기로운 향이 나도록 향나무나 사향을 향주머니에 넣어 지니고 다녔습니다. 드라마 「황진이」의 목욕 신을 보면 백단향 가루를 욕조에 풀고, 유병에 담긴 백단향 향유를 팔에 바르는 장면이 나오는데요, 백단향은 향이 강하고 매혹적이어서 주로 궁중에서 사용되었다고 해요. 은은하긴 해도 묘하게 에로틱한 향이라고 합니다. 시중에 판매되고 있는 궁중화장품에 이 향이 첨가되어 있다고 하네요. 이 외에도 난의 꽃을 말려 넣고 다니기도 했고, 소금에 벚꽃을 섞어 이를 닦는 데 활용하기도 했답니다.

마지막으로 화장 도구를 살펴볼게요. 사극 드라마에서 여인들이 거울을 바라보며 머리를 매만지는 모습 많이 보셨죠? 경대는 지금의 화장대 같은 것이죠. 주로 좌식문화에 맞춰서 만들어졌고요. 또 분을 담아 두는 분첩용기, 분접시, 연지첩도 있어요. 실로 뽑지 못하는 허드레 고치를 풀솜이라고 하는데, 이 풀솜을 동그랗게 뭉쳐서 연지첩을 만들고 분을 찍어 얼굴에 발랐습니다.

재료들의 면면을 살펴보니 주변에서 충분히 구할 수 있는 것들이 많네요. 또 콩가루, 참기름 등 식용으로 사용된 것들도 있고요. 정말 맛있는 화장품이 따로

▶조선시대 다양한 화장 도구들

없네요. 화학성분이 없는 이런 천연 재료를 사용한다면 피부가 더욱 좋아질 것 같습니다.

조선 대표 미녀들의 뷰티 꿀팁

우리가 알고 있는 조선시대 대표 미녀들이 있죠. 바로 황진이, 장녹수, 장희빈인데요.

우선 많은 남자들의 마음을 홀리고 시도 잘 썼던 조선의 명기 황진이는 다른 기생들처럼 진한 화장이나 옷차림에 크게 신경을 쓰기보다는 투명하고 고운 피부를 가꾸는 데 열중했다고 해요. 황진이의 피부 관리법은 바로 인삼인데요. 인삼 잎을 말려 사시사철 달여서 차로 마셨다고 합니다. 인삼은 몸에 열을 발생해서 혈액순환을 돕고 얼굴에 자연스러운 홍조를 띄게 해주며 혈색을 맑게 해준다고 해요. 여자들의 경우 아랫배가 차면 여러 가지로 안 좋다고 하는데, 인삼이 그런 쪽에서 좋은 효과를 가져온다고 합니다. 또한 인삼잎차는 기미와 잡티 예방, 주름 방지에 탁월할 효과가 있다는 군요. 이는 인삼에 들어있는 사포닌 성분이 피부세포를 활력 있게 해주기 때문이라고 해요. 한편 황진이는 오늘날의 아로마 테라피처럼 백단향을 욕조 물에 풀어 은은한 향취가 몸에 배도록 하였답니다. 맑은 피부와 은은한 향기! 이것이 황진이의 매력 포인트였나봐요.

장녹수는 연산군을 치마폭에 휘두르며 권력을 누렸던 미인이죠? 동안인 얼굴에 춤과 노래를 잘했다고 전해지지만 얼굴이 그렇게 아름다운 미인은 아니었나봐요. 하지만 30세의 나이에도 16살 꽃 다운 여인으로 보였다고 하니 최강동안인건 인정해야 할 것 같습니다. 요즘 화장품 광고에서 빠지지 않고 등장하는 게 바로 "동안"이라는 단어잖아요? 심지어 그녀의 피부 관리법은 오늘날에도 전수되어 "장녹수 미안법"이라는 여드름 팩으로 시중에서 판매하고 있을 정도입니다. 민들레, 삼백초, 감초, 녹두, 어성초, 율무, 팥, 녹차 등을 이용한 천연 팩으로 피부 트러블을 다스리는 거죠. 장녹수는 이 천연재료를 이용한 세안과 피부 관리로 탄력 있고 기미와 잡티가 없는 동안피부를 지니게 된 겁니다. 결국 연산군을 사로잡은 것은 모성을 자극하는 센스와 춤과 노래, 그리고 동안피부가 한 몫 했겠네요.

장희빈은 유일하게 그 외모에 관해 숙종실록에서 검증받은 미인이죠. 악녀라는 이미지 뒤에 가려진 조선시대 절세가인 장희빈의 미모는 서양의 미녀 클레오파트라와 견줄 만큼 피부가 하얗고, 고우며 미모가 당시 조선의 여인들 중 매우 출중했다고 합니다. 숙종 때 궁중화장품 생산을 담당하는 '보염서'가 설치되어 장희빈의 미안법이 전해 내려오는데요, 장희빈은 녹두와 감초를 즐겨 사용하였고 율무, 백복령*, 쌀겨, 토사자*, 진주, 팥, 흑축*, 연근, 백강잠*, 살구씨를 섞은 곡물 팩을 미안법으로 사용했다고 합니다. 이러한 천연재료들은 실제로도 피부에 좋은 효과가 있어서 요즘에도 천연 팩과 천연비누로 많은 사랑을 받고 있죠.

이러한 조선시대 3대 미녀 외에도 외모에 관심을 가장 많이 가진 이들은 뭐니뭐니 해도 왕의 승은을 얻기 위한 궁녀들이었겠죠? 앞에서 소개한 곡물 팩은 기본이고요, 미역, 다시마, 굴 등의 해산물, 곡류를 이용한 죽, 들기름도 피부 관리

• 백복령: 색깔이 흰색인 복령(공 모양, 또는 타원형의 덩어리로 땅속에서 소나무 따위의 뿌리에 기생하는 버섯)
• 토사자: 말린 새삼의 씨
• 흑축: 붉은 나팔꽃의 씨
• 백강잠: 백강병으로 죽은 누에를 한방에서 이르는 말. 풍병을 다스리는 약재로 쓰임

를 위해 자주 섭취했다고 합니다. 해조류나 식이섬유가 풍부한 곡물, 들기름 등은 장을 깨끗이 만들어서 피부건강에 도움을 주겠죠? 실제로 변비가 심하거나 장 트러블이 심하면 피부상태도 급격히 안 좋아지곤 합니다. 한편 궁녀들은 다이어트에도 관심이 많았는데, 식후에 초마늘을 2~3쪽 먹으면 허리가 가늘어진다고 해서 인기가 많았다고 합니다.

기초화장부터 색조화장까지 다양한 천연 재료를 사용하여 몸을 가꾸었던 조선 여인들의 천연 뷰티 아이템은 지금도 흔히 구할 수 있는 재료들입니다. 여러분들도 집에서 만드는 천연화장품으로 피부미인에 한 번 도전해보는 건 어떨까요?

우리나라 역사상 미모에 관해서 공식적인 역사서에 기록된 미인은 장희빈이 최초이자 마지막입니다. 실제로 드라마에서 장희빈을 연기한 배우들은 모두 당시에 가장 잘나가던 톱스타 여배우들이었죠? 그녀는 대체 얼마나 예뻤던 건지 조선왕조실록에서 내용을 찾아볼까요?

숙종 17권, 12년(1686 병인 / 청 강희康熙 25년) 12월 10일경신 4번째 기사

장씨張氏를 책봉하여 숙원淑媛으로 삼았다. 전에 역관譯官 장현張炫은 국중國中의 거부로서 복창군福昌君 이정李楨과 복선군福善君 이남李枏의 심복이 되었다가 경신년의 옥사獄事에 형을 받고 멀리 유배되었는데, 장씨는 곧 장현의 종질녀從姪女이다. 나인內人으로 뽑혀 궁중에 들어왔는데 자못 얼굴이 아름다웠다.

〈중략〉

명성 왕후가 승하한 후에 내전이 다시 임금을 위해 그 일을 말하였고, 자의전慈懿殿※도 또한 힘써 그 일을 권하니, 임금이 곧 불러들이라고 명하여 총애하였다. 장씨의 교만하고 방자함은 더욱 심해져서 어느 날 임금이 그녀를 희롱하려 하자 장씨가 피해 달아나 내전內殿의 앞에 뛰어 들어와, '제발 나를 살려주십시오.'라고 하였으니, 대개 내전의 기색을 살피고자 함이었다. 내전이 낯빛을 가다듬고 조용히, '너는 마땅히 전교傳敎를 잘 받들어야만 하는데, 어찌 감히 이와 같이 할 수가 있는가?'하였다. 이후로 내전이 시키는 모든 일에 대해 교만한 태도를 지으며 공손하지 않았으며, 심지어는 불러도 순응하지 않는 일까지 있었다. 어느 날 내전이 명하여 종아리를 때리게 하니 더욱 원한과 독을 품었다.

· 내전: 왕비(王妃)의 높임말
· 자의전: 장렬왕후(자의대비) 조씨
· 전교: 임금이 내린 명령

숙종실록의 내용을 보면 뛰어난 외모로 숙종의 마음을 얻은 장옥정이 당시 중전이었던 인현왕후에게 교만한 태도를 보이는 것을 알 수 있어요. 숙종이 장옥정을 희롱하려 하자 일부러 인현왕후 앞에 와서 살려달라고 하는 부분도 내가 이렇게 사랑받고 있으니 피곤하다며 자랑하려는 의도였겠죠? 결국 인현왕후는 장옥정의 종아리를 때리는 사건을 일으킵니다. 장옥정의 만행이 얼마나 심했으면 인현왕후가 아랫사람을 시켜 후궁에게 직접 매질하라고 명하기까지 했을까 하는 의견도 있고, 이와는 다르게 인현왕후의 질투였다고 보는 견해도 있어요.

그런데 이 사건은 정사 기록에서 왕후가 후궁에게 직접 매질하라고 명한 최초의 사례로 그만큼 장옥정에 대한 시기가 대단하다는 증거가 아닐까요? 또한 당시 후궁이던 장옥정에게 상

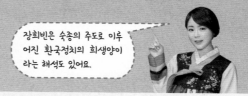

장희빈은 숙종의 주도로 이루어진 환국정치의 희생양이라는 해석도 있어요.

당한 모욕감을 주기 위한 행동이라는 해석도 있어요. 마치 "난 중전이고, 넌 후궁이야!" 라고 경고를 주고 싶었던 건지도 모르죠. 하지만 장옥정의 미모에 흠뻑 빠진 숙종은 일개 궁인이었던 장옥정의 품계를 종4품 숙원으로 올려주죠. 왕의 정식 후궁이 된 것을 뜻합니다.

우리가 흔히 알고 있는 '장희빈'이라는 칭호는 아들을 낳아 중전의 자리까지 오른 장옥정이 '희빈'의 품계에서 사사되었기에 장희빈이라 불리게 된 거예요. 장희빈의 '희'는 한문으로 '禧' 자로 행복과 기쁜 일을 뜻하는데 왕이 직접 지어줬다고 합니다. 숙종이 장희빈을 얼마나 사랑하였는지 알 수 있는 대목이죠. 나중에는 결국 비극적인 관계로 끝나지만 장희빈이 한때는 숙종에게 큰 행복과 기쁨을 안겨줬었나 봐요.

과거의 장희빈은 갖가지 암투와 아들 경종에 대한 집착 등 악녀의 이미지가 강했어요. 하지만 요즘에는 서인과 남인 사이에서 숙종의 주도로 행해진 환국정치의 희생양이라는 해석도 나오고 있습니다. 또한 숙종실록을 토대로 오히려 인현왕후가 어질고 몸이 약했던 세상 착한 중전이 아니라 당시 조정의 실권을 잡고 있던 서인 쪽 집안으로 타고난 금수저에 특권의식이 강했고 장희빈에 대한 질투도 장난 아니었다고 말하기도 합니다. 당시 한 궁녀가 쓴 소설인 『인현왕후전』보다는 조선왕조실록이 더 팩트에 가깝지 않을까 하는 생각이 드네요.

장희빈과 인현왕후에 대한 역사적인 해석은 다양하게 나올 수 있어요. 그게 또 다양한 관점에서 해석할 수 있는 역사의 매력이죠. 언젠가는 사실은 장희빈이 희생양이고 질투에 눈이 먼 인현왕후의 암투를 그린 드라마도 나오지 않을까요? 👑

상투의 나라에 온 크리스마스

요즘 아이들은 잘 모를 수 있지만 우리나라가 가난했던 옛날에는 자주 볼 수 있던 풍경이 있었습니다.

매년 12월, 크리스마스가 되면 교회 앞이 올망졸망한 아이들은 물론 동네 사람들로 북적였죠. 먹을 것도 많고, 신기한 선물도 받을 수 있는 날이었거든요. 평소에 교회를 다니지 않아도 누구에게나 교회 문은 활짝 열렸습니다. 말 안 듣던 아이들도 그날만큼은 아기 예수의 탄생을 축하하며 고사리 같은 손으로 기도했죠. 저도 어린 시절 교회에서 친구들과 모여 새벽 송을 돌았던 크리스마스 추억이 있어요. 그런데 우리나라에는 언제부터 크리스마스가 등장했을까요? 먼저 상투의 나라 조선에 온 크리스마스 이야기부터 해볼게요. 좋아하는 캐럴송을 떠올리며 크리스마스에 관한 재미난 이야기를 나눠보아요.

조선에 크리스마스 등장하다

크리스마스가 처음 한국에 들어온 것은 일본과의 강화도 조약 체결 이후 개항이 이루어지고 외국인 선교사들이 본격적으로 포교 활동을 시작할 무렵입니다. 대

▶독립신문
1896년 창간된 우리나라 최초의 민영 일간지이다.

략 1880년대로 보면 되겠네요. 19세기 후반 양력이 도입되면서 동지^{冬至}에 버금가는 연말연시 행사가 등장했으니 바로 크리스마스였습니다. 당시 신문을 보면 재미난 공고문이 있습니다.

> 요 다음 토요일은 예수 크리스도 탄일이라. 셰계 만국이 이 놀을 일 년에 뎨일 가는 명일노 아는 고로 이놀은 사람ᄆᆞ다 직업을 쉬고 명일노 지내눈더 우리 신문도 그놀은 츌판 아니 홀터이요 이십 팔일에 다시 츌판 홀터인직 그리들 아시오.
>
> —『독립신문』 1897년 12월 23일

이토록 귀여운 멘트는 1897년 12월 23일 자 『독립신문』 공고입니다. 대충 해석이 되시죠? 세계 만국이 일 년 중에 제일가는 명절로 여기는 크리스마스에 모든 일을 멈추고 쉰다고 하니 우리 신문도 출근을 하지 않겠다는 말이죠. 그동안 음력으로 쇠는 동지가 한 해의 마무리 담당이었다면 이제 조선에는 좀 더 특별하고 색다른 연말연시 풍경이 새롭게 생겨난 것입니다.

처음에는 선교사 가족들 중심이었다가 점차 교회 행사로 커지면서 많은 사람들이 크리스마스에 대해 알기 시작했습니다. 1899년 「대한크리스도인회보」에는 "(크리스마스 날) 근처 여러 동네 사람들이 남녀노소 없이 구경하여 교회 문이 다 상하도록 들어오는" 광경이 적혀 있는데요, 크리스마스가 교회를 대표하는 축일로 정착되기 시작한 것이죠.

왕실도 예외는 아니었습니다. 선교사 언더우드 부인은 저서 『상투의 나라*』에서 명성황후와 크리스마스에 대해 나눈 대화를 소개했습니다. 명성황후가 크리스마스에 대한 이야기를 접한 후 많은 관심을 보였고, 크리스마스의 기원, 의미 등에 대해 자세히 알고 싶어 했다고 하죠. 언더우드 부인은 왕실을 위해 직접 크리스마스트리를 장식한 에피소드도 책에 실었습니다.

상투의 나라
언더우드 선교사의 부인 릴리아스 호턴 언더우드가 조선에서 보낸 15년 생활에 대한 기록. 조선의 첫 인상부터 직접 목격한 궁중생활과 궁중 이면사, 관서·관북지방 여행, 초대교회의 어려움, 갑신정변과 청일전쟁, 을미사변과 아관파천 등 격동의 한말 모습을 폭넓게 기록하였다.

크리스마스는 주로 교회나 배재학당 같은 기독교 학교를 중심으로 퍼져 나갔는데 특히 한국 스타일의 장식물이 눈에 띕니다. 학생들은 '예수 탄일 경축회'를 열어 한국 전통의 상징인 등을 달고 축하했다고 해요. 크리스마스 저녁에는 부처님오신날에 달았던 연등으로 장식한 등불이 수백 개 켜졌다고 하는데 동서양의 오묘한 조화를 느낄 수 있는, 조선에서만 볼 수 있었던 진풍경이었겠죠?

1897년 2월 29일 자 「대한크리스도인회보」에 따르면 배재학당 회당 앞 등불 중 가장 큰 십자가 등에 광조동방光照東邦이라고 쓰인 십자가 모형이 가장 눈에 띄었다고 하네요. 빛이 동쪽나라에 비친다는 뜻이죠.

천주교는 많은 사람들이 죽임을 당하는 등 심한 박해를 받으며 조선에 정착했지만 기독교는 이렇듯 조금씩 서민 속에 자리 잡으면서 발전하게 됩니다. 크리스

▶크리스마스 씰

　캐나다 선교사 셔우드 홀이 결핵 퇴치 기금 마련을 위해 만들었다.

마스를 통해 종교를 널리 알린 포교 활동의 결과라고도 볼 수 있겠네요. 크리스마스는 기독교라는 낯선 종교를 조선에 소개할 수 있는 최적의 날이었던 겁니다. 그날만큼은 서양과자와 사탕, 과일, 학용품 같은 마치 하늘에서 떨어진 것 같은 선물들을 받을 수 있었으니까요.

　하지만 일제 강점기가 시작되면서 조선을 비추던 성탄의 등불도 조금씩 빛을 잃게 됩니다. 그러다 1926년에 가수 윤심덕이 우리나라 최초의 캐럴송인 「싼타크로쓰」를 발표하고요, 1930년대는 모던 열풍이 불면서 크리스마스 모습이 급속하게 변하게 됩니다. 선물을 주고받는 문화는 물론 비싼 돈을 들여 파티를 열기도 했죠. 여성들은 크리스마스 쇼핑을 즐겼고요. 1936년 매일신보 기사를 보면, '간악한 상인들이 연말보너스 덕분에 조금 무거워진 샐러리맨의 주머니를 노리는 상책으로 이용되고 있다'고 보도하기도 했어요.

　크리스마스가 종교적인 의미를 넘어 연말연시 불야성을 이루는 소비 축제로 변모한 것인데 오늘날의 풍경과 별로 다르지 않죠?

　이즈음 크리스마스 씰도 선보이게 됩니다. 이는 1932년 캐나다 선교사 셔우드 홀*이 결핵 퇴치 사업 기금을 모으기 위해 추진한 사업이에요. 우표처럼 크리스마스 씰을 취미로 모으는 분도 있죠? 요즘은 관심이 좀 덜해서 그런지 추억 속의

셔우드 홀

대한민국에서 활동한 캐나다의 의료 선교사. 아버지는 미국 감리회 의료선교사이자 광성고등학교 설립자인 윌리엄 제임스 홀이고 어머니는 로제타 셔우드 홀로 서울에서 태어났다. 대한민국에서 크리스마스 씰을 처음으로 발행했다.

이야기 같네요. 크리스마스 씰은 급변하는 근현대를 지나며 발행과 중단을 반복했지만 지금은 꾸준히 잘 발행되고 있답니다. 우리나라 최초의 크리스마스 씰의 도안은 '남대문'이에요. 원래 셔우드는 거북선을 도안했는데 일제의 반대로 제작을 못했다고 하네요.

크리스마스에 쉬는 건 한국뿐

흥미로운 사실은 한 · 중 · 일 중 크리스마스가 공휴일인 나라가 한국뿐이라는 점입니다. 우리나라는 1945년 해방 후 미군정에 의해 크리스마스가 처음으로 공휴일이 되었고요, 1949년 이승만 정부가 정식으로 국가공휴일로 지정했습니다.

중국은 사회주의 국가를 표방하고 있기 때문에 종교 축일이 없는 게 당연하지만 일본은 좀 의외네요. 대신 일본은 12월 23일을 천황탄생일天皇誕生日, てんのうたんじょうび로 쉰답니다. 하지만 서구의 거센 상업화 물결을 거스를 수 없었는지 최근 중국에도 크리스마스 이벤트가 늘어나는 등 여러 조짐들이 보이고 있다고 하네요.

먼저 중국의 크리스마스 풍경을 볼까요? 중국에선 크리스마스에 좋은 의미의 한자를 금색으로 새긴 사과를 주고받는다고 합니다. 중국인들은 크리스마스이브를 핑안예平安夜라고 하는데요, 말 그대로 '평안한 밤'이라는 뜻이죠. 그런데 공교롭게도 편안할 평의 平자와 사과의 苹자의 발음이 같다고 합니다. 대륙인들의 유머가 느껴지는 대목이네요. 화려하지는 않지만 중국 스타일의 크리스마스 문화를 엿볼 수 있습니다.

일본은 어떨까요? 일본에서는 크리스마스만 되면 KFC 앞에 길게 늘어선 사람들을 볼 수 있다고 해요. 크리스마스 특별 세트를 사기 위해서 모인다는데요, 그 이유는 아주 단순해요. 1970년대 일본에 진출한 KFC가 할아버지 마스코트에 산

▶중국에서 주고받는 사과

▶일본의 크리스마스를 대표하는 KFC 행사

타 복장을 입히고 크리스마스 특별 세트를 론칭했는데 이게 대 히트를 치게 됩니다. CF도 나왔고 일본에서 크게 유행하면서 켄터키 크리스마스ケンタッキー クリスマス라는 명칭까지 생겨나게 되었죠.

가까운 이웃 나라들이지만 문화가 많이 다르죠? 어찌 보면 세 나라 중 우리나라가 크리스마스의 본래적 취지인 종교 행사도 더 많고 제대로 연말 분위기를 내는 거 같습니다.

크리스마스에 관한 오해와 진실

동양의 크리스마스 이야기만 하다 보니 주객이 전도된 것 같네요. 정작 크리스마스는 서양에서 전해진 것이니까요. 그쪽 이야기도 한번 해볼까 합니다.

먼저 크리스마스의 유래부터 살펴볼까요? 사실 크리스마스는 예수님 탄생일로 알려져 있지만 그에 관한 정확한 근거는 없다고 하네요. 고대 로마와 이집트에서 긴 밤이 지나고 해가 부활하는 날, 즉 12월 말쯤에 태양신을 숭배하는 축일이 있었다고 해요. 그 이후 교황 율리우스 1세가 통치를 하게 되면서 예수님의 탄생일을 12월 25일로 정했다고 합니다. 실제로 아기예수가 탄생한 날이 아니라 탄생일을 그냥 정했다는 게 저에게는 너무 충격이었습니다.

이교도의 풍습에 예수 그리스도의 탄신일을 더한 것이죠. 중세 시대에는 크리스마스가 축제 같은 개념이었어요. 고기를 많이 먹던 유럽인들은 여름보다는 주로 추운 겨울에 사냥을 하면서 12월에는 카니발 같은 행사를 했다고 합니다. 그러다가 19세기 중후반에 전 세계인이 즐기는 크리스마스로 자리 잡게 되면서 선물을 주고받는 가족적인 문화도 생긴 거죠.

크리스마스 하면 산타를 또 빼놓을 수 없죠? 심지어 요즘엔 아기 예수의 탄생을 기리는 것보다 산타를 더 환영하는 분위기인데요. 적어도 아이들에게만큼은 산타가 인기 짱인 것 같습니다. 원하는 선물을 주니까요.

산타의 등장은 19세기 미국에서 시작되었습니다. 1822년 신학자 클레멘트 무어가 「성 니콜라스 방문」이라는 시에서 니콜라스를 난쟁이 요정 같은 모습으로 묘사했는데 이것이 오늘날 산타클로스 이미지입니다.

성 니콜라스는 270년 소아시아 지방 리키아의 파타라시 지방 출신으로 대주교까지 올라가며, 성인의 반열까지 오른 인물입니다. 그는 자선활동을 열심히 했는데 이로 인해 크리스마스이브에 아이들에게 선물을 나눠주는 산타클로스 이야기가 생겨났다고 합니다. 그의 라틴어 이름인 상투스 니콜라우스를 네덜란드 사람들이 산 니콜라우스라고 불렀고, 아메리카 신대륙으로 이주한 네덜란드 사람들이 산테클라스라고 부르는 등 발음에 따라 이름이 조금씩 변하면서 지금의 산타클로스로 불리게 된 것이죠.

산타 이미지에 관한 또 다른 에피소드가 있는데요, 오늘날 우리에게 익숙한 흰

▶코카콜라에서 만든 산타클 로스 이미지

수염과 빨간 옷을 입은 뚱뚱한 산타 할아버지의 이미지는 미국 회사 코카콜라에 서 만들었다고 하네요. 시원한 음료라는 콜라의 특성 상 여름에 비해 겨울 매출 이 떨어지자 산타클로스 이미지를 활용하여 마케팅을 펼쳤는데, 이것이 현재 산 타 모습의 표본이 된 거죠. 기업의 상업적인 마케팅 전략 때문인지 크리스마스가 다소 소비적인 면으로 부각되기도 했답니다.

어찌 보면 우리는 실제로 예수가 살았던 곳이 아니라 눈이 내리는 추운 겨울 이미지에 익숙하죠? 이것이 바로 미국이 만들어낸 근대적인 크리스마스 풍경입 니다. 미국에서는 진짜 나무를 베어서 크리스마스트리로 만들곤 하죠. 가장 화려 한 크리스마스를 보내는 나라라고 할 수 있습니다. 크리스마스를 가장 잘 느끼고 싶으면 뉴욕으로 가라는 말이 있을 정도죠.

최근에는 크리스마스가 가진 종교적인 의미가 많이 퇴색되고, 성스러운 이미 지보다는 선물과 파티, 축제 문화가 더 관심을 받는 것 같아요. 역사학자 에릭 홉 스봄은 오늘날의 크리스마스에 대해 '만들어진 전통'이라고 얘기했죠.

2013년에 새로운 교황으로 취임한 프란치스코 교황은 이런 말을 했다고 합니다.

"당신의 마음속에 예수를 위한 빈자리가 있는지 들여다보라. 오늘날의 크리스마스는 너무나 떠들썩하다. 예수의 목소리를 듣기 위해서는 좀 더 침묵을 지킬 필요가 있다."

크리스마스에 담긴 사랑과 평화

크리스마스 때가 되면 「32번가의 기적」, 「크리스마스 캐럴」, 「나홀로 집에」 등 단골 영화들이 약속이라도 한 듯 우리를 찾아옵니다. 이상하게 몇 십 년이 지나도 질리지 않죠? 우리의 케빈이 벌써 불혹40세인 40을 바라보는 나이라고 하네요.

크리스마스는 이미 종교적인 의미를 넘어서 세계가 함께 즐거워하고 감사하며 축복하는 날이 된 지 오래죠.

트럼프 대통령과 해피 할리데이

트럼프 미국 대통령은 대선 후보부터 대통령이 되면 '메리 크리스마스'를 되찾아오겠다고 공약으로 내세운 바 있다. 몇 년 전부터 기독교 편향적이라는 지적에 따라 성탄절 시즌을 맞는 미국 전역에서는 '메리 크리스마스'보다 '해피 할리데이'(Happy Holidays)라는 문구가 더 보편적으로 쓰였지만, 도널드 트럼프 대통령은 취임 후 처음 맞은 2017년 성탄절에 '메리 크리스마스'라고 말했다.

미국에서는 종교의 다양성 포용이라는 의미로 '메리 크리스마스' 대신 '해피 할리데이*'라는 표현을 쓰는 문제로 전직 대통령과 현직 대통령이 설전을 벌이기도 했어요. 종교가 지지층의 표심을 얻기 위한 정치적인 문제로 이슈화된 경우라고 할 수 있죠.

하지만 온 누리에 사랑과 평화를 전하는 크리스마스 정신은 변함없겠죠? 크리스마스 기간에는 전쟁도 멈춘다잖아요.

조선에 크리스마스가 처음 들어왔을 때도 비슷한 마음이었을 것이라 생각합니다. 어려운 이웃을 생각하는 배려, 감사와 화해의 마음, 오고 가는 정 등 따뜻한 연말연시 풍경과 함께 한 해를 보내는 소중한 시간이 되었겠지요.

요즘의 크리스마스는 너무 상업적으로 변질된 부분이 있습니다. 크리스마스 선물, 크리스마스 케이크, 연인들의 크리스마스 데이트 등 왠지 솔로들이 한없이 외로워지는 날이 되어버렸는데요. 12월의 추운 날씨에 주변을 한 번 더 둘러보고 예수님이 이 땅에 와서 전해준 "네 이웃을 사랑하라"의 말씀을 되새겨보는 계기가 되었으면 합니다.

크리스마스트리의 원산지도 우리나라?!

크리스마스 날 세계에서 가장 인기 있고 널리 쓰이는 크리스마스트리의 원산지가 우리나라임이 밝혀졌습니다. 크리스마스는 원래 우리나라의 고유 명절도 아니었는데 이게 어떻게 된 일일까요?

미국의 크리스마스 시즌이 되면 트리 시장의 80~90%를 특정 종의 나무가 차지하고 있다고 합니다. 영어권에서 korean fir, 즉 '한국 전나무'로 불리는 나무인데 우리나라에서는 구상나무라고 불리는 한국 토종나무입니다.

시원한 곳을 좋아해서 주로 높은 산에서 서식하며 한라산, 무등산, 지리산, 덕유산 등지의 해발 500~2,000m 사이 고지대에서 자생하는데, 최근에는 속리산에서도 발견되었습니다. 실제로 보면 그 모양과 달려있는 솔방울이 정말 딱 우리가 생각 하는 크리스마스트리 모양입니다.

한국 토종인 이 구상나무가 서양에서 크리스마스트리 재료로 인기를 끄는 건 모양 때문입니다. 원래 크리스마스트리는 소나무, 전나무, 가문비나무 등 상록침엽수를 채취한 다음 적당히 가지를 쳐서 원추형으로 만들어 썼는데 구상나무는 그런 손질을 해서 원추형으로 만들 필요가 없어요. 처음부터 모양이 예쁜 원추형으로 자라기 때문이죠. 끝은 뾰족하고 아래로 갈수록 가지가 옆으로 퍼지는, 성탄 트리의 전형적인 형태와 똑같습니다. 그야말로 '안성맞춤'이라는 말에 딱 어울리는 크리스마스트리용 나무인 것이죠.

그렇다면 우리나라의 토종 구상나무가 어쩌다 미국에 건너가 크리스마스 대표 트리가 되었을까요?

19세기 제국주의 시절 서양인들은 새로운 나라에 가면 반드시 식물과 동물 등 생물자원을 살피고 연구하며 채취해서 가져가는 작업을 했습니다. 유럽이나 미국에 있는 거대한 식물원들은 사실 신대륙이나 식민지, 무역을 위해 진출한 지역에서 채취한 식물 자원을 보존 · 관찰하고 재배하기 위해 세웠다고 해도 과언이 아니죠.

세계에서 가장 인기 있는 크리스마스트리는 구상나무라고 불리는 한국 토종나무입니다.

▶구상나무

1904년 한국에서 식물자원을 채집하고 있던 프랑스인 신부들은 구상나무 표본을 한라산에서 채취해 1907년 미국의 식물학자 헨리 월슨에게 보냈습니다. 이를 받은 월슨은 1917년 한국에 와서 직접 구상나무를 채취해 갔고, 이 나무를 별개 종으로 분류해 자신의 이름이 들어간 아비스코레아나 E.H. 월슨Abies koreana E.H. Wilson이라는 학명을 붙여 1920년 식물원 학습지에 발표했습니다. 아비스Abies는 전나무 종류라는 뜻이고 코레아나Koreana는 종의 이름으로 '한국 전나무'로 소개한 것입니다. 이런 과정을 거쳐 미국으로 옮겨진 구상나무는 크리스마스트리로써 미국은 물론 유럽인들 사이에서 인기를 끌게 되었죠.

근데 아이러니한 것은 기후 온난화와 무분별한 남벌로 구상나무가 원산지 한국에서는 멸종위기 종으로 지정된 반면 해외로 떠난 '코리언 퍼'는 크리스마스 시즌이 되면 엄청난 돈을 벌어다주는 임업 자원이 됐다는 것입니다. 더군다나 '코리언 퍼' 종자에 대한 권리는 우리나라가 아닌 미국의 스미스소니언 박물관이 갖고 있습니다. 참으로 웃픈 이야기가 아닐 수 없네요. 🍁

민족 대표 33인의 독립선언 진실 공방

최근 1919년 3월 1일 독립선언서를 낭독했던 민족 대표 33인에 관한 뜨거운 논란이 있었습니다. 33인 대부분이 변절했으며, 독립선언식을 거행했던 태화관은 일종의 룸살롱이었고 더 나아가 술판까지 벌였다는 내용이었죠. 심지어 손병희의 아내인 주옥경 씨가 태화관 술집마담이었다는 다소 거친 표현으로 논쟁에 불이 붙었습니다. 저에게도 주변에서 "정말 태화관이 룸살롱이었나요?"라고 물어보신 분이 계실 정도니까요. 어쩌면 대중을 이끌어내는 컨트롤타워 역할을 해야 할 민족 대표들의 행동에 대한 아쉬움의 표현일지도 모르겠습니다.

사실 역사라는 것은 해석이 다양하게 나올 수 있어요. 그래서 저도 신중하게 이 내용에 대해 팩트 논쟁을 벌여볼까 합니다. 제 나름의 생각을 말씀드려볼게요. 물론 다양한 의견이 나올 수 있다고 생각합니다.

독립을 선언하다

일제 강점기, 태극기를 들고 대한독립만세를 외친 3.1운동을 촉발한 인물들이 민족 대표 33인입니다. 원래 독립선언서가 파고다 공원에서 발표하기로 되어 있던

▶민족 대표 33인의 태화관 독
립선언

건 다들 알고 계시죠?

 '1919년 3월 1일 정오 파고다 공원(지금의 탑골 공원)에서 독립선언서를 낭독
하겠다'라는 벽보를 본 사람들은 그야말로 구름처럼 모여 들었습니다. 하지만 민
족 대표 33인은 끝내 나타나지 않았죠. 실망한 학생들이 중심이 되어 독립선언서
낭독이 이루어졌습니다.

 탑골 공원에서 군중들에 의해 독립선언이 이루어지고 있을 때, 민족 대표 33인
(4명 불참)은 종로에 있는 고급 요릿집인 태화관에 모여 독립선언을 합니다. 사
람들은 실망했겠지만 민족 대표 33인에게도 이유가 있었습니다. 먼저 너무 많은
사람들이 한꺼번에 모이면 무력시위로 변질될까봐 우려했고요. 많은 사람이 다
치고 특히 학생들이 체포될 것을 염려하기도 했죠.

 그래서 일본 경찰에게 독립선언식을 할 것이라고 미리 알렸다고 해요. 한용운
이 독립 선언서를 낭독한 후, 함께 '독립 만세'를 외치고 곧바로 일본 경찰에 체포
되었습니다. 자신들이 솔선수범해서 들어갈 테니 다른 희생은 치르지 말자는 의
도였을까요?

▶3.1운동이 일어났던 파고다 공원

　아무튼 민족 대표 33인은 사람들이 기다리는 광장으로 나가지 않고 식당에서 모임을 가졌습니다. 이 같은 독립선언에 아쉬움을 표하는 의견이 많은 건 사실입니다. 3.1운동의 도화선 역할을 충분히 했으면서 끝까지 주도하지 못했으니까요. 오히려 탑골 공원에 모인 군중들의 함성으로 인해 전국이 들불처럼 일어나 3.1운동이 거세게 확산됐습니다.

　당시 세계 정세도 민족운동에 영향을 미쳤는데요, 미국의 윌슨 대통령은 "각 민족은 다른 민족의 간섭을 받지 않고 스스로 운명을 결정할 수 있다"는 민족 자결주의를 주장했죠.

　우리나라는 1919년 2월 8일 도쿄에서 독립운동이 먼저 시작됐습니다. 유학생들이 모여 일본 내에서 독립선언을 한 것이죠. 국내에서도 하기 어려운 일을 일본 본토에서 거행했으니 참으로 대단한 일이 아닐 수 없습니다. 2.8 독립선언으로 인해 국내에서도 움직임이 일고, 급기야 3.1운동의 서막이 오른 것입니다.

　독립 선언을 준비한 사람은 주로 종교계 인물들인데요. 기독교는 이승훈, 천도교는 최린이 동지를 규합했고, 불교에서 한용운도 동참하면서 기독교 16명, 천도교 15명, 불교 2명 총 33명이 독립선언서에 서명하기로 뜻을 모았습니다. 대표로는 손병희를 추대하고 고종의 장례 일을 앞둔 3월 1일을 거사일로 잡았죠.

상하이로 망명한 김병조와 무죄 판결을 받은 길선주, 체포 직후 사망한 양한묵을 제외하고는 모두 이 사건으로 징역형을 받고 옥고를 치렀어요. 손병희를 비롯하여 복역 후에 후유증으로 병사한 사람도 있습니다.

태화관은 최초의 룸살롱이었나?

이제 독립선언서를 낭독하는 역사적으로 중차대한 그 자리에서 과연 술판을 벌였는지, 그리고 독립선언서를 낭독했던 태화관이 어떤 곳이었는지 조금 더 들여다보기로 하겠습니다.

대부분의 역사학자들은 그런 주장이 과도하다고 생각합니다. 독립선언을 기념하는 잔은 들었을지언정 실제로 33인 가운데 상당수가 종교인인데 '술판'이라는 뉘앙스가 전혀 맞지 않는다는 것이죠. 그리고 손병희 선생의 부인인 주옥경도 당시 기생이 아니었고 우이동 저택에서 아내로서 내조하고 있었던 시기라 '마담', '스캔들' 운운하는 것이 사실과 다르다며 후손들이 들고 일어났어요. 어쨌든 저도 숭고하게 독립운동을 하신 분들을 폄훼하는 일은 없어야 한다는 생각이 듭니다.

그럼 먼저, '태화관이 최초의 룸살롱이었나?'에 대한 궁금증을 풀어보겠습니다. 그런 말이 나온 배경에는 태화관이 기생 요릿집이었기 때문입니다. 당시에 궁궐에서 왕의 음식을 준비하던 사람을 대령숙수라 부르는데요, 대령숙수 출신인 궁중요리전문가 안순환 씨가 명월관을 설립하게 됩니다. 왕들이나 맛볼 수 있었던 궁궐음식을 돈만 내면 먹을 수 있다는 생각에 많은 인기를 얻었고 명월관은 인사동에 2호점으로 태화관을 만든 것이죠. 원래 이완용의 저택이었다고 해요.

◆長老教記念祝賀晩餐會

長老教記念祝賀
外賓多數招待

◆昨夜明月館에서

▶태화관에서 피로연하는 모습
오늘날의 피로연, 연회장을 떠올리게 한다.

이름이 태화관인 이유는 그곳에 태화정이라는 정자가 있었기 때문이고요. 그런데 아무튼 그런 요리를 먹으면서 기생들을 만날 수 있는 장소가 태화관이 최초인가? 그건 아니라는 거죠. 이미 태화관의 본점인 명월관도 있고요. 1900년도에 혜청관이라는 곳이 처음 생겼어요. 기생 요릿집이긴 하지만 우리가 생각하는 룸살롱이라는 이미지를 그려 본다면 그 표현도 잘못된 것이라고 생각합니다.

역사학자 전우용 씨는 SNS에 최초의 룸살롱이라는 명예는 색주가나 내외주점에 돌려야 한다고 말했어요. 색주가란 유곽과 비슷한 곳으로 여자들과 술을 마시는 곳입니다. 이 점에서는 저 역시 비슷한 생각이고요. 그리고 내외주점은 높은 관직의 부인이었던 사람이 과부가 되어 먹고살기 위해 차린 주점이거든요. 남녀가 '내외한다'고 할 때 그 내외가 맞아요.

그래서 술상을 봐 놓고 절대 손님과 마주하지 않는다고 해요. 남녀가 유별하다고 해서 발을 친다거나 목소리만 듣도록 한다거나 그런 장치를 해놓는 곳이거든요. 하인한테 '메뉴를 여쭈어라' 하면, 하인이 '뭘 드신다 하옵니다' 전하고, 또 '그건 다 팔렸다고 전하거라' 이런 식으로 소통을 이루었다고 해요. 그러니 엄밀히 말하면 이곳은 룸살롱 개념과는 좀 거리가 있는 것 같네요.

그렇다면 태화관이 주로 어떤 식으로 사용되었는지 살펴볼까요? 요즘으로 치면 단체 회식이나, 출판기념회, 피로연을 여는 호텔 연회장 같은 걸 떠올리시면 됩니다. 당시 태화관을 사용했던 신문기사를 보면, 장로교 기념축하만찬이 벌어지고 있습니다.

룸살롱 느낌은 전혀 나지 않죠? 차라리 결혼식 피로연 같은 느낌입니다. 이런 곳이 태화관이었어요. 단순히 그곳에 기생이 있다고 해서 룸살롱이라고 표현한다면 우리는 또 기생에 대해 다시 생각해 봐야 합니다.

기생이 되는 것도 엄청 어려웠다는 것 잘 아시죠? 공부를 정말 열심히 해야 합니다. 1939년에 발간된 『모던 일본』이라는 잡지에 구한말 기생 학교의 시간표가 소개됩니다. 국어, 작문, 회화, 시독해, 서화(시와 그림)를 배우고 있어요.

또한 술을 따르는 법, 차를 따르는 법, 예의를 지키는 법 등 각종 예의범절도 배웁니다. 기생들은 이렇게 기생학교를 다니고 시험도 봤습니다. 여기를 나온 기생들은 1패 기생들이라고 해서 절대 몸을 팔지 않는 기생들이었습니다.

그럼 무엇을 할까요? 무대에서 춤을 추고 노래를 하고 악기를 연주합니다. 마치 요즘 연예인처럼 만능 엔터테이너인 거죠. 지금의 연예인 급에 해당하는 사람들이 바로 1패 기생입니다. 당시 명월관과 태화관은 일류 요릿집이었으니 당연히 나름의 자부심을 가진 최고의 1패 기생들이 상주하고 있었겠죠.

▶명월관에서 공연하고 있는 1패
기생들

　기생들은 태화관에서 주로 축하공연을 하고요, 술을 따르더라도 말동무가 되는 수준의 기생들이었습니다. 태화관은 절대 아무 때나 옷 벗기고 저고리에 손넣어도 되는 그런 술집의 느낌은 아니었다고 봅니다. 기생이 등장해서 그런 표현을 썼다고 해도 당시 태화관의 모습과는 많이 달랐다는 걸 강조하고 싶어요.

태화관 마담 스캔들의 진실

다음으로 민족 대표 33인, 이 분들이 과연 독립선언서 낭독하고 낮에 술판을 벌였을까요? 정말이지 확실한 고증이 없이는 믿기 힘든 주장이죠? 수많은 독립운동가를 욕보이는 것 같아서 믿고 싶지도 않고요.

　앞에 도입 부분에서 말씀드렸듯이 대부분이 종교인이잖아요. 건배 정도는 할수 있죠. 제가 생각하기에는 아마도 이분들에게는 감옥에 갇히기 전 최후의 만찬이었겠죠. 일본 경찰을 불러놓은 상태니까요. 게다가 고종의 장례식, 즉 국상 기간에 과연 흥청망청 술판을 벌일 수 있을까요? 그리고 또 하나, 민족 대표 모임의 면면에는 사이가 안 좋은 종교가 있어요. 바로 천도교와 기독교죠. 천도교는동학이 뿌리인 종교로 서양 종교를 배척하며 생긴 종교입니다. 그래서 미묘한 경쟁 같은 그런 분위기가 있었습니다. 그러니 서로 행동을 조심했을 것이고 흐트러

▶태화관 과거(좌)와 현재 모습(우)

진 모습을 보이지 않았을 겁니다.

태화관으로 장소를 옮긴 이유가 손병희 때문이라는 주장은 얼추 맞는 것 같습니다. 손병희가 태화관의 기생 출신인 주옥경과 사귀었고 결혼을 했거든요. 다만 독립선언서를 낭독하던 그 시기엔 집에서 조용히 내조만 하고 있었다는 거죠. 당시 주옥경은 마담도 아니고, 기생도 아니었고, 한 남자의 아내였습니다.

주옥경은 집이 가난해서 여덟 살 때부터 기생 수업을 받았어요. 하지만 명월관의 일류 기생으로 기생 조합의 수장까지 맡았던 인물입니다. 또한 서화의 천재로도 불렸고요. 그림과 시를 잘 써서 유명했던 기생이었습니다. 손병희를 만나 천도교 신도가 되었고, 22살 때 결혼했습니다. 비록 예전에 기생이었다고 하더라도 술집마담이라는 표현은 다소 불편할 수 있습니다. 당시 상황과 다른 사실로 개인의 사생활을 욕보이면 안 될 것 같아요.

주옥경은 남편이 감옥에 갇힌 3년 동안 옥바라지를 했죠. 손병희가 병보석으로 나와 죽게 되자, 주옥경은 일본으로 가서 공부를 합니다. 그리고 한국 최초의 부인회인 천도교 부인회를 만들죠. 어찌 보면 최초의 여성 운동가로도 부를 수 있

▶손병희와 주옥경

어요. 천도교 부인회를 결성해서 여자들도 공부를 해야 한다, 배워야 한다며 민족계몽운동을 합니다. 또한, 독립군 자금을 마련하는 데도 애썼고요. 어쨌든 태화관에서의 주옥경 마담 스캔들은 시기적으로 맞지 않으니 잘못된 주장이라고 생각합니다.

민족 대표 33인은 변절자인가?

민족대표 33인이 대부분 변절했다는 표현은 너무 무책임한 발언인 것 같습니다. 대부분이라는 표현을 써서는 안 됩니다. 민족대표 33인 중에 3명이 변절했습니다. 바로 박희도, 정춘수, 최린 딱 3명이에요. 이들은 친일인명사전에 들어가 있는 인물입니다. 아주 극히 소수, 일부라고 말해야 맞는 것입니다.

그럼 나머지 30명은 어떻게 됐을까요? 5명 이상이 옥중에서 50세 넘어서 옥사했고요. 그리고 형을 받고 나서도 계속 독립운동 활동을 했어요. 심지어 남강 이승훈은 오산학교를 세우고 독립운동에 적극적으로 가담했고, 한용운도 저항문학과 불교를 통한 청년운동에 앞장섰죠. 최남선이 민족 대표에 들어간 것처럼 착각하는 사람들도 있는데요, 최남선은 33인에 안 들어가고, 48인에 들어갑니다. 일종의 백업요원이었죠. 대표 33인이 자수하고 감옥으로 들어가면 독립운동을 이끌 사람들이 필요하니까요. 그래서 전부 합하면 48명입니다. 그럼 이 48명 중에서 변절한 사람을 찾아볼까요? 최린, 박희도, 정춘수, 최남선, 현상윤 총 5명입니다. 최남선은 심지어 독립운동선언서까지 쓴 사람으로 유명한데 안타깝게도 변절했습니다. 그리고 조선사편수회에 들어가서 우리나라 역사를 식민사관으로 만들어 역사를 왜곡하는 데 앞장섰던 사람이기 때문에 욕먹어도 할 말이 없습니다. 현상윤도 백업요원 중의 한 명인데 황국시민의 의무교육을 주장했고요.

아무튼 민족 대표 중에서 대부분이 변절했다고 얼렁뚱땅 넘어가면 목숨을 바쳐 독립운동을 했던 분들에게는 도리가 아니죠. 그래서 제가 나머지 분들의 삶에 대해 몇 분 간략히 소개해드릴게요.

민족대표 중 가장 어렸던 31세 김창준은 출옥 후 1925년에 함경북도 영성주재소 습격 사건을 일으켰다가 체포되어 무기징역을 선고받고 신의주 형무소에서 복역했습니다. 당시 58세였던 양한묵은 감옥에서 신문을 받다가 옥사했고, 54세의 박준승은 복역 중에 역시 사망했습니다. 59세 손병희는 복역 중 건강이 악화되자 병보석으로 풀려났는데 곧 사망했고, 31세였던 이갑성은 일제의 신문 중에 이런 말을 했어요.

"나는 감옥에서 짐승 같은 대우를 받고 있다. 감옥은 지옥 이상의 지옥이라는 것을 처음 알게 되었다."

이때가 양한묵이 신문 중 옥사한 지 열흘이 지난 후였습니다. 그뿐만 아니라 목사 신홍식은 신사참배를 거부하는 등 일제에 비협조한 탓에 여러 차례 투옥됐습니다. 천도교의 홍병기는 출옥 후에 만주로 가 고려혁명당 고문으로 독립운동을 이어갔고요, 목사 김병조는 상하이로 망명하여 임시정부에 가담했습니다. 권동진은

▶민족 대표 33인과 변절한 5인

독립이 되는 날까지 끊임없이 독립운동을 했고요. 오산학교를 설립한 이승훈은 민족 대표 중에 가장 늦게 출옥했다고 해요.

민족 대표 33인 대부분은 변절하지 않았습니다. 단지 몇 명 때문에 나머지 독립운동가들을 폄하하지 않았으면 좋겠어요. 우리는 현재 친일을 했던 사람들의 후손들은 경제력을 바탕으로 부와 권력을 쥐고 있고, 독립운동가의 후손들은 제대로 대접을 받지 못하는 이상한 세상에 살고 있습니다.

33인을 폄하하는 이유 중 하나는 만세운동이 한창일 때 태화관에서 달랑 독립선언문만 낭독하고 셀프 투옥했다는 팩트 때문이죠. 하지만 독립선언문을 만들고 독립자금을 만들어서 3.1 운동을 모의했다는 것 자체를 무시해서는 안 됩니다. 무력시위가 되는 걸 걱정했던 그분들의 심정도 이해해야 한다고 생각해요. 무단통치 시대였기 때문에 만세 부르고 독립운동하면 즉결심판이 가능했거든요. 학생들도 만세운동하면 바로 잡혀가서 죽을 수 있었습니다. 그랬기 때문에 국제적으로 독립의지를 밝히는 본래 목표에 만족하지 않았을까요? 당시 외교 고문 스티븐슨이 조선은 미개 국가고, 일본의 식민 지배를 만족하고 고마워한다는 망발을 일삼으니 우리 민족이 끊임없이 독립을 원한다는 것을 만천하에 알리자는 취지였죠.

3.1 운동이 무력시위로 변질될까 봐 태화관에서 독립선언서를 낭독했는데도 실제로 무력시위가 되었고, 제암리 학살 사건* 같은 끔찍한 보복도 일어나죠. 3.1 운동으로 인해 수많은 사람들이 죽거나 옥고를 치렀습니다. 하지만 그만큼 우리의 응집력을 보여주었고, 만천하에 독립 의지를 알릴 수 있었죠. 결과적으로 3.1운동이 전국적으로 확산될 것이었으면 민족 대표 33인이 감옥에 가지 말고 제대로 이끌었으면 좋았을 텐데 하는 부분이 저도 아쉽습니다. 하지만 독립선언문을 낭독하고 3.1운동을 추진했던 그 마음을 가볍게 보지는 말았으면 좋겠어요.

당시 일제 강점기하의 독립운동에는 여러 가지 방법이 있었습니다. 거칠게 무력투쟁하고 의거활동을 하는 독립투사 분들도 있었지만, 뒤에서 물심양면으로 돕고 독립운동 자금을 마련했던 이름이 알려지지 않은 분들도 많습니다. 또한 문학으로 묵묵히 독립의지를 표현한 저항시인 이육사, 윤동주 같은 분들도 있고요. 까막눈이었던 백성들에게 한글을 알려주고 민족교육에 힘썼던 애국계몽운동 계열 독립운동가도 있습니다. 이러한 다양한 관점에서 당시의 상황을 이해하면 어떨까요?

역사는 받아들이고 해석하기에 따라서 다양한 주장을 펼칠 수 있습니다. 그것이 역사가 가진 매력이죠. 하지만 많은 학생들을 가르치는 선생님의 위치에서는 사용하는 단어 하나하나에 조금 더 신중해야 한다고 생각합니다.

제암리 학살 사건
1919년 4월 15일 일본군 경은 만세운동이 일어났던 수언 제암리에서 기독교·천도교도 약 30명을 교회당 안으로 몰아넣은 후 문을 모두 잠그고 집중사격을 퍼부었다. 또 이같은 만행의 증거를 없애기 위해 교회당에 불을 질렀다.

심우장에서 만해 한용운을 만나다

서울 성북동 성곽길을 따라 다닥다닥 붙어 있는 북정마을의 좁은 골목에는 한용운 선생이 말년을 보낸 심우장이 있습니다. 심우장은 1933년, 금어 김벽산 스님이 초당을 지으려고 사둔 땅을 기증받아 조선일보사 방응모 사장 등 몇몇 유지들의 도움을 받아 지었다고 하네요.

한용운 선생은 조선총독부와 등을 지려고 북향으로 자리를 잡아 집을 짓고 이름을 심우장^{尋牛莊}이라고 하였습니다. 대부분의 집이 볕이 잘 드는 남향으로 짓는 것에 비해 상당이 이례적이죠. 항일정신과 민족애가 투철했던 선생의 강한 의지를 상징적으로 보여주는 것 같습니다.

심우장이란 '소를 찾는 집'이라는 뜻입니다. 불교에서는 본성을 찾는 과정을 소를 찾는 것에 비유해 그린 "심우도"라는 선화^{禪畵}가 있는데, 그와 같은 가르침을 담은 이름입니다. 저택의 왼쪽에 걸린 현판은 함께 독립운동을 했던 서예가 오세창^{1864~1953}이 쓴 것입니다.

심우장 대문을 들어서면 입구에 수령 90년이 넘은 소나무가 방문객을 맞이하는데요. 사시사철 푸른 기상을 잃지 않는 소나무의 지조와 절개에서 만해 스님의 향기가 느껴집니다. 건물은 정면 4칸, 측면 2칸 규모에 팔작지붕을 올린 아담한 규모로, 한용운 선생의 검소한 삶을 몸소 느낄 수 있습니다. 한용운 선생이 쓰던 방에는 그의 글씨, 연구논문집, 옥중공판기록 등이 그대로 보존되어 있고요. 이곳에서 작품을 쓰기도 하고 독립에 대한 의지도 다졌을 것이라고 생각하면 의미가 새롭게 다가오는 곳입니다.

한용운 선생은 승려이자 독립운동가로 『조선불교유신론』을 간행하여 불교계의 혁신을 주장하고, 민족대표 33인으로서 3.1운동을 계획하여 주도적으로 참여하기도 했습니다. 서대문 형무소에 수감되었다가 석방된 이후로도 민족운동을 이어가 신간회[*] 발기인으로 참여하기도 했습니다.

신간회
1920년대 후반에 좌우익 세력(민족주의자와 사회주의자)이 연합하여 결성된 대표적인 항일단체이다.

선생은 교우관계에 있어서도 좋고 싫음이 분명하여 뜻을 함께한 동지들에 대해서는 매우 깊은 의리를 보여주었습니다. 만주에서 독립투쟁을 전개하다가 체포되어 마포형무소에서 옥고를

▶삼우장
만해 한용운이 말년을 보낸 곳이다.

치르던 김동삼이 1937년 3월 옥중 순국하였을 때에는 유해를 심우장으로 모시고 와 5일장을 치르기도 하였습니다.

하지만 변절한 친일인사에 대해서는 설령 친분이 깊거나 함께 독립운동을 하였더라도 단호히 절교하고 일체 상대하지 않았죠. 3.1운동 당시 동지였던 최린이 변절한 뒤 심우장을 방문한 일이 있었으나 끝내 만나주지 않았습니다.

이에 무안해진 최린이 선생의 딸에게 돈을 쥐어주고 돌아갔는데, 이 사실을 뒤늦게 알게 된 선생은 부인과 딸에게 호통을 치고 더러운 돈이라며 그 길로 명륜동 최린의 집으로 달려가 그 돈을 최린의 얼굴에 냅다 집어던지고 되돌아 왔다고 합니다.

심우장을 방문해서 이렇게 올곧은 삶을 살았던 만해 한용운 선생의 자취를 따라가 보는 것은 어떨까요?

사무친 슬픔이 흩날리다, 창경궁

"봄바람 휘날리며 흩날리는 벚꽃 잎이 울려 퍼질 이 거리를 둘이 걸어요 ~."

봄이 되면 어디선가 「벚꽃엔딩」이라는 노래가 흘러나오고, 너나 할 것 없이 벚꽃놀이를 가야 할 것 같은 설레는 마음이 들곤 합니다. 벚꽃놀이 하면 대표적인 곳이 여의도 벚꽃길이죠. 그런데 여의도 윤중로에 심어진 수많은 벚나무들의 숨은 진실에 대해 혹시 알고 계신가요? 그 벚나무들은 바로 서울 5대 궁궐 중 하나인 창경궁에서 온 것입니다.

지금은 창경궁이 고궁의 모습으로 돌아왔지만 1960~70년대만 해도 봄나들이 핫 플레이스로 유명했습니다. 이름도 창경궁이 아닌 창경원이었죠. 중고등학생이나 대학생 친구들은 생소하겠지만 부모님 세대가 어렸을 때는 창경궁을 창경원으로 불렀답니다.

종로와 대학로의 중간에 위치해 접근성도 좋고, 동물원과 식물원이 있어서 볼거리가 많았거든요. 부모님께 여쭤보니 젊은 시절 창경원에서 벚꽃놀이를 하며

168

▶예전 창경원 모습
봄을 맞아 수많은 인파로
북적이고 있다.

동물원 구경을 했던 추억이 있다고 합니다.

그만큼 창경원은 당시 가족나들이, 데이트 장소로 붐볐어요. 예전에 창경원 구경을 한번 해봤던 사람이라면 지금의 모습과는 정말 달랐다는 것을 잘 알 거예요.

왜 창경궁은 창경원이 되어야 했을까요? 경복궁이나 창덕궁, 덕수궁에는 동물원이 없잖아요. 왜 하필 창경궁이었을까요? 그리고 왜 우리는 과거에 아무렇지도 않게 창경궁을 창경원이라 부르며 살아왔던 걸까요?

창경궁에는 우리가 잊지 말아야 할 아픈 역사가 남겨져 있습니다. 지금부터 그 이야기를 해볼까 합니다.

창경궁의 수난사
창경궁昌慶宮의 원래 이름은 수강궁壽康宮입니다. 세종대왕이 아버지인 태종을 위해

지은 궁이라고 해요. 이후 별다른 궁의 역할을 못하다가 성종 임금 때 왕실의 어른인 왕후들을 모시기 위해 대대적인 공사를 시작했어요. 세조의 비 정희왕후, 덕종의 비 소혜왕후, 예종의 계비 인순왕후를 모시게 되었죠. 서쪽으로는 창덕궁, 남쪽으로는 종묘와 통하는 곳에 새롭게 세워진 궁궐은 이름도 창경궁으로 바뀌었습니다. 궁궐의 면모는 갖췄지만 왕이 머물면서 정사를 돌보는 궁궐은 아니었습니다.

그 후 임진왜란 때 불에 타 소실되는 아픔을 겪었고요. 전쟁이 끝난 후 복구가 되었지만 인조 2년 이괄의 난* 때 다시 소실되었다고 해요. 순조 때는 큰 화재가 나서 많은 전각이 타버리기도 했죠. 어쩌면 곧이어 닥쳐올 시련을 예상하기라도 한 걸까요? 창경궁은 그야말로 소실되었다가 다시 복원되기를 반복했습니다. 이 밖에도 숙종이 장희빈에게 사약을 내리고, 영조가 사도세자를 뒤주에 가두어 죽인 일 등 왕실의 크고 작은 비극이 일어난 곳이기도 합니다.

궁궐로서의 위상을 한 번에 무너뜨리게 된 사건은 1907년에 일어났습니다. 순종은 즉위하자마자 거처를 경운궁^{덕수궁}에서 창덕궁으로 옮겼는데요, 당시 궁을 드나들며 호시탐탐 조선을 노리고 있던 일제가 순종을 위한다는 이유를 들어 창경궁의 궁문, 담장, 전각을 헐고 동물원과 식물원을 짓기 시작한 겁니다. 궁의 모습은 많이 훼손되고 곳곳에 일본식 건물이 들어섰습니다. 1911년에는 창경궁의 이름을 아예 창경원으로 바꾸어버렸죠.

이것은 역사적으로 매우 중요한 의미가 있는 사건입니다. 일제가 조선 왕실과 왕권이라는 상징을 격하시킨 것이거든요. 일제는 '율곡로'라는 도로를 개설하여 창경궁과 종묘를 단절시켰습니다. 왕족만 드나들던 궁궐은 일반인도 출입할 수 있게 되었고, 창경궁은 1980년대 초까지 서울의 대표적인 유원지가 되었죠. 4월이 되면 흐드러진 벚나무 숲을 구경하러 많은 사람들이 몰려들었지만 그들은 일

이괄의 난
조선 인조 때인 1624년 이괄 · 한명련 등이 일으킨 반란. 이괄이 인조반정 때 공이 컸음에도 불구하고 2등 공신으로 책봉되고 외지에 부임하게 된 데 양심을 품고 반란을 일으켰다는 것이 종래의 통설이나 현재는 집권층의 의구심으로 인한 우발적인 반란으로 보는 시각도 크다.

▶창경궁 명정전
양 옆으로 품계석이 늘어서
있다.

제가 자기 나라의 나무를 가져다 심었다는 건 알고 있었던 걸까요?

창경궁은 해방 이후에도 계속 창경원으로 남았다가 1981년 정부의 복원 계획
이 결정되면서 옛 모습을 되찾기 시작했습니다. 일부 전각을 복원하고 동물들도
서울대공원으로 옮겨갔죠. 일제의 잔재를 없애기 위해 벚나무도 뽑아버렸고요.

지금 창경궁에 가보면 고즈넉한 궁궐의 기품을 자연 그대로 느낄 수 있습니다.
웅장한 홍화문과 아름다운 옥천교가 입구에서 관람객을 반겨주고 명정문으로 들
어서면 창경궁의 모습이 한눈에 들어옵니다. 이제는 창경궁을 창경원이라고 말
하는 사람도 거의 찾아볼 수 없게 되었습니다.

일제에 의해 훼손된 창경궁

우리가 아무렇지도 않게 창경원을 놀이공원 삼아 놀러 다니던 시대에는 창경궁
이 역사적으로 어떤 시련을 겪었는지에 대해 제대로 고민해볼 기회가 적었습니
다. 왜 굳이 창경궁에 동물원을 만들었을까 하는 이유에 대해 말이죠. 한국 최초
의 공공 동물원에서 희귀 동물들을 만날 수 있었다는 것만으로 볼 권리를 줬다느

▶품계석   ▶명정전 앞 꽃밭

니 하면서 근대화를 운운한다는 것은 창경궁이 겪은 시련을 외면하는 것이나 마찬가지라고 생각합니다.

창경궁에 동물원을 만든 이유는 명백히 주권을 빼앗고자 하는 일제의 계략이었습니다. 고종이 제대로 뜻을 펼치지 못한 채 강제퇴위를 당한 후, 이름뿐이었던 왕 순종을 일제가 가만히 지켜볼 리가 만무했죠. 원래 왕은 경복궁에 있어야 하잖아요? 그런데 순종은 창덕궁에서 먹고 자면서 존재감이 없었습니다. 일제가 순종의 마음을 위한다는 명목으로 창덕궁 바로 옆 창경궁에 산책하기 좋은 동물원을 만든 것이죠. 이름도 아예 바꿔버리고요. 동물들만 창경원의 철창 속에 갇힌 것이 아니라 순종도 고궁이라는 그 틀에 가둬버린 것입니다.

그럼 일제가 창경궁을 얼마나 철저하게 훼손했는지 살펴볼까요?
창경궁 내부에 있는 60여 채의 주요 전각과 담장을 모조리 헐어버리고 심지어 초석까지 훼손시켜 그 흔적조차 찾을 수 없게 만들었습니다. 그리고는 일본의 상징인 벚나무 수천 그루를 창경궁 안에 심어버렸어요.

창경궁에 들어가면 제일 먼저 정전인 명정전을 만날 수 있어요. 정전이 어떤

▶일제 강점기 창경원 모습
정문인 홍화문 앞에 일장기가 걸려
있다.

곳인지는 잘 아시죠? 경복궁의 근정전이나 창덕궁의 인정전처럼 고궁의 대표 건
물로 나라의 중요한 행사나 연회, 왕의 조회 등이 열렸던 곳이에요. 조선시대의
역사적 유물로 우리에게는 소중한 문화적 자산이죠. 그런데 그런 명정전을 꽃밭
으로 만들어 버렸답니다. 원래 명정전 앞에는 정1품에서 종9품까지 등급을 알리
는 24개의 품계석이 세워져 있었어요. 그러한 근엄한 공간을 마치 꽃놀이 온 놀
이공원의 입구처럼 가벼운 공간으로 둔갑시켜 버립니다.

그뿐이 아니죠. 일제는 궁을 놀이공원으로 격하시켜 희화화했습니다. 창경궁
은 창경원이 되어 우리나라 최초의 동물원이 되어버렸고, 코끼리 같은 희귀 동물
을 보기 위해 해마다 많은 인파가 몰렸습니다. 아무나 출입할 수 없는 절대적 공
간인 궁궐을 어느덧 백성들의 유희공간으로 탈바꿈시킨 것입니다. 나라님만 들
어갈 수 있는 궁궐에 일반 백성도 들어갈 수 있고, 거기다가 동물원까지 있으니
사람들에게 인기가 많았겠죠.

그런데 정말 가슴 아픈 건 창경궁의 정문인 홍화문 앞에 걸린 일장기였습니다.
우리나라를 대표하는 고궁의 입구에 버젓이 달려있는 일장기는 다른 나라의 힘
에 의해 민족의 정신이 담긴 고궁이 훼손되는 모습을 그대로 보여준 것이라고 할

수 있죠.

동물원이 된 창경궁은 다른 고궁보다 더 많이 자존감에 상처를 입었겠지만 어쨌든 일제 강점기 창경원은 많은 이슈를 만들기는 했어요. 나라 잃은 서러움도 있었겠지만 신분에 관계없이 창경궁을 드나들던 사람들은 '이제 시대가 바뀌었구나, 좀 더 평등한 새 세상이 열렸구나' 하는 복잡한 심경이었을 것 같습니다.

대한매일신보
1904년부터 국권피탈 때까지 발간되었던 일간신문. 초기에는 민족진영의 가장 영향력 있는 대표적인 언론기관이었으나 국권피탈이 되면서 조선 총독부의 기관지로 전락했다.

1908년 3월 6일자 대한매일신보*를 보면 창경궁을 동물원으로 만드는 계획이 실려 있습니다. 거기에는 천년이 된 옛 전각도 훼절하겠다는 표현이 있습니다. 지금 창경궁에 있는 고궁들은 거의 다 복원된 것으로 실제 건물을 유지하고 있는 것은 몇 개 없다고 합니다. 천년이 넘는 문화재를 보존한다는 것이 어떤 의미인지는 잘 아시죠? 관광자원으로는 물론 무엇과도 바꿀 수 없는 가치를 일제가 아무렇지도 않게 훼손한 겁니다. 아무리 다른 나라를 침략했다 하더라도 상대국의 문화재는 존중하는 것이 마땅한데 조선의 문화를 모조리 말살하려고 한 그들의 저의가 괘씸할 뿐입니다.

사실 이밖에도 전국에 걸쳐 우리 문화재를 훼손시킨 일제의 만행 사례는 많습니다. 우리 조상들이 과학적으로 만든 석굴암 뒤를 시멘트로 발라버려서 본존불상에 이슬이 맺히게 했고요, 모전석탑 옆으로 기찻길을 만들어서 탑이 기울자 시멘트로 얼렁뚱땅 보수를 하는 등 기술도 부족하면서 우리 문화재만 훼손시킨 것이죠.

창경원은 순종이 살아생전 산책했던 목요일에는 문을 닫았다고 해요. 구경하는 사람들 없이 편안하게 산책하라는 이유였다는데 과연 순종이 창경원을 거닐며 어떤 생각을 했을까요. 지난 밤 창경원을 드나들던 사람들의 흔적이 가득한 옛 궁을 거닐면서 망국의 군주로서 미안함을 느꼈을까요? 아니면 아무 것도 하지 못하는 자신을 탓했을까요? 그것도 아니면 어머니인 명성황후를 시해한 일제에 대해 분노를 삼키고 있었을까요? 순종은 1926년 창경궁에서 벚꽃놀이가 한창이던, 사람들이 동물들의 재롱을 보며 웃고 떠들던 봄에 세상을 떠났다고 합니다. 참 가슴 아픈 이야기죠.

비참한 이야기가 하나 더 있는데 아시다시피 태평양 전쟁에서 수세에 몰린 일제는 창경원에 있던 철창까지 전쟁물자로 쓰기 위해서 동물원 운영을 포기했다고 해요. 사실상 관리도 불가능했고요. 이때 많은 동물들이 죽임을 당하는데 그동안 동물들을 정성껏 돌봤던 사육사에게 독을 타서 동물들을 죽이라고 했다더군요. 창경궁은 불쌍한 동물들의 무덤이 되고 만 것이죠.

그런데 더 심각한 문제는 우리에게도 있었습니다. 창경궁을 없애고 만든 창경원에 기찻길까지 만들었다는 거예요. 다른 나라도 아닌 우리 정부가요. 1970년대에는 더욱 적극적으로 개발을 해서 전 국민의 놀이공원이 된 것이죠. 당시는 서울 가면 무조건 창경원은 가봐야 한다고 했을 정도로 서울의 볼거리로 유명했습니다. 모두에게 딱히 놀러 갈 곳이 없었던 시대였다고는 해도 전통적인 문화재를 하루빨리 복구할 생각을 안 했다는 건 아쉽네요.

벚꽃놀이에 대한 단상

1910년~20년대에는 창경원의 밤 벚꽃놀이가 유행이었습니다. 일제는 벚나무를 일본에서 공수해서 창경원에 심었는데요, 그야말로 창경원은 벚꽃으로 뒤덮여 장관이었다고 해요. 저도 봄마다 흐드러지게 피는 벚꽃이 정말 아름답다고 생각합니다.

그런데 일본을 상징하는 꽃이 벚꽃이라는 건 다들 아시죠? 굳이 꽃 이야기에

▶창경궁 옥천교에 핀 벚꽃의 모습

민족 감정을 나타낼 필요가 있냐고 하실 수도 있지만 몇 가지 생각해 볼 가치는 있는 것 같아요.

흔히 벚꽃을 일본 국화라고 알고 있는 분들이 있는데 일본은 국화로 지정된 꽃이 따로 없다고 합니다. 하지만 일본인들 대부분이 아주 오래전부터 사랑하는, 일본을 대표하는 꽃으로 여겨져 왔습니다. 벚꽃은 일본 신화에도 등장하는데, 필 때는 일제히 화려하게 피었다가 질 때는 눈이 내리듯 순식간에 지는 모습이 일본 무사들의 전통적인 인생관과 비슷하다고 하여 일본인들에게 가장 친숙한 꽃으로 뿌리내린 것이죠. 지금도 일본 각지에는 수많은 벚꽃 명소가 있고, 봄철이면 그 나무 아래서 소풍을 즐기는 하나미花見, はなみ가 봄철의 가장 큰 행사이기도 합니다.

그런데 여기서 또 재밌는 것은 벚꽃의 여왕이라 불리는 왕벚나무는 일본이 원산지가 아니라 제주도라는 사실입니다.

참으로 아이러니하죠? 일본이 자랑하고 일본을 상징하는 꽃이 사실은 우리나라에서 넘어간 것이라는 거죠.

어쨌든 벚꽃은 우리에게 오랜 세월 일본을 상징하는 꽃으로 알려져 왔습니다. 그런 생각의 이면에는 벚꽃놀이를 떠들썩하게 만들었던 시대적 상황이 있었고, 그것이 지금까지 전해져오는 게 아닌가 싶습니다. 일제가 조선을 일본의 일부분이라는 정책을 펴면서 조선 반도 천지에 벚나무를 심었죠. 나중에 창경궁 복원 사업을 하면서 벚나무를 다 뽑고 소나무를 그 자리에 심었다고 합니다. 지금 창경궁에는 벚꽃이 그리 많지 않습니다.

우리에게 아픈 역사를 안겨주었다고 해서 요즘의 벚꽃놀이를 다시 생각하자 뭐 이런 이야기를 하는 건 아닙니다. 다만 일제가 조선을 강점할 때 벚꽃으로 창경궁을 가득 채웠다는 사실은 알았으면 좋겠다는 바람입니다.

고된 수난을 겪고 새롭게 다시 태어난 창경궁, 이제는 고궁의 멋을 즐기는 사람들의 잔잔한 웃음소리만이 은은하게 퍼졌으면 좋겠습니다. 날씨 좋은 날 창경궁의 아픈 역사를 떠올리며 궁을 한번 걸어보는 건 어떨까요? 창경궁에 남아 있는 식물원 대온실은 예전에 창경궁이 창경원이었던 사실을 알려주는 문화재라고도 할 수 있겠네요. 한국 최초의 서양식 유리 건축물이라는 문화재적 가치가 인정되어 대온실은 여전히 존재하고 있으며 관람객으로 붐비고 있습니다.

어렵게 제자리를 찾은 창경궁, 아픈 상처를 가지고 있는 곳이기에 더욱더 자주 찾아보고 아끼며 보존해야 할 것입니다.

왕벚꽃의 원산지는 일본이 아닌 한국이다?!

제주도의 왕벚꽃나무가 일본에서 온 것이라는 주장이 있었는데, 최근에 제주도가 세계 유일의 왕벚꽃나무 자생지임이 밝혀졌습니다. 학계의 유전자 분석과 연이어 발견된 자생 왕벚꽃나무의 존재만으로 100년 넘게 이어진 왕벚꽃나무의 원산지 논란은 끝을 맺게 된 것이죠. 실제 일본에서는 왕벚꽃나무 자생지가 아직 발견되지 않았습니다.

2001년 4월 삼림청 임업연구원 분자유전학연구실에서 한국과 일본의 왕벚꽃나무를 대상으로 DNA지문 분석을 벌인 결과 한라산이 원산지라는 사실을 규명했습니다. 다시 말해서 유전자 검사를 한 결과 일본 벚꽃 조상의 고향은 제주임이 밝혀진 것이죠. 사실 왕벚꽃나무의 자생지가 우리나라라는 사실은 과거부터 제기되어 왔습니다.

1908년 제주도 한라산 북측의 관음사 근처에서 타케 신부가 세계 최초로 왕벚나무 표본을 채집하였고, 그 후 1912년 독일 베를린 대학의 벚나무 분류 권위자인 쾨네 박사를 통해서 제주가 왕벚꽃나무 자생지임이 최초로 알려졌습니다. 그리고 수많은 일본 식물학자들이 제주도를 방문해 조사한 뒤 이를 지지했고요.

우리는 흔히 벚꽃 하면 일본을 떠올리죠? 그만큼 일본의 벚꽃놀이는 지역별 축제가 있을 정도로 유명하고 일본을 상징하는 꽃으로 오랫동안 어필해 왔습니다. '한국동식물도감'에는 벚나무의 종류는 모두 17종으로 열거되어 있는데 그중 우리나라에서 순수하게 자생하는 것이 5종이라고 합니다. 특히 그 벚꽃 중 제일 화려하기로 유명한 왕벚꽃나무는 한라산 자생종이며, 진해에는 다양한 수종들과 함께 제주산 왕벚꽃나무도 널리 식재되어 있습니다.

한때 진해의 벚꽃은 많은 오해를 낳기도 했습니다. 일제는 강제합병 후 진해에 군항을 설치하면서 도시미화용으로 벚나무를 심었습니다. 광복 이후 배일사상으로 일제의 잔재라 하여 마구 베어냈었는데 실제 자생하던 벚나무까지 베어 심각한 위기에 처하기까지 했다고 하네요. 우리나라 땅에서의 벚꽃의 수난은 계속 되어왔고 일각에서는 벚꽃놀이 자체를 친일적인 행동으로 매도하는 일도 벌어졌습니다. 하지만 왕벚꽃나무의 원산지가 제주도로 밝혀지면서 이러한

벚꽃은 일본만의 꽃이 아닌
우리의 꽃이기도 합니다.

▶제주도의 왕벚꽃나무

잘못된 인식이 변하기 시작합니다.

또한 역사 속에서도 벚나무의 흔적을 찾을 수 있는데요. 우리가 알고 있는 고려의 팔만대장경의 60% 이상이 산벚나무로 만들어졌음이 최근 전자현미경을 이용한 조사에서 밝혀졌습니다. 대부분의 나무들이 껍질이 세로로 갈라지는 반면 벚나무 종류들은 가로로 짧은 선처럼 갈라지는 특징을 지닌 거죠. 이로 인해 표면이 거칠지 않고 매끄러워 가공하기 쉽기 때문에 목판인쇄의 재료로 알맞았다고 합니다.

이로써 벚꽃 전쟁은 종결지어야 할 것 같네요. 벚꽃은 일본만의 꽃이 아닌 우리의 꽃이기도 합니다. 벚꽃이 일본을 상징하는 꽃이며 일본이 가장 사랑하는 꽃이라고 해서 일본의 잔재로 취급했던 건 잘못된 견해라는 것이죠. 꽃은 그저 아름다울 뿐 죄가 없습니다. 이제부터 매년 봄이 되면 죄책감 없이 아름다운 벚꽃을 맘껏 즐기셔도 좋을 것 같습니다.

기생은 엔터테이너인가, 창기인가?

각종 역사 관련 영화나 드라마에서 우리는 기생을 자주 접하게 되죠. 사대부들 옆에서 가야금도 뜯고, 춤도 추고, 술도 따르는 기생들. 신분 질서가 뚜렷하던 조선시대에 기생은 신분적으로 천민이면서도 사대부들과 어울리며 말을 타고 전모*를 쓰고 꾸미고 다니는 것이 양갓집 규수만큼 화려했습니다.

• 전모: 조선 시대에, 여자들이 나들이할 때 쓰던 모자의 하나. 대나무로 삿갓 모양의 테두리를 만들고 여기에 종이를 발라 기름에 결어 만듦

황진이, 장녹수, 이매창, 장연홍, 이난향 등 우리가 잘 알고 있는 조선시대 기생을 떠올리면 무척 아름답고 화려한 모습이지요. 그런데 과연 그녀들의 삶도 그랬을까요?

성 역할에 있어서 비교적 자유롭던 신라나 고려에 비해 유교적 문화가 팽배한 조선시대는 성이 권력화, 독점화되었습니다. 상대적으로 여성이나 천민들은 성적으로 약자에 속해 있었는데요, 기생도 그중 하나였습니다.

남편과 사별한 뒤 평생 수절해야 했던 열녀에서, 자유연애를 찬양하던 구한말 모던 걸까지 조선 여성의 모습은 숨 가쁘게 변해왔습니다. 그리고 그 안에는 조선을 대표하는 또 다른 여성인 기생이 있었습니다. 그녀들의 삶을 따라가 보겠습니다.

▶기생이 주인공이었던 영화 『해어화』 포스터

말을 알아듣는 꽃, 해어화

우리는 흔히 기생妓生을 몸을 파는 여자, 즉 창기娼妓로 인식하는 막연한 선입견을
가지고 있습니다. 하지만 조선 시대 기생을 그렇게 단순하게 규정지을 수는 없습
니다. 조선 시대 기생은 종류도 다양했고, 오히려 양반집 규수보다도 더 학식이
뛰어난 경우도 있었으니까요. 글과 그림이 뛰어나 사대부를 호령하기도 했고, 춤
과 노래, 악기를 잘 다루는 예술인이었던 기생. 오늘날로 치면 종합 엔터테이너
아닐까요? 기생이 당시 재능이 뛰어난 연예인이었는지, 아니면 창기였는지 그에
관한 논란은 지금도 계속되고 있습니다.

2016년에 「해어화」라는 영화가 개봉되면서 대중들에게 다시 한 번 기생의 삶을
환기시켜주었죠.

해어화解語花라는 말은 '말을 알아듣는 꽃'이란 의미로 원래 중국의 절세 미녀 양
귀비에게 붙여진 별칭이었던 것이 기생을 가리키는 말로 변화된 것입니다.

"연꽃의 아름다움도 말을 이해하는 이 꽃에는 미치지 못하리라."

당나라 현종은 양귀비를 가리켜 이런 멋진 말을 하면서 극진한 사랑을 표현했다고 합니다. '해어지화解語之花'라고도 하는데, 중국의 왕인유가 엮은 『개원천보유사開元天寶遺事』에 실려 있습니다.

우리나라 기생의 역사도 『조선해어화사朝鮮解語花史』라는 문헌에 실려 있는데요, 이능화가 당시 잔존하던 자료들을 몽땅 긁어모아 1927년 발간한 일종의 민속지입니다. 그 책에서는 기생의 기원과 시대별 변천, 기생의 생활, 사회적 역할 등을 사진과 함께 상세하게 기록하고 있습니다.

보통 조선시대 기생은 고려시대에 확립된 관기官妓를 계승한 이들로서 관청의 연회와 잔치에 없어서는 안 될 필수적 존재였습니다. 소위 '팔천八賤(사노비, 중, 백정, 무당, 광대, 상여꾼, 기생, 공장工匠 등의 여덟 천민)' 중의 하나로 이들은 주로 천민으로 분류되었죠. 보통 관아에서는 소속된 노비들을 관리·감독하기 위해 『관노비안官奴婢案』이라는 장부를 두고 있었는데요, 관기는 관아에 속한 노비였기 때문에 이 장부에 이름을 올렸습니다. 장부에 이름이 오르지 않은 기생은 법의 사각지대에 놓여 있었다고 봐도 무방할 거예요.

천자종모법
천자수모법이라고도 하며 노비나 천인의 자녀는 모계를 따른다는 원칙으로 고려 정종 때부터 시행되었다. 양인 아버지와 천인 어머니를 둔 자는 태어나자마자 어머니를 따라 천민이 되었다. 이 모계 귀천 의식은 조선시대에 그대로 이어졌고 아버지가 비록 양반이라도 어머니가 첩이면 서자(庶子), 천인이면 얼자(孽子)로 취급해 과거제도 등 여러 가지 부분에 불이익을 주었다.

조선 시대는 천자종모법賤子從母法이라 해서 어머니를 따라 기생이 되는 게 일반적이었지만, 어려서 부모를 여의고 돌봐 줄 친척도 없는 처지에서 기생으로 전락하거나 가난한 집안에서 어린 딸을 기녀로 파는 경우도 심심찮게 있었다고 합니다. 조선시대만 하더라도 전국에 2만 명 이상의 기생이 있었을 것이라고 추정한다네요.

그런데 조선은 엄격한 신분 사회였잖아요? 기생은 그중에서도 하층에 속한 신

▶우리나라 최초의 종교학자로 불리는 이능화(좌)와 그가 저술한 『조선해어화사』(우)

분이었는데 기생들 사이에서도 등급이 존재했다고 합니다.

기생들 중에서 으뜸은 일패一牌로 분류되었는데, 엄한 규율 속에서 교육을 받았고 자부심도 높았습니다. 문학과 예술에 능통했고 격조와 기품이 있었다고 하네요. 기생 중에 A급 기생이라고 할 수 있겠죠. 이들은 화려하게 치장하고 많은 것을 누렸으며 인기도 많았습니다. 외모와 노래, 춤은 기본이고요, 시를 잘 쓰고 말을 잘하기 때문에 왕에게 불려나갈 정도였죠.

그들은 궁중에서 어전 앞에 나가 춤을 추며 흥을 돋우고 각종 왕실 연회에 불려 다녔죠. 당연히 접대만으로도 충분한 재력이 되기 때문에 몸을 내어주지 않아도 먹고살 수 있었던 기생들입니다. 기생은 본래 천한 신분인데 이들은 전혀 천민 대접을 받지 않은 것입니다.

그 아래로 이패二牌, 삼패三牌가 있었는데, 그 기준은 '기예를 가지고 있는가 아니면 오로지 몸으로 때우는가'였습니다. 이패 기생은 은근자慇懃者라 불리었는데, 궁궐로 뽑혀가진 못했지만 사대부 잔치나 관청 행사에 가서 흥을 돋우는 역할을 했어요. 이들은 소신대로 사는 이도 있었고, 경우에 따라 은근히 성 접대를 하는 경우도 있었다네요.

삼패 기생은 가장 하급으로, 유명한 궁중 노래가 아니라 일반 백성들이 부르는 잡가나 민요를 불렀다고 합니다. 춤도 잘 추지 못했나 봐요. 그래서 생계유지를 위해 성 접대가 필요했답니다. 이러한 사실 때문에 기생이 창기라는 틀에서 벗어나기 어려운 것이지요.

이렇듯 기생도 종류가 많아서 몸을 팔지 않는 기생, 은근히 파는 기생, 몸을 파는 기생이 있었기 때문에 '기생=창기' 라는 식으로 단순하게 규정짓기는 어렵다는 것이죠.

조선시대 다양한 기생 문화

기생들도 활동하는 지역이 있었습니다. 주로 수도권에서 활동하는 기생을 경기京妓, 지방 기생들은 관기官妓라고 불렀죠. 수도권에 있는 기생들은 '장악원'이라는 곳에 소속이 되어서 왕의 행차나 외국 사신을 맞이할 때 동원되기도 합니다. 관기는 주로 노비들 중에서 용모가 예쁜 아이를 골라 기녀 양성소인 교방敎坊에서 키웁니다. 관기 중에는 한양으로 뽑혀간 기생도 있는데요, 이런 기생을 상기上妓라고 했습니다.

봉명사신奉命使臣(왕의 명을 받들고 오는 사신)이나 암행어사들이 지방에 올 때 잠자리 수청을 드는 기생을 방기房妓라고 하는데요, 법에는 없지만 관례처럼 행해졌다고 합니다.

예쁜 방기가 들어와서 잠자리 시중을 들면 그 고을이 좋아 보이고, 못생긴 방

▶신윤복의 기생이 등장하는 풍속화들

기가 들어와서 시중을 들면 나쁘게 보인다는 기록이 있을 정도입니다. 수청을 거부한 관기에게 매를 때려 죽게 했다는 기록도 있는 것을 보면 춘향이처럼 거절하는 것이 쉬운 일은 아니었나 봅니다.

이런 일시적인 수청 외에도 변방에 있는 관기들은 집을 떠나 군사 지역으로 오는 장교들의 집에서 살림도 하고, 잠자리도 같이 하는 부인 역할을 해야만 했다고 하네요. 이것도 역시 불법임에도 벌어진 일입니다. 그렇다면 그 관기들은 새로운 장교가 부임하면 다시 새신랑을 맞이한 듯 부인 역할을 해야 했겠죠.

지방 기생들 중에서 가장 유명한 기생을 많이 배출한 곳은 평양입니다. 한양 다음으로 기생 수도 많았고, 특히 미모가 뛰어난 기생들이 많았다고 해요. 관료들 중에는 평양감사로 부임하는 것이 꿈인 사람도 적지 않았다고 하네요. 평양 기생들이 예쁘기로 워낙 유명해서 "평양 감사도 저 싫으면 그만이다"라는 속담도 있을 정도죠.

그런데 기생은 급여가 아주 적었다고 해요. 그래서 궁궐이나 관청, 사대부집에서 접대를 하거나 공연을 하지 않으면 먹고살기가 힘들었다는군요. 결국 일패 기생을 제외하고는 성 접대를 할 수밖에 없는 상황에 처해지기도 했답니다.

생활이 어려운 기생이 대부분이고, 신분상으로는 천한 직업이지만, 때로는 양반집 여인들보다 훨씬 풍족하게 누리며 산 사람도 있습니다. 태종 때 있었던 '가희아'라는 기생은 타고난 미모 때문에 옹주*까지 올랐다는 기록이 전해집니다. 미모가 되고, 춤과 노래가 뛰어나면 얼마든지 신분상승도 가능했지요. 연산군을 마치 자식처럼 다루며 권력을 쥐고 폈던 장녹수도 대표적인 인물입니다.

특히 우리가 그림으로도 많이 볼 수 있지만 기생은 말이나 가마를 타고, 곰방대를 물고, 비싼 가채를 올리고, 화려한 노리개를 차고, 전모를 쓰고 다니는 등 사대부집 여인 부럽지 않은 생활을 할 수 있었습니다.

기생이 과연 조선의 엔터테이너인가, 창기인가의 논란은 오늘날의 연예인처럼 다양한 재능을 갖춘 기생을 높이 평가해야 한다는 견해가 나오면서 시작되었는데요. 반대로 기생들이 서화에 능하고 학식이 뛰어난 것은 사대부 남자들과 어울리기 위함이었다는 의견도 있습니다.

목적을 생각할 때 주체적으로 이루어진 능력이 아니라는 말이죠. 기생의 본업은 술자리에서 남자들의 흥을 돋우는 일을 했기 때문에 천민으로 보아야 한다는 의견입니다.

그럼에도 불구하고 조선의 기생을 단순히 창기로 취급하지 않는 것은 상당한 교양과 수준을 갖추고 품위를 지닌 예술인으로 인정하는 것이죠. 기생은 은퇴가 빠른 편인데요, 보통 서른을 넘기면 퇴기退妓가 되었습니다. 주로 은퇴한 기생은 주막을 차리거나 양반 댁 첩으로 들어가는 경우가 많았죠. 때로는 은퇴를 하면서 여동 한 명을 몸종으로 두기도 했습니다. 이렇게 은퇴한 퇴기 밑에서 춤과 노래

▶영화 「패왕별희」 포스터

를 배우는 '새끼 기생'을 '동기童妓'라고 불렀습니다. 대부분 수준이 높은 수업을 받기 때문에 일류 기생으로 성장하는 경우가 많았습니다.

그런데 기생 문화를 이야기하다 보니 마지막으로 한 가지 궁금한 것이 있습니다. 기생을 주로 요즘의 연예인과 비교하곤 하잖아요? 춤추고 노래하는 기생은 많은데요, 연기를 하는 기생은 없습니다. 왜 그랬을까요? 조선시대에는 기생은 주로 가수였고, 배우는 남자들이 했습니다. 이유는 여자가 섞여 있는 사당패를 터부시했기 때문인데요. 왜냐하면 다른 남자 배우들과 같이 어울려 합숙을 하면 성적으로 문란해지고 아이도 생기는 등 문제가 많았던 것이죠. 그래서 연기에서만큼은 여성을 배제한 것입니다. 사당패에서 여장남자가 나온 이유를 알 것 같네요. 영화 「왕의 남자」에서도 배우 이준기씨가 여자 역할을 하는 여장남자로 나오죠. 우리나라뿐만 아니라 일본과 중국도 마찬가지예요. 일본의 대중 전통 극 가부키도 남자 배우들로만 연극을 꾸렸고요, 중국의 경극에도 여자가 없습니다. 영화 「패왕별희」에도 여장남자가 독특한 여성 목소리를 내면서 나옵니다.

황진이와 이난향

조선시대를 풍미했던 기생들이 꽤 있지만 그중에서도 가장 유명한 두 사람을 소개해보겠습니다.

황진이는 영화나 드라마, 소설에 가장 많이 등장하는 대중적인 기생입니다. 화려한 미모뿐만 아니라 재능과 학식, 높은 기개로 수많은 작가들의 상상력을 자극한 여성 캐릭터입니다. 행동이나 행색은 양반과 비교해도 손색이 없었지만 사실 그녀는 얼녀孼女(천민 출신 첩에게서 난 딸) 출신입니다. 아버지는 개성의 양반이었고 어머니는 노비였죠.

어렸을 때부터 예쁘고 똑똑했는데 그러다 보니 인생이 순탄치는 않았을 겁니다. 그녀는 양반의 첩이 될 운명이었지만 스스로 기생이 되어 자신의 길을 개척했습니다. 당시 여인들이라면 천한 신분인 기생보다는 양반의 첩이 되는 것을 더 소망했을 것입니다. 하지만 그녀는 천한 신분을 택한 것이죠. 본인의 의지로요.

물론 피나는 노력을 했으리라 짐작이 되지만 기생이 된 후에는 당시 여성으로서는 보기 드물게 탄탄대로를 달렸죠. 높은 학식과 말솜씨로 양반들을 손바닥 위에 놓고 때로는 사대부의 이중성을 비판하기도 했습니다.

우리는 보통 성이 황 씨이고, 이름을 진이로 알고 있지만, 이름이 '황진'이었을 것이라는 말도 있습니다. 황진이에 대한 일화는 공식적으로 남아있다기보다 이덕형이 지은 『송도기이松都奇異』라는 책이나 『어우야담於于野談』 같은 야사, 혹은 구전으로 전해오는 설화로 남아 있습니다.

그렇다면 사대부와의 관계에 있어서도 절대 꿀리지 않았던 황진이는 어떤 남자들을 만났을까요? 결코 넘어올 것 같지 않았던 벽계수를 유혹하면서부터 황진이는 조선을 대표하는 스타가 됩니다.

청산리 벽계수야 쉬이감을 자랑마라.
일도창해하면 다시 오기 어려워라.
명월이 만공산할제 쉬어감이 어떠하리.

당대 최고의 군자라고 불렸던 벽계수는 황진이 앞에서 무너집니다. 이어서 송도에서 고승이라 일컫던 지족선사를 유혹했죠. 그리고 다음 타겟은 도학군자 서경덕이었는데요, 그는 아름다운 황진이에게 흔들렸지만 결국 넘어가지 않았습니다.

황진이는 사대부들을 유혹하면서 그들의 거짓된 위선을 조롱하기도 했는데요, 서경덕이 끝내 넘어오지 않자 그의 높은 덕망을 존경하며 제자가 되었죠. 황진이와 서경덕은 제자와 스승 관계로 플라토닉하게 남았다고 해요. 황진이, 서경덕, 박연폭포를 송도삼절松都三絕이라고 합니다.

의외로 오래 이어진 관계도 있었는데요, 소리꾼이었던 이사종과는 조선 팔도를 함께 다니며 인생의 동반자처럼 지내기도 했습니다. 그에 대한 마음을 「동짓날 기나긴 밤」이라는 유명한 시로 남겼습니다.

동짓달 기나긴 밤을 한 허리 베어내어
봄바람 이불 아래 서리서리 넣었다가
어론 님 오신 밤에 구비구비 펴리라.

제가 고등학교에 다닐 때였는데요, 문학시간에 이 시를 접하고 감동을 받았던 기억이 있어요. 애정하는 이와의 짧은 밤이 아쉬워 동짓달 기나긴 밤을 베어다가 쓰고 싶다는 표현이 정말 대단한 것 같아요.

▶오늘날 영상매체에 끊임
없이 등장하는 기생, 황
진이

황진이와 소세양의 일화도 재미있는데요, 소세양은 중종 때 벼슬을 시작하여 대제학까지 오른 인물인데 여색을 좀 밝혔나 봅니다. 천하의 황진이라도 30일만 지내다 떠나겠노라고 친구들에게 호언장담을 한 것이죠. 하지만 황진이가 마지막 날 지어준 시 한 수에 그만 친구들과의 약속을 저버리고 맙니다.

황진이는 소세양과의 연애를 끝으로 40세에 사망했다고 합니다. 그녀의 신분은 미천한 기녀에 지나지 않았지만 지금까지도 전해지는 훌륭한 시를 남긴 시인이고, 주도적으로 사랑을 선택한 사랑꾼이었으며, 산천에 머물며 풍류를 즐긴 가객이었습니다. 각종 드라마와 영화에서도 그녀의 인기는 여전하죠. 그녀의 기록이 확실하지 않다고 해도 예술을 사랑하고 자유를 추구하며 시대를 풍미한 여인이었음은 틀림없는 사실입니다.

이제 조선시대를 지나 구한말로 가볼까요? 기생 이난향은 최근에 한 연예인을 닮았다고 해서 인터넷 상에서 화제가 되었습니다. 누가 떠오르시나요?

▶일제 강점기부터 해방 후까지 활동한 이난향

집이 매우 가난했던 이난향은 어머니 손에 이끌려 12살의 나이에 기생 양성소로 가게 됩니다. 그곳에서 난향이라는 기명을 받게 되는데요. 그리고 이듬해 평양을 떠나 한양으로 오게 되죠. 춤과 노래를 보여주는 진연에서 뽑힌 것입니다.

이난향은 조선시대라기보다는 일제 강점기를 거쳐 해방 후까지 활동을 했기 때문에 기생으로서는 꽤 최근 인물이라고 할 수 있습니다. 그녀는 가무에도 능했지만 당대 최고 기생다운 자질을 갖추었다고 합니다. 당시 가장 유명했던 명월관 기생으로도 이름을 떨치게 되죠.

명월관은 신문화에 눈을 뜬 기생들과 유학생, 언론인, 문인들이 모여 문화와 사상을 이야기하던 곳이었습니다. 무대 위에서는 아름다운 노래가 울려 퍼지고, 출판회도 열리곤 했습니다. 물론 달달한 로맨스도 생겨났죠. 우스갯소리로 땅을 팔아서라도 명월관 기생 노래를 들으며 취하고 싶다는 남성들이 많았던 시절이었습니다. 명기들을 보기 위해 명월관을 찾는 손님이 줄을 이었고 그중에서도 이난향은 최고였다고 해요.

1971년 『중앙일보』에서 이난향을 인터뷰한 내용이 있는데 그녀는 이렇게 말합니다.

"점잖은 양반들의 말뜻을 재빨리 재치 있게 알아야 했고, 거기에 꼭 합당한 대답을 우아하게 내놓아야 했다. 연석에 들어가자마자 이날의 주빈과 주최자가 누군지 눈치껏 알아내야 했다."

춤과 노래 솜씨 외에도 센스 있는 입담과 눈치도 필요했을 것 같네요.

하지만 1940년대 초반, 격동의 세월을 겪으며 명월관의 명성도 사라지기 시작했습니다. 남자들은 전쟁터로 끌려갔고 기생들은 화려한 비단옷 대신 일본식 바지를 입었다고 해요. 해방 후 미군들이 드나들며 잠시 활기를 찾았다가 6.25 전쟁 때 잿더미가 되어버렸습니다. 명월관에 소속되었던 기생들은 연예인이 되거나 시집을 가기도 하고, 혹은 미군부대 쪽에서 명월관과 비슷한 음식점을 차리거나 그렇게 뿔뿔이 흩어졌습니다.

이난향은 31세의 나이에 신문기자와 결혼을 하고 평범하게 살아갑니다. 인기가 최고로 높았을 때 기생 생활을 접은 것이죠. 당시 가장 유명한 4대 기생조합 중 하나였던 조선권번에 입적했고, 근세 가곡의 거장인 하규일로부터 정악가무 일체를 배우고 그의 수제자로 가장 뛰어난 평을 받았던 그녀였죠. 이난향은 우리나라에서 첫 레코드판을 녹음한 주인공이기도 합니다.

또 하나의 여성, 기생

기생이 연예인인가, 창기인가에 대한 논란은 지금의 시각으로 바라보더라도 쉽

▶기생을 소재로 한 소설 「박명」을 쓴 만해 한용운

게 결론 내리기가 어려운 문제라고 생각합니다. 기생을 지칭하는 영역도 넓고 종류도 다양하며, 특히 일패 기생처럼 뛰어난 여성들이 있었으니까요. 아무리 사대부 남자들을 상대하기 위해 연마한 능력이라고 해도 그녀들의 예술성과 품격은 결코 낮게 평가할 수 없습니다.

중요한 것은, 기생은 분명 자신의 능력에 따라 출세도 할 수 있었다는 것입니다. 어쩌면 최고의 자리에 올라갈 수도 있었고요. 견고한 신분제 사회에서 양반집 여인들 부럽지 않았던 자유로운 삶을 살 수 있었습니다. 그것만으로도 자신의 삶을 개척한, 적극적인 인생을 살았던 여성들이라고 할 수 있지 않을까 생각해봅니다.

구한말 기생의 삶을 이해하는 데 도움이 되는 책으로 만해 한용운의 소설 「박명薄明」을 소개해드리고 싶네요. 우리가 한용운 하면 주로 불교계 독립운동가, 3.1운동 때 독립선언문을 낭독한 민족대표 33인으로 알고 있는데, 한용운이 쓴 소설도 몇 작품 남아 있습니다. 시에 비해서 소설은 좋은 평가를 받진 못했지만 「박명」은 당시의 기생 수업이나 술집 풍경 등을 세세하게 묘사하고 있어요.

송 씨를 따라 서울로 올라온 순영은 화려한 비단옷 한 벌을 얻어 입고 "공부"를 시작하게 된다. 색주가에 나서기 위한 잡가나 장구마디를 배우는 것으로, 한때 내로라하는 기생이었던 송 씨는 순영을 기생으로 삼을 생각이 있었지만 주변의 만류 때문에 사숙에 보낼 것을 결심했던 것이다. "기생이냐, 색주가냐? 권번이냐, 사숙이냐?" 우스워 보일지도 모르지만, 송 씨에게 있어서 이 고민은 심히 진지하다. 기생과 색주가 사이의 거리는 그만큼 큰 것이다. 기생은 권번에 소속되어 여러 해 동안 평조, 우조, 계면이니 언락이니 편악 같은 노래와 여덟 가지 악기 다루는 법을 익혀야 하고, 술좌석에 나선 후에는 정해진 시간대를 받아 생활을 꾸려야 한다. 매음 여부를 결정하거나 소득을 처리하는 일은 비교적 자유롭다.

– 한용운, 「박명(薄命)」(1938)

영화 「해어화」에서도 이런 대사가 나옵니다.

"예로부터 기생이란 말을 알아듣는 꽃, 해어화라 했다. 말인 즉슨 사람의 말을 헤아린다는 뜻이지만 그보다는 오히려 학문과 예술을 안다는 뜻인게다. 신분은 미천하나 예인으로서의 높은 기량을 이룬다면 그 어떤 고관대작도 눈을 열고 귀를 열뿐 감히 꺾을 길 없는 고귀한 꽃으로 피어나는 것이다. 사내를 믿는 것만큼 어리석은 일도 없다. 비록 너희가 사내들 놀음에 나가 춤을 추고 소리를 하나, 재주란 결코 그 자들을 위한 것이 아니다."

하지만 이런 말을 했던 권번장도 일본 고위 간부의 부름에 대성권번 제일 기생 소율을 보내며 "꽃병에 한번 꺾이면 그만"이라고 말합니다. 결국 기생은 해어화解語花이기도 하면서 노류장화路柳牆花, 즉 아무나 쉽게 꺾을 수 있는 길가의 버들과 담장 밑의 꽃인 처지이기도 한 것이죠. 하지만 좋은 꽃병에 꺾일 것인지, 부귀영화를 마다하고 꺾이지 않고 시들어 죽을 것인지는 본인의 선택이기도 하겠죠?

끝으로 기생이 연예인인가 창기인가의 논란을 두고 마무리를 짓겠습니다. 엄밀히 말하면 중간 즈음이라고 해야 맞는 것 같아요. 그리고 직업엔 귀천이 없는 건데 기생이 연예인이었다고 하면 고상해 보이고 창기라고 하면 천하게 받아들이는 시각도 문제가 아닐까 생각합니다.

머리부터 발끝까지 핫이슈였던 기생들의 멋내기 아이템

조선 후기의 풍속화들을 보면 기녀복은 서민층 의복과 기본구조는 같았으나 의상의 화려한 색이나 착용 방법, 장신구 등에서 사치스런 기질을 보입니다. 관기들 중에서도 어린 기생은 생각시들이 주로 하는 새앙머리를 하고 녹색 저고리에 홍치마를 입었으며, 어른 기녀는 화려한 트레머리 위에 전모와 흑색 가리마로 장식하고 연두색이나 분홍색등 선명한 색의 저고리에 남색 금박문양이 들어간 홑치마를 입곤 했습니다.

노리개는 장도노리개를 차고, 치마는 오른쪽 자락을 왼편으로 둘렀으며 양반 부녀와 구별하기 위해 노랑저고리 · 삼회장저고리 · 겹치마의 착용은 금했으나 옷고름과 끝동을 다른 색으로 만든 반회장저고리는 입을 수 있었어요.

기생하면 역시 전모죠? 머리에는 전모를 썼는데 이는 기녀들뿐만 아니라 일반 부녀자들도 외출할 때 착용한 것이라고 합니다. 하지만 기생들의 전모가 좀 더 화려했겠죠? 형태는 흔히 삿갓이라 하는 방립과 비슷한데, 테두리에 14~16개의 대나무 살을 대어서 한지를 바른 다음 나비 · 꽃나무 · 수壽 · 복福 · 부富 · 귀貴 등의 문양을 그려 넣고 들기름에 절여 여성스러움을 한껏 강조했습니다.

조선시대는 색에 대한 규제가 심하기는 했으나 후기로 갈수록 점차 예복 및 여염집 여자들이 애용하는 노리개와 가죽신이 허용되었고, 약방기생에게는 예복으로 녹의홍상(綠衣紅裳)에 큰 트레머리를 하고 고름에 침통을 찰 수 있는 파격적인 대우를 하기도 했습니다. 또한 옥과 금 · 은으로 장신구를 사용할 수 있어 당시 기녀복이 얼마나 화려했는지 짐작할 수 있죠.

하지만 이걸로 끝이 아닙니다. 기생들의 사치스러움의 정점은 역시 가체라고 할 수 있습니다. 가체는 인모로 만든 일종의 가발입니다.

이미 통일신라 때부터 이어져 내려왔는데요, 조선시대 때 그 화려함이 극에 달합니다. 가체는 탐스럽게 크고 무거울수록 비쌌는데, 무거운 가체 때문에 심지어 사망에 이르기도 했대요.

기생은 화려한 색체의 의상이나, 착용 방법, 장신구 등에서 사치스런 기질을 보입니다.

▶신윤복의 '전모를 쓴 기생'

> "한 부잣집 며느리가 나이 13세에 시아버지가 방에 들어가서 갑자기 일어서다가 가체에 눌려서 목뼈가 부러졌다 한다. 사치가 능히 사람을 죽였으니, 아 슬프도다!"
>
> – 이덕무, 『청장관전서』 복식 편

이 정도로 가체 관련 사치가 심각해지자 영조는 가체 금지령을 선포하고 족두리를 쓰게 하지만 이는 지켜지지 않았죠. 더 높은 계층을 향한 끝없는 욕구와 과시가 반영된 조선 여인들의 명품 중의 명품인 가체는 기생들의 잇 아이템이었습니다. 혜원 신윤복의 작품에는 특히 기생들이 많이 나오는데 그림 속 기생들의 머리에 뭉게뭉게 구름같이 탐스러운 가체들이 올려 있는 걸 볼 수 있습니다.

틀림이 아닌 다름의 역사, 동성애

예전에 SBS에서 방영되었던 김수현 작가의 「인생을 아름다워」 드라마와 관련해서 한 신문에 이런 광고가 실린 적이 있습니다.

"「인생은 아름다워」 보고 '게이' 된 내 아들 에이즈로 죽으면 SBS 책임져라!!"

이 광고는 '참교육 어머니 전국 모임'과 '바른 성문화를 위한 전국 연합'에서 실은 것인데, 드라마 상에서 동성애가 그려지고 있었기 때문에 난리가 난 것이죠. 극단적 호모포비아※homophobia의 예로 두고두고 사람들에게 회자되곤 합니다.

호모포비아
동성애 혐오증. 동성애나 동성애자에 대해 무조건적으로 혐오적 태도를 보이거나 그러한 감정을 느끼는 것을 말한다.

사실 우리나라에서 동성애 문제가 대두된 건 그리 오래되지 않았어요. 그전에는 있어도 쉬쉬하는 분위기였죠. 2000년에 당시 잘나가던 배우 홍석천이 커밍아웃을 하면서 처음으로 동성애가 한국사회 수면 위로 떠올랐고, 그와 관련된 논쟁은 현재까지도 진행형입니다. 최근 대선 토론에서도 뜨거운 감자로 떠올랐죠.

동성애同性愛는 우리가 잘 알다시피 인류의 역사와 함께했습니다. 고대 역사 속

▶알렉산드로스 대왕

에서도 꾸준히 등장하고 있죠. 동성애에 대한 편견은 오히려 현대시대에 와서 더욱 심해졌습니다.

아마도 '동성애=에이즈'라는 인식 때문인 것 같아요. 에이즈는 동성애 때문이 아니라 잘못된 성교 방법 등의 여러 가지 감염 경로를 통해 발생하는 것입니다.

의지와는 다르게 이성이 아닌 동성에게 이끌리는 것은 유전적으로 타고난 것입니다. 또는 시대적 환경에 따라 결정되기도 합니다. 즉 누군가의 힘으로 강제할 수 없는 영역인 것이죠. 이 내용이 불편한 사람들도 있을 겁니다.

역사 속의 동성애를 살펴보면서 동성애를 더 이상 '틀리다'는 시각으로 보지 말고 '다르다'는 시각으로 받아들였으면 좋겠습니다.

세계 역사 속 동성애자들의 이야기

한국 역사 속 인물의 동성애를 다루기에 앞서 잠깐 다른 나라 사람들의 이야기를 해볼게요. 고대 역사에는 우리가 잘 아는 유명 인물 중에도 동성애자가 많습니다. 지금 시대와는 다르게 예전에는 동성애가 암암리에 존재했던 것이 아니라 공공연하게 이루어졌죠. 시대마다 환경도 많이 달라서 동성애를 당연시하던 때도 있었습니다. 역사 속 인물을 중심으로 동성애의 발자취를 따라가 볼게요.

고대 그리스 마케도니아의 정복 왕 알렉산드로스가 동성애자라는 이야기가 있습니다. 물론 부인과 자식들이 있기 때문에 의견이 분분한데요, 그는 아버지인 필리포스를 비롯한 다른 왕들과는 달리 여자에 별로 관심이 없었다고 해요. 알렉산드로스 대왕이 가장 아꼈던 사람은 다름 아닌 그의 참모이자 절친한 친구인 헤파이스티온이었다고 합니다. 그가 먼저 죽자 이런 말을 남겼다고 해요.

"죽은 그를 위해서보다 살아 있는 나를 위해서 울게나. 나는 내 모든 것을 잃었으니 말일세. (중략) 그대는 우리의 순수한 넓적다리의 봉헌도 좋아하지 않았고 나의 많은 입맞춤도 달갑게 여기지 않았네. 넓적다리의 경건한 결합조차도……!"

넓적다리의 경건한 결합이 의미하는 바가 뭘까요? 헤파이스티온은 알렉산드로스 대왕의 친구이자 연인이었습니다. 그의 죽음에 어찌나 큰 상실감을 겪었던지 친구를 신격화하면서까지 슬픔을 토로했다고 하네요. 이런 상황 때문에 그가 동성애자라는 이야기가 나온 겁니다.

당시에는 알렉산드로스 대왕처럼 남자를 좋아했던 사람들이 많았습니다. 주변의 이목이나 대를 잇기 위해 어쩔 수 없이 결혼은 했지만요. 정복전쟁이 활발하던 시대였고 목숨이 왔다 갔다 하는 전쟁터에서 오랜 기간 함께 있다 보니 벌어진 현상일 수도 있습니다.

실제로 그리스와 로마, 켈트족, 게르만족, 알바니아족 등 고대 유럽의 역사에서는 철학이나 군사적인 가르침이 필요할 때 스승과 제자 사이에 암묵적인 동성애가 있었다고 합니다. 10대 초반 어린아이와 스승과의 동성애를 하나의 관례나 풍습으로 여겼다는 것이죠. 이러한 것을 교육적 동성애라고 하는데 아리스토텔레스, 플라톤, 소크라테스 등 그리스의 유명한 철학자들은 대부분 젊은 소년들과 육체적 관계를 맺었습니다. 자신이 가진 모든 것을 가르쳐주기 위해서는 지식뿐만 아니라 육체적인 관계도 이어져야 한다고 생각한 것이죠. 당시에는 여성과의 관계보다 남성과의 관계를 더 중요하게 생각했다고 해요. 남자를 완벽하고 신성한 몸으로 보고 여자를 천하게 생각하기도 했습니다.

플라톤은 『향연』에서 "여자와 동침하면 육체를 낳지만 남자와 동침하면 마음의 생명을 낳는다"고 표현했다고 하죠.

여성과 관계를 맺는 것은 단지 아이를 낳기 위한 것으로 생각했어요. 오늘날의 시각으로 본다면 계급을 이용한 성적 착취로도 느껴지죠. 강력한 남성 중심적인 사회에서 아내나 정부, 여자 노예에 싫증을 느낀 대다수의 권력자들이 어린 소년들을 쾌락의 대상으로 삼았으니까요.

앙드레 지드는 자신의 작품 『코리동(Corydon)』에서 페리클레스의 그리스, 아우구스투스의 로마, 르네상스 시대의 이탈리아 등에서 동성애자들이 엄청난 문화적 성과를 이루었다며 동성애를 혐오하는 사회 분위기를 반박했습니다.

"성 아우쿠스투스는 그 어떤 여자보다도 더 사랑했던 남자친구에게 먼저 마음을 주었지. 그렇다고 해서 아우구스투스가 자신을 신의 경지로 고양시키려는 노력이 더욱더 어려워졌다고 생각하는가?"

그 또한 죽기 바로 직전에 커밍아웃을 하게 되죠.

▶앙드레 지드

▶차이코프스키

　백조의 호수로 잘 알려진 차이코프스키도 제자 알렉세이에게 사랑을 느끼고, 남자들과 염문을 뿌린 동성애자였습니다. 그가 활동한 19세기 러시아는 사회적으로나 법적으로 동성애가 금지된 때였죠. 그래서 자살을 시도할 정도로 많은 고뇌를 겪었는데, 그러한 고통이 그의 작품 속에 그대로 드러난다고 해요. 그는 콜레라 때문에 죽었다고 알려져 있는데 동성애를 배척하는 무리들에 의해 독살 당했거나 독살을 강요당했다는 설이 끊이지 않고 있습니다. 차이코프스키의 머리카락에서 다량의 비소가 검출되었기 때문인데, 당시 차이코프스키가 다녔던 학교 동문들이 명예를 실추시켰다고 스스로 독약을 먹게 했다는 것이죠. 그의 죽음은 여전히 미스터리로 남아 있습니다.

　레오나르도 다빈치의 일화도 재밌습니다. 동성애자들 중 남자의 경우는 어머니에 대한 미움으로 인해 여자를 사랑하지 못하게 되는 경우도 있지만요, 반대로

▶모나리자(좌)와 제자 살라이(우)

어머니에 대한 사랑이 너무 깊어 어머니 외에는 다른 여자를 만나지 못하는 경우도 있다고 합니다. 이런 경우가 바로 레오나르도 다빈치였다고 프로이트는 주장했어요.

레오나르도 다빈치는 동성애 때문에 감옥에 갇혀 죽을 뻔한 경험을 하고는 최대한 동성애자임을 숨기면서 살아갔다고 합니다. 그러던 중 살라이라는 제자가 견습생으로 오게 되는데 외모가 아주 뛰어났다고 해요. 처음 왔을 때는 돈도 훔치고 행실이 별로 좋지 않았다고 하는데 빼어난 미모 때문에 레오나르도의 마음을 사로잡은 것이죠. 그 후 레오나르도는 살라이를 모델로 그림을 많이 그렸는데 동성애자임이 탄로날까봐 중간에 그만뒀다고 합니다.

그런데 그의 작품 모나리자의 실제 모델이 살라이였다는 이야기가 있습니다.

마치 그를 모델로 한 것처럼 생김새가 아주 유사한 것이죠. 살라이를 너무 사랑해서 작품 속에 투영하고 싶었던 것일까요? 모델이 제자라는 것을 들키지 않기 위해 마치 여자인 것처럼 그렸다는 이야기입니다. 정말 살라이가 레오나르도의 뮤즈였는지는 아무도 모릅니다. 오직 그만이 알겠죠.

> ### 레스보스의 사포
>
> 사포는 B.C. 615년 경에 그리스의 레스보스Lesbos 섬에서 태어나 활약한 고대 그리스의 시인이다. 그녀는 레스보스에서 여자아이들을 가르치고, 유대관계를 형성하며 우정 이상의 모임을 만들었다. 레스보스의 여인을 일컬어 레즈비언이라고 불렀는데 여성 동성애자를 가리키는 '레즈비언'이라는 단어가 이 섬에서 유래했다. 사포는 이 섬에서 여성 공동체를 이루면서 살았고, 여성들 간의 사랑을 노래한 시를 자주 썼기 때문에 동성애자라는 설이 있다. 고대 그리스 남성 철학자들이 그랬던 것처럼 사포도 제자들과 사제 관계 이상의 감정으로 존경하고 사랑했을 것으로 추측된다. 사포는 음악적인 재능도 있어 기타와 유사한 리라를 팅기는 채를 만들기도 했다. 주로 서정시를 많이 썼는데, 명성은 호메로스와 견줄 만큼 높았다고 한다. 세계 최초의 여성 시인인 그녀는 레프카다의 바위에서 바다로 몸을 던져 자살했다.

왕이 사랑한 남자들

그렇다면 이제 우리나라 남색의 역사에 대해 살펴볼까요? 가장 오래된 남색의 역사는 신라시대 혜공왕입니다. 혜공왕은 경덕왕의 아들로 8살이라는 어린 나이에 왕위에 올랐는데 여장을 좋아했다고 합니다. 기록에도 혜공왕은 여성으로 태어났지만 성기만 남자의 것이었다고 표현되어 있습니다.

그래서 왕이 원래 여자였는데 남자로 살아가니 나라가 망할 징조라며 반란도

▶사포

일어났다고 해요. 혜공왕 때부터 진골 귀족들의 반란이 심해졌는데 혜공왕의 이러한 성향은 왕권이 흔들리게 되는 단초를 만들게 된 것입니다.

고려시대에도 동성애로 유명한 왕이 있죠.『고려실록』에 따르면 7대 왕 목종이 남색에 빠져 정사를 제대로 돌보지 않는다는 내용이 등장합니다. 목종은 천추태후千秋太后의 아들이에요. 천추태후는 왕건의 손녀이며, 경종의 비로 아들인 목종 위에 군림하며 섭정을 펼치게 되죠. 후대에 좋은 평가를 받지는 못했지만 최근에는 정치적인 야망과 능력이 뛰어났던 여걸 천추태후로 재조명되고 있습니다. 드라마「천추태후」로도 제작되었고요.

목종은 19살의 나이에 왕위에 올라 어머니의 뜻에 따라 정치를 하게 되는데요, 강한 어머니에 대한 두려움과 원망이 쌓여 여성들과 제대로 관계를 못했다고 합니다. 게다가 어머니의 정부인 김치양까지 권력을 쥐고 흔드니 제대로 마음을 잡지 못했을 것 같아요.

결국 목종은 유행간이라고 하는 남성에게 마음을 뺏기는데 생김새가 아주 아

▶영화 「쌍화점」 포스터

름다웠다고 합니다. 왕이 교지를 내릴 때마다 유행간에게 먼저 물어봤다고 하니 권세가 하늘을 찔렀나 봐요.

신하들도 유행간을 마치 왕처럼 대했고요. 왕의 남자는 그렇게 총애를 받으며 교만하게 굴다가 결국 왕과 함께 강조가 일으킨 변으로 죽임을 당합니다.

영화 「쌍화점」에 모티브를 주었던 고려의 공민왕 이야기도 빼놓을 수 없습니다. 『고려사』에도 기록이 남아 있는 이야기인데 최근까지도 공민왕에 대한 의견은 분분합니다. 『고려사』를 중심으로 이야기해볼게요.

공민왕은 노국공주가 죽자 여자에게 관심을 갖지 않고 자제위라는 기관을 만들어 미소년들을 궁으로 불러 변태적인 동성애를 즐기게 됩니다. 더 나아가 나이 어린 무수리 얼굴에 보자기를 쓰게 한 다음 자제위로 하여금 강간을 하도록 시키기도 했고, 이를 보고 자신이 흥분했을 때 자제위에게 자신을 덮치라고 명령하기도 했죠.

　심지어 후궁들과도 관계를 시키려고 했는데 모두 거절하자 익비의 목에 칼을 들이대고 강제로 관계를 시킵니다.

　이 와중에 익비가 자제위 홍윤의 아이를 임신하게 되죠. 그런데 여기서 끝이 아니었어요. 공민왕은 익비가 잉태한 아이가 홍윤의 아이임을 숨기기 위해 내시 최만생에게 홍윤을 살해할 것을 명합니다.

　하지만 최만생은 이 모든 비밀을 알고 있기 때문에 자신의 목숨도 위태롭다는 걸 깨닫고 홍윤과 모의해서 오히려 공민왕을 처참하게 살해합니다. 어찌 보면 막장 스토리가 따로 없죠. 하지만 최근에는 고려사가 조선 초에 지어진 것이라는 점에 주목합니다.

　조선 건국의 정당성을 강조하기 위해 일부러 고려사에 남겨진 이야기들을 퇴폐적이고 음란하게 만든 것이 아닌지 의심하게 되는 것이죠. 고려는 사치와 향락에 빠진 나라였고 조선은 이러한 고려를 멸망시키고 세운 정당한 나라임을 밝히기 위해서요. 고려사에 기록된 내용은 승자의 기록일 뿐 최근에는 자제위를 젊은 인재들을 바탕으로 한 공민왕의 정치개혁기구이자 왕권강화기구로 보기도 합니다.

　특히 남성만 있던 집단에서는 동성애가 빈번할 수 있는데요, 화랑은 최초의 동성애 집단이라고 할 수 있습니다. 미실의 첫사랑으로 잘 알려진 화랑 풍월주 사다함은 어릴 때부터 우정을 맺어 죽음을 같이하기로 한 무관랑이 죽자 7일 동안 통곡하다가 뒤이어 죽었다고 하죠. 이는 단순히 우정을 넘어서는 사랑의 감정이 아닐까 추측하게 됩니다. 「모죽지랑가慕竹旨郎歌」라는 향가는 신라 효소왕 때 득오得烏가 죽지랑竹旨郎을 사모하여 지은 것이라네요. 『삼국유사』 효소왕대 죽지랑조에 관련 설화와 함께 가사가 전해집니다.

죽지랑의 무리에 득오곡이라는 사람이 있었는데, 매일 죽지랑을 모시다가 갑자기 열흘 가까이 나오지 않으므로 죽지랑이 그의 어미를 불러 연유를 물었다. 이에 그의 어미가 모량리의 익선 아간이 부산성의 창고지기로 급히 임명하여, 미처 인사도 못 여쭙고 떠나게 되었음을 고하였다. 죽지랑이 낭도 137인을 거느리고 떡과 술을 가지고 득오곡을 위로하러 가서는 밭에서 일하고 있는 득오곡을 불러 떡과 술을 먹이고 익선에게 휴가를 주어 함께 돌아갈 수 있도록 해줄 것을 청하였으나 익선은 굳이 허락하지 않았다. 이때 사리 간진이 세금으로 곡식 30석을 거두어 성중으로 돌아가다가 낭의 선비를 아끼는 인품을 아름답게 보고, 익선의 융통성 없음을 못마땅하게 여겨 곡식 30석을 주면서 낭의 청을 허락해줄 것을 청하였지만, 그래도 듣지 않으므로 다시 말과 안장까지 주자 그때서야 득오곡을 놓아주었다. 이러한 후의를 입은 득오곡이 죽지랑이 죽자 그를 그리워하고 사모해서 이 노래를 지었다 한다.

去隱春皆林米 毛冬居叱沙哭屋尸以憂音 阿冬音乃叱好支賜烏隱
貌史年數就音墮支行齊 目煙迴於尸七史伊衣
逢烏支惡知作乎下是 郎也慕理尸心未 行乎尸道尸蓬次叱巷中宿尸夜音有叱
下是

간 봄 그리워함에 모든 것이 서러워 시름하는데 아름다움을 나타내신 얼굴이 주름살을 지으려 하옵니다. 눈 돌이킬 사이에나마 만나 뵙도록 하리이다. 낭이여 그리운 마음의 가는 길이 다북쑥 우거진 마을에 잘 밤이 있으리까.

—최철 풀이

영화 「왕의 남자」에서 배우 이준기가 연기한 여자보다 예쁜 광대 공길이 기억하시나요? 조선시대 민담에도 동성애 기록을 찾아볼 수 있는데요, 대다수가 유랑극단인 남사당패에 관한 이야기라고 합니다. 남사당패는 연극, 줄타기 등을 하

▶영화 「왕의 남자」 포스터

는 집단인데요, 전국을 돌아다니며 험한 생활을 하다 보니 남자로만 구성되었습니다. 남사당패에서 가장 어여쁜 어린 남성을 삐리라고 부른다고 해요. 주로 여장을 하게 되는 남사당패 삐리는 마을의 남자들과 관계를 맺기도 했답니다. 뜬쇠는 남사당패 안에서 가장 경력이 오래된 남성을 이르는 말인데 삐리에게 줄 타는 법 등을 알려주며 성적인 관계를 가지는 남편 역할을 했다네요. 이처럼 남사당패에서도 공공연하게 동성애가 이루어졌다고 합니다.

세종의 며느리는 레즈비언이었다

남성만 있는 집단에서 동성애가 생긴다면 여성만 있는 집단도 마찬가지겠죠? 대표적인 사례가 바로 궁녀 아닐까요. 궁녀는 왕의 승은을 입어야만 신분이 오르고 후궁이 될 수 있었지만, 평생 왕의 얼굴도 한 번 못 보고 죽은 궁녀들도 많았습니다. 게다가 2명씩 짝을 지어 같은 방을 쓰게 하다 보니 동성애가 이루어지기 쉬운 환경이었겠죠.

조선 궁녀 스캔들로 가장 대표적인 것이 세종 며느리 세자빈 순빈 봉 씨와 소쌍의 동성애 사건입니다. 세자빈 봉 씨는 문종의 두 번째 부인인데 자신이 부리던 시녀 소쌍과 동침을 하고 이것이 발각되어 폐 세자빈이 됩니다. 세자빈은 소쌍이 다른 궁녀와 관계하는 장면을 보고 흉내 낸 것이라고 변명했고, 반대로 소쌍은 세자빈이 자신에게 너무 집착했다고 항변했다죠.

문종은 아주 잘생기고 똑똑했다는데 여자보다는 학문에 관심이 많았다고 합니다. 첫 번째 부인은 질투와 시기로 쫓겨났고, 두 번째 부인도 여자에 관심이 없는 문종 대신 궁녀와 여색을 즐긴 것이죠.

순빈 봉 씨가 동성애자로서 정체성에 눈을 뜬 원인에 대해서는 크게 두 가지 설이 있는데요. 첫 번째는 자신의 시종이던 소쌍이라는 궁녀가 승휘 권 씨의 시종이던 단지라는 궁녀와 그렇고 그런 사이란 걸 알게 된 순빈 봉 씨가 소쌍에게 엄명해서 동침하는 희대의 사건을 일으켰다는 것이고요, 두 번째는 반대로 소쌍이 순빈 봉 씨를 유혹한 것으로, 봉 씨가 안마를 부탁했는데 소쌍이 안마를 빙자한 타고난 손기술로 봉 씨를 생애 최초의 오르가즘에 이르게 한 것이 원인이었다고 보는 것입니다. 조선왕조실록에는 두 가지 중 앞의 내용이 실려 있어요.

세자빈 봉 씨가 남자에게 관심이 없는 건 아니었나 봐요. 오히려 적극적으로 달려드는 성격이었는데 문종 때문에 동성애자가 되었다는 말도 있어요. 문종에게 관심을 받지 못하자 욕구불만이 쌓일 대로 쌓였다는 것이죠. 그래서 지위를 이용해 약자인 궁녀들을 통해 그 욕구불만을 해소하려 한 것이 문제이지, 성 정체성 자체를 동성애자로 보기는 어렵다는 의견입니다. 반면에 소쌍은 원래 레즈비언으로 이전부터 단지라는 여성과 관계가 있었던 것이고요. 소쌍의 여친인 단지가 화가 나서 순빈 봉 씨와 소쌍의 관계를 세종대왕과 관료들에게 알렸다고 합니다. 그런데 평소에는 정을 통하며 즐기던 두 사람이 임금에게 심문을 당하자

서로 핑계를 대며 딴소리를 하게 된 것이죠.

세종이 소쌍을 신문하자 소쌍은 이렇게 답했습니다.

"지난해 동짓날에 빈께서 저를 불러 내전으로 들어오게 하셨는데, 다른 여종들은 모두 지게문 밖에 있었습니다. 저에게 같이 자기를 요구하므로 저는 이를 사양했으나, 빈께서 윽박지르므로 마지못하여 옷을 한 반쯤 벗고 병풍 속에 들어갔더니, 빈께서 저의 나머지 옷을 다 빼앗고 강제로 들어와 눕게 하여, 남자의 교합하는 형상과 같이 서로 희롱하였습니다."

세종이 봉 씨를 신문하자 봉 씨는 이렇게 답했습니다.

"소쌍이 단지와 더불어 항상 사랑하고 좋아하여, 밤에만 같이 잘 뿐 아니라 낮에도 목을 맞대고 혓바닥을 빨았습니다. 이것은 곧 저희들의 하는 짓이오며 저는 처음부터 동숙한 일이 없었습니다."

한때는 정을 통했던 두 사람이 이렇듯 서로에게 잘못을 떠넘겼던 것이죠.

세종은 "그게 뭐가 그렇게 큰일이라고 폐서인하는가" 하며 며느리 봉 씨를 두둔했다고 전해지는데요. 하지만 관료들이 세자빈 봉 씨가 왕실을 더럽힌다며 끊임없이 상소를 올렸기 때문에 결국 쫓겨나게 됩니다.

순빈 봉 씨가 집으로 돌아오자 아버지가 직접 딸을 목 졸라 죽이고 자신도 자결하는 처참한 사건이 벌어집니다. 이를 안타까워 한 세종은 둘의 장례를 성대하게 치러주었습니다. 우리나라 역사 기록 중 레즈비언에 대한 이야기는 이 기록이 전부인 듯합니다. 그것도 세종의 며느리였고 왕실에서 벌어진 일이기 때문에 기록으로 남을 수 있었던 것 같네요.

소수를 존중하는 사회

킨제이 박사의 연구에 따르면 전체 인구의 4~10% 정도가 동성애자일 것으로 추측된다고 합니다. 해외에서는 동성애자 딱히 충격적이지도 않습니다. 너무 흔한 상황이 되어 버렸어요. 제가 영국에 어학연수를 짧게 갔다 온 적이 있었는데 당시 영국에서 오래 살았던 아는 언니가 "여기는 잘생긴 영국인 3명 중 한 명은 게이야"라고 말했던 기억이 나네요. 영국의 조용필이라고 할 수 있는 엘튼 존도 게이로 유명하죠?

이렇게 동성연애자임을 공공연히 밝히는 나라도 있지만 우리나라처럼 아직 커밍아웃이 쉽지 않은 곳도 많죠. 실제로는 알려진 것보다 더 많은 동성애자가 있을 것이라고 추측한다고 해요. 실제로 한국의 경우, 동성애자 중 50% 가량은 평범한 이성애자처럼 살아간다고 합니다. 일부러 눈속임용으로 이성과 결혼하기도 하고요.

극단적으로 성소수자를 혐오하는 것을 호모포비아라고 하죠. 주로 종교적인 이유로 나타나고요. 하지만 무조건적인 배척만이 답일까요? 만약 이성을 사랑하는 사람들이 소수이고 동성을 사랑하는 사람들이 다수라면 오히려 이성애자들이 배척당할 것입니다. 숫자가 적다는 것이 차별의 이유가 되어서는 안 되겠죠.

사실 저에게도 게이인 친구가 하나 있습니다. 패션 센스도 좋고 같이 이야기를 나누다 보면 참 재미있어요. 그 친구가 이야기하는 걸 들으면 우리가 성 소수자들에게 가지고 있는 편견이 참 많다는 걸 깨닫게 되곤 합니다.

　물론 동성애자를 바라보는 관점에 대해서 무조건 '옳다, 그르다'라고 강요할 순 없어요. 개인이 느끼는 다양한 감정이 있을 테니까요. 하지만 극단적인 호모포비아는 지양해야 한다고 생각합니다. 동성애자 중에는 후천적인 영향으로 성 취향이 바뀌는 경우도 있지만 선천적으로 그냥 그렇게 태어난 사람들도 많기 때문입니다.

　우리와 다르다고 해서 동성 간 결혼을 하지 말라고, 아이를 입양하지 말라고 강요하는 건 우리 권한 밖의 일이죠. 요즘에는 성소수자에 대한 생각이 많이 변하고 있고, 그들이 우리와 다른 것이지 틀린 것이 아니라는 관점이 전 세계적으로 퍼지고 있습니다.

한나 톡톡 동성애와 에이즈의 상관관계, 편견일까 사실일까?

다소 불편한 이야기일지 모르나 우리가 동성애를 떠올릴 때 반대하는 이유 중 가장 큰 것이 '에이즈의 확산'입니다. 우리가 흔히 알고 있는 사실들은 과연 진실 일까요?

일단 에이즈라는 질병에 대해 알아봅시다.

후천성면역결핍증후군AIDS은 인간면역결핍바이러스HIV, human immunodeficiency virus로 인해서 걸리는 질병으로, HIV에 감염되면 우리 몸에 있는 면역세포인 CD4 양성 T-림프구가 파괴되어 인체 면역력이 급격히 떨어지게 되고, 그 결과 각종 감염성 질환과 종양이 발생하여 사망에 이르게 됩니다. 그렇다면 이 에이즈의 감염 원인은 무엇일까요? 물론 HIV가 원인이겠죠.

HIV의 감염 경로는 성적인 접촉, 수혈이나 혈액을 활용한 의약품, 병원에서 주사 바늘에 찔리는 등의 의료 사고, 모체에서 신생아에게로의 전파 등이 있습니다.

유엔 보고를 바탕으로 "에이즈 환자 중 절반이 동성애자"라고 이야기하기도 합니다. 하지만 유엔 보고에 의한 전 세계적 에이즈 분포 지도를 보면, 에이즈 환자 중 67%가 사하라사막 이남의 아프리카에 삽니다. 그리고 실제로 동성애 결혼이 합법인, 동성애자가 많은 유럽에서는 생각보다 에이즈가 창궐하고 있지 않습니다.

결국 HIV 감염은 제3세계에 집중되어 있는데, 이를 통해 에이즈 감염의 최대 원인은 질병에 취약하게 만드는 가난 때문임을 알 수 있습니다.

에이즈의 감염은 안전하지 못한 성관계가 원인이지 동성애 자체가 원인이 될 수는 없습니다. 이성 간에 정상적인 성관계를 하더라도 피임을 하지 않는다면 에이즈의 감염으로부터 자유로울 수 없습니다.

본인이 다소 문란한 성관계를 즐기고 있다면 누구든지 에이즈 진단 키트를 이용해서 수시로

▶동성애를 표현한 그리스 벽화

테스트해야 합니다.

동성애가 에이즈의 원인이라는 주장은 동성애를 혐오하고 반대하는 이들의 대표적인 논리
입니다. 질병관리본부는 "에이즈를 일으키는 원인 병원체인 인간면역결핍바이러스^{HIV} 감염은
성정체성에 관계없이 HIV 감염인과 안전하지 않은 성관계를 할 때 전파된다."고 공식적으로 밝
히고 있습니다.

운주사 천불 천탑과 마이산 탑사의 미스터리

제가 대학교 때 봄과 가을이면 학교에서 고적답사를 떠났습니다. 그때 가보았던 전남 화순군 천불산에 있는 운주사雲住寺의 매력은 십여 년이 지난 지금도 생생하게 기억납니다. 어쩌면 역사와 사랑에 빠진 것이 그때부터였던 것 같아요. 새내기 역사학도였던 저에게 운주사는 수많은 이야기를 들려주었습니다. 그 후로 많은 문화재를 보러 다녔지만 운주사에서 받은 그 신비로운 느낌을 잊을 수 없어요. 그리고 지금도 주변 사람들에게 꼭 들러보라고 권하는 여행지 중 한 곳이고요. 전북 쪽으로 조금만 가면 마이산馬耳山도 있습니다. 마이산 탑사는 워낙 유명해서 사람들이 많이 찾는 곳이죠.

운주사와 마이산의 공통점은 정말 미스터리한 문화재가 있다는 것입니다. 도저히 인간의 힘으로 어떻게 가능할지 의문이 샘솟는 곳이죠. 저와 함께 불가사의한 그 현장으로 가볼까요?

운주사에는 천 개의 불상과 탑이 있다

운주사는 다양한 이름으로도 유명한데요. 구름이 머무는 절이라는 운주사雲住寺,

배가 운항하는 절이라는 운주사運舟寺, 구름을 기둥삼은 절이라는 운주사雲柱寺가 있습니다. 대표적으로는 첫 번째 운주사雲住寺 이름이 쓰이고요.

제가 운주사에서 가장 먼저 들었던 생각은 '절 같지가 않다'는 것이었습니다. 보통 우리가 유명한 산에 있는 사찰을 갈 때면 흔히 볼 수 있는 것들이 있잖아요? 당간지주, 사천왕상, 절을 둘러싼 화려한 담장 등 존재 자체가 멋진 하나의 예술이잖아요. 그런데 운주사는 마치 가까운 주변에서도 흔히 볼 수 있는 공원 같은 느낌입니다. 담도 없고 출입구도 없어요. 잔잔한 평지 위에 탑들을 구경하며 여유롭게 걷는 산책로 같은 기분이 들지요. 그런데요, 운주사는 절대 평범하지 않습니다. 겉으로 보이는 화려한 멋은 없지만 운주사에는 다른 절에서는 볼 수 없는 특별한 비밀이 있거든요.

동국여지승람※東國輿地勝覽에는 이렇게 운주사를 기록하고 있습니다.

"운주사는 천불산에 있으며, 절 좌우 산에 석불 석탑이 각 일천 기씩 있고 두 석불이 서로 등을 대고 앉아 있다."

운주사 천불 천탑 들어보셨나요? 이곳에 천 개의 탑과 천 개의 불상이 있었다는 말입니다. 물론 지금까지 남아 있다는 것은 아니고 이곳에 천불 천탑이 있었다는 전설과 그 흔적들이 남아 있는 것이지요.

사람들은 천 개의 불상과 천 개의 탑을 만들면 새 세상이 열리고, 미륵이 와서 구원해줄 것이라 믿었다고 해요. 이런 미륵 신앙을 믿고 열심히 불상과 탑을 만들었나 봅니다. 스타일도 아주 제각각이죠. 통일성이 없이 여기저기 세워져 있는데요, 얼핏 봐서는 아마추어 조각가들의 작품처럼 느껴지기도 합니다. 그런데 가만히 보면 그렇게 평범하진 않아요. 특이한 모양의 불상과 탑들이 꽤 많거든요.

동국여지승람
조성 성종 때의 지리서. 각 도의 지리, 풍속, 인물 등을 자세하게 기록하고 있다.

▶운주사 석불　　　　　　　　　　　　　　　▶운주사 석조불감

호떡 같이 생긴 원형탑도 나름의 이야기를 담고 있는 것 같고, 작은 집에 들어가 있는 특이한 양식의 불상도 있어요. 아기자기하게 쭉 늘어서 있는 불상들에게도 자꾸 눈이 가고 정겹기까지 합니다. 게다가 워낙 형태가 다양하다 보니 지루하지가 않아요. 다양한 조각 공원을 거니는 느낌입니다.

혹자는 멋지고 완벽하고 화려한 탑만을 기대하고 갔다가 실망할 수도 있지만요, 우리나라 어느 절에서도 볼 수 없는 새로운 탑과 불상들을 만날 수 있습니다.

운주사가 고려 초기에 만들어졌으니 불상 하나하나가 천년의 역사를 가지고 있다는 것도 놀랍습니다. 그런데 강한 궁금증이 밀려옵니다. 도대체 이 많은 불상과 탑을 왜 만들었을까? 그리고 누가 만들었을까?

아직 운주사의 비밀은 밝혀지지 않았습니다. 그래서 더 신비로운 것일지도 모르겠네요. 수많은 전설만 있을 뿐이지요.

그중 가장 유력한 설을 말씀드릴게요. 풍수지리설의 대가인 신라 말의 승려 도선국사道詵國師, 827~898가 운주사를 만들었다는 것이죠. 도선은 왕건을 도와 고려를 개국한 인물로 왕의 신임을 흠뻑 받고 있었죠. 왕건이 왕이 될 관상이라고 미리 예측한 사람입니다. 왕건은 자손들에게 훈요10조訓要十條라는 유훈을 남겼는데 여기에 절을 지을 때는 무조건 도선의 지시를 따르라는 내용이 있습니다. 즉 풍수지리설을 믿고 도선이 점지한 곳에 절을 지으라고 한 것이죠.

도선이 이곳에 운주사를 지으라고 한 이유는 우리나라 한반도 지형 자체가 태백산맥이 있는 동쪽이 무겁고 그에 비해 서쪽이 가벼웠기 때문이라고 해요. 강원도 쪽에는 높은 지형의 산들이 많잖아요? 그래서 한반도를 하나의 배로 보자면 무게 균형을 맞추기 위해서 수많은 돌을 가져다 탑을 만들어야 한다고 했던 것입니다. 무거운 돌들이 많아지면 배가 평행을 이룰 수 있다고 생각한 것이죠. 운주사의 위치를 한반도의 배꼽 정도로 봤다고 해요. 우리가 생각할 땐 서울 정도로 보이는데 아무튼 도선국사는 운주사 위치로 본 것이죠. 그래야만 나라가 잘 살 것이라는 생각으로 운주사를 지었다는 이야기입니다. 천불 천탑 전설은 그래서 생겨났죠.

그밖에 워낙 다양하게 생긴 불상이 많으니 수많은 석공들의 연습 터였다는 설도 있고요, 신라 고승인 운주화상이 신령스런 거북이의 도움으로 지었다는 설도 있어요. 한 사람이 평생을 바쳐 만들었다는 이야기도 있습니다. 영남 월출산, 해남, 진도, 완도 등에 있던 수많은 돌들이 미륵불이 되기 위해 스스로 굴러왔다는 다소 판타지적인 전설도 있고요.

천불 천탑이라 했으니 예전에 이곳엔 엄청 빽빽하게 탑들과 불상들로 채워져 있었겠지요. 지금은 석불과 석탑을 합쳐 백여 개 정도만 남았다고 해요. 절 한 곳에 백 개도 많은데 천 개라니 정말 대단한 광경이었을 것 같습니다. 탑이 지금까지 보존되었다면 소중한 관광 자원이 되었을 거란 생각이 드네요.

그러면 그 많던 탑들이 다 어디로 갔을까요? 몽고의 침입을 받았을 때와 임진

219

왜란 때 많이 소실되었을 것 같고요, 일제 강점기에도 일본으로 많이 가져갔다고 하네요. 그리고 또 하나 이건 좀 아쉽기도 하고, 또 어쩔 수 없는 일이다 싶기도 한데요. 옛날 사람들은 문화재의 중요성에 대한 개념이 없었잖아요? 운주사 발견 당시에 주변에 민가가 많았다고 합니다. 사람들이 돌을 가져가서 일상생활에 사용한 것이죠. 집을 지을 때도 탑을 해체해서 가져가고, 불상의 코를 갈아 먹으면 아들 낳는 설도 있어서 훼손되기도 했고요, 좋아 보이는 것은 그냥 집에 가져가기도 했고요, 심지어 대청마루 앞에 신발대로 쓰거나 아낙네들이 빨래판으로도 사용했다네요.

천불 천탑이 세워지면 민중들의 바람이 이루어진다는 전설이 깃든 운주사. 운주사는 흔히 생각하는 럭셔리한 절이 아니라 백성들에게 친근한 절이었습니다. 그래서일까요? 황석영의 소설 『장길산』의 배경이 되기도 했어요. 드라마 추노도 운주사에서 촬영했습니다. 그야말로 민초들의 마음이 담긴 절이라고 할 수 있습니다.

운주사 와불은 원래 바로 세우려던 것일까?

운주사의 수많은 탑들을 구경하면서 언덕으로 올라가면 아주 신비로운 불상을 만날 수 있습니다. 엄청난 크기의 돌에 불상이 조각되어 있는데 누워 있는 모습의 와불상입니다. 정확한 명칭은 화순운주사와형석조여래불和順雲住寺形石造如來佛이지요. 국내에 있는 와불 중에서 가장 큰 규모라고 합니다. 석불은 2구인데요, 하나는 12.7미터, 또 하나는 10.3미터 크기로 머리를 남쪽으로 향한 채 누워 있습니다.

여기에는 도저히 풀리지 않는 미스터리가 몇 개 있습니다. 첫째, 도대체 이 큰 돌을 어떻게 이 높은 곳으로 옮겨왔을까 하는 것입니다. 아무리 평평한 산이라

▶운주사 와불 　　　　　　　　　　▶하늘에서 본 와불

고 해도 돌 크기가 워낙 방대하다는 것이죠. 이에 대해서는 애초에 거대한 암반이 있어서 그곳에다 조각했다는 설도 있습니다. 둘째, 누워 있는 형상이 보통의 와불상과는 다르다는 점입니다. 부처님 와불은 보통 비스듬히 누워 있습니다. 열반상이나 측와상이라 부르죠. 우리나라도 그렇고 여행을 가보면 외국에 있는 부처님 상도 비슷합니다. 턱을 괴고 있거나 옆으로 머리를 대고 있거나 그렇게 누워 있는 것이 정상인데 운주사에 있는 와불상은 그냥 대자로 누워 있는 것이죠. 그런데 모양을 보면 큰 부처상은 앉아 있고 옆에 작은 부처상은 서있는 모습입니다. 모양 자체로 봤을 때 눕혀서 조각한 뒤 세우려고 했던 것이죠. 와불이 두 개다 보니 부부 와불이라고 얘기하기도 합니다. 그런데 신기한 것은 누워 있는 위치가 북극성이 보이는 위치라고 해요. 그래서 그렇게 누워 별을 보고 있는 것이 아니냐고 추측하기도 합니다.

　여기에도 전해지는 전설이 있는데요, 와불을 가만히 살펴보면 다리 부분에 떼어내려고 했던 흔적이 있다는 것입니다. 그래서 문화재 전문가들은 고려 때 만든 이 와불을 세우려다가 너무 커서 못 세우고 미완성으로 그냥 놔둔 것이라고 보기도 합니다. 소설『장길산』에서는 새벽 첫 닭이 울기 전 천불 천탑을 세우면 세상을 바꿀 수 있다는 전설을 믿고 밤새 전력을 다해 천불 천탑을 세운 후에 마지막으로 이 와불을 일으켜 세우려고 했는데 새벽닭이 우는 바람에 그 간절한 염원은 실패하고 말았다고 이야기하고 있습니다.

이 와불이 정말 세워졌다면 엄청난 높이의 불상이 되었을 겁니다. 그리고 세계적으로도 유명한 문화재가 되었을 거라 확신합니다. 세계 7대 불가사의 중 하나인 칠레 이스트 섬의 모아이^{moai} 거대 석상*만큼이나 유명해졌을 텐데요. 실제로 외국 관광객들도 이 와불을 직접 보러 오는 사람이 많다고 해요. 현대 기술로도 세우는 건 힘들 거라는 말들을 합니다.

그런데요 운주사의 미스터리가 천불 천탑과 와불에서 끝나는 것이 아닙니다. 운주사에는 특이한 구조물이 하나 더 있습니다. 와불상 아래로 조금 내려오다 보면 꽤 커다란 돌들이 동그란 모양으로 모여 있습니다. 돌이라기보다는 사람 20명 정도가 서 있을 정도로 큰 바위들입니다. 이 바위를 칠성 바위라고 부르는데요. 무게가 12~20톤이나 나간다고 해요.

실제로 보면 이게 도대체 뭘까 하는 생각이 절로 들 정도로 신기합니다. 그냥 산에 오르다 쉬어가는 바위가 아닌 중요한 문화재입니다. 칠성 바위라는 이름만 듣고도 짐작이 되시죠? 이 바위는 북두칠성 모양으로 되어 있어요. 그러니 후대 사람들에게 또 신비로운 과제를 남겨준 것입니다.

도대체 이 돌을 어디서 가져왔을까요? 실제로 운주사에 있는 이 바위들은 이 지역에서 나오는 돌이 아니라는군요. 그렇다면 어디에서 공수했다는 건데, 이 무거운 돌이 도대체 언덕을 어떻게 올라왔을지도 미스터리한 거죠.

그리고 더 가슴 뛰고 설레는 학설이 있었어요. 칠성 바위가 북두칠성의 모양을 하고 있는데 실제로 각 바위들의 위치와 모양이 북두칠성의 크기며 비율과 맞아

모아이 석상
칠레 이스터 섬에 있는 사람 얼굴 모양의 석상이다. 크기 3.5 미터, 무게 20 톤가량 되는 것이 많지만, 큰 것은 20 미터에 90 톤까지 되는 것도 있다. 섬 전체에 걸쳐 600개 이상의 모아이 상이 흩어져 있는데 대부분의 석상은 한 방향만을 가리키며 서있다.

▶**칠성 바위**
북두칠성 모양으로 바위들이 위치
하고 있다.

떨어지더라는 것이죠. 그리고 칠성 바위를 기준으로 가장 밝은 별인 북극성 위치에 바로 와불상이 있더라는 겁니다. 따라서 와불상이 북극성을 바라보는 부처를 표현한 것이 아닌가 하는 주장도 있습니다.

그리고 칠성 바위를 기준으로 주변 탑들을 이은 선과 실제 북두칠성 별들을 이은 별자리가 일치한다는 그런 의견도 있었는데, 그 주장은 좀 희박하다고 보고 있습니다. 예전에 탑이 있던 터가 발견되었는데 일등석 별자리와는 좀 다르다고 하네요. 게다가 별자리는 계절마다 바뀌기도 하고, 시대가 흐르면서 없어지는 별도 있을 테니까요.

어쨌든 칠성 바위가 북두칠성 모양을 하고 있는 것 자체가 놀라울 따름이죠. 고려 때 북두칠성을 인식하고 별의 크기에 맞춰 바위를 만들고, 북극성 위치에 와불상을 위치시켰다는 것 말이에요. 천 개의 수많은 탑들은 어쩌면 하늘에 떠 있는 별을 의미하는 것이 아니었을까요?

아무튼 천불 천탑도 칠성 바위도 와불상도 모두 풀리지 않는 운주사의 미스터리입니다. 별자리는 아직도 연구 중이고요. 천년 세월을 견디고 우리 곁에 있어

▶마이산 탑사   ▶천지탑

주는 것만도 고마운 절입니다.

마이산 탑사의 미스터리, 점프해서 탑을 쌓았다고?

마이산馬耳山은 말의 귀 모양을 하고 있는 산인데요, 풍수지리적으로 기가 세다고 해서 많은 관광객들이 소원을 빌러 가는 곳이죠. 또 우리가 무협소설에서 흔히 볼 수 있는 도사님들이 도술을 연마하러 가는 곳이기도 합니다.

마이산도 여러 전설이 깃든 산인데 그중에서도 가장 미스터리한 것이 마이산 탑사塔寺입니다. 이 탑사가 미스터리한 이유는 돌을 깎아서 만든 탑이 아니라 작은 돌들이 모여 탑을 이룬 것이기 때문입니다. 실제로 가서 보면 두 개의 봉오리 사이에 엄청난 탑들이 쌓여 있습니다. 관광객도 많아서 사람 반 돌 반입니다. 끝이 뾰족한 K초콜릿 모양의 천지탑은 그중 제일 큰데 높이가 무려 15미터나 되죠.

여기서 마이산 탑사에 대한 궁금증이 두 가지 생깁니다. 도대체 이렇게 크고 많은 탑을 누가 쌓았을까? 그리고 어떻게 100여 년이 지났는데도 무너지지 않는 걸까?

암마이봉과 수마이봉 사이에 주로 탑들이 있는데 이 골짜기는 엄청난 바람이 분다고 해요. 보통 큰 건물 사이에 바람이 더욱 세잖아요? 마이산 탑사가 비바람이 몰아치고 태풍이 불어도 무너지지 않는 것은 세계적인 미스터리라고 합니다. 여름에 태풍이 올 때면 나무가 뽑힐 때도 있다는군요. 그런데도 석탑은 살짝 흔들리기만 할 뿐 절대로 쓰러지지 않는다고 해요. 사이사이에 시멘트를 바른 것도 아니고, 무슨 접착제가 붙어 있는 것도 아닙니다. 그냥 작은 돌로 이루어졌을 뿐인데 얼마나 단단한지 끄떡없습니다.

단 하나 마이산 탑사는 사람의 손길이 닿으면 절대 안 된다고 하네요. 비바람에도 버틸 수 있는 탑이지만 사람이 건들면 무너질 수 있다는 거예요. 돌 하나라도 빼거나 얹어서는 안 된다는 것이죠. 그런데 뭔가 꼭 이루고 싶은 마음이 간절해지다 보면 나 하나쯤이야 이런 생각을 하며 살짝 한 개 가져오려고 할 수도 있잖아요. 그래도 안 되겠죠? 소중한 문화재잖아요. 실제로 CCTV도 엄청 많다고 해요. 아들 대학에 합격시켜 달라고 돌을 살짝 올리려고 하면 바로 사이렌 소리가 울린다고 합니다. 그리고 바로 방송이 나옵니다. "아주머니!! 탑에 손대시면 안 됩니다."

괜히 돌탑 한번 만져보려다 큰 봉변을 당할 수 있으니 명심하고 눈으로만 즐겨주세요. 아직도 수많은 사람들이 마이산 탑사를 찾는 걸 보면 그만큼 기도발이 잘 받는 곳이긴 한가 봐요. 지금만 그런 게 아니라 조선시대부터 이어져온 모습이라고 합니다. 그때 사람들도 소원을 빌며 여기에 돌을 쌓았는데 문화재로 지정된 후부터는 이를 금지시켰죠.

이렇듯 신비한 마이산 탑사를 만든 사람은 놀랍게도 한 사람이라고 합니다. 바로 이갑룡 처사[1860~1957]죠. 그는 효령대군의 16대손이라고 하는데요, 1885년 25살 때 마이산에 들어와 솔잎으로 생식을 하며 평생 동안 돌탑을 쌓았다고 전해집니

▶이갑용 처사
혼자서 마이산 탑사를 만들었다고 전해진다.

다. 죽음도 이곳에서 맞이했고요. 도대체 혼자서 이 거대하고 많은 탑을 어떻게 쌓았다는 걸까요? 조선시대에는 제대로 된 사다리도 없었을 테고, 산이라 거중기도 못 가져왔을 텐데요. 어떤 방법으로 15미터나 되는 탑을 혼자 쌓을 수 있었던 걸까요?

전설에 의하면 이갑용 처사가 축지법을 쓰는 도인이었다는데, 높은 점프도 할수 있었다고 해요. 수련하는 과정에서 점프를 하며 돌을 쌓았다는데 정말일까요? 밑단은 괜찮아도 어느 정도 탑이 쌓이면 힘들었을 테고, 더구나 꼭대기까지 어떻게 점프를 할 수 있었는지 신비롭기 그지없습니다.

전해 내려오는 이갑용 처사의 도술에 대한 이야기로는 공기 중에 계단을 만들어 연속 점프가 가능했다고 하는데, 마이클 조던의 점프슛이 떠오르네요. 기어올라가서 쌓는다고 해도 중간에 무너져 버리겠죠. 아무튼 탑을 쌓은 방법에 대한 기록에 없으니 조선시대 최고의 미스터리가 아닐 수 없습니다.

이 처사는 생식만 하며 도를 닦던 중에 신의 계시를 받고 어지러운 세상을 구원하고 만인의 죄를 속죄하기 위해 탑을 쌓기 시작했다고 합니다. 이 지역이 자잘한 돌이 많은 지역이 아니라서 수많은 명산에서 돌을 가져와 만들었다는 것도 신비롭습니다. 석탑들의 위치와 모양은 팔진도법과 음양의 이치에 따라 조성했기 때문에 하나하나 뜻을 지니고 있다고 하네요. 탑이 총 108개인데요, 사람들은 108번뇌와 관련이 있는 건 아닌지 생각한다는군요.

천지탑처럼 큰 탑은 그나마 뭉쳐져 있어서 무너지지 않는 걸까 추측해볼 수 있지만, 그냥 일자로 쌓아 놓은 돌들이 바람에도 무너지지 않는 것은 참으로 신기할 따름입니다. 정말 미스터리죠. 그리고 그 탑들이 백 년이 넘는 시간을 견디고 있는 것 자체가 기적입니다. 심지어는 태풍이 불거나 강풍이 불 때는 바람에 살짝 흔들린다고 하는데 금세 제자리로 돌아와 무너지지 않는다는 게 정말 신기할 뿐입니다.

한 사람의 힘으로 이렇듯 불가사의한 문화재를 만들어내고 후세에 멋진 탑을 볼 수 있는 기회를 제공하며 지역 발전에 기여한 것이죠.

마이산 탑사에서만 볼 수 있는 또 하나의 불가사의는 '역고드름'입니다. 원래 고드름은 처마가 있으면 거꾸로 뚝뚝 떨어지는 게 정상이죠. 그런데 그냥 물을 떠놓고 기도만 드린 것뿐인데 물이 얼면서 역고드름이 생겨 그릇에서 위로 뻗쳐 오른다는 겁니다. 정말 미스터리하죠? 이러한 현상은 한겨울만 되면 몇 번씩 일어난다고 해요. 이는 자연적인 현상이라는 것이 일반적인 주장인데요, 탑사 오른쪽에서 천지탑을 지나 암마이봉 절벽으로 돌아 올라가는 바람에 의해 역고드름이 생긴다는 것입니다.

이런 묘한 신비로움 때문에 사람들이 기도를 하다가 역고드름이 생기면 기도 발이 받아서 기도를 들어준 것이라고 생각하고 좋아했다고 하죠.

▶마이산 역고드름

역고드름이 생기려면 습도, 온도, 바람 등 모든 조건이 다 맞아야 된다고 합니다. 다른 지역에서도 역고드름이 아예 안 생기는 건 아니라고 해요. 그런데 또 신기하게도 재단이 있는데 단 위에서만 역고드름이 생기고 재단 아래에 놓으면 안 생긴다고 합니다. 같은 지역인데 역고드름이 생기는 포인트 지점이 있습니다.

아무튼 사람이 직접 쌓은 높은 석탑과 역고드름 때문에 조선시대부터 이곳이 영험한 지역으로 알려진 건 사실입니다. 역고드름이 보고 싶으면 겨울철에 마이산으로 떠나보세요.

긴 세월을 견딘 불가사의

많은 유적지를 가봤지만 운주사 천불 천탑과 마이산 탑사는 정말 불가사의합니다. 그리고 그 안에 담긴 이야기들도 흥미롭고요.

가을에도 좋고 겨울에도 좋습니다. 좋은 계절에 한번 방문해보시면 색다른 경험을 할 수 있을 거예요. 도대체 이 불가사의한 것들이 어떻게 생겨나게 되었을까? 미스터리한 추측과 상상을 해보는 것은 덤입니다.

요즘은 문화재 하나에도 관련된 스토리텔링이 중요한 것 같습니다. 예를 들어 이탈리아의 피사의 사탑을 볼 때도 그저 휘어진 사탑이구나 하고 보는 것보다, 갈릴레이의 자유낙하 실험 이야기가 깃든 곳이라고 생각하면 새롭게 보이거든요. 그리고 만약 피사의 사탑이 한쪽으로 휘지 않았다면 지금처럼 유명해지지도 않았겠죠? 운주사 와불은 결국 세우지 못하고 누워있지만, 그 때문에 여러 가지 전설이 깃들어 더 매력적으로 느껴집니다.

이제는 문화재를 그저 아무 생각 없이 방문해 유명한 장소 앞에 서서 브이하고 사진 찍고 오기보다는 관련 이야기에 대한 스토리텔링을 가지고 방문하는 분들이 많아진 것 같아요. '아는 만큼 보인다'라는 말도 있잖아요? 지금까지 제 이야기를 듣고 운주사나 마이산 탑사를 방문한다면 뭔가 새로운 점을 느끼실 겁니다.

운주사가 만들어낸 민초들의 천불 천탑의 꿈 이야기, 마이산 탑사의 기가 막힌 절경과 비바람에도 온전한 탑들.

이 미스터리한 문화재가 긴 세월을 견디고 우리 곁에 남아 있음에 고마움과 경이로움을 느낍니다.

운주사만의 신비로움과 독특함은 수많은 사람들에게 문학적 영감을 불어 넣었습니다. 그래서 시와 소설에도 곧잘 등장하곤 하는데 황석영의 대하소설 『장길산』은 운주사 와불 이야기로 끝을 맺지요.

> "이 골짜기 안에 천불천탑千佛千塔을 하룻밤 사이에 세우면 수도가 이곳으로 옮겨온다는 것이었다. 도읍지가 바뀌는 세상, 그들이 나라의 중심이 되는 세상이 하룻밤 사이에 이루어진다는 곳이었다. 노비들은 새벽에 깨어 일어나 보성만에서 떠오르는 아침 해를 보았다."
>
> —황석영, 『장길산』 10권 中

장길산이 꿈꾸던 용화세상의 끝을 운주사에서 이루려고 하다가 결국 실패로 끝나버리죠. 우리의 와불은 과연 언제 일어설까요?

노벨문학상을 수상한 르 클레지오도 운주사에 깊이 매료되어 「운주사(雲住寺), 가을비」라는 작품을 남깁니다. 그는 운주사 덕분에 한국을 좋아하게 되었으며 그 뒤로 한국 문단과의 교류에도 활발하게 참여하고 있습니다.

> "흩날리는 부드러운 가을비 속에
> 꿈꾸는 눈 하늘을 관조하는 와불
> 구전에 따르면, 애초에 세 분이었으나 한 분 시위불이
> 홀연 절벽 쪽으로 일어나 가셨다
> 아직도 등을 땅에 대고 누운 두 분 부처는
> 일어날 날을 기다리신다"
>
> —르 클레지오, 「운주사(雲住寺), 가을비」 中

마지막으로 소개해 드릴 작품은 운주사와 관련된 작품 중, 제가 가장 좋아하는 정호승 시인

▶운주사

의 시입니다.

"운주사 와불님을 뵙고 돌아오는 길에
  그대 가슴의 처마 끝에 풍경을 달고 돌아왔다.
  먼 데서 바람 불어와 풍경 소리 들리면
  보고 싶은 내 마음이 찾아간 줄 알아라."

– 정호승, 「풍경 달다」

저는 원래 풍경 소리를 참 좋아하는데요. '먼 데서 바람이 불어와 풍경 소리 들리면 보고 싶은 내 마음이 찾아 간 줄 알아라'라는 구절에 감탄했습니다. 그대 가슴의 처마 끝에 풍경을 달고 돌아왔다는 표현도 너무 멋지고요.

이렇듯 문화재 속의 신비한 이야기는 우리의 감성을 자극하며 멋진 문학으로 승화시킵니다. 우리가 어릴 적에 고궁이나 경치 좋은 문화재로 소풍을 가서 백일장을 했던 기억이 나네요. 문화재에 대해 알고 나서 방문하는 것도 중요하지만 다녀와서의 느낌을 간단히 남겨놓는 것도 좋은 것 같네요. 그러다가 나만의 인생 시가 탄생할 수도 있으니까요. 🪷

2장

—

인물

한나의 역사스캔들

2장_인물

원효는 그날 밤 정말 해골 물을 마셨나?

원효元曉대사 하면 생각나는 것이 바로 해골 물입니다. 그런데 그가 무덤가 동굴에서 한밤중에 마셨던 그 달달한 물이 과연 해골 물이었을까요? 역사 방송 프로그램에서도 많이 다뤄주었던 내용이죠. 네, 맞습니다. 원효대사는 해골 물을 마시지 않았을 수도 있습니다. 여기서 중요한 것은 원효대사가 해골 물을 마셨는지 안 마셨는지가 아니라 그로 인해 깨달음을 얻었다는 사실이죠. 즉 해골 물은 깨달음의 물이었던 겁니다.

왕실의 종교로서 일반 백성들에겐 어렵기만 했던 불교를 만백성의 종교로 전파했던 원효대사가 얻은 깨달음이 무엇이었는지 그것에 대한 이야기를 해볼까 합니다.

신라 백성들의 큰 스님, 원효

불교는 삼국시대 당시 상류층이 향유하던 귀족 종교였습니다. 삼국의 불교는 왕권 강화의 정치 도구로 쓰였죠. 백성들을 잘 다스리기 위해 왕즉불王卽佛 사상, 다시 말해 '왕이 부처'라는 명분이 필요했던 겁니다. 왕을 비롯한 지배층들은 불교

▶원효대사
귀족 종교였던 불교를 일반 백성들에게 널리 알리는 역할을 하였다.

이론을 통해 자신의 지위와 위신을 높였습니다. 불교에는 특히 이런 정치적 목적에 활용된 교리가 많았는데요. 그 대표적인 교리 중의 하나가 환생環生이라는 가르침입니다. 환생은 죽은 뒤 생전의 업에 따라 새로운 몸을 입고 다시 태어난다는 말인데, 이러한 업설業設을 이용해서 '왕이 전생에 좋은 업을 쌓아 현재 이렇게 위대한 인물로 다시 태어난 것'이라고 가르친 것이죠.

원효는 이처럼 귀족 종교였던 불교를 대중에게 널리 알린 인물입니다. 오랜 전쟁이 끝나고 신라가 통일을 이룬 후 고통 받던 백성들의 마음을 보듬는 일은 무척 중요했는데요, 원효는 스스로 고단한 백성들의 삶 속으로 들어가 기댈 데 없는 그들의 마음을 위로해주었습니다. 부처님의 말씀이 결코 어려운 것이 아니고, 높으신 분들만 그 은덕을 받게 되는 것이 아니라는 것을 몸소 보여주었죠.

훗날 파계해서까지 자신을 낮추고 백성들 속으로 들어갔던 원효의 삶에는 어떤 깨달음이 있었던 걸까요? 당시 스님이라는 높은 신분을 마다하고 광대들이나 굴리는 박을 지고 전국을 돌아다니며 노래와 춤을 추었던 원효는 세상에서 무엇을 보았던 것일까요? 왜 사람들은 그를 일컬어 큰 스님이라고 칭했을까요?

그 답을 알아보기에 앞서 원효의 출생과 관련된 이야기 하나를 소개할게요. 『삼국유사』에 따르면, 어느 날 하늘에서 유성이 자신의 품 안으로 떨어지는 태몽을 꾸고 어머니가 원효를 잉태하게 되었다고 합니다.

이어지는 탄생 신화는 더욱 신비롭습니다. 만삭이던 어머니가 어느 날 밤나무 아래를 지나는데 산기를 느낀 거죠. 집으로 돌아갈 시간은 안 되고 해서 어쩔 수 없이 남편의 옷을 밤나무에 걸치고 그 아래에서 해산을 하게 됩니다. 원효를 분만할 때 오색구름이 덮이자 이를 기이하게 여긴 어머니는 그 나무를 사라수*娑羅樹로 부르게 되었다고 하네요. 그래서일까요, 신통한 출생으로 얻은 아들은 어려서부터 총기가 남달랐다고 합니다.

유학길에 만난 해골 물, 그리고 깨달음

통일신라시대에는 원효 못지않게 유명한 스님이 한 명 더 있습니다. 원효보다 여덟 살 어린 의상대사*인데요. 두 사람은 학문의 큰 뜻을 품고 더 넓은 세상으로 나아가기 위해 당나라 유학길에 오릅니다.

왜 당나라냐고요? 당시 당나라 유학은 공부 좀 한다는 젊은이들의 로망이었습니다. 특히 우리에게 『서유기*』로 잘 알려진 삼장법사*와 깊은 관련이 있는데요, 평소 삼장법사를 흠모하던 원효와 의상은 그의 학문을 배우기 위해 당나라 유학길에 오른 겁니다.

당시에 걸어서 당나라까지 간다는 것은 쉬운 일이 아니었겠죠? 가는 길에 들짐승을 만날 수도 있고 전쟁 포로로 잡힐 수도 있고요. 신라에서 당나라로 가는 여정은 온갖 위협이 도사리는 위험한 길이었습니다. 그만큼 불법을 공부하고 깨달음을 얻겠다는 열의가 컸던 것이죠.

원효와 사라수
전설에 따르면 붓다는 두 그루의 사라수 아래에서 열반에 드셨다고 한다. 이로 인해 누군가 사라수 아래에서 태어나면, 그가 바로 붓다의 환생이라는 증거로 여겼다.

의상대사
통일신라시대 왕족 출신의 고승. 중국 당나라에 유학하여 지엄(至嚴)으로부터 화엄종(華嚴宗)을 수학하고 법통을 받음. 한국 화엄종의 시조가 됨.

『서유기』와 삼장법사
『서유기』에서 삼장법사는 손오공, 저팔계, 사오정을 데리고 갖가지 기이한 모험을 하며 천축(天竺 ─ 지금의 인도)을 찾아가는 인물로 등장한다. 삼장법사는 현장(玄奘)이라는 실존 인물로 인도에서 이십여 년 이상 선진 불교를 배우고 친히 경전을 가지고 돌아와 법을 널리 퍼트린 승려이다. 삼장법사라는 명칭은 불교의 경전인 삼장(三藏)을 중국에 전했다는 데에서 유래한 것이다.

유학길을 떠난 어느 날 두 승려는 비를 피해 작은 동굴에서 밤을 보냅니다. 그런데 아침에 보니 그 굴이 바로 백골로 가득한 무덤이었던 거죠. 둘은 소스라치게 놀라고 맙니다. 간밤에 잠을 청했던 곳이 해골이 나뒹구는 무덤이었다니……. 그런데 문제는 두 번째 날이었습니다. 비가 계속 내려서 부득불 그곳에서 하루를 더 머물게 된 거죠. 원효는 그날 꿈자리가 뒤숭숭하여 도통 잠을 이루지 못합니다. 귀신이 자신을 지켜보고 있는 듯한 악몽으로 눈을 제대로 붙일 수가 없었죠. 환영과 환청이 들리는 공포와 두려움으로 불면의 밤을 지새운 원효는 커다란 깨달음을 얻게 됩니다. 바로 모든 것이 다 마음으로 이루어진다는 진리를 깨닫게 된 것이죠.

마음이 생기니 즉시 갖가지 법이 생기고	心生卽種種法生
마음이 사라지니 즉시 해골이나 신체나 둘이 아니구나.	心滅卽觸身不二
세상 모든 것은 오직 마음뿐이고	三界唯心
모든 법은 오직 인식에 불과하구나.	萬法唯識
마음 밖에는 다른 법이 없으니	心外別法
어찌 달리 구할까.	胡用別求

이 기록은 중국 송나라 때 찬녕贊寧이 쓴 『송고승전宋高僧傳』에 나오는데요. 하지만 여기엔 원효가 해골에 괸 물을 마시고 토악질을 했다는 내용은 없습니다.

해골 물의 진실

우리가 익히 알고 있는 내용을 말씀드리자면 동굴에서 잠을 자던 원효는 목이 말라 물을 찾아 마시게 되죠. 그런데 다음 날 아침, 전날 시원하게 들이킨 물이 바로 해골에 고여진 물이었다는 걸 알게 되는 겁니다. 갈증을 해소하기 위해서 마셨던 그 맛나던 물이 해골 물이었다니 단번에 구역질이 나왔겠지요?

▶이광수의 『원효대사』

▶혜홍(惠洪) 각범(覺範)이 쓴 『임간록』

그럼 우리는 어떻게 원효가 해골 물을 마신 것으로 알고 있을까요? 해골 물에 대한 이야기는 도대체 어디에서 온 걸까요? 여기에는 흥미로운 역사 스캔들이 숨겨져 있습니다.

이 해골 물 이야기가 처음 나오는 곳은 11세기 중국에서 출간된 『임간록林間錄』입니다. 이 책에서는 원효의 일대기와 사뭇 다른 내용들을 발견할 수 있는데요, 그중 대표적인 것이 바로 해골 물 이야기입니다. 아마도 저자가 깨달음의 순간을 좀 더 드라마틱하게 만들고 싶어서 해골 이야기를 추가하지 않았나 싶어요. 또 중국에서 편찬한 『종경록宗鏡錄』에는 아예 '시체 썩은 물'을 먹었다고 기록되어 있어요. 사실 이런 책들은 중국 승려들이 저술한 것으로 학계에서 정사正史로 인정받는 것은 아니죠.

현대에 와서는 춘원 이광수가 1941년 「매일신보」에 연재했던 소설을 묶어 장편 소설로 발표한 『원효대사』에서 이 내용을 다뤄 우리 뇌리에 깊이 박히게 되었죠. 결국 한 권의 소설로 인해 원효와 해골 물이 강력한 연상 작용을 일으키게 된 것입니다. 역사라는 팩트에 문학적 상상력이 어우러져 원효는 그만 해골에 고인 물을 마신 인물로 부각된 것이지요.

원효가 무엇을 마셨는지는 아무도 모릅니다. 해골바가지에 들어 있는 썩은 물을 들이켰을 수도 있고 어쩌면 마시지 않았을 수도 있습니다. 하지만 원효가 진짜로 해골 물을 마셨느냐, 그렇지 않느냐는 중요하지 않습니다. 우리는 그 이면을 보아야 합니다. 중요한 것은 원효의 깨달음이지요.

결국 깨달음을 얻은 원효는 당나라 유학을 포기합니다. 어려운 불교 이론과 경전의 해석이 아니라 마음을 다스리는 공부를 하자고 결심한 겁니다. 그곳이 어디여도 상관없었습니다. 당나라로 떠나는 의상에게 작별을 고하고 원효는 신라로 돌아옵니다. 당나라 유학을 위해 준비했던 그간의 시간과 노력을 생각하면 정말 큰 결심이죠.

어쩌면 깨달음을 강조하기 위해 해골 물이 등장했을 수도 있습니다. 원래 역사는 과장해서 기술하는 면도 있고, 구전되면서 판타지 요소들이 가미되기도 하니까요. 하지만 분명 원효는 해골이 가득한 캄캄한 동굴에서 깨달음을 얻었습니다. 원효가 깨달았던 진실, 즉 어제와 오늘이 다르게 느껴지는 것은 마음먹기에 달렸다는 것. 그것은 현시대를 사는 우리들에게도 시사하는 바가 큽니다.

요석공주와의 결혼으로 설총을 낳다

대승 불교
대승의 교리를 기본이념으로 하는 종파(宗派)의 총칭. 삼론종(三論宗)·법상종(法相宗)·화엄종(華嚴宗)·천태종(天台宗)·진언종(眞言宗)·율종(律宗)·선종(禪宗) 등이 이에 속하며, 많은 사람들의 구제를 목적으로 한다.

원효는 대승 불교*를 전파하기 위해 노력했습니다. 유학 한 번 다녀온 적 없이 당시 불교의 변방에서 살았던 승려가 평생 150여 권이나 되는 주석서를 남길 정도로 대단한 학문의 경지에 올랐다는 사실은 우리를 매료시키기에 충분하죠? 『대승기신론소』나 『금감삼매경론』, 『십문화쟁론』 등을 썼는데, 그중 『대승기신론소』는 대승 불교 경전의 하나인 『대승기신론』을 원효가 독자적으로 해석한 주석

서로, 한국뿐 아니라 중국의 많은 승려들에게도 영향을 주었던 명저로 꼽힙니다. 중국의 둔황석굴에서 『대승기신론소』필사본이 발견된 것만 봐도 원효의 학문이 당시 중국에 어느 정도로 지대한 영향을 미쳤는지 알 수 있죠. 뿐만 아닙니다. 원효의 손자 설중업薛仲業이 780년 신라의 사신으로 일본에 건너갔을 때, 그곳 한 일본 관리가 원효의 손자가 왔다며 그를 극진히 대접했다는 사실은 한·중·일 삼국에 그의 이름이 얼마나 드높았는지 가늠해볼 수 있습니다.

원효가 대승 불교를 전파한 이유는 요석공주와 결혼하여 설총을 낳고 파계승으로 살았던 것과 관계가 깊을 것입니다. 당시 신라는 골품제라는 강력한 신분제가 존재했기 때문에 6두품 출신의 승려 원효와 왕족 신분인 공주의 결혼은 일대 사건이었죠.

당시 원효는 당나라 유학을 포기한 뒤에 노래를 지어 불법을 전하고 다녔는데, 갑자기 그가 "누가 자루 빠진 도끼를 줄 것인가? 그렇다면 내가 하늘을 받치는 기둥을 지을 텐데"라는 노래를 부르고 다녔다고 합니다. 아무도 원효가 부르는 노래의 의미를 알지 못하던 중, 태종 무열왕이 이를 듣고서 '원효가 자기한테 여자를 주면 뛰어난 현자를 낳게 하겠다는 거로구나' 하고 생각하여 원효를 자신의 과부 딸인 요석공주와 맺어주어야겠다는 결심을 하게 됩니다.

그래서 관리를 보내 원효를 데려오게 했는데 원효가 문천교라는 다리를 지나던 중 스스로 발을 헛디뎌서 물에 빠져버립니다. 그러자 원효를 요석궁으로 데려가서 옷을 말리게 했는데, 옷이 마르기를 기다리다가 그만 요석궁에 있던 요석공주와 하룻밤을 보내게 됩니다. 이렇게 해서 요석공주가 낳은 아들이 설총이라고 합니다. 정말 다시 들어도 '므훗'한 러브스토리죠?

삼국유사에 의하면 왕이 뛰어난 인재인 원효를 알아보고 직접 왕궁으로 들였다고 전해집니다. 여러분들은 어떻게 생각하시나요? 과연 원효의 결혼은 왕실의 계획이었을까요? 원효의 아들인 설총은 이두*문자를 만들고 꽃을 의인화한 한국 최초의 창작 설화 화왕계를 집필한 학자입니다. 훌륭한 아버지에 실제로 훌륭한 아들이라고 할 수 있습니다.

원효대사는 신라 왕실의 가족으로, 공주의 남편으로 높은 관직을 차지할 수 있었지만 스스로 파계승이 되어 가난하고 힘없고 불쌍한 백성들을 돕고, 그들이 의지할 수 있는 부처님의 말씀을 전하며 살았습니다.

부처님의 말씀을 대중과 함께

의상과는 다른 길을 택했지만 원효가 후세에 미친 영향은 매우 큰데요, 바로 불교의 대중화입니다.

무애가*無㝵歌를 지어 뭇 사람의 관심을 끄는 가운데, 때와 장소를 가리지 않고 큰 표주박을 두드리면서 노래하며 이 거리 저 마을에 나타남으로써 불교를 생활화하는 데 힘을 기울였다고 합니다.

원효는 누구나 마음을 갈고 닦으면 부처가 될 수 있다는 부처님 말씀을 전파하며 살았습니다. 이러한 행보는 결국 동굴에서 얻게 된 깨달음에서 시작된 것이 틀림없습니다. 해골 물을 마셨든 마시지 않았든 말입니다.

우리가 스님들의 염불을 생각할 때 주로 손을 합장한 뒤 "나무아미타불"이라 말하는 것을 상상하게 되는 것도 사실 원효 덕분이라고 할 수 있습니다. 통일신라시대 귀족적이었던 불교가 원효의 "나무아미타불" 염불로 민중불교가 되기 시작한 것입니다. '나무아미타불 관세음보살'이란 '부처님에게 귀의한다'는 뜻인데,

▶무애춤을 추는 스님

이 말만 믿고 따르면 극락에 간다는 정토종을 만들어 글을 모르는 일반 백성들에게 널리 전함으로써 불교의 대중화를 이루어냈습니다.

원효가 있었기에 당시 배고프고 힘든 삶을 살았던 수많은 백성들이 의지할 곳을 찾을 수 있지 않았을까요? 종교란 결국 현재의 힘든 삶을 의지하고 희망적인 미래를 제시해주는 마음의 안식처니까요.

원효대사와 요석공주의 사랑이야기가 담겨있는 그곳, 소요산

소요산이라고 들어보셨나요? 저는 예전 대학 다닐 때 한번 1호선 안에서 엄청 딥슬립하다가 소요산역까지 가본 적이 있어요. 1호선 의정부 방향 맨 끝 종착역으로 유명하죠. 이곳은 요석공주의 별궁터가 있는 곳으로 그곳에서 원효대사를 만나 둘만의 역사가 이루어졌으며, 또한 원효대사의 아들인 설총을 키운 장소라고 합니다.

등산하는 마음으로 소요산 입구를 지나 쭉쭉 올라가면 자재암의 일주문이 나타납니다. 자재암은 대한불교조계종 제 25교구 본사인 봉선사의 말사^{본사의 관리를 받는 작은 절}로 무열왕 때 원효대사가 창건한 절이라고 해요. 고려시대 광종 때 각규가 태조의 명으로 중건하여 소요사로 바꾸고, 고려 중기 의종 때 화재로 거의 소실된 것을 1909년 성파와 제암이 다시 중창하여 절 이름을 자재암으로 고쳤습니다. 다시 6.25전쟁 때 소실된 것을 1960~70년대를 거쳐 다시 중창하여 오늘날의 면모를 갖추게 되었죠.

이 자재암에는 여러 가지 설화가 전해 내려오고 있습니다. 원효가 요석공주와 사랑에 빠져 세속의 인연을 맺은 뒤, 이곳에 초막을 짓고 수행에 정진하고 있을 때, 관세음보살이 아름다운 여인으로 변신하여 유혹했다고 해요. 설법으로 유혹을 물리친 원효는 이내 그 여인이 관세음보살이었음을 깨닫고 더욱 더 수행에 정진하였다네요.

그리고 관세음보살을 친견하고 자재무애의 수행을 쌓았다는 뜻에서 절을 짓고 그 이름을 자재암이라 했다고 전해집니다. 또 다른 이야기는 수락산의 흥국사 승려였던 제암과 자재암의 주지인 원공이 서로 다른 꿈을 꾸고 우연히 만나 절을 중창했다는 영험담도 전해 내려옵니다.

소요산 안에는 원효 굴과 원효 폭포도 있어요. 사람들은 흔히 이곳 원효 굴에서 해골 물을 마셨다고 생각하는데 그건 아닌 거 같아요. 원효 굴 뒤의 108계단을 오르면 아치형의 해탈문이 나옵니다.

그렇게 한동안 힘들게 산을 오르면 자재암이 나오는데, 절 안에는 일 년 내내 가뭄이 들어

▶소요산 자재암 전경

도 마르지 않는, 원효대사가 실제로 마셨다고 전해지는 유명한 원효 샘이 있습니다. 사찰의 규모는 크지 않지만 소요산 중턱에 위치한 소박하고 정갈한 느낌의 절로 원효대사와 요석공주의 사랑 이야기를 떠올리며 산책하기에는 좋은 곳 같네요. 소요산 아래 요석 공원 쪽에는 봄이면 벚꽃나무가 활짝 피어 아름다운 경관을 연출한다고 하니 따스한 봄날의 나들이코스로 한번 둘러보는 건 어떨까 싶습니다.

희대의 패륜왕 빅매치!
충혜왕 VS 연산군

절대 권력자가 성을 도구로 사용하는 것은 고대 왕국에서 흔히 일어나는 일이었죠. 특히 왕의 경우에는 아무도 터치할 수 없는 영역이었고요. 역사에서는 절대 권력의 성노리개가 된 수많은 여성들이 있었습니다. 요즘 시각으로 보면 도저히 상상할 수 없는 일들이 일어났죠. 파렴치한 폭군으로 역사의 해석에서도 자유롭지 못한 두 임금을 소개할게요. 고려시대와 조선시대를 각각 대표하는 인물이라고 해도 좋을 것 같네요. 조선시대 최대의 폭군으로 연산군이 있다면 고려시대 최대 패륜아는 충혜왕을 꼽습니다. 누가 먼저랄 것도 없이 패륜의 극치를 보여주는 왕들입니다.

시대적인 배경이 다르고, 처한 상황도 달랐지만 두 임금이 보여준 패륜 행위와 강간 스토리는 비슷하게 닮았습니다. 승부를 가리기 힘든 둘의 패륜 행각을 비교해 볼까요?

충혜왕은 강간왕이었나?

긴 세월 몽고에 맞서 싸우던 고려는 강화도로 천도까지 하면서 끝까지 싸우지만 결국 항복을 하고, 원나라 사위인 부마국이 됩니다. 이후로 80여 년 동안이나 원나

▶수박희
우리나라 고유의 전통 무예 가운데 하나로 태껸이라고도 한다.

라의 간섭을 받아야 했습니다. 고려의 왕들은 원나라에 충성한다는 충⊕ 자를 왕의 이름 앞에 붙이게 되었죠. 몽골 여인과 혼인하고, 원나라에서 교육도 받아야 했습니다. 원나라 뜻에 따르지 않는 왕은 내쳐지거나 유배를 가기도 했고요.

고려 제28대 왕인 충혜왕은 주색에 빠져 방탕한 행동을 일삼고 패륜까지 저지른 못난 임금으로 유명합니다. 결국 원나라에 의해 폐위되었죠. 실제 역사에 기록된 행동으로 보면 희대의 망나니가 따로 없는데요, 예전에 TV에서 방영된 드라마 기황후에서 훈남으로 미화되어 논란이 일기도 했습니다.

충혜왕의 이름은 왕정이며 몽골 이름은 부다시리寶塔實里/Buddhaśrī로 충숙왕과 명덕태후 홍 씨 사이에 장남으로 태어났습니다. 공민왕의 친형이기도 합니다.

충혜왕이 왜 강간왕으로 불리는지 그의 행각을 요리조리 살펴볼게요.
충혜왕은 매 사냥을 아주 좋아했는데, 16세에 왕위에 오른 후 나라는 다스리지 않고 매사냥을 나가서 주색에 빠져 놀기만 했다고 합니다. 특히 내시들과 수박희를 매우 즐겼다네요. 원나라에 머물 때에도 사냥, 격구, 각저희, 수박희 등 갖가

▶충혜왕

지 놀이와 여색에 정신이 없었다고 하니 천성적으로 놀기를 좋아했나 봐요.

충혜왕은 원나라로부터 국왕의 인印을 받을 때도 왕 따위엔 관심도 없는지 노는 데 정신이 더 팔렸다고 합니다. 원나라 객성부사客省副使 칠십견七十擊이 충숙왕으로부터 국왕의 인을 회수하기 위하여 고려에 다녀오는 동안에도 평측문 밖에서 6일 동안 매사냥을 즐겼다고 해요. 원나라 문종에게서 국왕의 인을 받은 후에도 신하들에게 업무를 맡기고 원나라의 우승상 엔티무르와 유림에서 매사냥을 했다고 하네요. 아직 나이가 어려서 그랬을까요? 아무튼요, 충숙왕이 죽고 몇 달 동안 왕위에 대한 승인을 받지 못하는 와중에도 이에 아랑곳없이 거의 매일 여자들과 어울려 지내고 남의 처첩 중에 미모가 뛰어난 여자가 있다고 하면 달려가 강간을 하거나 궁에 끌어들였다고 하는데 들어온 여자가 백 명을 넘었다고 해요.

여기서 우리는 충혜왕을 왜 강간왕이라고 부르는지 알 수 있습니다. 그런데 그냥 강간이 아니라 패륜 행각까지 벌여요. 충혜왕의 패륜적인 행동을 좀 더 자세히 살펴볼게요. 첫 스타트는 부왕의 후비인 수빈 권 씨를 강간한 사건입니다. 그것을 시작으로 부왕의 또 다른 후비 경화공주본명:숙공휘녕를 강간하기에 이릅니다. 그녀를 위로해준다고 술자리를 마련하고는 연회가 끝나자 술에 취한 척하며 궁궐로 돌아가지 않고 경화공주가 방을 나가려고 해도 못 나가게 막고는 그대로 덮쳤다고 해요. 공주가 완강하게 저항을 하자 수하들을 시켜 양 팔과 다리를 잡게 하고 입을 틀어막으면서까지 강간을 했다고 하니 끔찍합니다.

그런데 문제는 경화공주가 원나라 공주였다는 거죠. 충혜왕에게 마음을 열지 않는 공주를 묶어 놓고 강간한 사건은 충혜왕을 폐위에 이르게 하는 결정적 이유가 됩니다. 그녀는 쿠빌라이 칸의 증손녀였고, 특히 수치심과 분통함 때문에 이를 고발하려고 원나라에 가려고 했으나 말을 아예 구하지 못하도록 방해를 했다고 하네요. 결국 나중에는 이 모든 사실들이 원나라에 전해지게 되죠.

이런 식으로 여자들을 강제로 범하는데 아무리 왕이지만 난봉꾼이 따로 없죠. 씁쓸하지만 그보다 더한 얘기를 해야겠네요. 뿐만 아니라 충혜왕은 아내의 어머니인 장모를 강간하고 재상, 내시 부인들도 강간했다고 해요. 높은 관직에 있는 재상들의 경우는 반발을 우려해 미리 원나라로 보내버리고 몰래 부인들을 강간했다고 합니다.

『고려사』에 기록된 것만도 약 100여 건 정도의 강간 사례가 나와 있는데요, 왕실이나 신하들이 아니라 민가의 여자들까지 합하면 강간 건수가 더더욱 많았을 것이라고 추측됩니다. 결국 방탕한 생활을 일삼던 충혜왕은 임질에 걸리게 되는데 충혜왕 때문에 관계를 했던 수많은 여자들도 병에 걸리고 임질이 퍼졌다는 기록도 있습니다.

충혜왕의 막장 패륜 스캔들

충혜왕에 관한 또 다른 일화를 알려드릴게요. 충혜왕이 예쁜 여자가 있다는 최원의 말을 듣고 찾아간 곳에 젊은 여자는 없고 노파 혼자서 술을 마시고 있었다고 해요. 화가 머리끝까지 난 충혜왕은 최원과 노파를 때려죽였다는군요. 자신의 성욕 때문에 살인도 마다하지 않았던 거예요.

또 신하 비장에게 여자를 데려오라고 시켰는데 비장이 먼저 그 여자를 강간해 버린 거 있죠. 또 화가 머리끝까지 치민 충혜왕은 비장을 때려죽이고 비장의 아내를 강간했다고 합니다. 이렇게 강간, 폭행, 살인을 일삼았는데 아무래도 분노 조절이 제대로 되지 않는 사람이었나 봐요.

강간, 살인 등 이런 막장 드라마만 찍은 게 아니라 사치스럽기까지 했다는군요. 국고가 부족해지자 자신의 사치와 향락을 위해서 직급 있는 자들이 납부해야 할 직세라는 것을 만들어 여러 도에서 걷기 시작했습니다. 신하들이 이에 반발하자 직세를 내지 못한 사람에게는 딸을 바치라고 했죠. 그러니까 딸이 자신의 머리카락을 팔아 직세를 내고, 아버지와 함께 목을 매달아 자살하는 사건도 일어났다고 합니다.

그래서 잠시 직세를 걷지 않았는데 나중에 결국은 부활하게 됩니다. 또 충혜왕만을 위해 신궁을 짓기 시작했는데 여기에도 백성들을 강제 노역시켜서 원성이 자자했다고 해요. 궁궐이 완성된 후에는 신하들에게 노비 중에서 가장 예쁜 노비를 2명씩 바치라고 했답니다.

여기서 전해지는 설화가 하나 있는데요, 당시 충혜왕의 악행이 얼마나 심했으면 무시무시한 말까지 돌게 됩니다. 충혜왕이 어린아이를 잡아다 땅에 묻고 주춧돌로 삼아 성을 지었다는 소문이 돈 것이죠. 그만큼 백성들은 왕을 전혀 신뢰하지 않았습니다. 그러니 여기저기서 왕을 독살하려는 음모도 일어날 수 있었겠죠? 실제 그런 시도도 있었지만 발각되었다고 합니다.

충혜왕의 패륜 행각 중에는 이런 일도 있었어요. 앞에서 충혜왕이 매 사냥을 좋아했다고 했죠? 아무튼 새 잡는 걸 즐겼나 봐요. 민천사라고 절이 있는데요, 민천사는 조부인 충선왕의 모후 제국대장 공주의 명복을 빌기 위해 지었던 곳이었습니다. 이곳 사찰의 지붕에 비둘기가 앉았는데 잡히지를 않자 사찰 전체를 불태워 새를 잡았다는 겁니다. 이렇게 패륜적인 일까지 저지르는 왕이었습니다.

당시 고려는 원나라의 부마국이라고 했죠? 평판이 좋지 않았던 충혜왕은 원나라로 소환되어 몇 년을 그곳에서 보내기도 합니다. 하지만 그곳에서도 위구르 여자와 방탕한 생활을 하니까 사람들이 무뢰배, 즉 건달로 불렀다고 해요. 경화공주 강간 사건으로 불려갔을 때는 게양현이라는 곳으로 유배까지 가게 됩니다. 한 나라의 왕이 다른 나라에서 이런 굴욕을 겪었다니, 충혜왕의 악행은 차치하고 씁쓸한 마음이 듭니다.

지금까지 막장 패륜 스캔들 충혜왕에 대해 살펴보았는데, 사실 충혜왕은 상업 마인드는 좀 있었다고 하네요. 원나라로 소환됐을 때도 상업에 능했다는 기록이 있어요.

기록을 살펴보면 고가 화폐인 은병 대신 소은병을 쓰게 하였고, 소금 판매에 관여하여 돈을 벌고 상인과도 친하게 지내면서 상인의 딸을 후궁으로 맞이하기도 했다네요. 자신의 유흥비를 위해 왕의 사유재산 창고라고 할 수 있는 보흥고도 설치했어요.

정치적으로도 원나라에 있는 고려인들을 고국으로 데려오려고 했다는데, 원나라의 간섭 하에서 제 뜻을 펼칠 수 없었기 때문에 향락에 빠져든 건 아닌지 충혜왕 개인의 고충도 이해는 갑니다. 하지만 악행이 너무 심했고, 모든 부마 왕들이 그렇게 패륜이 된 건 아니니까 용서는 안 되네요.

연산군의 폭색증

이번엔 조선을 대표하는 희대의 폭군, 연산군을 살펴볼게요. 충혜왕보다는 우리에게 좀 더 익숙한 왕이죠.

연산군이 직위 초기에는 정치를 잘했다고 해요. 아버지인 성종 때도 나라가 안정되었고요. 이를 이어받아 초반에는 꽤 스마트하게 나라를 운영한 것 같아요. 암행어사를 보내기도 하고 여진족의 귀화를 허락하기도 했죠. 아시다시피 무오사화*와 갑자사화*라는 두 사화를 거치면서 연산군이 폭군이 되었잖아요? 어머니 폐비 윤 씨가 피를 토하며 죽은 옷을 보고 오열하는 장면은 사극에 단골로 등장하는 장면이죠. 연산군은 어머니를 죽게 만들었던 장본인들에게 거침없이 복수를 하는 패륜을 저지르면서 돌이킬 수 없는 상태가 되고 맙니다. 갑자사화가단지 폐비 윤 씨로 인해 일어난 것이 아니라 연산군이 자신의 왕권을 강화하기 위해 벌인 일이라는 주장도 있는데요, 아무튼 연산군은 이후 왕위에서 쫓겨날 만큼 잔혹하고 파렴치한 왕으로 남습니다.

여기서는 연산군과 관련된 인물들의 왕실 역사나 정치적인 이야기보다는 연산군이 성性적으로 어떤 만행을 저질렀는지 알아보려고 해요. 아마 세계적으로도 권력을 총동원하여 자신의 성적 욕구를 만족시키려고 했던 사람은 연산군을 따를 자가 없을 것이라고 생각됩니다.

폭식증은 들어보셨을 거고 혹시 폭색증暴色症은 아시나요? 비정상적으로 색色을 밝히는 걸 의미하는데요, 조선왕조실록에는 연산군의 폭색증에 관한 이야기가 차고 넘친답니다. 영화 「간신」에서 연산군의 변태적인 성 생활을 잘 다뤄주었죠. 연산군은 자신만의 궁녀를 뽑기 위해 채홍사*를 두었습니다. 어리고 예쁜 여자면 신분은 물론 결혼 유무도 따지지 않았다고 해요. 오로지 얼굴과 몸매만으로 뽑았답니다. 채홍사가 조선 8도에서 뽑은 여성들을 운평이라고 불렀는데 기생이

무오사화
세조의 단종 폐위를 비판한 '조의제문'을 빌미로 연산군이 사림 세력을 역모로 몰아 대대적으로 숙청한 사건이다.

갑자사화
연산군이 어머니 폐비 윤씨 사건을 알게 되어 윤 씨폐위에 가담했거나 방관했던 수많은 사람들을 숙청한 사건이다.

• 채홍사: 조선 연산군 때에 창기 중에서 고운 계집을 뽑으려고 전국에보내던 벼슬아치를 말함

▶영화 「간신」의 한 장면

대다수였고, 이를 135등급으로 나누었어요. 특히 연산군은 화장을 진하게 하는 것을 싫어했기 때문에 화장을 한 것과 안한 것의 차이가 너무 심한 여성들은 혐오스럽다며 궁에서 내쫓았다고 합니다.

운평들은 성균관에 거주하며 춤을 연습했습니다. 국립대학교가 왕의 유흥장이 되어 버린 것이죠. 뽑혀온 운평들 중 미모가 뛰어난 운평은 연산군의 밤 시중을 들고 이들은 흥청이라는 벼슬을 받게 됩니다. 조선왕조실록에는 연산군이 이미 2000명의 운평들이 있는 궁궐에 만 명을 모으려고 했다는 기록이 있어요. 그 내용을 좀 더 살펴보면, 흥청들이 사용할 사기와 목기를 양반들에게 받치게 하였고 이를 감춘 자가 있으면 곤장을 치라는 내용입니다.

이처럼 흥청들에 대한 대우가 특별했죠. 좀 민망하긴 하지만 어떤 제도까지 있었느냐면, 흥청들을 성관계 결과에 따라 다시 등급을 나누었다고 합니다. 왕이 충분히 사정을 했으면 천과흥청天課興淸이라는 계급을 주고, 이들의 가족은 엄청난 권력과 부를 얻게 되었다고 해요. 다음 등급으로 삽입을 했지만 사정을 하지 못했으면 반천과흥청半天課興淸, 아직 잠자리를 하지 않은 후보자는 지과흥청地課興淸이

흥청망청 거리다의 어원

주색에 빠진 연산군은 여러 흥청들과 밤낮으로 놀아나다 중종반정으로 왕좌에서 쫓겨나 목숨까지 잃게 된다. 이렇게 흥청들과 놀아나다 망했다 하여 백성들 간에 '흥청망청'이란 말이 생겨났고 여기서 유래하여 '흥청망청 거리다'라는 말이 생긴 것이다. '흥청망청'이라는 말은 재산이나 권세가 있어서 금품 따위를 함부로 쓰는 것을 이른다.

라고 불렀습니다. 그러니 어떻게 됐을까요? 흥청들은 왕의 사정에 모든 정신을 집중하지 않았을까요? 부와 권력을 잡을 수 있는 기회니까요. 그래서 여성들이 연마를 하게 되는데요, 단전 훈련, 이를 안 쓰고 혀로만 먹는 홍시 핥기, 고양이 자세로 걸레질을 하면서 허벅지 힘을 키우는 것 같은 영화에서 봤던 그런 훈련을 하는 겁니다. 실제로 천과홍청의 권력은 매우 뛰어나 온 가족이 벼슬을 얻고 권력을 장악했다고 해요.

중요한 건 연산군의 이런 기이한 행동이 단지 성관계로만 끝나는 것이 아니라 살인으로도 연결되었다는 점이에요. 왕과의 관계가 너무 힘들어서 도망이라도 치면 다시 잡아와서 처참하게 죽였거든요.

또 성 밖으로 나가서 노는 것도 좋아하여 일부러 성 옆을 비워두어 사냥터처럼 사용하였습니다. 성 밖에 나갈 때에는 흥청들을 데리고 나가 성욕을 느끼면 그 자리에서 흥청과 관계를 갖기도 했답니다. 그래서 외출 시 거사라는 가마를 들고 다니게 하였고 그곳에서 성관계를 가진 것이죠. 또 말이 교미하는 것을 좋아했던 연산군은 콩을 뿌려놓고 말 흉내를 내게 하는 변태적인 성교를 시켰다고도 하네요.

조선왕조실록 연산군 8년에 임금이 광기 난무를 즐겼다고 기록되어 있는데, 실제로 연산군은 3명 그리고 11명과 함께 잠자리를 하기도 했고, 궁궐 야외에서 성관계를 맺는 경우도 많았다고 해요. 김처선이라는 내시가 연산군에 대한 혹평을 하자 사지를 찢어 죽이는 일도 생겼습니다.

연산군의 패륜과 강간의 역사

충혜왕 못지않게 연산군도 패륜으로 점철된 강간의 역사를 가지고 있습니다. 청

룡사라는 곳은 성종의 후궁이 여승이 되어 기거하던 곳인데, 연산군은 그곳까지 찾아가서 여승이 된 성종의 후궁을 강간했습니다. 이뿐만 아니라 관청에 소속된 관기가 있는데, 관기의 남편들로 이름이 올라간 남자들을 모두 죽이기도 합니다.

변태적인 성욕의 극치는 아버지 성종의 큰 형인 월산대군의 후처를 강간한 사건입니다. 그러니까 큰어머니 뻘이죠. 월산대군의 후처는 매우 아름답기로 유명했다고 해요. 40대 후반인 박 씨는 월산대군 사후 작은 흥복사를 짓고 여승처럼 살고 있었는데 연산군이 찾아가 강간을 한 겁니다. 자기 아들을 박 씨에게 맡긴 후 핑계를 만들고 자주 찾아가 관계를 맺게 됩니다. 이후에는 아예 박 씨를 궁 안으로 데려와 수시로 관계를 맺고 임신을 하기에 이릅니다. 박 씨는 임신을 수치스러워하며 자결을 하죠.

그러나 이 사건에 대해서는 여러 가지 설이 있어요. 50대 여성은 임신하기가 어려운데 더군다나 조선 시대에 50대 여성이 임신을 한다는 것이 믿기 어려운 일이기 때문입니다. 그래서 연산군의 만행을 더욱 강조하기 위해 지어낸 이야기가 아닌지 의심이 들기도 합니다.

마지막으로 말씀드릴 패륜은 거의 끝판왕입니다. 간신으로 알려진 임사홍의 집을 자주 찾았는데 아들인 임숭재의 부인과 여동생을 강간한 것이죠. 시누이와 올케가 한꺼번에 강간당한 거예요. 사실 임숭재의 아내는 혜신옹주로 연산군의 배다른 남매였기에 근친이었습니다.

수많은 여자와 관계를 맺은 연산군은 자신의 정력을 위해 다양한 것을 먹었는데 사슴과 노루, 말의 생식기를 먹고 말이 사산한 태아까지 요리해서 먹었습니다. 여우와 너구리도 진상하게 하였고 연산군 폐위 전에는 뱀을 갖다 바치게 했다는 기록도 있습니다.

연산군의 이러한 만행이 맨 정신으로 이루어진 것은 아닌 것 같아요. 항상 술을 마신 후 이런 행동을 한 것으로 보아 알콜 중독 수준이었던 것 같습니다. 연산군은 스스로도 자신이 정상이 아니라는 것을 인식하였는데 그는 스스로를 일컬어 맑게 미친 '청광'이라 하였습니다.

연산군은 장녹수를 매우 사랑했는데 그녀는 10살 정도 연상이었죠. 장녹수는 연산군을 아들처럼 대하며 아명인 백돌이로 부를 수 있는 유일한 여인이었습니다. 연산군이 폐위되고 장녹수는 사형에 처해졌는데 실록에 의하면, 그녀의 시체에 사람들이 앞다투어 기왓장과 돌멩이를 던져서 순식간에 돌무더기를 이루었다고 해요.

폐위된 연산군은 아주 멀쩡한 모습으로 띠를 두르지 않은 붉은 옷을 입고 나왔습니다. 그리고 성을 향해 절을 하며

"내가 큰 죄를 지었지만 조상님 덕으로 살아있다"

라는 말을 남겼다고 하네요. 마지막에는 잠시 제정신으로 돌아왔었나 봅니다. 이처럼 멀쩡한 모습으로 쫓겨나는 연산군의 모습에 사람들은 놀랄 뿐이었죠. 연산군은 폐위당한지 2달 후 병에 걸려 죽었다고 하지만 이에 대해 독살설도 있습니다.

수많은 여성을 유린한 희대의 폭군 연산군의 마지막은 정실부인 신씨가 지켰다고 하네요. 그를 위해 울어주었고 함께 무덤에 묻히게 됩니다.

폭군의 말로
원나라 간섭기의 고려왕 중 어릴 때 사망한 충목왕과 충정왕을 제외하면 대부분

▶연산군의 묘

여자관계가 복잡했다고 합니다. 원나라와의 정략적 결혼, 끊임없는 간섭과 불안한 지위 때문이라는 말들이 있어요. 왕위를 빼앗길 수도 있고 실제로 그런 경우도 있었고요. 그러다 보니 왕의 권위를 누리지 못했고, 비뚤어진 성생활과 비행의 요인이 되었을 것이라는 이야기죠. 충혜왕을 변호하자면 그런 이유를 들 수 있겠네요. 왕도 결국은 하나의 인간이었을 테니까요.

하지만 도를 넘어선 충혜왕의 패륜과 방탕 행각을 보다 못한 몽골 정부는 결국 일종의 탄핵 재판에 착수하게 됩니다.

『고려사』 충혜왕 편에 의하면 "1343년 12월 9일, 충혜왕을 재판에 회부할 목적으로 몽골 정부는 사신단을 파견했지만 충혜왕이 반발할 것을 대비하여 사신단 파견 목적을 숨겼다. 뭔가 이상한 느낌을 받은 충혜왕은 궁궐 밖으로 나가지 않으려 했지만, 신하들이 사신단을 맞으라고 재촉했다. 충혜왕과 몽골 사신단이 만난 그때 사신단은 충혜왕을 걷어차고 포승줄로 포박했다."라고 기록되어 있습니다.

이렇게 충혜왕은 몽골로 포박되어 끌려갔고 왕의 지위를 잃게 되었습니다. 원

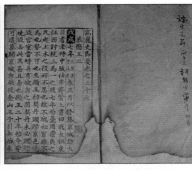

▶「고려사절요」
조선 전기 김종서 등이 왕명에 따라 편찬한 고려시대 역사책이다.

나라 사신단이 충혜왕을 얼마나 무시하고 막 다뤘는지는 「고려사절요」에 기록되어 있습니다.

"급하게 걷는 그들에게 충혜는 제발 천천히 좀 가달라 사정하지만 그들은 칼을 빼들고 위협할 정도로 왕을 하찮게 다뤘다."

원으로 압송된 충혜왕은 게양현으로 유배를 떠나는 중 악양현에서 1344년 30세의 나이로 죽습니다. 이 죽음에 대해서는 독살이라는 의문이 많다고 합니다. 심지어 독이든 귤을 까먹고 죽었다는 설도 있어요. 그가 죽었다는 소식이 고려에 전해지자 사람들이 거리 곳곳으로 쏟아져 나오고 마을의 잔치를 베풀기도 했다고 전해집니다. 참으로 쓸쓸한 죽음이 아닐 수 없죠.

연산군도 어머니의 비극적인 죽음에 대한 트라우마로 몸과 마음이 피폐해진 상태였기 때문에 정신적으로 문제가 있었다는 해석도 있습니다. 항상 술을 마시고 불안해하고, 누군가를 증오하는 마음이 일상을 지배했다는 거죠. 그렇다고 여성을 성의 지배도구로 삼은 그릇된 악행을 용서할 수는 없겠죠. 요즘 같았으면 엄청난 미투운동*에 휩쓸렸을 겁니다.

연산 12년, 연산군의 광기 어린 폭정에 신하들의 분노는 커져만 가고, 마침내 반정의 움직임이 싹트기 시작합니다. 반정군이 제일 먼저 처단한 대상은 연산군의 최측근이자 핵심 세력이었던 임사홍, 신수근, 김자원, 장녹수 등이었습니다. 거사 소식이 퍼지자 어느새 궁궐 안은 텅 비었고, 궁에 남은 이들은 흥청들과 연산군뿐이었습니다.

막상 반정이 일어나니 연산군을 호위하던 장수와 군사들이 도망을 가버린 것이었죠. 결국 연산군은 강화도로 유배를 가게 됩니다. 빛 한줄기 없던 '산자의 무덤'이라 불리던 감옥과 다름없었던 그곳, 인천 강화군 교동면 유배지에서 연산군은 유배간 지 두 달 만에 생을 마감하게 됩니다.

미투운동
(Me Too movement, #MeToo)

미국에서 시작된 해시태그 운동. 2017년 10월 하비 와인스타인의 성폭력 및 성희롱 행위를 폭로하고 비난하기 위해 소셜 미디어에서 인기를 끌게 된 해시태그(#MeToo)를 다는 행동에서 출발했다. 수많은 저명인사를 포함하여 많은 사람들이 자신의 그러한 경험을 밝히며 이 해시태그를 사용했다. 이후 이 운동은 전 세계적으로 퍼지게 되었다.

드라마「기황후」충혜왕 미화 논란?!

인기 드라마 기황후에서 충혜왕이 백성을 생각하는 자애로운 왕으로 그려져 역사 왜곡 문제로 불거진 일이 있었습니다. 사극이 방영되면 실제 역사적 사실과의 관계에서 자유로울 수 없기에 어느 정도는 고증을 통해 시나리오를 짜야 하는데 다소 아쉬운 부분이죠. 많은 사극들이 역사적 사실과 허구와의 사이에서 많은 논란을 겪기도 합니다. 특히 드라마「기황후」에서는 "충혜왕"이라는 인물을 지나치게 미화한 부분이 문제가 되었습니다.

역사에서 기록된 충혜왕의 모습을 찾아보면, 온갖 악행과 패륜을 일삼은 고려 28대 왕으로 기록되어 있습니다.「고려사절요」25권에 따르면 충혜왕은 부왕 후처인 수비 권씨와 경화공주, 내시 전자유의 아내 이씨 등을 겁탈했다고 기록되는 등 주색에 빠져 방탕한 행동을 일삼다가 원나라에 의해서 폐위되었던 인물입니다.

실제 역사서에는 이런 모습으로 기록된 충혜왕이지만, 드라마 기황후에서는 원나라에 맞서 자주적으로 나라를 이끈 왕으로 설정했습니다. 때문에 기황후 역사왜곡 논란, 충혜왕 역사왜곡 논란 문제가 생긴 것이죠. 기황후 역사왜곡 문제로 인해 제작진은 방송이 되기 전 5일을 남겨 두고, 충혜왕을 가상의 인물인 "왕유"라는 인물로 설정하여 역할을 바꾸었습니다.

그러나 기황후의 역사적 배경으로 볼 때 왕유라는 인물이 충혜왕임을 대다수의 사람들이 알고 있다는 점에서 충혜왕에 대한 역사왜곡 논란은 계속 이어졌습니다. 결국 드라마 방송 자막을 통해,

"이 드라마는 고려 말, 공녀로 끌려가 원나라 황후가 된 기황후의 이야기를 모티프로 했으며 일부 가상의 인물과 허구의 사건을 다루었습니다. 실제 역사와 다름을 밝혀드립니다"

라고 공지하며 드라마가 픽션임을 강조했습니다.

아무튼 관련 기사를 통해서 사람들이 충혜왕에 대해 관심을 가지게 된 것은 좋은 일일 수도

▶충혜왕이 등장하는 드라마 「기황후」 포스터

있겠네요. 여기서 우리가 중요하게 생각할 문제는 사극 속의 내용을 실제 역사와 비교하면서 스스로 걸러낼 줄 아는 능력을 키워야 한다는 점입니다. 특히 한창 자라나는 청소년들이 사극 드라마를 보고 그것을 실제 역사로 받아들인다면 역사적 가치관 형성에 자칫 좋지 않을 수도 있습니다. 따라서 학교나 주변에서는 드라마 내용과 실제 역사가 다르다는 점을 바로 잡아주고 스스로 분별할 수 있는 능력을 키울 수 있도록 도와주는 것이 중요하다고 생각합니다.

임진왜란, 바다 위 두 명의 이순신

여러분들은 우리나라의 역사적 인물 중 누구를 가장 존경하시나요?

우리나라 역사 인물 중에서 가장 존경하는 사람을 꼽으라고 할 때 단골로 등장하는 인물이 세종대왕과 이순신 장군이죠. 특히 광화문 광장에 늠름한 모습으로 서 있는 이순신 장군은 항상 우리에게 든든한 자부심으로 다가옵니다.

그래서 애국심을 활활 불태울 수 있는 이야기를 준비했습니다.

충무공 이순신 장군은 임진왜란과 정유재란 때 큰 공을 세운 워낙 유명한 인물이죠. 그런데 장군의 절친이자 부하였고 생사고락을 함께한 또 다른 이순신 장군이 있었다는 걸 아시나요? 충무공이 쓴 난중일기에는 장군과 똑같은 이름을 가진 무의공 이순신 장군이 등장합니다. 우리가 잘 아는 노량해전을 비롯한 여러 해전에서 충무공 못지않게 혁혁한 공을 세운 인물이죠.

임진왜란 때 나라의 미래가 어찌 될지 알 수 없었던 풍전등화의 시절, '이순신'이라는 이름으로 조국을 지켜냈던 두 사람의 우정에 대한 이야기를 시작합니다.

▶노량해전

충무공 이순신과 방답첨사 이순신

선조실록에 "죽은 순신이 산 왜놈들을 격파했다"라는 표현이 나옵니다. 이순신 장군이 노량해전에서 전사할 때 "아직 전투가 끝나지 않았다, 나의 죽음을 적에게 알리지 말라"고 했던 말은 유명하죠. 그런데 노량해전의 승전 뒤에 또 다른 이순신의 활약이 있었다고 합니다. 적의 총탄에 맞아 쓰러진 이순신 장군의 뒤를 이어 조선 수군을 이끌던 지휘관은 바로 방답첨사※ 이순신이었다는 겁니다. 이 사람이 바로 이순신 장군 휘하에 있던 동명이인의 부하였습니다.

• 첨사: 조선 시대에, 절도사에 속한 진(鎭)에서 수군을 거느려 다스리던 군직(軍職).

1591년^{선조 24년} 방답첨사로 부임하여 전라좌수사 이순신 휘하에서 전선을 제작하고 방답진성과 망루를 일제히 정비한 인물이기도 하죠. 우리가 흔히 알고 있는 이순신 장군과 이름이 똑같아서 방답첨사, 줄여서 이 첨사라고 불렀다고 해요. 하지만 이 첨사는 단순한 부하가 아니었습니다. 난중일기에도 자주 등장하는 인물이죠.

때는 1592년 임진왜란이 시작되기 석 달 전입니다. 같은 이름을 가진 두 명의 이순신이 만나 친구가 되는데요, 바로 충무공 이순신과 방답첨사 이순신입니다. 물론 이 첨사가 아홉 살이나 연하지만 무과를 2등급으로 통과하고 활쏘기도 전국 수석인 꽤 쓸 만한 친구였던 겁니다. 기록에는 이 첨사의 활 쏘는 실력이 충무공보다 더 뛰어났다고 하는데 충무공은 이를 시기하지 않고 함께 활을 쏘고 다니면서 막역한 사이가 되었죠. 평소에는 술도 마시고 밥도 먹고 바둑을 두며 이야기를 많이 나누는 친구로, 전장에서는 믿음직한 부하였다고 난중일기에 나와 있습니다.

'충무공과 방립첨사는 임진왜란 내내 함께 활 쏘고 술 마시고, 밥 먹고, 이야기하다 함께 승경놀이*도 했다.'
－『난중일기』

승경놀이
조선시대 전반에 걸쳐 행해진 놀이로써 관직명이나 지역명을 적은 후 즐기는 오늘날 보드 게임의 일종이다.

이 첨사는 충무공의 기대를 저버리지 않았는데요, 옥포해전에서 적선 50여 척, 합포해전에서 5척, 고성해전에서 13척, 사천해전에서 12척을 격파하는 등 승전보를 이어나갔습니다. 특히 충무공 이순신 장군이 모함을 받고 옥살이를 할 때도 끝까지 그를 믿고 곁을 지켰다고 합니다. 충무공이 백의종군할 때 술을 들고 찾아왔다는 일화도 있습니다. 한때 높은 자리에 있던 장군이 힘을 잃자 아무도 거들떠보지 않았는데 남의 눈치 안 보고 진심으로 위로해주는 정말 베스트 프렌드였던 거죠. 온갖 역경을 딛고 이순신 장군이 다시 삼도수군통제사가 되었을 때는 누구보다 기뻤겠죠.

"신에게는 아직 12척의 배가 있습니다!"

영화 「명량」에도 등장하는 멋진 대사죠? 그 말은 내겐 아직 조국을 위해, 왕을 위해, 장군을 위해 목숨을 바쳐 싸워줄 사람들이 있다는 뜻 아닐까요? 조정에서처럼 세 치 혀만 놀릴 줄 아는 사람이 아닌, 이 첨사처럼 바로 옆에서 서로를 지켜주는 든든한 부하들이 있었다는 겁니다. 그러한 믿음과 신의가 왜군 300척과 싸워 이긴 명량대첩의 결과로 나타났겠죠.

▶영화 「명랑」 포스터

1598년 노량해전이 이들이 함께한 마지막 전투입니다. 이 첨사가 이순신 장군의 죽음을 헛되이 하지 않고 슬픔을 뒤로 한 채 꿋꿋이 떨쳐 일어나 조선 수군의 승리를 이끌어냈다는 이야기는 묵직한 감동을 느끼기에 충분하죠. 나이와 직급을 떠나 두 사람의 우정도 멋지고요. 이 첨사는 그 후 이순신 장군의 후임 통제사로 임명되고, 무의공으로 불리게 됩니다.

무의공 이순신 장군의 생애

우리가 충무공 이순신 장군에 대해서는 잘 알고 있고 영화나 드라마, 책으로도 만날 기회가 아주 많지요. 이번에는 이순신 장군의 젊은 친구 무의공 이순신 장군에 대해 좀 더 알아보도록 할게요. 비록 역사의 조연이었지만 앞에서 소개한 대로 숨겨진 공이 많잖아요? 그래서 그가 어떤 삶을 살았는지 궁금하기도 합니다.

무의공 이순신은 태종의 맏아들이었던 양녕대군 이제李禔의 후손입니다. 알고 보니 왕의 혈통을 가지고 있었네요. 심지어 아버지도 높은 관직을 가지고 있었는데 의정부 좌찬성을 지낸 이진의 다섯 번째 아들로 태어났습니다. 특히 무예가 뛰어나고 활을 잘 쐈다고 해요. 쏘는 활마다 백발백중이었다는 태조 이성계의 후손이어서 활의 달인이었을까요? 아무튼 무예도 출중했지만 어려서부터 총명해서 글도 잘 썼대요. KBS 드라마「불멸의 이순신」을 보면 무의공 이순신이 이황의 제자였던 김성일 문하에서 공부하는 장면도 나옵니다.

그리고 또 재미있는 사실! 우리나라 초대 대통령 이승만이 무의공 가문의 9대 방손이라고 합니다. 직계가 아니라 방계에 속하는 혈족의 자손을 방손이라고 하는데요, 먼 친척이라도 혈족은 맞다는 거죠. 이승만 대통령이 왕족의 혈통이었음을 애써 밝히려고 그랬는지 평소에 무의공 이순신 이야기를 자주 했다고 하네요.

다시 본론으로 돌아올게요. 무의공은 고집이 세고 생각한 바에 지조가 굳은 사람이었나 봐요. 바른말을 잘 해서 윗사람에게 밉보이는 스타일이었던 거죠. 그래서 파직을 당하기도 하고, 여러 가지 구설수에 오르기도 했답니다.

하나 예를 들어볼까요? 일명 뇌물 사건인데요, 명나라 사신을 수행하는 업무를 할 때였는데 보통 사절단이 뇌물을 요구하면 줘야만 했던 시절이었죠. 그런데 뇌물을 주지 않고 노잣돈만 줘서 보내고 모른 척 했대요. 그 사건으로 관직을 떠나고 탄핵을 받았다고 하네요. 상사와 트러블을 많이 일으켜서 쫓겨나기가 부지기수. 좋은 관직에 승승장구하며 꽃길만 걷는 사람은 아니었던 거죠. 그렇게 떠돌아다니다가 충무공 이순신을 만난 것입니다. 어쩐지 두 사람이 성격 면에서 닮은 점이 있어 보입니다. 서로 정말 잘 맞았다는 것은 충무공의 휘하에서 수많은 전투를 이끌며 승리를 따낸 역사를 보면 알 수 있겠죠?

무의공의 성격을 잘 나타내주는 일화가 난중일기에 쓰여 있는데요. 충무공 이순신은 무의공 이순신이 배는 많이 격파시키는데 적의 목을 많이 베지 않아 공을

▶충무공 이순신 장군 묘

세우지 못한다고 아쉬워했어요. 당시는 전쟁터에서 보고를 올릴 때 진짜로 적의 목을 벤 숫자대로 공을 치하하던 시대였어요. 영화「대립군」을 보면 전쟁 때 벤 머리를 모아 놓는 장면이 나오죠. 일본도 전쟁터에서 사람을 죽인 후 코나 귀를 베어 가기도 했고요.

  그런데 무의공은 오로지 적의 배를 침몰시키는 데만 힘을 썼다는 것입니다. 항상 선두에서 공을 세우지만 머리를 베는 일은 신경 쓰지 않아서 공을 제대로 인정받지 못했다는 것이죠. 무의공에게도 이유는 있었습니다. 해전에서는 우선 배를 격파시키는 것이 중요하고, 배가 침몰하면 더 많은 수의 적을 물리칠 수 있다는 계산이었죠. 자신의 공을 생각하기보다는 오로지 전투와 승리에 집중했다는 것을 알 수 있습니다. 왠지 멋지네요. 어쩌면 충무공 이순신 장군이 그래서 더 신뢰하고 좋아했을 것 같습니다.

  그리고 앞에서 이야기한 노량해전에 관한 또 다른 일화도 있습니다. 충무공 이순신 장군이 적에게 나의 죽음을 알리지 말라고 했죠? 그런데 그 말에는 또 다른 의미가 있다고 주장하는 설이 있습니다. 바로 선조 임금을 비롯한 조정의 윗사람들에게 알리지 말라는 의미였다는 것이죠. 왜냐면요, 이순신 장군은 자신이 죽었다는 것을 선조가 알면 군대를 철수시킬 것이라고 예상했다는 겁니다. 그리고 워낙 자신이 미움을 받았기 때문에 죽은 후에 생뚱맞은 사람이 와서 부하들을 지휘할까봐 걱정이 되었다는 말입니다. 사실 장군이 전사한 후 무의공 이순신 장군이 노량해전을 승리로 이끌었잖아요? 충무공 이순신 장군 뒤에는 항상 무의공 이순신 장군이 있었다는 것. 우리가 지금까지 그것을 몰랐다면 지금부터라도 그의 숨은 공을 기억했으면 좋겠습니다.

무의공 이순신은 전쟁이 끝난 후 한양으로 올라와서 관직을 받고 나서도 별로 잘 풀리지는 못했다고 해요. 충무공처럼 별다른 이유 없이 미움을 받아 사사건건 사건에 휘말렸을 수도 있고, 충무공 이순신과 친했다는 이유만으로 그냥 미워했다는 주장도 있습니다. 계속 탄핵을 받으며 이리저리 떠돌다가 광해군 때는 임해군 옥사에 연루되어 또 고초를 겪었다고 하니까요. 현재 그의 묘는 향토 유적 제4호로 광명시에 가면 볼 수 있습니다.

또 다른 세 번째 이순신

지금까지 두 명의 이순신을 이야기했는데 이순신 장군이 또 나온다니 조금 놀랍죠? 보너스로 한 명 더 소개시켜 드리려고요. 이 사람은 충무공 이순신 장군과 한자까지 똑같은 인물입니다. 바로 등림수(登臨守) 이순신입니다.

조선 중기 왕족인데요, 종실로 보성군의 서손이고, 춘양군의 서자이며 충무공 이순신, 무의공 이순신과의 구별을 위해 등림수 이순신이라 부릅니다. 등림수의 의미는 작위입니다. 그런데 이 사람은 조금 다른 삶을 살았던 것 같습니다. 일명 난봉꾼이죠. 형이 죽고 나서 4일 만에 형의 첩을 범했다고 하니까요. 그런데 종실이 이런 일을 벌였으니 벌을 받고도 남죠. 그래서 이 사건을 덮으려고 어떤 일을 벌였냐면, 이웃에 있는 피혁장이라는 사람을 데려다가 형의 첩이 거처하는 방에 넣고는 강제로 관계를 시켰다는 겁니다. 혹시라도 첩이 임신을 했을까봐 미리 수를 쓴 것이었죠. 이웃 남자가 다 뒤집어쓰게 하면 되니까요. 하지만 이런 악랄한 행태가 숨겨질 리가 없죠. 소문은 조정까지 알려져서 중종이 추국을 하고, 엄청난 벌을 받았다는 그런 이야기가 전해집니다. 딱히 기억할 인물은 아니지만 이 사람의 이야기가 오늘날 전해지는 이유는 '이순신'이라는 이름값을 못해서가 아닐까요? 같은 이름을 가졌지만 부끄러운 삶을 살았던 또 다른 이순신에 대한 이야기였습니다.

이순신 군함이 지켜주는 바다

이렇듯 기록에 의하면 조선 시대에 세 명의 이순신이 나옵니다. 이번 이야기에서 항상 역사의 메인이었던 충무공 이순신 대신 조연인 무의공 이순신을 좀 더 부각시키고 싶었던 것은 역사 속에 존재했던 수많은 조연과 엑스트라를 기억하자는 의미였습니다. 요즘은 정사正史 보다는 야사野史가 더욱 주목받는 시대니까요.

우리 해군에는 두 척의 이순신 함이 있습니다. 물론 충무공과 무의공을 기리는 군함입니다. 임진왜란이라는 최대 국난을 극복한 민족의 영웅과 묵묵하게 그를 보좌하던 장군의 늠름한 모습이 떠오르죠?

구축함 충무공 이순신함.
잠수함 무의공 이순신함.

한반도 바다를 호령했던 두 명의 이순신 장군이 400여 년이 지난 지금도 우리 바다를 지켜주고 있다는 사실에 뿌듯해집니다. 조선의 최고 위기였던 임진왜란. 충무공 이순신 장군 옆에는 항상 든든하게 곁을 지키고 있었던 무의공 이순신 장군이 있었음을 꼭 기억하길 바랍니다. 치열한 전투 속 그 바다엔 두 명의 이순신이 있었습니다.

『난중일기』는 국난을 극복해낸 수군사령관으로서 충무공의 엄격하고도 지적인 진중생활을 쉬운 문장으로 기록하고 있습니다. 특히 그 내용을 요약해보면, 유비무환의 진중생활, 인간 이순신의 적나라한 모습과 생각, 부하를 사랑하고 백성을 아끼는 마음, 부하에 대한 사심 없는 상벌의 원칙, 국정에 대한 솔직한 간언, 군사행동에 있어서의 비밀 엄수, 전투상황의 정확한 기록, 가족·친지·부하장졸·내외 요인들의 내왕 관계, 정치·군사에 관한 서신교환 등이 세세히 수록되어 있어요. 『난중일기』를 보면 이순신 장군은 대범한 전술을 지휘하는 리더십과 함께 기록을 중요시하는 꼼꼼한 성격도 가지고 있었던 것 같습니다.

오늘날 『난중일기』의 가치는 엄청납니다. 그래서 2013년 유네스코 세계기록유산으로 등재되기도 하였죠.

그 가치를 몇 가지 대표적으로 꼽아보자면 첫째, 임진왜란 7년 동안의 상황을 가장 구체적으로 알려주는 일기로서, 전쟁의 전반을 살피는 귀중한 사료로서의 가치와 나라의 위급을 구해낸 영웅의 인간상을 연구할 수 있는 자료라고 할 수 있습니다. 둘째, 생사를 걸고 싸우던 당시의 진중일기陣中日記로서 그 생생함이 더욱 돋보이며, 단순한 전쟁사 이상의 가치가 있습니다. 셋째, 그 당시의 정치·경제·사회·군사 등 여러 부문에 걸친 다양한 측면사와, 특히 수군水軍의 연구에 도움을 줍니다. 넷째, 충무공의 꾸밈없는 충忠·효孝·의義·신信을 보여주는 글이라는 점에서 후세인들에게 큰 귀감이 되고 있습니다. 다섯째, 무인의 글답게 간결하고도 진실성이 넘치는 문장과 함께 그 인품을 짐작케 하는 가식 없이 담백한 필치는 예술품으로서도 뛰어나며, 충무공의 시도 다수 포함되어 있어 문학적 가치가 매우 높습니다.

『난중일기』는 군 사령관이 전장에서 겪은 이야기를 서술한 기록으로서 세계사에서 그 유례를 찾아보기 힘들다고 합니다. 개인의 일기 형식으로 기록되었지만 날마다의 교전 상황이나 이순신 장군의 개인적 생각, 그리고 당시의 날씨나 전장의 지형, 서민들의 생활상까지 상세하게 기록되어 있습니다. 또한 임진왜란에 관한 전쟁 사료 중 육지에서 벌어진 전쟁에 관한 자료들은 상대적으로 풍부한 반면 해전에 관한 자료로는 『난중일기』가 유일하다고 하네요. 이런 관점

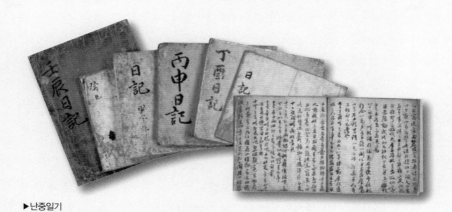

▶난중일기

에서 『난중일기』는 당시의 동아시아 국제 정세와 군사적 갈등을 포함한 세계사 연구에 매우 중요한 자료입니다.

　『난중일기』는 한국뿐만 아니라 여러 근대 유럽 나라들에서 임진왜란 해전을 연구하는 데 매우 폭넓게 활용되어 왔습니다. 예컨대 '세계 최초의 장갑선'이라고 알려진 '거북선'에 관한 기록과 거북선을 이용하는 전술은 전쟁사 연구자들에 주목을 끌었죠. 일본의 도고 헤이하치로東鄕平八郞, 1848~1934 제독은 이순신을 집중적으로 연구하여, 1905년 5월의 러일전쟁 당시 대마도 해전에서 이순신의 전법을 활용해 러시아의 발틱 함대를 물리쳤다고 공언한 바 있습니다. 오늘날 임진왜란 해전을 연구하는 많은 학자들은 임진왜란 시기의 해전사를 연구할 때 『난중일기』를 필수 인용 문헌으로 활용하고 있고요. 『난중일기』는 1962년 국보국보 76호로 지정되었으며 국가기관인 충청남도 아산시 현충사에서 소장 및 관리하고 있습니다.

임진왜란이 키운 왕자, 광해

우리는 역사시간에 광해군을 동생 영창대군을 죽인 형으로, 형 임해군을 죽인 동생으로, 인목대비를 폐서인시킨 왕으로, 그래서 결국 왕위에서 쫓겨난 포악한 인물로 배웠습니다.

하지만 역사학자들의 광해군에 대한 끊임없는 연구를 통해, 또 영화나 다큐, 드라마와 같은 미디어에서 광해군의 새로운 면모를 부각시킴으로써 최근에는 '시대를 잘못 타고 난 비운의 왕'으로 재평가되고 있어요.

일례로 2012년에 개봉한 영화 「광해, 왕이 된 남자」의 흥행은 그동안의 폭군 이미지가 강했던 광해군을 본격적으로 재조명하고 다시 생각하게 하는 계기가 되기도 했죠.

광해군은 왕위에 오르는 과정도 힘들었는데 결국 반정으로 인해 왕위를 내줘야만 했던, 시작과 끝이 그야말로 파란만장했던 왕이었습니다.

저는 2017년에 개봉한 「대립군」이라는 영화를 통해서 광해라는 인물을 만나보

▶영화「대립군」포스터

려고 합니다. 그가 백성들과 함께 임진왜란이라는 국난을 겪으며 어떻게 성장해 갔는지 알고 싶지 않나요? 광해군을 다룬 많은 영화 중에서 특히 이 영화는 광해의 내면적인 고뇌와 주변인들과의 관계, 이후 삶에 대한 관점이 잘 나타나 있는 것 같습니다. 광해를 알려면 이 영화는 꼭 봐야 할 것 같아요. 임진왜란이 광해를 어떻게 왕으로 키웠는지를 잘 알려줍니다.

임진왜란과 분조

광해는 조선 제15대 왕으로 이름은 이혼李琿, 선조의 둘째 아들입니다. 아시다시피 왕위에 오르기까지가 꽤 고달팠던 인물이었죠. 아버지가 적극적으로 밀어주지 않는 왕자였던 겁니다. 선조가 광해군의 세자 책봉을 차일피일 미루고 있던 시기에, 그러니까 광해가 18살 소년에서 어른으로 넘어가는 시기에 임진왜란이 터지고 맙니다.

나라는 극도로 혼란스러워지고 급기야 임금이 도망을 가게 될 처지에 놓였죠.

분조分朝, 반으로 나누어진 조선.

즉 임시 조정을 꾸려야 할 상황에서 선조는 어쩔 수 없이 광해군을 세자로 책봉합니다. 그렇게 조선은 둘로 나뉜 것입니다. 조선왕조실록에서 발췌한 내용을 알려드릴게요.

'애초에 상이 경성을 떠날 때 요사스러운 말이 갖가지로 퍼져 국가가 틀림없이 망할 것이라고 하였으므로 명망 있는 진신들이 모두 자신을 온전하게 할 계책을 품었다. 세자에게 종묘사직을 받들고 분조하도록 명하다. 세자가 영변부로 나아가 머물렀다.'

선조가 피난 간 곳이 대조大朝였고, 남아 있는 광해가 이끈 것이 분조입니다. 즉 떠나지 않고 남아 있는 조선이라고 생각하시면 될 것 같아요.

그런데 생각해보면요, 요즘 나이로 치면 십대 후반으로 고등학생 아닌가요? 한창 질풍노도의 시기죠. 그 어린 나이에 군대를 이끌고 폭풍처럼 몰려드는 적에 맞서 나라를 지켜야 하다니 그야말로 앞이 캄캄했겠죠. 아버지는 도망갔죠. 신하도 별로 없고요. 얼마나 큰 책임감을 느꼈을까요? 「대립군」이라는 영화가 어쩌면 광해의 성장기라는 생각이 들어요. 분조를 이끈 광해군이 대립군을 비롯한 백성들을 만나면서 조금씩 왕이 되어 가는 이야기거든요.

대립군代立軍이라는 용어는 잘 알려져 있지 않았어요. 아마 영화를 보고 알게 되신 분들도 많을 겁니다. 대립군은 '대신해서 싸운다' 즉 나 대신 사람을 세워서 군대에 보내는 거예요. 먹고살기 위해 남의 군역을 대신 치르는 사람들을 말합니다. 목숨이 왔다 갔다 하는 전쟁터에 갈 수도 있는데 그만큼 사는 것이 어려운 사람들이겠죠.

임진왜란이 발발했을 때 조선은 준비가 전혀 되어 있지 않았어요. 그러니 임금이 도망갈 수밖에요. 이걸 파천播遷이라고 하는데, 임금이 위기가 닥쳐오니까 백성을 버리고 피신을 가버린 거죠. 그동안 별로 예뻐해주지도 않았던 아들에게 한양을 맡으라며 무책임하게 떠넘기고요. 사실 일국의 왕이라면 주변에서 안위를 보호해야 하는 것이 맞는데 선조는 일본군이 쳐들어오기도 전에 본인 살겠다고 피난을 너무 빨리 가버린 것이 문제였다고 합니다. 백성들을 위한 대비책도 없이 말이죠. 광해군은 그런 아버지를 보면서 왕의 역할과 백성들을 향한 마음을 더 느끼지 않았을까요? 게다가 도망가면서 광해에게 분조의 인원을 달랑 10명 남겼다고 하네요. 한양에 남은 조정 인원 10명이요. 어찌 보면 전쟁터에서 광해가 죽어도 상관없다는 것 아닌가요? 애지중지 아꼈던 아들이라면 그렇게 하지 않았을 것 같습니다.

그런데 이런 선조의 파천을 신하들이 전부 찬성했을까요? 선조실록을 보면요, 충주에서 신립 장군의 패전 보고가 이르자 비로소 파천에 대한 논의가 이루어졌다고 해요. 대신 이하 모두가 눈물을 흘리면서 부당함을 극언*했다고 나와 있습니다. 한양을 고수하고 외부의 원군을 기다려야 한다고 직언한 것이죠. 왜 아니겠어요. 종묘사직이 있는 곳을 버리고 달아난다는 건 성리학의 나라에서 있을 수 없는 일이잖아요? 그런데 영의정 이산해가 예전에도 피난한 사례가 있다며 파천을 찬성했습니다. 그래서 신하들의 반대를 무릅쓰고 결국 파천을 하게 된 것이라고 합니다. '수십 명이 가마를 두드리고 통곡하였다'라는 표현도 나오는데 왕은 듣지 않았습니다.

이제 다시 10명의 신하가 있는 분조를 이끌게 된 광해에 대한 이야기를 해볼게요. "아바마마, 저도 같이 데려가 주시옵소서" 해도 모자랄 나이에 전쟁터를 이끌게 된 왕자. 너무도 두려웠을 겁니다. 그런 혼란스러움을 영화에서도 잘 표현했어요. 처음에는 광해군도 많이 당황했겠지만 결국 잘 추스르고 전시에 대비합니

* 극언: 있는 힘을 다해서 간하여 말함. 또는 그런 말

275

▶선조의 몽진 지도

다. 일본군에 비해 조선의 병력이 너무 아쉬웠기 때문에 의병을 모집하는 격문을 붙였는데 실제로 당시 광해군의 격문을 보고 의병들이 구름떼처럼 몰려왔다고 합니다.

여러분들이 임진왜란 당시의 백성이라고 상상을 해봅시다. 갑자기 전쟁이 나고 왕도 없고 왕세자도 없고 백성들만 남고, 우리만 죽으라는 건가? 조정에 대한 불신과 어찌할 바 몰라 우왕좌왕하던 백성들 앞에 어디선가 왕자가 나타납니다. 그리고 함께 싸우자고 합니다. 왠지 없던 애국심도 갑자기 생길 것 같죠? 이렇게 어린 왕도 나서서 우리와 함께 싸운다는데 나도 여기서 죽더라도 싸우자 이런 마음이 생기겠죠. 이래서 국가 비상사태에는 카리스마 있게 이끌어줄 인물이 반드시 필요합니다.

그렇다면 파천을 했던 선조는 좀 편했을까요? 그렇지도 않았다고 해요. 선조도 아주 궁핍하게 파천을 했답니다. 왕과 왕비의 반찬 정도가 겨우 준비될 뿐 왕자나 신하들은 반찬 구경조차 할 수 없었죠. 실제로 흙탕물에 있는 더러운 사탕도 물에 씻어서 먹을 정도로 선조의 피난길도 녹록하지 않았다고 합니다.

대립군은 누구를 위해서 싸웠을까?

「대립군」이라는 영화는 사실 광해가 주인공이라기보다는 대립군이 주인공이잖아요? 역사 영화를 많이 보면 역사 공부할 때 더 의욕이 나는데요, 저는 「대립군」을 보면서 특히 많은 것을 느낄 수 있었습니다

앞서 말했지만 대립군들은 남의 군역을 대신 치르는 사람들이었습니다. 군역이란 전쟁터에 나가 싸우는 것인데 여차하면 목숨을 잃을 수도 있었죠. 그들은 어떻게 그렇게 쉽게 전쟁터로 가겠다고 할 수 있었을까요? 결국 돈 때문이었죠. 역사적인 배경을 얘기해보면요. 조선 초기에는 전쟁이 거의 없었어요. 국경 근처에서만 시비가 붙고 큰 전쟁은 없었거든요. 당시 백성들은 전세^{토지세}, 공납^{특산물}, 역^{노동력}이라는 세 가지 세금을 내야 했는데 그중에 역이란 군역의 의무와 요역의 의무입니다. 그런데 너무 평화로운 시절이었으니 군역의 의무를 따로 할 필요가 없었죠. 그래서 군역의 요역화가 되었다고 해요.

즉 군역으로 불려온 사람들이 저수지 만들고, 건물 짓고, 삽질만 했다는 거죠. 어찌 보면 막노동이다 보니 사람들이 힘들었던 겁니다. 그래서 군역 기피 현상이 일어납니다. 돈을 주고 군역을 가지 않으려는 거예요. 이것을 방군수포제^{放軍收布制}라고 하는데요, 농민이 국가에 군포를 납부하고 군역을 면제받는 제도입니다. 이때 다른 사람을 돈을 주고 사서 군역의 의무를 지라고 보내는 대립이 암암리에 일반화된 것이죠. 그게 바로 대립이고, 그런 사람들이 모여 대립군이 된 것입니다. 그런데 안타까운 것이 영화에서도 나오는데요, 이 사람들은 남의 이름으로 온 사람들이잖아요? 생계를 위해 대립군을 하다 보니 나라를 위해 싸우다 죽어도 자기 이름으로 죽은 게 아닌 겁니다. 허깨비인 거죠. 그래서 영화에 "죽어도

죽은 게 아니다"라는 대사가 나옵니다. 오히려 막일을 시키고 대우가 더 안 좋았다는 이야기도 있어요.

『조선왕조실록』에 대립군의 폐단에 대해 이렇게 쓰여 있습니다. 좌부승지 송순이 건의한 것입니다.

> "좌부승지 송순이 아뢰기를 요즘 군사를 대립*하는 폐단이 날이 갈수록 심해져 끝이 없습니다. (중략) 사헌부가 아뢰기를 신들이 보건대 거둥 때에 노부*의 군사가 죄다 굶주린 백성이라 보는 사람마다 해괴하게 여기며 보졸*만 그러할 뿐 아니라 취재*한 군사도 대립하였으니 뜻밖의 일이 있으면 굶주린 오합지졸이라 하나도 쓸데가 없을 것이고 또 반드시 흩어져 달아날 것입니다. 해조*의 당상, 낭청을 추고하고 일체 대립을 허가하지 않도록 하여 군정을 엄중하게 하소서"

• 취재: 재주를 시험하여
사람을 뽑음

해석하자면 전쟁에 참가한 군인들이 뭔가 꾀죄죄하고 굶주림에 지쳐 이상하다는 겁니다. 여기저기서 대립이 횡행하다보니 사는 것이 막막한 천민들이 와서 대립군이 되었다는 것이죠. 그런 대립군이 실제로 전쟁에서 열심히 싸웠을까요? 아마 의욕도 없고 그저 형식적으로 머릿수를 채우는 데 급급했을 겁니다. 실제로 왜란 당시에는 군인들이 너무 없었다고 해요. 사람들이 다 도망가버린 것이죠. 왕도 도망갔는데요 뭐. 그래서 한 명의 병사라도 더 모집하려고 노비가 전쟁에 나가면 면천을 해준다고도 했어요.

영화 제목이 왜 대립군일까 생각해봤는데요. 선조 대신에 전쟁터에 남아야 했던 광해군과 원래 군역으로 있어야 할 사람 대신 와 있는 대립군의 처지가 비슷해서 그런 것이 아니었나 하는 생각을 해 봤습니다. 광해군도 당시 상황이 딱 '대립군'이었던 거죠.

▶영화「대립군」의 한 장면

광해군의 리더십

이제 임진왜란 이야기를 간단하게 해보겠습니다. 일본군이 한양에 도착한 것은 전쟁 발발 4일 후였습니다. 부산진 동래성도 4시간 만에 함락되었고요. 처음에 우리가 밀린 이유는 이렇게 빨리 도착할 것을 전혀 예상하지 못했고, 워낙 수적으로도 상대가 되지 않을뿐더러 처음 보는 신식 무기 조총 때문이었다고 해요. 총과 화약이 빵빵 터지는데 얼마나 겁이 나고 놀랐겠어요? 그래도 조총이라는 것이 전쟁터에서 사용하기에는 번거롭고 심지 태우는 데도 시간이 많이 걸리는데다가 명중률도 높지 않아서 사실 주력으로 싸웠던 건 결국 화살이나 육탄전이었다고 합니다.

무기 면으로 한번 얘기해본다면 조총하고 우리의 각궁이 싸운 건데 초반에는 총이었을지 모르나 나중에는 우리가 훨씬 유리했겠죠? 주몽의 후예잖아요. 지금도 우리나라의 양궁 실력이 세계 최고인 것만 봐도 알 수 있어요. 그리고 우리도 비격진천뢰*나 신기전* 같은 신무기를 개발해서 왜군에게 당당하게 맞섰답니다.

당시 우리 군대의 문제점이 무엇인가 하면 군사 지휘 체제가 제승방략체제制勝方略體制였다는 것이에요. 원래는 진관체제鎭管體制였는데 이것은 각 지역에 진관을 설치해서 독자적으로 방어하는 체계예요. 진관체제가 작은 전투에서는 유리하지만

귀신 폭탄 비격진천뢰

표면은 무쇠로 둥근 박처럼 생겼고 두에쇠, 목곡, 철구, 대나무통으로 구성되어 있다. 내부는 화약과 빙철(憑鐵) 등을 장전하게 되어 있으며, 완구(碗口)에 의하여 목표물에 발사하는 인마살상용 폭탄의 일종이다. 일본군이 귀신 폭탄이라 부르며 제일 무서워하는 무기였다.

신기전

고려 말 최무선이 제조한 로켓형 화기 주화(走火)를 개량한 것이다. 대신기전(大神機箭)·산화신기전(散火神機箭)·중신기전(中神機箭)·소신기전(小神機箭) 등 여러 종류가 있다. 여러 화살 안에 독을 묻혀서 긴 화살을 화약과 함께 터뜨리는 것인데 밑에 있는 화차를 접목해서 움직여가면서 쓸 수 있다.

279

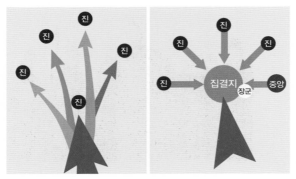

▶ 진관체제(좌)와 제승방략체제(우)

큰 전투에서는 문제점이 많아서 한 곳에 군사를 집결시키고 한 사람의 장군이 지휘하게 하는 제승방략체제로 바꾼 것입니다.

그런데 임진왜란은 빠르게 진행되었잖아요? 어찌어찌해서 군인들을 어렵게 모았는데 지휘관이 안 오는 겁니다. 한양에서 장수가 내려오길 하염없이 기다리는 것이죠. 그렇게 기다리다 되레 당한 적도 있다고 하네요. 지휘관 기다리다가 도망가는 병사들도 있고요. 이렇듯 제승방략체제는 문제가 많았습니다.

선조가 도망가고 홀로 남은 광해도 얼마 지나지 않아 한양을 떠나게 됩니다. 영화 「대립군」에서는 강원도로 가서 전열을 정비하고 의병을 모으는 모습이 나오죠. 광해는 하늘 아래 누구도 의지할 수 없었던 절체절명의 국난을 겪으면서 어떤 생각을 했을까요? 그나마 자신을 믿고 따르는 의병들과 백성들이 고맙지 않았을까요? 홀로 남아 분조를 이끌었던 광해군을 보면서 백성들도 큰 기대와 희망을 품게 되었다고 합니다. 나라가 없어질지도 모르는 판국에 그래도 왕자라도 백성의 곁을 지키고 있었으니까요. 처음엔 반신반의했지만 시간이 지나면서 어린 리더를 따르기 시작했겠지요.

그리고 군사 체계도 제승방략체제에서 진관체제를 복구한 속오군체제로 바꿉

▶광해군의 독려에 의해 조선 각지
에서 의병 활동이 활발하였다.

니다. 각 지역마다 지휘관을 뽑고, 알아서 지역을 방어하는 것이 당시 상황에 맞는 전략이었습니다. 속오군은 양반부터 노비까지 전 계층으로 구성되어 농한기를 이용해 훈련을 받았습니다. 노비 등의 천민도 속오군 체제에 편입되었다는 것은 이들의 사회적 지위가 전보다 상승되었음을 뜻하는 것이기도 합니다. 하지만 시간이 흐르면서 양반들이 노비와 함께 속오군에 편제되는 것을 회피하게 되는 문제가 나타났죠.

얼마 후 전국 각지에서 의병들이 올라오게 됩니다. 당시 전세를 뒤집을 수 있었던 건 바로 수군과 의병의 활약 덕분이었죠. 붉은 옷에 흰말을 타고 기세를 올렸던 홍의장군 곽재우 잘 아시죠? 원래 군역 의무가 없는 이들이 나라를 위해 싸우겠다고 몰려듭니다. 이렇듯 육지에서는 의병들이, 바다에서는 이순신 장군의 활약으로 일본군의 보급로는 완전히 차단당합니다.

조선 백성들에게 엄청난 시련을 주고 끝난 임진왜란은 결국 왕세자 광해를 진정한 왕으로 만들어주었습니다. 광해군에 대한 평가는 아직도 '폭군이었다, 성군이었다'로 나뉘는데요. 왕이 된 후의 평가가 어떻든 임진왜란 속 컨트롤타워 역할을 훌륭하게 해낸 것만으로도 좋은 평가를 해야 한다고 생각합니다. 리더십 부분은 인정해야 한다는 것이지요.

▶광해군 분조+백성+정규군의 네트
워크를 보여주는 그림

　전쟁을 치르며 혼란의 시대를 극복한 광해의 리더십은 여섯 가지로 살펴볼 수 있습니다.

　첫째, 광해군 분조가 백성들의 삶을 이해하고 함께 슬퍼했다는 점입니다.

　둘째, 광해군의 독려에 의해서 전국 각지의 의병들이 모였다는 것입니다. 광해 군의 분조와 백성들, 정규군 네트워크를 통해 국방력이 강화되었습니다.

　셋째, 나라를 이끄는 지도자로서 도망가지 않고, 잡히지 않고, 끝까지 대항해 서 컨트롤타워 역할을 했다는 점입니다.

　넷째, 유능한 조선 장수들이 광해군에 대한 신뢰가 강했다고 합니다. 왜냐하면 광해군도 같이 싸웠기 때문입니다. 광해군의 분조 행렬을 기록한 피란행록에는 세자의 신분에도 불구하고 길거리에서 백성들과 함께 비를 맞고 밤을 지새 가면서 전쟁의 위기를 돌파하는 광해의 모습이 기록되어 있다고 해요. 왕이 함께 싸운다는 것은 엄청난 상징성을 가지고 있습니다. 전쟁에서 직접 싸우는 사람들 은 천민, 농민 등 낮은 계층이었습니다. 이때 왕세자가, 분조의 왕이 함께 싸웠다 는 건 커다란 임팩트를 줍니다.

다섯째, 유성룡을 중심으로 전투 지역에 대한 빠른 지원이 있었습니다. 이를 통해 전투 지형에 대한 발 빠른 계획을 세울 수 있었죠.

영화 「대립군」에 대한 마지막 단상은 리더십의 부재가 커다란 재앙을 초래할 수 있다는 것입니다. 2014년 세월호 참사에서 몸소 느꼈고, 그 분노는 2016년 촛불집회 때 나타났죠. 영화에서 민초들은 말합니다. 전쟁이 일어나나 평화로우나 우리의 삶은 항상 힘들다고요. 진정한 영웅, 진정한 리더십이란 가장 낮은 백성들 편에서 그들을 이해하는 모습이어야 한다고 생각합니다. 민초들과 함께 국난을 헤쳐나간 광해군도 그것을 느끼고 성장했겠지요. 오늘날 우리의 리더들도 보고 느꼈으면 좋겠습니다.

왕이 된 광해

광해는 임진왜란이 끝나고도 불안한 왕세자 생활을 하다가 33살이 되어서야 왕위에 오릅니다. 어렵게 온 자리이니만큼 얼마나 불안했을까요? 전쟁으로 폐허가 된 궁궐을 재조성하고 백성들을 위해 대동법*을 실시하는 등 나름 성군이 되고자 했던 광해도 결국 왕위를 불안하게 만드는 세력은 가차 없이 제거하게 됩니다.

그것이 두고두고 광해군을 폭군으로 만든 오점이 되지요. 동생 영창대군을 잔인하게 증살*하고 어머니인 인목대비를 유폐*시켰다는 것을 빌미로 인조반정이 일어납니다. 후금과 명나라 사이에서 중립 외교를 펼친 것 때문에 정쟁에서 희생당한 것으로 보기도 하죠.

형제들을 죽인 태종이나 조카를 죽인 세조도 왕위를 유지했는데 너무 과한 것 아니냐는 의견도 있는데요, 조선 초기보다는 치열한 당파 싸움이 일어났던 때인지라 정치적인 갈등 속에서 붕당明黨의 희생양이 된 것은 안타깝습니다.

• 대동법: 여러 가지 공물(貢物)을 쌀로 통일하여 바치게 한 납세 제도
• 증살: 뜨거운 증기로 쩌서 죽임
• 유폐: 아주 깊숙이 가두어 둠

▶영화 「광해」 포스터

광해군은 폐위 후 폐비 유씨, 그리고 폐 세자와 폐 세자빈과 함께 강화도에 위리안치*되고, 울타리에 갇혀 살기 시작한 지 두 달 후에 폐 세자와 폐 세자빈은 자살하고 말아요. 당시 20대 중반이던 폐 세자와 폐 세자빈은 울타리가 쳐진 담 밑으로 빠져나가려다 잡혔는데 그의 손에서는 은덩이와 쌀밥 그리고 황해 감사에게로 가는 편지가 발견되었다고 해요. 이는 광해군이 추종 세력들과 모의해서 반정 세력들을 다시 축출하려는 음모로 간주되었고 이에 죽음이 닥쳐옴을 느낀 폐 세자 부부 스스로가 목숨을 끊었던 거죠.

이렇게 장성한 아들과 며느리를 잃은 1년 반쯤 뒤에 광해군은 부인 유씨와도 사별을 하게 됩니다. 그녀의 죽음은 유배생활에서 얻은 화병이 원인이었어요.

아들과 며느리 그리고 아내를 차례로 잃은 광해군 자신도 18년의 유배생활 중 몇 번이나 죽음의 고비를 넘겼죠. 광해군에 의해 잔인하게 아들을 잃었던 인목대비가 끝까지 그를 죽이려고 혈안이 되어 있었고, 인조의 추종 세력 역시 항상 왕권을 위협한다는 이유로 광해군을 죽이려는 시도를 그치지 않았어요.

병자호란 이후엔 멀리 제주도로 보내졌는데, 이러한 가운데 목숨을 부지했다는 것이 오히려 기이하다고 할 정도이지만 광해군의 제주도 유배생활은 더없이 초연했던 것으로 알려져 있습니다. 자신을 감시하며 끌고 다니는 별장이 상방을 차지하고 자신은 아랫방에 거처케 하는 모욕을 당하면서도 의연한 자세를 유지했고, 심부름하는 나인이 영감이라고 호칭하며 멸시를 해도 전혀 이에 분개하지 않고 말 한마디 없이 그 굴욕을 참고 지냈다고 합니다. 모든 것에 해탈했다고 해야 할까요.

결국 광해군은 1641년 7월 1일 제주도 유배지에서 생을 마감합니다. 그의 부음을 듣고 제주목사 이시방이 들어갔을 때는 계집종 혼자 염을 하고 있었다고 해요. 정말 쓸쓸한 최후가 아닐 수 없습니다.

광해군은 인목대비를 유폐시키고 자신의 이복동생인 영창대군을 사사한 점 때문에 한때 패륜을 저지른 왕으로, 폭군으로 인식되기도 했습니다. 광해군이 이러한 비판을 받는 왕이었다면 과연 그의 아버지 선조는 어땠을까요?

선조는 애초 방계출신으로 원래 왕이 될 사람이 아니었습니다. 선조 이전의 명종은 문정왕후와 윤원형 일파가 득세한 상황에서 허수아비나 마찬가지였습니다. 게다가 명종의 세자는 어린 나이에 죽고 명종 또한 일찍 죽게 됩니다. 이로써 후사를 이을 사람이 없어 당시 조선에서 유래 없는 방계출신에서 왕위에 오르게 되니 그게 선조입니다.

그러한 출신적인 콤플렉스를 딛고도 선조는 즉위 초에 퇴계 이황 등 뛰어난 선비들을 복귀시키고, 유성룡이 그 뒤를 받치도록 했으며 문정왕후의 측근인 윤원형 등의 간신들을 쫓아낸 것을 보면 권력 안정화에 있어서는 유능한 인물이라는 평가도 있습니다. 본인의 능력보다는 용인술에 뛰어났다고 봐야 할까요?

하지만 임진왜란이 발발하자 선조는 일단 의주로 백성들을 버리고 피난을 가면서 무능력한 왕으로 찍히게 되죠. 그중에서도 선조의 무능력함이 가장 정점을 찍었던 부분은 자신의 아들 광해군을 질투하며 끊임없이 괴롭혔다는 것입니다.

> "저의 무상無狀함과 국사의 망극함을 전후 계사啓辭에서 이미 다 말씀드렸으므로 다시 성상을 번거롭게 하지는 않겠습니다. 생각하건대 선위의 명을 받은 이후로 밤낮없이 걱정이 되어서 음식이 목에 넘어가지 않은 지가 이미 반순半旬이 되어……"
>
> —『조선왕조실록』 선조 26년(1593)

임진왜란에서 이순신, 권율, 광해군이 활약하자 자신의 입지가 불안해졌다고 느낀 선조는 시시때때로 선위(禪位) 파동을 일으켜 광해군이 전쟁터에서 뛰어와 석고대죄를 하도록 하였습니다. 전쟁의 그 바쁜 와중에 선위할 마음도 없으면서 소모적인 선위파동을 임진왜란 7년 동안

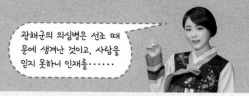

광해군의 의심병은 선조 때문에 생겨난 것이고, 사랑을 믿지 못하니 인재를……

무려 15번이나 일으키게 됩니다.

당시 광해군도 아버지의 미움 받는 걸 노골적으로 느끼며 얼마나 스트레스를 받았을까요?

이뿐만이 아닙니다. 선조는 광해군이 명나라의 책봉을 받지 못했으니 세자가 아니라는 논리로 광해군을 압박하며 인목왕후가 낳은 아들을 영창대군이라 불러 광해군의 즉위에 불안감을 조성했습니다. 그 때문에 광해군은 실제로 형인 임해군과 이복동생인 영창대군을 죽이게까지 되죠. 이처럼 어렵게 지켜낸 왕위였기 때문에 남들을 쉽게 믿지 못하는 의심병이 더욱 커졌다고 합니다. 항상 본인의 왕위가 불안한 것이죠. 그래서 아주 사소한 역모 고발에도 화를 내게 되고, 이를 이용한 거짓 역모 고발도 생겨나게 됩니다. 그러다 결국 광해군은 국가의 정사를 점술에 의지하는 모습을 보이기도 합니다.

"술관 이의신李懿信이 상소하여 도성의 왕기王氣가 이미 쇠하였으므로 도성을 교하현交河縣에 세워 순행巡幸을 대비해야 한다고 말하니 왕이 예조에 내려 의논토록 하였다."
—『조선왕조실록』 광해군 4년(1612)

이러한 의심병은 선조 때문에 생겨난 것이고, 사람을 믿지 못하니 인재를 적재적소에 쓰지도 못해서 인조반정이 일어나고 광해군은 결국 왕위에서 내려갈 수밖에 없었습니다.

임진왜란 때 백성들과 함께 싸우며 나라를 지켰고 왕으로서의 리더십과 자질을 가졌지만 너무 힘들게 왕위에 올랐기에 주변사람들을 잘 이용하지 못했던 광해군의 용인술은 다소 아쉽다 할 수 있겠습니다.

남성과 여성을 한 몸에 간직한
사방지, 임성구지

하나의 몸 안에 남자의 성과 여자의 성이 둘 다 존재하는 양성인에 대해 들어보셨나요?

2009년 세계육상선수권대회에서 금메달을 딴 남아프리카공화국의 세메냐 선수가 성별 논란에 휩싸이면서 화제가 되었습니다. 검사 결과 그녀는 정말 양성인으로 판명이 났죠. 남자도 아니고 그렇다고 여자도 아닌 사람들. 신기하지만 아주 희박한 확률로 그런 양성인들이 존재합니다. 루브르 박물관에는 양성인을 조각한 작품이 전시되어 있는데 고대 그리스 로마 시대에는 양성인을 남녀의 신체를 모두 가진 사람으로, 완벽한 인간이라고 칭했다고 합니다. 양성인을 신적인 존재라고 생각한 거죠. 우리나라도 조선왕조실록에 남녀의 성기를 모두 가진 양성인이 존재했다는 기록이 있습니다. 신기하죠? 세조 때의 사방지와 명종 때의 임성구지입니다. 그 두 사람이 어떤 삶을 살았는지 살펴보겠습니다.

진성반음양
(true hermaphroditism, 眞性反陰陽)
정소와 난소를 둘 다 지니고 있는 선천성 이상을 말한다.

가성반음양
(pseudohermaphroditism, 仮性半陰陽)
정소를 가지면서 외부 생식기가 여성형이면 남성가성반음양, 난소를 지니면서 외부 생식기가 남성형이면 여성가성반음양이라고 한다.

반음양인 사방지 스캔들

선천적으로 남녀의 생식기를 모두 가진 사람을 양성구유자兩性具有者 또는 반음양半陰陽

▶루브르 박물관에 있는 양성인 조각상
고대에는 양성인을 이상적인 인간이라고 생각했다.

陰陽이라고 하는데 우리말로는 남녀추니, 어지자지라고도 부릅니다. 의학적인 용어는 허머프로다이트Hermaphrodite이며, 이는 그리스 신화에 등장하는 남성의 상징인 헤르메스와 여성의 상징인 아프로디테를 결합시킨 말입니다. 고대 국가에서 생각했던 이상적인 인간의 의미를 내포하고 있음을 알 수 있습니다.

현대 의학에서는 이러한 현상이 유전적인 질환일 가능성이 높은 것으로 보고 있는데, 역사적으로는 이미 오래 전부터 이러한 양성인들이 존재해왔습니다. 이들은 당연히 일반 사람들과 쉽게 어울리지 못했겠죠. 때로는 괴물로 취급받을 수 있으니 자신의 모습을 숨겨야 했고, 정체성의 혼란도 있었을 겁니다.

그럼 조선시대 세상을 떠들썩하게 했던 사방지 이야기부터 시작해보겠습니다. 1988년에는 배우 이혜영 씨가 주연을 맡은 영화 「사방지」로도 그려졌죠.

사방지는 어릴 때는 여자아이로 길러졌습니다. 부모님을 일찍 여의고 고모 집에서 자랐는데, 고모부가 계유정난 때 처형당하면서 노비가 되었죠. 하지만 여느 양성인처럼 처음에는 도드라지지 않던 남성 생식기가 발달하면서 사방지는 여성이면서 동시에 남성인 몸이 되고 맙니다. 결혼은커녕 세상을 제대로 살 수 없다 생각하여 절로 들어가죠.

사방지는 미모가 뛰어나고 바느질을 잘 했다는데요, 어느 날 같은 방을 쓰던 중년 여성과 처녀에게 남자 생식기를 가지고 있는 자신의 몸을 들키고 맙니다. 조선시대에는 남성의 성기를 양도陽道라고 불렀습니다. 이들은 사방지의 양도를 보고 깜짝 놀랐지만 결국 매료되어 성관계를 맺었다고 하는군요. 이어서 사찰의 비구니도 사방지의 정체를 알게 된 후 정을 통했다고 합니다. 심지어 그 비구니는 파계를 하고 사방지와 함께 살게 되죠. 그렇게 사방지의 이야기가 소문의 꼬리를 물게 되고 이야기가 퍼져 가면서 나중에는 유명인사가 되어버립니다.

그러다가 세조의 귀에까지 들어가는 사건이 일어나게 되는데요. 김구석의 처이자 우의정 이순지의 딸인 이 씨는 남편이 죽은 후 수절하면서 사는 과부였습니다. 그런데 바느질 실력이 좋은 사방지가 그 집일을 하게 되었죠. 사방지는 겉으로는 여성의 몸을 하고 있지만 속으로는 남성의 몸이라 몰래 성적인 해소를 풀어내고 싶은 사람들에게는 더할 나위 없이 좋은 기회였습니다. 사방지의 신체적 비밀을 알게 된 여종들이 돌아가면서 관계를 맺게 되고 이 소문은 이씨 부인의 귀에도 전해집니다.

수절을 하고 있는 과부가 정부를 들이는 건 상상도 할 수 없을 때였죠. 그러니 이씨 부인의 선택은 사방지였습니다. 부인이 사방지를 애인처럼 끼고 살자 이제는 여종들이 심술이 났습니다. 그래서 이씨 부인과 사방지의 관계를 사헌부에 폭로하기에 이릅니다.

세조는 이 괴이하고 요상한 일을 보고 받고 조사를 명합니다. 그런데 정말로 사방지라는 여종의 몸을 살펴보니 겉모습은 영락없는 여성이었던 것이죠. 봉긋한 가슴과 피부, 자태까지 누가 봐도 아리따운 여성인데, 속으로는 음경과 음낭을 지닌 것입니다. 차이가 있다면 요도구가 귀두 아래에 붙어 있는 것이 조금 다른 정도였다는군요.

조사를 마친 승지는 이렇게 아룁니다.

"이것은 이의=個.양성의 사람인데, 남자의 형상이 더욱 많습니다."

그곳에 모인 사람들 얼굴이 상상이 가죠? 생전 처음 보는 희귀한 상황에 경악을 하지 않았을까요? 게다가 기록에 의하면 사방지의 양도 크기가 무척 장대하다고 묘사되어 있습니다.

이씨 부인은 무려 10년 동안이나 사방지를 옆에 두고 관계를 맺어 왔습니다. 턱수염도 하나 없는 사방지의 모습을 누가 의심이나 했겠습니까. 수절 과부의 간통 사건은 조정을 발칵 뒤집어 놓습니다. 이들에게 엄벌을 내려야 한다는 신하들의 주장에도 불구하고 세조는 사방지를 어지자지라는 특이한 사람, 즉 병자로 결론을 내립니다.

조선 전기 서거정의 수필집 『필원잡기＊筆苑雜記』에도 사방지에 대한 내용이 기록되어 있는데 양성인에 대한 좋지 않은 시각을 왕에게 아뢰었지만 세조가 억지로 밝히지 말라고 했다는 이야기도 전해집니다.

필원잡기

조선 성종 때의 문신·학자인 서거정(徐居正)이 역사에 누락된 사실과 조야(朝野)의 한담(閑譚)을 소재로 서술한 한문 수필집이다.

그런데 여기에는 정치적인 문제가 얽혀 있다고도 합니다. 이씨 부인의 아버지 이순지는 세조가 아끼던 공신이었고, 사돈이 정인지였던 겁니다. 정인지는 세조의 왕위 찬탈을 도와 영의정까지 지낸 인물입니다. 그러니 세조로선 굳이 일을 크게 벌일 필요가 없었던 것이죠. 그래서 집안일로 처리하는 선에서 해결하고자 했던 것입니다.

하지만 이씨 부인은 사방지와의 관계를 끊지 못했습니다. 심지어 본인이 더 찾아다녔죠. 아버지 이순지가 죽은 후에는 아예 다시 집으로 데리고 왔습니다. 신숙주와 한명회 등 신하들은 사방지를 처형해야 한다고 주장했고, 결국 세조는 사방지를 공노비로 보내면서 사건을 마무리했습니다. 세조의 생각은 사방지가 평범한 인간이 아니라고 여겼던 것 같습니다. 따라서 인륜의 법을 적용할 필요가 없다고 본 것이죠.

이씨 부인 본인은 살아가는 동안 사방지가 그리웠을지 모르나 이 사건으로 인해 자손들은 잘 풀리지 못했습니다. 아들 김유악은 평생을 정계에서 대접 받지 못했고, 연산군 때는 손자 역시 부마 선택에서 제외되었다고 해요. 사방지가 한 집안에 준 피해가 상당히 컸던 것 같습니다.

장가도 가고 시집도 갔던 임성구지

그런데 사방지와 달리 심지어 혼인까지 했던 사람이 있습니다. 바로 명종 때 인물인 임성구지예요. 함경도 길주에 살던 임성구지가 반음양인으로 밝혀졌는데, 이 사람은 희한하게 장가도 가고, 시집도 갔던 케이스였던 겁니다.

「명종실록」을 보면, 함경감사가 혼자 해결하기가 어려운 일을 조정에 아뢰는 대목이 나옵니다.

"길주 사람 임성구지^{林性仇之}는 음양이 모두 갖추어져 지아비에게 시집도 가고 아내에게 장가도 들었으니 매우 해괴합니다."

신하들은 난리가 났겠죠. 당장 처형할 것을 왕께 아뢰었습니다. 그러나 명종은 사방지에게 처해졌던 기록을 살핀 후 임성구지도 유배를 보내는 것으로 마무리합니다.

임성구지도 사방지와 마찬가지로 어릴 때부터 생식기 구조가 평범한 사람과 달랐지만 여자아이로 자랍니다. 그러다 나이가 차고 때가 되어 시집을 가게 되었는데 첫날밤 남편에게 성기를 들키고 만 것이죠. 새색시의 몸에 남자의 성기가 있다니 남편이 혼비백산 달아난 것이 무리는 아닌 것 같네요. 시댁에서 쫓겨난 임성구지는 갈 곳 없이 떠돌면서 남장을 하고 살아갑니다. 남자 행세를 하면서 이번에는 아내를 맞이하지만 결국 양성인이라는 것이 또 탄로가 나고 결국 관청에까지 끌려옵니다.

사회를 문란하게 한 죄를 물어 사방에서 들고 일어났지만 명종은 세조와 마찬가지로 죽이지는 않고 대신 사람들과 섞여 살지 못하도록 외진 곳으로 보내버립니다. 유교를 중시했던 보수적인 조선시대였지만 꽤나 현명하고 개방적인 처사가 아니었나 싶습니다.

실록에 의하면 동성애나 양성인 이야기는 많이 등장하지는 않는다고 해요. 성리학의 나라였으니 당연한 것이겠죠. 사방지와 임성구지 외에도 몇 개의 사례만 남아 있다고 합니다.

> "의주에 사는 김성비란 자는 남자인데, 여자 옷을 입고 인가를 출입하며
> 음란을 자행했습니다. 그래서 그를 잡아다가 조사했더니 남자도 아니고
> 여자도 아니었습니다. 음양이 함께 갖추어져 있으니 진실로 요괴스런 물
> 건입니다."
>
> ─「명종실록 8년」

"복동이라는 자는 요사스러운 무당인데 본래 음양을 모두 갖춘 사람으로서, 때로는 무당이 되기도 하고 때로는 박수가 되기도 했다. 저주를 잘 다룬다고 자칭하면서 여염집에 드나들며 속임수로 사람을 현혹했다."

　　　　　　　　　　　　　　　　　　　　　　　　　　　　　ー「광해군일기 10년」

성소수자에 대한 새로운 인식, 제3의 성

유교 문화였던 조선시대는 양성인에 대한 자료가 별로 없다고 해도 현대에는 의학계를 중심으로 그런 사례가 종종 보고되고 있습니다. 난소와 고환을 모두 가진 경우라든지, 출생 당시 남자아이로 태어났지만 사춘기에 여성의 2차 성징이 나타난다든지, 겉은 남자이지만 임신 가능한 자궁이 있는 남성도 있다고 하네요.

　옛날에도 그리고 현대에 이르기까지 양성인으로서의 삶은 결코 쉽지 않았을 것 같습니다. 자기 의지와는 관계 없이 성적인 장애를 지니고 태어난 것으로, 어느 누구도 원했던 삶은 아니었을 테니까요.

　그래도 여전히 이들은 우리 사회에서 괴물 또는 이상한 사람으로 인식되고 있습니다. 하지만 유전적인 요인으로 태어난 양성인을 그러한 시각으로 바라보아서는 안 된다고 생각해요. 그들을 위한 사회적인 인식도 바뀌어야 하고, 지속적인 연구도 이루어져야 할 것입니다. 게이나 레즈비언과는 또 다른 이야기인 것이죠.

　사실 제가 양성인에 대한 이야기를 유튜브에 올리면서 그들을 바라보는 우리의 태도에 대해 당부한 내용이 있습니다. 그들의 상황이 그저 재미있고 자극적인 이야깃거리가 아니라 한 사람의 인생으로 이해하고 받아들이는 것이 중요하다고, 그들이 그렇게 태어난 것은 후천적 선택이 아니라는 말을 했습니다.

그리고 어느 날 실제 양성인이라는 분에게서 장문의 메일을 받았어요. 그분은 원래 남자였는데 군대를 다녀온 뒤 얼마 지나지 않아 첫 월경이 시작되었고 가슴도 부풀어 오르기 시작했다고 합니다. 호르몬의 이상으로 남자의 몸에서 여자의 2차 성징이 나타나기 시작한 거죠. 검사 결과 몸 안에 자궁이 존재하고 있었고 양성인이라는 판정을 받았다고 합니다.

의사 선생님은 어떤 성으로 살 건지 본인이 선택을 해서 호르몬 치료와 외과적 수술을 해야 한다고 말씀하셨다네요. 이미 80% 이상 여성화되었기 때문에 여자라는 성을 선택했다고 해요. 그리고 이름도 여자 이름으로 바꾸고 최근에 주민등록증 번호까지 바꿨으며, 하체는 여성적인 외과 수술을 마쳤고 곧 가슴성형도 할 예정이라고 했습니다. 그 과정 동안 얼마나 힘들고 수많은 생각이 교차했을까요? 그러던 와중에 제 유튜브 영상을 보고 자신과 같은 상황을 이해해주고 역사적으로도 다뤄줘서 너무 고마웠다며 그 영상을 수십 번 돌려보셨다고 합니다. 자신의 아픔을 이해해주고 틀림이 아닌 다름을 인정해주는 것만으로도 큰 힘이 되었다고 하네요.

그 사연을 듣고 정말 우리 주변에도 양성인이 존재한다는 것이 놀라웠고, 그분들의 구체적인 고통에 대해 공감하게 되었습니다. 그리고 선입견을 가지지 않고 이해하는 아주 작은 열린 마음이 그분들에겐 큰 힘이 된다는 걸 알게 되었고요.

독일에서는 출생증명서에 '제3의 성'을 기록할 수 있게 법을 바꾸었다고 합니다. 남성도 아니고 여성도 아닌 사람들을 위한 배려인 것이죠. 21세기를 살아가는 우리도 성소수자들에게 열린 시각을 가져야 하지 않을까요?

한나톡톡 양성을 가진 육상선수들

▶캐스터 세메냐

스포츠에서 성별 논란은 심심치 않게 등장하는 이슈입니다. 그중 남아프리카공화국의 여자 육상선수인 캐스터 세메냐가 유명하죠.

그녀는 2008년 베이징올림픽 여자 800미터에서 금메달을 딴 선수인데요, 이듬해 베를린에서 열린 세계육상선수권대회에서도 금메달을 차지했으나 성별 논란에 휩싸이면서 비운의 주인공이 됩니다. 복근, 허벅지, 가슴 근육 등 다른 여성 선수들과는 확연하게 차이가 나는 외모 때문에 국제육상경기연맹이 세메냐에 대한 성별 검사를 요청한 것입니다.

그런데 놀라운 결과가 나왔습니다. 검사 결과 세메냐는 남성과 여성의 특징을 모두 가진 양성인으로 밝혀진 것이죠. 자궁과 난소가 없고 남성의 대표적인 성호르몬인 테스토스테론의 수치가 일반 여성의 3배 가량 높게 나타났다고 합니다. 여성의 성기만 있고 돌출된 남성의 성기는 없었지만 테스토스테론이 생성되는 고환이 세메냐의 몸속에 있었다는 것입니다. 이 사건은 인종차별

▶산티 순다라얀

과 인권유린에 해당하는 사회적인 이슈로 부각되기도 했지만 어쨌든 세메냐가 양성인이라는 것은 큰 충격을 주었죠. 원래 축구선수였던 세메냐를 육상선수로 키웠던 부모님은 딸로 인해 벌어지는 일련의 소동에 대해 불쾌감을 감추지 않았고, 틀림없이 딸로 키웠다며 분노했습니다.

세메냐는 결국 여성으로 인정을 받았다고 하는데, 그래도 아직까지도 여전히 논란은 끊이지 않고 있다고 합니다. 남아공에서는 '#HandsOffCaster개스터를 내버려둬'라는 해시태그까지 생기면서 성정체성 논란은 이제 접어두고 스포츠인으로서 열심히 응원하자는 운동도 일어났다네요.

그러나 세메냐와는 달리 정말로 금메달을 박탈당한 선수도 있습니다. 인도의 산티 순다라얀 선수는 도하 아시안 게임에서 은메달을 땄는데 성별 이상으로 메달을 박탈당했죠. 순다라얀의 병명인 '안드로겐 내성 증후군androgen resistance syndrome'은 남성호르몬 수용체에 이상이 생겨 정상적으로 작동하지 못하고 외형 및 외부 생식기가 여성의 성기처럼 보이는 증후군으로 일종의 유전병이라고 합니다. 그녀는 심한 모욕과 고통으로 자살까지 시도할 정도로 힘든 삶을 살았습니다. 그녀는 인생의 꿈이었을 육상을 어쩔 수 없이 포기했지만 지금은 육상 지도자로서 새 삶을 살고 있다고 하네요.

사도세자는 폭군인가, 희생양인가

"나는 사도세자의 아들이다."

정조가 즉위하자마자 경희궁 숭정전 앞에서 외친 한마디입니다. 잔인하게 죽은 아버지 사도세자를 기억해주길 바라서였을까요? 아니면 사도세자를 죽음에 이르도록 만든 노론 쪽 신하들에게 일침을 가한 걸까요?

조선시대 왕실 역사에서 가장 드라마틱한 사연을 뽑으라면 저는 사도세자 이야기를 상위권에 두고 싶어요. 영조가 아들인 사도세자를 뒤주에 갇혀 죽게 만들고, 그 모든 것을 참고 견딘 사도세자의 아들이 왕위에 오른 이야기는 지금도 다양한 문화콘텐트 분야에서 소재로 쓰이고 있습니다.

아들을 죽인 영조의 뒤늦은 후회, 사도세자의 아들이 왕이 되는 것을 막기 위해 혈안이 되어 있던 세력들 틈 속에서 올곧게 자신을 지켜 마침내 왕위에 올라 성군이 된 아들 정조. 이런 긴장감 있는 스토리 자체가 많은 이들로 하여금 끊임없이 관심을 갖게 하는 요소라고 생각합니다. 예전에는 그저 왕실에서 일어난 비극 정도로 여겨졌지만 최근에는 사도세자가 죽임을 당할 수밖에 없었던 이유에

▶뒤주
쌀을 담는 궤짝. 사도세자는 이곳에서
비참한 최후를 맞았다.

대한 해석이 활발하게 이루어지고 있습니다. 여러 가지 관점과 시각을 통해 부자 관계를 다시 생각해보고 당시의 시대적 상황, 주변인들을 살펴보는 것이죠. 도대체 이들에게 무슨 일이 일어나 스물일곱 살의 앞길이 창창한 세자가 죽어야만 했던 걸까요? 왕은 왜 천금같이 아꼈던 자식을 죽였던 걸까요? 사도세자가 왜 뒤주에 갇혀야만 했는지 지금부터 한 아버지와 아들의 이야기를 시작해볼게요.

영조의 유일한 아들 이선

사도세자는 영조가 어렵게 얻은 아들입니다. 첫 번째 아들이었던 효장세자가 어린 나이에 요절하고, 마흔이 넘어서 얻은 귀한 자식이었죠. 요즘에도 마흔 넘어서 아이를 가지면 늦둥이면서 복덩이라고 하는데, 당시에는 얼마나 귀했을까요? 사도思悼라는 호칭은 죽은 후에 아버지 영조가 지어준 것입니다. 생각할수록 애석하다, 안타깝다, 슬프다 이런 뜻이라고 해요. 사도세자의 이름은 이선李愃입니다. 이후 정조가 즉위하면서 아버지를 장헌세자로 개칭하고, 고종 때 장조로 추존됩니다.

사도세자를 알기 위해서는 먼저 영조의 히스토리부터 살펴봐야 합니다. 영조는 우리가 잘 아는 무수리 동이, 숙빈 최 씨의 아들입니다. 장희빈 다음으로 숙종의 마음을 얻게 되는 여인이죠. 장희빈의 아들 경종이 후사 없이 죽자, 이복동생인 영조가 뒤를 잇게 된 겁니다. 그렇다고 쉽게 왕이 된 건 아니었어요.

영조에게는 세 가지 콤플렉스가 있었는데요. 첫 번째 치열한 붕당 정치를 몸소 겪으며 탄생된 왕이어서 노론의 눈치를 봐야 했습니다. 그래서 왕이 된 후 탕평책을 실시하기도 하죠. 두 번째 어머니가 천한 신분이었다는 콤플렉스가 있었습니다. 그래서 무시를 당하지 않기 위해 더욱 열심히 책을 읽고 흐트러지는 모습을 보이지 않았죠. 실제로 영조는 굉장히 말랐다고 하는데요, 눈매도 날카로워서 까칠해 보였답니다. 아들인 사도세자에게도 꽤 엄격했을 것 같습니다. 세 번째로 형인 경종을 독살했다는 설도 평생 영조를 따라다녔습니다. 얼마나 억울했으면 형을 죽이지 않았다고 책까지 썼다고 하는데 사실 영조가 죽이지 않았다고 해도 영조를 왕위에 올리려는 세력들에 의해 그런 계획이 세워졌을 수도 있는 거죠. 역사는 아무도 모를 일이니까요.

그런 영조에게 아들은 어떤 존재였을까요? 아마도 아들이 자신처럼 무시당하지 않고, 콤플렉스 없이 지내길 바랐을 겁니다. 게다가 첫째 아들을 잃고 7년 만에 얻은 늦둥이니 얼마나 예쁘고 사랑스러웠을까요.

그런데 사도세자는 후궁의 자식이라 곧바로 원자가 될 수는 없었습니다. 영조는 사도세자를 정성왕후의 양자로 들이고 첫돌 때 원자로 책봉합니다. 조선시대 역사상 가장 빠른 원자 책봉이라고 해요. 제 생각에는 이때부터가 비극의 시작이 아닌가 싶습니다. 아기들은 적어도 3살까지는 어머니의 사랑을 받고 자라야 애착이 형성되는데, 그 어린 나이에 어머니와 떨어진 채 동궁 전에서 궁녀들과 생활을 했다고 하니 왠지 짠하게 느껴지네요. 애정의 결핍은 재앙이 시작되는 것을 의미하죠. 이후 사도세자의 성격 형성에 영향을 미쳤을 거라는 생각이 들어요. 세자를 빨리 제왕으로 교육시키고 싶은 영조의 욕심이 너무 컸던 것입니다.

여기서 한 가지 전해지는 설이 있는데요, 동궁전의 궁녀나 내시들이 영조를 별로 좋아하지 않아서 일부러 사도세자에게 공부보다는 무예나 그림 그리기 같은 것을 가르쳤다는 이야기도 있어요. 왜냐하면 동궁전에서 어린 경종이 오래 생활했고, 그런 경종을 독살했다는 의혹을 받는 것이 영조였기 때문에 동궁전 식구들은 영조를 미워했다고 해요. 그래서 영조가 좋아할 만한 행동을 사도세자가 하지 않도록 일종의 조종을 했다는 거죠. 그럼에도 불구하고 사도세자는 어렸을 때 무척 총명하고 똑똑해서 영조의 기대를 듬뿍 받았다고 해요. 하지만 이렇게 창창했던 사도세자의 인생에도 먹구름이 몰려들기 시작합니다.

사도세자가 10살 때부터 영조와의 사이가 차츰 멀어지게 되는데요, 무예에 관심이 많았던 사도세자는 요즘으로 치면 밀리터리 매니아라고 할까요? 무기에 엄청 집착을 했답니다. 취미가 칼 수집이었대요. 이 취미로 인해 나중에 아버지 영조를 죽이고 역모를 꾀한다는 오해를 받기도 하죠.

실제로 역모를 위해 모은 건지 어떤지는 의견이 분분하지만 하여간에 칼을 좋아한 건 사실입니다. 사도세자가 만든 무예지에는 병기 제작에 대해서도 나와 있는데, 나중에 정조가 그것을 참고해서 더 완벽하게 만들었다고 해요. 무예를 좋아하기도 했지만 자신이 나중에 왕이 되면 국방을 키워서 부강한 나라를 만들기 위한 생각도 있지 않았을까요?

사도세자는 무예를 사랑한 것만큼이나 그림도 잘 그렸다고 합니다. 아들인 정조도 그림에 재능이 있었다고 하죠? 그런데 특이한 건 사도세자가 개 그림을 많이 그렸다고 해요. 영화 「사도」를 보면 개를 기르지 않았을까 유추할 수도 있는데

▶견도
사도세자의 그림으로
새끼 강아지에게 어미
가 등을 돌리고 있다.

사도세자가 실제로 궁궐에서 개를 길렀는지는 확실치 않다고 합니다. 사도세자가 그린 개 그림을 보면 안타까운 장면이 포착되는데요, 새끼 강아지가 어미에게 다가오는데 어미가 등을 돌리고 있는 겁니다. 그림을 보면 얼룩덜룩한 게 우리나라 진돗개 느낌은 나지 않죠. 아무튼 새끼를 외면하고 있는 어미 개와 따로 떨어져 있는 강아지 모습이 마치 영조의 사랑을 받지 못한 세자의 처지를 표현한 것 같아 안타깝다는 평가를 받고 있는 그림입니다.

어렸을 때는 아버지의 기대를 한 몸에 받았다가 어느 순간 둘의 사이가 돌이킬 수 없을 정도로 벌어지고, 마침내 아버지의 손으로 직접 아들을 죽이게 되는 비극은 도대체 왜 일어났을까요. 영조는 세자에게 사약을 내리지 않고 뒤주에 갇혀 죽게 했는데요, 그 이유는 세손을 보호하기 위해서라는 말도 있습니다. 역모는 대역죄이기 때문에 부인과 아들까지 죽거나 벌을 받아야 하고, 당연히 역모를 일으킨 자의 아들은 왕이 될 수 없었을 테니까요.

그렇다면 이제부터 사도세자의 죽음을 둘러싼 여러 가지 주장들에 대해 좀 더 자세하게 풀어보겠습니다.

사도세자는 사이코패스인가?

사도세자가 10살 무렵부터 공부보다는 무예에 더 관심을 가졌다고 했잖아요? 실록에 의하면 영조가 "너 공부하기 싫으니?" 하고 물으니 "공부하기 싫은 날이 더 많습니다"라고 대답했답니다. 그랬더니 영조가 "솔직하게 말해주니 고맙구나"라고 했다죠. 이때까지만 해도 그렇게 사이가 나빠 보이지는 않아요.

아버지와 아들이 결정적으로 관계가 소원해지기 시작한 것은 '선위파동'이라는 주장이 많습니다. 아버지의 변덕이라고 할까요. 영조는 마음에도 없는 선위파동을 일으킵니다. 신하들을 떠보는 행동인데 정작 피해를 입는 사람은 세자였습니다. 왕위를 그대로 받겠다고 할 수도 없고, 그렇다고 왕의 명인데 안 받겠다고 할 수도 없는 상황이니까요. 결국 밥도 못 먹고, 물도 마시지 않고 명을 거둘 때까지 선위를 거두어달라며 석고대죄를 하는 방법밖에 없었던 겁니다. 영화나 드라마 보면 석고대죄 많이 나오죠? 해가 쨍쨍 내리쬐는 뙤약볕 아래에서, 혹은 눈이 오나 비가 오나 바람이 부나 거적 깔고 엎드려서 임금의 처분을 하염없이 기다리는 것 말예요. 그 어려운 걸 영조 재위 기간 동안 5번이나 했다고 하니 사도세자의 몸과 마음이 피폐해지고도 남을 것 같습니다.

선위파동이 좀 잠잠해지자 이번에는 대리청정 문제가 불거졌죠. 아버지의 기분을 맞춰주면 능력 없는 세자로, 맞춰 주지 않으면 버릇없는 세자로, 사도세자는 무엇을 해도 아버지 눈 밖에 난 것입니다. 영조는 대리청정 기간에 사사건건 사도세자의 행동을 트집 잡곤 했습니다. 어쩌면 영조의 혹독한 교육이라고 생각할 수도 있는데 중요한 건 이때부터 사도세자가 조금씩 이상해졌다는 겁니다. 스트레스가 쌓여서 결국 폭발한 거죠. 스무 살 이후부터 화증을 겪었다고 해요. 『한중록閑中錄』에 나와 있는 기록인데요. 아버지 발자국 소리만 들어도 가슴이 막히고 심장이 벌렁벌렁 거렸대요. 당시에는 기이한 행동을 하는 사도세자를 보고 미쳤다고 생각한 사람이 많았겠죠. 요즘은 공황장애라고 해서, 극단적으로 예민한 상

▶사도세자 영정

태가 되면 정말 죽을 것 같은 고통을 느낀다고 하잖아요. 정신적으로 반드시 고쳐야 하는 병인데 당시에는 내의원에서도 밝혀내지 못했겠죠. 아마도 사도세자는 극심한 스트레스로 인한 마음의 병을 얻은 것 같습니다.

또한 옷 입기를 두려워하는, 일종의 강박증인 의대증衣帶症이 생겨서 단정치 못한 옷매무새로 영조에게 트집을 자주 잡혔다고 해요. 영조는 아들이 신하들에게 책잡힐까봐 전전긍긍했고, 세자는 몰아치기만 하는 아버지가 두려워 점점 비뚤어졌겠죠. 하루에도 옷을 수십 번 갈아입고, 몸에 옷감이 닿는 것조차 스트레스였다니 정말 정신적인 문제가 있었던 것 같습니다. 의대증을 너무 심하게 겪다 보니 더 끔찍한 일이 벌어지게 됩니다. 세자의 광증이 시중을 드는 궁녀나 내시들에게 화가 미친 것이지요. 결국 궁녀나 내시들을 죽이기도 하고, 발작이 심해질 때는 마치 효시梟示하듯이 그들의 목을 베어 장대에 꽂아 들고 다녔다는 거예요. 상상만 해도 너무 잔인하죠? 그런 사고를 친 후에 후회하곤 했다는데 무슨 소용이 있겠습니까. 실록에는 자식을 낳은 후궁까지도 때려죽였다고 나와 있습니다. 그리고 세자가 대리청정한 이후부터 질병이 생겨 천성을 잃었다고 기록되어 있어요.

그렇다면 지금까지 이야기한 사도세자의 끔찍한 사이코패스적 행동이 모두 사실일까요? 아니면 정치 세력의 조작일까요? 이에 관한 몇 가지 주장을 살펴보도록 하죠.

사도세자는 당쟁의 희생양인가?

먼저 사도세자가 아버지와의 불화로 인해 정말 미친 것이 맞고 사람도 많이 죽였다는 것을 기록으로 살펴보겠습니다. 영조는 "나경언이 없었다면 내가 어찌 알았겠는가?"라고 세자의 비행을 한탄했다는데, 사도세자가 온양 행차에서 벌였던 비행 열 가지를 조목조목 쓴 것이 나경언의 고변서입니다. 거기에는 "세자가 궁녀를 살해하고, 여승을 궁에 들이고, 북성에 멋대로 나가서 돌아다닌다"라는 내용이 담겨 있습니다. 나경언은 결국 참수되고 세자는 억울함을 표출하지만 영조는 세자에게 자결을 요구하는 등 일이 커지게 됩니다. 결국 이 사건이 세자가 뒤주에 갇히게 되는 결정적 요인으로 알려져 있습니다. 하지만 나경언이 노론인 형조판서 윤급의 종이었기 때문에 그 배후를 의심하기도 합니다.

『대천록待闡錄』이라는 책은 조선 후기 문신 박하원이 사도세자 사건을 기록한 책입니다. 책 제목은 정조가 지었다고 합니다. 대천록에 보면 세자가 죽인 100여 명의 모습이 참혹하고 잔인하기 이를 데 없다고 쓰여 있어요.

또 영조가 피살된 환관의 가족에게 땅을 내렸다는 이야기도 있는데요, 그것이 바로 세자의 살인에 대한 배상금이었다고 합니다.

『한중록』에는 더 무시무시한 이야기가 실려 있어요. 아버지 영조를 시해하려는 듯한 뉘앙스의 말이 등장하거든요. "아모리 하려노라", "협검하고 가 아모리하고 오고 싶다" 아모리는 '어찌'라는 뜻이에요. 즉, 검을 가지고 '어찌어찌 하고 싶다'

▶『한중록』
혜경궁 홍 씨의 회고록으로 사도세자에 관한 내용이 담겨 있다.

는 걸 의미해요. 아버지를 죽이고 싶다는 마음이 내포되어 있다는 거죠. 그렇게 상태가 중증이었다고 기록되어 있습니다. 혜경궁 홍 씨는 사도세자의 살인 장면을 직접 목격했다고도 하는데요, 한 사람도 아니고 여러 사람을 한꺼번에 죽이는 그런 광적인 행동을 직접 본다면 나도 죽일 것 같다는 두려움에 빠지고도 남을 것 같습니다.

지금까지는 영조가 정말 무서운 아버지이고 어떻게 자식을 뒤주에 가둬 굶겨 죽일까라는 생각을 할 수도 있었는데요, 만약 위의 내용이 사실이라면 영조의 입장도 쉽지 않았겠다는 생각도 듭니다. 사도세자가 그렇게 된 것이 아버지 영조의 책임이 없는 것도 아니어서 엇갈려버린 부자의 관계가 안타깝지만요.

반대로 사도세자를 옹호하는 주장도 있습니다. 『한중록』 자체가 아예 잘못 기술되었다는 것이죠. 영조가 사도세자의 묘지문에 아들을 죽이고 싶지 않았던 원통한 마음을 기록해놓았다는 것을 증거로 들었어요. 또 사도세자가 죽기 2년 전에 온양 행차를 다녀왔는데 나경언의 고변서처럼 흥청망청 놀고 여승이나 만났던 것이 아니라 실제로는 피부병 때문에 온천에 머물렀던 것이고, 그 동안에도

▶영화 「사도」 포스터

강연을 열고 학문을 계속했다는 주장입니다. 의대병 등 『한중록』에 기록된 것처럼 사도세자가 정신병이 있었던 것이 아니라 죽음을 어쩔 수 없었던 것으로 만들기 위해 조작된 거라고 보는 겁니다.

『한중록』을 쓴 혜경궁 홍 씨의 아버지 홍봉한이 사도세자의 죽음에 반대하지 않았고 오히려 뒤주를 가지고 온 사람이라는 것이죠. 사위의 죽음에 앞장선 홍 씨 가문과 노론 세력들이 정조가 왕이 됐을 때 복수를 당할지도 모른다는 생각에 영조와 사도세자의 관계를 일부러 나쁘게 만들어서 지은 책이라는 주장입니다. 결국 신하들과의 정쟁에 휘말려 사도세자가 죽을 수밖에 없었다는 견해를 뒷받침하는 것이고요.

실제로 조선 후기는 당파 싸움 때문에 크고 작은 사건들이 많이 일어납니다. 그중에 나주벽서사건羅州壁書事件이라고 있는데요, 나주괘서사건이라고도 해요. 소론 계열인 윤지가 나주 객사에 붙인 벽서로 인해 역모 사건이 일어난 거예요. 노론에 의해 쫓겨난 소론 가문 자제가 영조와 노론에 대한 불만을 쏟아낸 것이라고 볼 수 있습니다.

그런데 문제는 이 사건이 사도세자가 대리청정을 할 때 일어났다는 것입니다. 노론은 소론 잔당을 잡아들이라는 자신들의 상소를 사도세자가 거부하자 소론을 옹호한다며 몰아치기 시작했어요. 확실히 이 사건으로 세자가 노론의 눈 밖에 난 것은 맞지만 사실은 세자가 혼자 결정한 것이 아니라 영조의 의중이 담긴 거라고 실록에도 나와 있다고 해요.

그동안 학계에서는 영조와의 불화가 사도세자의 비행을 고발한 노론의 소행으로 인한 것이었고, 둘 사이를 이간질해 결국 죽게 만들었기 때문에 '사도세자는 피해자다'라는 의견이 많았는데요, 요즘엔 사도세자가 살인을 했다는 흔적에 대해서는 어느 정도 인정하고 있습니다. 사도세자의 비극은 결국 조선 후기 복잡한 권력 구도 속에서 정권을 잡기 위한 치열한 과정 속에 생긴 것이 아닐까 생각합니다.

궁녀와 내시, 후궁을 죽인 사이코패스 사도세자가 맞는 건지, 아니면 정쟁의 희생양이 된 사도세자가 맞는 건지 어느 역사가 맞는지는 정확히 알 수 없어요. 생각하는 관점에 따라 해석이 다르기 때문에 지금도 논쟁 중입니다.

제가 보기엔 둘 다 어느 정도 근거가 있지 않나 싶어요. 사도세자의 광증으로 인해 내시와 궁녀들이 죽었다는 증거가 존재하는 것도 사실이고, 사도세자가 그렇게까지 미칠 수밖에 없도록 만드는 데 당시 치열한 정쟁이 커다란 영향을 미친 것도 사실이니까요.

어찌 됐든 사도세자는 조선시대 왕세자 중 가장 처참하고 잔인한 죽음을 맞이하게 됩니다. 한창 찌는 듯이 더웠을 7월에 휘령전지금의 창경궁 문정전 앞에서 뒤주에 갇

▶융릉
사도세자의 무덤으로 경기도
화성에 있다.

히게 되었으니까요. 처음엔 소주방의 뒤주가 들어왔는데 크기가 작아서 사도세
자가 들어갈 수 없자 어영청에서 쓰는 뒤주를 들여왔고, 사도세자가 들어가자 영
조가 직접 뚜껑을 닫고 자물쇠를 채웠다고 해요.

그리고 그 뒤주는 사도세자가 죽을 때까지 계속 휘령전 앞에 있었던 것이 아니
라 창경궁의 선인문 앞으로 옮겨졌죠. 선인문은 왕족들이 다니는 곳이 아니라 주
로 관원들이 출입하는 쪽문 같은 곳이었어요.

연산군이 쫓겨난 그 문 앞에서 사도세자는 8일 만에 죽게 됩니다. 선인문 앞에
는 아직도 당시의 비극적 역사의 장면을 목격한 회화나무가 기이하게 굽어져 자
라고 있다고 해요. 수백 년을 살아온 회화나무는 당시 사도세자의 절규를 기억하
고 있을까요? 창경궁에 들르게 되면 꼭 문정전과 선인문 그리고 그 앞의 회화나
무를 보고 오길 추천합니다. 사도세자의 안타까운 죽음 이야기를 알기 전과는 다
르게 느껴질 테니까요.

영조와 사도세자. 조선의 역대 부자관계 중에 가장 최악이라고 해도 좋을 만큼 잘 맞지 않았던 두 사람. 그로 인해 사도세자는 광증을 얻고, 자신의 포악한 행동을 제어할 수 없게 되는 지경에 이르게 됩니다.

옷을 입었다가 벗었다가 불안해하고, 옷이 몸에 닿기만 해도 짜증을 내는 의대증, 한번 광증이 발발하면 누구 하나 죽어나가야만 멈췄던 가학적인 모습은 요즘의 의학적 지식으로 봤을 때 어떤 정신병에 해당할까요?

심리학자나 정신분석학자들은 사료에 나오는 사도세자의 행동들을 분석한 뒤, 심각한 조현병興絃病과 함께 사이코패스psychopath를 의심합니다.

조현병이란 일종의 정신분열증으로 정신질환 중 가장 흔한 질병이라고 합니다. 망상, 환청, 와해된 언어, 정서적 둔감 등의 증상과 더불어 사회적 기능에 장애를 일으킬 수도 있는 정신과 질환으로, 최근에 흉악 범죄자들이 툭하면 조현병을 핑계로 감형 받으려고 해서 조현병에 대한 이미지가 '조현병=살인'이라는 그릇된 인식이 생긴 것 같네요.

『대천록』에서는 사도세자의 유례를 찾아 볼 수 없는 난폭함과 가학성이 자세히 기록되어 있는데, 그 엽기적 살인 행각을 보았을 때 사이코패스 적인 성향을 의심해볼 수 있습니다.

사도세자가 극악무도한 행동을 본격적으로 저지르기 시작한 것은 1760년 경부터인데, 그의 행동에서 불안장애와 강박장애, 충동조절장애의 모습이 나타납니다. 사이코패스적인 성향이 보이는 부분은 사도세자가 살인을 즐기기 시작했다는 부분인데, 영조로부터 받은 스트레스를 주로 궁궐 안의 약자들, 주로 내시나 나인들에게 풀기 시작하죠.

특히 빙애라는 사도세자의 후궁이 있었는데 바로 할머니인 인원왕후의 나인이었습니다. 자신의 행동에 대해 잔소리하는 빙애를 참혹하게 때려죽인 뒤 그의 아들인 어린 은전군을 칼로

▶영화「사도」의 한 장면

찌른 뒤 연못에 던져버렸습니다. 본인의 친자식에게도 칼을 들이대는 부분에서 제정신이 아니
라는 걸 알 수 있죠. 이러한 사도세자의 엽기 행각은 나경언의 고변으로 영조의 귀에도 들어가
게 되었고, 영조가 왜 사람을 죽이냐고 묻자,

> "심화心火가 나면 견디지 못하여 사람을 죽이거나 또는 닭, 짐승 등을 죽이거나 해야 마
> 음이 낫습니다."

라고 답했다고 합니다. 그리고 심지어 궁궐 안의 우물에 두 번씩이나 투신자살 소동을 벌이기
도 했고요. 결국 사도세자는 우리가 알고 있듯이 뒤주에서 비참한 최후를 맞이합니다. 당시 의
학으로는 마음의 병을 치료할 수 있는 방법이 없었고, 정신병을 가지고 있는 사도세자는 궁궐
에서 권력을 가지고 있는 자리에 있었기에 수많은 궁궐의 내시들과 나인들 등 힘없는 사람들
이 죽어나갔습니다. 치료할 수 없었다면 깊은 산 절 같은 곳에라도 격리시켰으면 어땠을까 하
는 생각을 해봅니다.

조선의 르네상스를 이끌다!
다산 정약용

조선에도 레오나르도 다빈치가 있었다는 것 아시나요? 최근에 각종 방송 매체나 출간 서적, SNS 등에서는 다산 정약용을 조선의 다빈치로 많이 소개합니다. 그만큼 그가 이룩한 업적이 다재다능했기 때문이죠. 조선을 대표하는 실학자이자 발명가, 과학자, 건축가, 심지어 예전에 본 영화에서는 명탐정으로까지 등장할 정도로 당시 정약용의 모습은 그야말로 다이내믹합니다.

특히 정약용은 정조 임금의 소울 메이트였어요. 정약용을 일컬어 정조의 내비게이터, 정조의 오른팔, 정조의 남자로 부르기도 하죠. 정조가 주인공인 드라마나 영화에서는 어김없이 등장하는 조력자이자 짝꿍입니다.

두 사람이 남긴 업적 중 가장 빛나는 것이 바로 유네스코 세계문화유산으로도 등재된 '수원 화성'이라는 걸 잘 아실 거예요. 정조가 계획하고 정약용이 거중기로 들어 올려 만든 수원 화성은 여전히 많은 사람들의 사랑을 받는 문화재입니다.

학계는 물론 대중문화에서도 정약용이라는 소재는 여전히 매력적인데요. 그래서인지 조선의 다빈치 정약용의 활약이 지금도 여러 방면에서 다양하게 재조명

▶다산 정약용 초상화

되고 있습니다.

　조선 후기 '르네상스 시대'를 활짝 열었던 일등공신, 정약용! 그의 생애를 한번 살펴볼까요?

발명가 정약용, 거중기를 만들다

다산 정약용은 1762년에 경기도 광주^{오늘날 양주군}에서 조선 후기의 문신 정재원의 넷째 아들로 태어났습니다. 아명*은 귀농, 자*는 미용 또는 송보라고 했어요. 호* 는 원래 사암인데 그 외에도 다산, 별초, 자하도인, 열수 등이 있고요, 당호*는 여유당, 익호는 문도입니다.

　어려서부터 부친에게 글을 배웠는데 4살 때 천자문을 배우기 시작하여 7살 때 는 오언한시를 지을 정도로 명석했나 봐요. 10살부터 경서나 사서 교육을 받았다

- **아명**: 아이 때의 이름
- **자**: 본이름 외에 부르는 이름. 예전에, 이름을 소중히 여겨 함부로 부르지 않았던 관습이 있어서 흔히 관례(冠禮) 뒤에 본이름 대신으로 부름
- **호**: 본명이나 자 이외에 쓰는 이름. 허물없이 쓰기 위하여 지은 이름
- **당호**: 집의 이름에서 따온 그 주인의 호

313

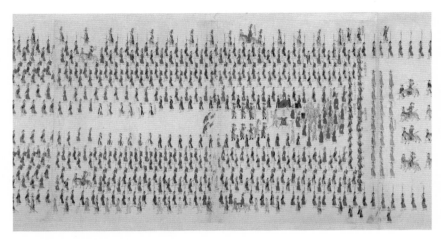

▶수원 화성 행차를 담은 그림

고 하고요, 16살에 성호 이익의 교육을 받기 시작합니다.

다산은 22살에 소과에 합격하여 정조 임금의 눈에 들게 되는데요, 그의 학식과 소양이 정조에게 무한 신뢰를 줬나 봅니다.

효자 임금 정조는 사도세자의 묘를 수원으로 이전하기 위해 정약용에게 한강에 놓을 배다리를 설계하라는 어명을 내립니다. 당시 조선에는 한강을 가로지르는 다리가 없었어요. 그리고 왕은 배를 타고 물을 건너지 않았죠.

배다리는 수십 척의 배를 일정 간격으로 늘어놓고 그 위에 널판을 깔아 만든 임시 다리입니다. 정약용은 우선 뚝섬에 배다리를 놓아 사도세자의 유골을 옮기는 데 성공했습니다. 배로 만든 가교를 통해 마차와 말을 비롯한 수많은 인파가 편하고 신속하게 건널 수 있었죠.

정조는 사도세자의 묘가 있는 화성으로 능행을 자주 다녔는데요, 그때마다 배다리를 설치해야 했습니다. 정약용은 축적된 기술을 바탕으로 공사 기간을 대폭 단축시켰다고 합니다. 1795년에는 대규모 왕실 행렬이 노량진에 놓인 배다리를 건너는 장관이 연출됐는데 정조의 어머니인 혜경궁 홍 씨의 회갑연을 기록한 책인 『원행을묘정리의궤園幸乙卯整理儀軌』에는 말 779필과 사람 1779명이 배다리를 건넜다고 적혀 있습니다.

무엇보다 정약용의 가장 화려한 업적은 수원 화성을 지은 것이죠. 수원 화성은 1997년에 유네스코 세계문화유산으로 지정되어 그 가치를 인정받았습니다. 수원의 랜드마크인 수원 화성의 웅장한 성곽을 가까이에서 보면 감탄이 절로 나오죠. 그 시대에 이토록 대단한 기술력이 있어서 멋진 건축물을 만들어냈다는 사실에 뿌듯하기도 하고요.

정약용은 수원 화성을 건설하기 위해 서양의 과학 기술을 도입하여 거중기를 만들었는데요, 12개의 도르래로 이루어진 거중기를 이용하여 장정 한 사람이 240킬로그램의 돌을 거뜬히 들 수 있었다고 합니다. 정약용이 거중기를 만들 때 참고한 책은 『기기도설器機圖說』인데요, 『기기도설』은 명나라로 귀화해 등옥함이라는 이름을 얻은 스위스 과학자 요하네스 테렌츠가 지은 과학책입니다. 서양 물리학의 기본 개념과 도르래의 원리를 이용한 각종 장치가 수록되어 있어요. 당시 최첨단 성곽 기술을 수원 화성에 적용한 것이 놀랍기만 합니다.

거중기*와 녹로* 같은 기구를 사용하였기에 그토록 웅장한 성을 빠른 시일 내에 완성할 수 있었고, 비용도 많이 절약했다고 해요. 매우 과학적이고 치밀한 건축 설계와 전략이 있었다는 겁니다. 실제로 화성은 아름다울 뿐만 아니라 사람들이 드나들기에도 편리하고, 군사방어시설로도 훌륭했다고 합니다. 한양을 지켜주는 제2의 도시 역할을 충분히 한 것이죠. 화성의 건설 과정과 왕의 행차, 잔치 등을 정리한 의궤만 봐도 마치 우리가 그 자리에 서 있는 것 같은 생생함을 느낄

- 거중기: 예전에, 무거운 물건을 들어 올리는 데에 쓰던 기계. 주로 큰 건축이나 토목 공사 따위에 쓰임
- 녹로: 높은 곳이나 먼 곳으로 무엇을 달아 올리거나 끌어당길 때 쓰는 도르래

▶거중기

수 있습니다. 수원 화성은 정조의 업적이기도 하지만 그 뒤에는 발명가 정약용의 활약이 있었기에 가능했던 것 아닐까요? 리더십 있는 군주가 제대로 된 인재인 정약용을 만나 최고의 시너지 효과를 이끌어낸 거죠.

양반도 일을 하라, 큰 이슈를 일으킨 다산의 작품들

영·정조 시대에 이룩했던 조선의 르네상스는 정조 임금이 승하한 후 더 이상 발전을 하지 못하고 멈추게 됩니다. 개혁의 상징이었던 정조의 죽음이 역사를 일보 후퇴시킨 것이죠.

정조는 즉위 후 문벌이나 당파보다는 실력을 갖춘 인재를 등용시켜 나라의 안정을 찾고자 했습니다. 아버지인 사도세자의 반대편에 섰던 사람들도 포용했고, 태종 임금 이래 무려 400년 동안 과거를 볼 수 없었던 서얼들에게 기회를 열어주었습니다. 좋은 인재라면 신분을 따지지 않고 채용했던 것이죠.

세종대왕에게 집현전이 있었다면 정조에게는 규장각이 있었습니다. 젊은 인재들은 그곳에서 마음껏 뜻을 펼치며 정조의 든든한 신하가 되어주었습니다. 이들은 정치 개혁은 물론 문화와 예술, 상공업까지 다방면에 걸쳐 연구를 하며 새로운 조선을 꿈꿨습니다. 정약용도 그중 한 명으로 규장각에서 본 시험에서 5번이나 장원을 차지할 정도로 촉망받는 인물이었다고 합니다.

그러나 허무하게도 정조가 꿈꾸던 새로운 세상에 대한 도약은 갑작스런 왕의 죽음과 함께 멈춰 개혁을 완성할 수 없었습니다. 특히 정조의 총애를 한 몸에 받았던 정약용은 새롭게 권력을 잡은 이들의 표적이 되어 18년이라는 긴 세월을 유배지에서 보내야 했습니다. 정조가 살아 있을 때에도 노론 벽파로부터 끊임없이 공격을 받았는데, 그가 천주교를 신봉하는 남인에 속했기 때문이죠. 정약용이 천주교도인지는 의견이 분분합니다. 어쨌든 정조의 보호 아래에서도 그렇게 공격을 당했는데 보호막이 사라지자 그의 안위는 불을 보듯 뻔했겠지요.

정약용의 당호 '여유당與猶堂'에는 당시를 추측해볼 수 있는 조심스러운 그의 마음이 담겨 있어요. '여유당'이란 당호는 노자老子 『도덕경』의 한 대목인 "여與함이여, 겨울 냇물을 건너듯이, 유猶함이여, 너의 이웃을 두려워하듯이"라는 글귀에서 따온 것으로 겨울에 시냇물을 건너듯 조심조심 세상을 살아가자는 뜻입니다. 백성들이 잘사는 나라를 함께 꿈꾸었던 벗들이 죽거나 유배를 가자 정약용은 참담하고 외로운 심정으로 아픔을 견뎌내야 했습니다. 그의 주요 저서들이 거의 유배지에서 쓰여졌죠. 유배 기간 동안 남긴 작품이 500여 권이나 된다고 합니다. 정치를 한 세월보다 백성들 옆에서 함께 호흡했던 세월이 더 길었으니 그의 저서에 백성을 위한 마음이 담긴 것은 당연하리라 생각됩니다.

그는 이미 유배를 떠나기 전부터 백성들을 위한 정책을 펼치려고 노력한 실학자였죠. 정조는 조선의 임금 가운데 암행어사를 많이 보낸 왕으로도 유명한데, 정약용도 암행어사로서 일반 백성들의 삶을 체험할 수 있었습니다. 현장에서의 생생한 경험을 바탕으로 백성들의 억울함을 풀어주고 잘못된 제도도 고칠 수 있었죠.

조선 후기 실학의 발달도 같은 맥락입니다. 당시 조선 사회를 주도했던 성리학은 명분론에 치우쳐 호락논쟁* 같은 의미 없는 당파싸움에만 이용될 뿐 백성들에게는 쓸모 있는 학문이 아니었습니다. 그래서 실생활에서 백성을 이롭게 할 학문이 연구되었죠. 많은 실학자 중에서도 정약용은 독보적인 존재인데요, 이익의 사상을 이어받아 백성을 위하는 정치를 해야 함을 역설했습니다. 특히 그는 대표적인 중농학파였는데요, 학창 시절 정약용의 「여전론閭田論」을 공부하면서 마르크스보다 앞서서 공유재산제를 꿈꿨던 그의 깨어 있는 사고에 놀라움을 느끼기도 했습니다.

그는 가장 이상적인 토지 개혁안으로 여전제를 주장했는데요, 『여유당전서與猶堂全書』「전론田論」에 담겨 있는 여전론은 간단히 말해 토지의 사유화를 인정하지 않고 농사짓는 사람에게만 토지 점유권과 경작권을 주자는 것입니다. 사실 그 말이 맞는 말이기는 하죠. 조선 후기 지주전호제*의 일반화로 양반은 넓은 땅덩이를 소유한 지주였고, 그 마을 안에 사는 백성들은 대부분 소작농인 전호가 되어 일 년 내내 열심히 경작해도 수확량의 절반밖에 가져가지 못했어요. 땡볕에서 열심히 농사지은 전호들은 절반의 수확량으로는 온 가족을 배불리 먹이기 힘들었고, 농사일은 하나도 도와주지 않고 편하게 놀기만 한 양반은 엄청난 부를 축적하는 억울한 토지제도였던 거죠.

여전제의 핵심은 마을(閭)에 공통으로 경작하는 공동 농장을 만들고 여민*閭民이 공동 경작, 소유하자는 것이죠. 대표로 여장(閭長)을 두어 일한 날수와 노동량에 따라 여민에게 분배하는 것입니다. 수확의 배당 자체가 개개인의 노력에 따라 달라지고요. 게다가 더 획기적인 것은 부족한 농업 인구를 유식 양반游食兩班(생산 없이 놀고먹는 양반)으로 채우고, 그들의 지적인 능력을 활용해서 농업 기술의 발달을 가져오자는 주장이었습니다. 양반에게도 일을 하라니, 당시로서는 정말 파격이 아닐 수 없습니다. "일하지 않는 자 먹지도 말라."라는 성경 구절이 생각나네요.

여전제는 군사조직 체제로도 활용할 수 있는데요, 여장을 주축으로 체계적인 관리와 통솔, 기술적인 훈련을 통해 병농일치^{兵農一致}를 구현하기가 용이하다는 장점이 있습니다.

하지만 여전제는 혁신적이기는 하나 봉건 지배층이 경제권을 쥐고 있는 사회에서는 실현되기가 어렵고 공상에 그치기 쉽다는 한계가 있습니다. 이에 정약용도 나중에는 『경세유표』에서 다시 여전론을 수정한 「정전론^{井田論}」을 펼치기도 합니다. 본래 정전제란 중국의 고대 국가 하·은·주 3대에 걸쳐 시행되었다고 전하는 토지제도를 말합니다. 1리를 우물정^井자로 나누어 9등분하여 중앙을 공전^{公田}으로 하고 주위를 사전(私田)으로 하는 토지제도입니다. 정약용이 주장한 정전제는 중국 고대의 정전제를 모델로 하고 있으나 그 적용 방법에서는 현실적 상황을 고려하였죠.

정약용이 주장한 정전제는 5인 이상으로 구성되어 있고 그 절반 이상의 노동력을 가진 가구에 토지 100묘^{*畝}씩을 지급한 뒤, 국유지를 우선 정전에 편입하고 국고금, 광산수입금 등으로 민전지를 매입해서 정전을 늘려나가는 거죠. 전에 주장했던 여전제보다는 현실적인 상황을 고려하여 절충한 토지제도입니다. 지주전호제를 어느 정도 인정한 상황에서 민전을 활성화시키는 방안을 생각한 것이죠. 점차 모든 농민을 자영농으로 육성하여 스스로 먹고 살 수 있도록 해서 점진적으로 지주전호제를 없앨 수 있다고 생각한 것입니다.

• 묘: 논밭 넓이의 단위. 1 묘는 한 단(段)의 10분의 1. 곧 30평으로 약 99.174㎡에 해당함

하지만 땅덩어리를 움켜쥔 양반들이 본인들의 땅을 농민들에게 나누어줄 생각

은 추호도 없었기에 토지제도 개혁은 저 멀리 안드로메다로 날아가버렸습니다. 심지어 나중에 동학농민군들이 죽음을 불사하며 주장한 토지제도 개혁도 갑오개혁에서조차 이루어지지 않았죠.

중앙정치에서 완전히 벗어난 정약용은 오랜 유배 기간은 물론 나중에 고향으로 돌아와서 세상을 떠날 때까지 오직 연구와 저술에만 전념했습니다. 그의 엄청난 양의 저서 리스트를 살펴볼까요? 이들을 엮어 여유당전서라고 하는데 모두 총 154권 76책이라고 합니다. 경집류經集類는 모시강의毛詩講義 12권, 모시강의보毛詩講義補 3권, 매씨상서평梅氏尚書平 9권, 논어고금주論語古今注 40권, 맹자요의孟子要義 9권, 중용자잠中庸自箴 3권, 대학공의大學公議 3권 등 232권의 경서에 대한 연구가 있고요, 문집류文集類는 시율詩律 18권, 잡문雜文 60권, 경세유표經世遺表 48권, 목민심서牧民心書 48권, 흠흠신서欽欽心書 30권, 아방비어고我邦備禦考 30권, 아방강역고我邦疆域考 10권 등 260권으로 너무 많아서 차마 다 쓸 수가 없네요.

도대체 1년에 몇 권씩 써야 가능한 걸까요? 놀라지 마세요. 1년에 27권을 집필하였고, 요즘으로 치면 3권이 지금의 책 한 권 정도 양이라고 합니다. 그니까 1년에 요즘 수준의 두꺼운 책을 9권은 낸 셈이지요. 저도 책을 쓰느라 밤샘 작업하며 마감에 시달려본 적이 있어서 잘 아는데, 정약용은 정말 보통 사람이 아닙니다. 다산은 책을 하도 많이 쓰다 보니 안경이 없이는 글이 안 보일 정도였고 하도 앉아서 책을 쓰느라 복사뼈에 구멍이 세 번이나 났다고 하네요. 나중엔 중풍이 오기도 했습니다.

하지만 이 모든 책 출판 과정을 다산 혼자서 하지는 않았어요. 다행히 주변에 든든한 제자들이 있어서 옛 문헌 자료 조사 2명, 스승의 말씀 받아적기 3명, 고쳐쓰기 3명, 수정 및 책 엮기 3명, 대조 및 검토 요원 2명 등 이러한 과정을 총 다섯 번 거쳐서 책 한 권이 탄생했다고 하네요. 다산 정약용은 어찌 보면 우리나라 최고의 출판사를 차린 게 아닌가 싶어요. 다산출판사 왠지 잘 어울리네요. 도대체 다산이 이렇게 집필에 전념했던 이유가 뭘까요?

그 출판 열정의 이유는 아들에게 보낸 편지에 잘 나타나 있습니다.

"내 책이 후세에 전해지지 않으면, 후세 사람들은 사헌부의 재판서류 속 죄목으로 나를 평가할 것이다."

와, 멋지지 않습니까? 책으로서 미래의 후손들에게 인정받겠다는 큰 그림을 그린 거죠. 그가 바라던 대로 우리는 그의 수많은 저서들 속에서 정약용이라는 대단한 콘텐츠를 발견했죠. 지금도 그의 사상과 철학, 이론은 많은 책으로 새롭게 태어나고, 우리에게 여전히 많은 메시지를 주고 있습니다. 유배를 갔던 정약용이 아니라, 학문을 연구하고 이론을 펼쳤던 정약용으로 기억되는 거지요. 정약용! 당신이란 사람은 대체…… 역시 유네스코 세계문화인물에 뽑힐 만하네요. 진심으로 자랑스럽습니다.

정약용의 1표 2서

『경세유표經世遺表』

1817년 행정 기구의 개편을 비롯하여 관제·토지제도·부세제도 등 모든 제도의 개혁 원리를 제시한 저서로 원 제목은 『방례초본邦禮草本』이다. 1표 2서로 대표되는 경세론의 첫 작품. "농민들이 밭에 심는 것은 곡물만이 아니다. 모시, 오이, 배추, 도라지 등의 농사도 잘 지으면 그 이익이 헤아릴 수 없이 크다. 서울 근교와 각 지방 대도시 주변의 파·마늘·배추·오이 밭에서는 10무4두락의 땅으로 수만 전수백 냥의 수입이 난다. 서북 지방의 담배, 관북 지방의 삼, 한산의 모시, 전주의 생강, 강진의 고구마, 황주의 지황 밭은 논농사가 가장 잘 되었을 때의 수입과 비교하더라고 이익이 열배나 된다"라는 내용이 들어가 있다. 꼼꼼하고 세세히 기록되어 있으며, 제도의 현실적인 개혁안을 구체적으로 제시한 책이다.

『목민심서牧民心書』

1818년에 편찬한 책으로 목민관이 지켜야 할 지침을 밝히면서 관리들의 폭정을 비판했다. 부임赴任·율기律己·봉공奉公·애민愛民·이전吏典·호전戶典·예전禮典·병전兵典·형전刑典·공전工典·진황賑荒·해관解官의 12편으로 구성되어 있다. 책의 서문에 "오늘날 백성을 다스리는 자들은 오직 거두어들이는 데만 급급하고 백성을 부양할 바는 알지 못한다. 이 때문에 백성들은 여위고 곤궁하며 병까지 들어 진구렁 속에 줄을 이어 그득한데도, 그들을 다스리는 자는 바야흐로 고운 옷과 맛있는 음식에 자신들만 살찌고 있으니 어찌 슬프지 아니한가?"라고 개탄하였다.

영화 「군도: 민란의 시대」에 지리산 추설의 두령 대호 노사장이 이 서문을 읽는 장면이 나온다. 당시 관리들의 부정부패를 고발하고 나랏일을 하는 관리들이 지켜야 할 지침을 담은 『목민심서』는 지금의 공무원들특히 국회의원도 꼭 읽어 보고 독후감을 써야 하는 책이다.

『흠흠신서欽欽新書』

살인 사건의 조사·심리·처형 과정이 매우 형식적이고 무성의하게 진행되는 것이 사건을 다루는 관리가 율문에 밝지 못하고 사실을 올바르게 판단하는 기술이 미약하기 때문이라고 보고 1822년에 저술한 형법서이다. 이 책은 한국법제사상 최초의 율학 연구서이며, 동시에 살인사건을 심리하는 데 필요한 실무 지침서이다. 이 책 역시 법조계에 있는 모든 분들과 경찰들이 꼭 읽어야 할 추천 도서이다.

나는 열수洌水 정약용이다

다산 정약용은 유명한데 열수洌水 정약용은 다소 생소하게 들릴 것입니다. 하지만 정작 정약용 본인은 열수라는 이 호를 아주 좋아했다고 해요. '열수'란 대체 무얼까요?

열수는 조선시대 한강의 별칭인데요, 정약용이 귀양에서 풀려난 뒤 강진에서 고향으로 돌아와 환갑이 되기 전까지 사용한 별호이기도 합니다. 정약용은 자신을 가리켜 '한강에 사는 노인'이라는 뜻의 열수 옹, 열수산인, 열로 등으로도 불렀습니다.

정약용의 고향 마재는 북한강과 남한강이 한데 모여 흐르는 한강변에 자리하고 있는데요, 열수는 그가 평생 동안 그리워했던 강이지요. 오랜 세월, 가고 싶어도 갈 수 없었던 가슴 아픈 아련함이 느껴집니다. 여유당 뒤편 언덕에 묻힌 정약용은 살아서 늘 그리워했던 열수를 고즈넉하게 내려다보고 있을 겁니다.

열수에 관한 애잔한 시 한 편을 소개해드릴게요. 유배가 끝난 후 고향으로 돌아온 그를 맞아준 건 유유히 흐르는 열수였습니다. 「환초천거」라는 시에 그 마음이 담겨져 있습니다.

서둘러서 고향 마을 도착해 보니
문 앞에는 봄 강물이 흐르는구나

기쁜 듯 약초밭둑에 서고 보니
예전처럼 고깃배가 보이누나

꽃이 만발한 숲 사이 초당은 고요하고
소나무 가지 드리운 들길이 그윽하네

남쪽 천 리 밖에서 노닐었지만
어디간들 이 좋은 언덕 얻을거냐

다산은 유배에서 돌아와 4년 뒤에 회갑을 맞았는데, 이때 직접 '자찬묘지명自撰 墓誌銘'을 작성합니다. 자찬묘지명이란 스스로 쓰는 자신의 묘지명을 말합니다. 원래는 죽은 이의 삶을 잘 아는 선비가 지어주는 것이 일반적인데요, 자신이 겪었던 18년을 알아줄 이가 없으니 스스로 묘지명을 지었던 것이지요.

그는 자신의 삶을 돌아보며 고해성사를 하듯 인생을 스스로 정리했습니다. 그런데 여기에 등장하는 호는 그 유명한 '다산'이 아닌 '열수'입니다.

'이 무덤은 열수 정약용의 묘다'

삶의 마지막을 고백하면서 '열수'라는 호를 선택한 겁니다. 원래 정약용은 지금 현재 살고 있는 곳을 중시했다고 해요. 그럼에도 열수라는 호를 선택한 것은 열수에 대한 그의 마음이 얼마나 애틋한 것인지를 잘 보여줍니다.

다산을 연구하는 사람들은 강진에서 얻은 다산이라는 호가 고향에서 얻은 열수보다 더 유명해진 것이 아이러니하다고들 말합니다. 아마도 강진에서 오랜 세월을 지냈고, 제자들도 양성했으며, 수많은 저술활동을 해서 그럴 테지만 결국 정약용 삶의 마지막은 열수와 함께했던 것입니다.

정약용은 2012년에 유네스코 세계기념문화인물로 선정되었습니다. 소설가 헤르만 헤세, 음악가 드뷔시, 사상가 루소 등과 함께 선정되었는데, 우리나라 인물 중에서는 정약용이 최초입니다.

평생을 백성이 잘살 수 있도록 실용적인 제도, 기술, 과학, 의학, 법학, 지리 등의 연구에 몰두했던 다산 정약용. 우리는 그가 남긴 수많은 저서를 통해 백성을 위하고 사랑했던 한 학자가 백성들 곁에 있었음을 알 수 있습니다. 사람을 귀하게 여기는 그의 애민 정신은 현대를 살아가는 우리들에게도 많은 본보기가 됩니다.

그리고 정약용의 형제들

정약용이 가장 빛났던 정조 시대를 생각하면 활발하게 궁을 누비고 다녔을 그의 모습이 상상이 갑니다. 새로운 조선을 위해 머리를 맞대고 밤을 새워 진지한 토론을 했을 실학자들의 모습도 보입니다. 그가 남긴 유산 속에서 우리는 많은 것을 배우고 느끼며 또 성장하고 있다고 생각해요. 정약용의 수많은 저서들은 지금도 우리에게 많은 메시지를 전달하고 있고, 수많은 논문 자료로 사랑받고 있으며 지금까지도 활발히 연구가 진행 중이에요.

덧붙여 정약용의 형제들을 소개하며 글을 마칠까 합니다.

정약용의 가족들은 참 유전자가 남달랐나 봐요. 다른 형제들도 참 똑똑하고 저서 집필에 대한 열정 또한 대단했습니다. 정약용의 둘째 형이자 인생의 멘토였던 정약전은 흑산도로 유배를 간 후 무려 12년 동안 그곳에서 지내야 했습니다.

하지만 그는 현실에 안주하지 않고 바다 생물을 연구해서 『자산어보』라는 훌륭한 자산을 남겼습니다. 백성들이 먹을 것이 없어 굶어죽는 일은 없어야 한다는 생각으로 연구한 결과물이죠. 자신이 살고 있는 바다의 생물이 무엇인지 잘 알고, 활용할 수 있기를 바라는 마음에서 200종이 넘는 생물의 습성, 요리법, 민간요법을 적어놓았습니다.

『자산어보』 덕분에 어부들은 어느 지역에서 어떤 생선이 잡히고 언제 이동하며 제철 생선이 무엇인지 등 여러 가지 도움을 받게 됩니다. 실제로 『자산어보』를 읽어본 적이 있는데요. 당시 사람들마다 물고기를 부르는 이름이 다 달랐는데, 하

▶신유박해(1801년-순조 1년)
를 표현한 그림

나하나 이름을 지어주고 일목요연하게 분류했어요. 물고기의 해부학적 특징까지 세세하게 기록했고요. 우리나라 최초의 물고기 덕후가 아니었을까 싶어요. 물고기를 사랑하지 않았다면 이런 책을 쓰지도 못했겠죠? 『자산어보』는 당시 해양생물과 지금의 해양생물을 비교해 기후에 따른 생태계 변화를 추론할 수 있는 중요한 자료라고 합니다.

정약용의 집안은 천주교를 받아들였다고 해서 가족들이 유배를 가거나 죽기도 했습니다. 당시 천주교 박해가 심했던 것은 잘 아시죠? 철저한 유교 문화 국가에서 조상 대신 신을 모시고, 평등사상을 추구하는 천주교가 얼마나 위험했겠습니까.

첫째 형 정약현은 집안 식구들이 모두 천주교와 연루되어 귀향가거나 참형을 당하자 집안을 지키기 위해 천주교를 신봉하지 않고 고향 마재에 머물렀다고 해요. 셋째 형 정약종은 독실한 가톨릭 신자로 조선천주교 회장을 지냈습니다. 1801년에 신유박해가 일어나고 형제들이 문초를 받게 되자 스스로 체포되어 서소문 밖에서 순교하죠. 한자를 모르는 신도들을 위해 우리말로 된 천주교 교리해설서 『주교요지主敎要旨』를 남겼습니다.

　조선 후기 격동의 시기에 권력을 탐하는 것이 아니라 백성의 편에서 자신의 할 일을 찾았던 정약용과 그 형제들. 저는 이 형제들이 유배를 가면서 그 긴 세월 동안 얼굴도 보지 못하고 떨어져 살다가 죽음도 지키지 못했다는 사실이 더　가슴 아프게 느껴지네요. 하지만 정약용 덕분에 그 형제들의 이름과 그 가문은 오래오래 역사 속에서 회자될 것입니다.

다산 정약용이 남긴 수많은 서적들을 보면 일생을 유배지에서 책만 쓴 것 같지만 다산은 엄청난 바둑 마니아였습니다. 정조와 같이 바둑을 자주 두기도 했는데요, 특히 정조는 바둑을 잘 못 둔다고 겸손히 말했지만, 바둑을 예로 들어 국정을 논하고 바둑에 비유하며 사람의 성품을 말하곤 했다고 합니다. 실제로 바둑을 깊게 이해하지 않고는 하기 힘든 이야기들이죠. 정조가 한가한 어느 날 오후 어느 전각에서 바둑알 놓는 소리를 들으며 지은 글을 한 편 볼까요?

산은 푸르고 저녁 연기 떠 있는데
종일 누각 안에서 보내누나
어지러운 정사에 입을 굳게 봉하고
지나온 세월 고개 한번 돌린 사이로다
바둑알 놓는 소리 처마 풍경마냥 부드럽거늘
성긴 구름 가는 빗줄기도 적당하다
비몽사몽간에 시 한 수를 짓노니
시가 다 되면 다시 낮 꿈으로 젖어들까나.

— 『홍재전서』 中

이외에도 정조는 바둑을 노래한 글과 바둑에 대한 기록을 수십 편 남겼습니다. 바둑을 잘 못 둔다, 잘 모른다고 하면서도 바둑에 대한 남다른 애정을 보여주고 있어요. 아마 실제로는 바둑 솜씨도 좋았을 거라 추측합니다. 정약용도 뭔가 정조와 비슷한 츤데레로 바둑 사랑을 지니고 있었습니다. 그런데 정약용은 젊었을 때 한창 실학에 몰두하면서 바둑을 쓸모없다 여기고 이런 시를 남깁니다.

바둑은 내 아직 지고 이기는 것 모르네.
옆에서 보기만 하자니 어리석은 사람 같구나.
내게 여의철如意鐵 한 가지가 있기만 하다면
확 한번 휘둘러서 다 쓸어버리고 싶네.

▶ 김준근, 『바둑두고(기산풍속도첩)』,
독일 함부르크민족학박물관

시가 다소 직선적이죠? 바둑을 보다가 확 엎어버리고 싶다는 표현이 재미있네요. 저는 왠지 정약용의 바둑에 대한 애증이 느껴지기도 합니다.

정약용은 유배를 가고 어느 정도 나이를 먹은 후에는 바둑을 찬양하게 됩니다. 대표적인 저서 『목민심서』를 보면 '노름판을 적발할 경우 재물을 압수할 것은 물론 형장 80대를 때려야 한다.'고 과격하게 기록했지만, 이어서 '단, 바둑만은 천한 자들이 하는 놀이가 아니니 분별해야 한다'고 적혀 있습니다. 다산 문집에 바둑에 관한 시가 많이 남아 있으며, 또한 말년에 무더운 여름을 보내는 가장 좋은 방법으로 깨끗한 대나무 자리에서 바둑을 두는 것을 꼽았던 것을 보면 정약용 역시 바둑에 푹 빠져 있었음을 알 수 있습니다. 🧧

조선시대 여인천하!
그녀들의 치맛바람 이야기

조선은 성리학의 영향으로 철저한 남성 중심의 사회였습니다. 우리에게 비쳐진 왕실 여인들은 대부분 왕을 보필하는 궁중의 꽃으로서의 역할에 충실했지요. 때로는 질투와 시기로 암투를 일삼는 꽃들의 전쟁이 흥미진진하게 펼쳐지기도 했습니다. 후세 많은 사람들은 이들이 벌이는 궁중 잔혹사나 절세 미모의 후궁이 원자를 낳지 못하는 중전을 대신해 아들을 낳으려고 고군분투하는 이야기에 혹하곤 했죠. 권력투쟁에 휘말린 비운의 왕비를 보고 가슴 아파하는 경우도 있고요.

하지만 왕실 여인들의 역사는 그보다 더 복잡하고 치열합니다. 특히 신라나 고려보다는 못할지언정 조선 왕실에도 천하를 호령하며 정치적으로 권력을 누렸던 여인들이 꽤 있었습니다. 남편과 아들을 왕으로 만들기 위해 킹메이커 역할을 하는가 하면 왕의 파트너로서 리더십을 발휘하기도 하고, 어린 왕을 대신해 수렴청정을 하며 절대군주인 왕을 쥐락펴락했던 실세 왕후들의 힘은 그야말로 막강했습니다.

남성 중심 사회에서 나는 새도 떨어트리는 권력을 휘둘렀던 여인들의 모습이 아이러니하죠? 그렇다면 어떤 여인들이 최고의 권력을 누리며 시대를 풍미했는지 절대군주를 다스린 조선시대 왕의 여자들을 만나보겠습니다.

왕의 어머니가 되어 궁으로 돌아온 소혜왕후

세자빈에서 청상과부가 되고, 시동생이 왕위에 오르는 것을 지켜봐야만 했던 비운의 여인이 12년의 세월이 흐른 후 왕의 어머니가 되어 당당하게 궁으로 돌아옵니다. 바로 인수대비로 잘 알려진 소혜왕후 이야기죠. 비록 왕비가 되지는 못했지만 그보다 더 막강한 권력을 행사했던 왕의 어머니가 바로 소혜왕후입니다.

소혜왕후(昭惠王后,1437~1504)한 씨는 세조의 첫째 며느리로 의경세자^{후에 덕종으로 추존}의 아내이자 성종의 어머니, 연산군의 할머니이죠.

계유정난의 일등공신이자 조선 초기 막강한 세도가였던 한확(韓確)의 딸로 태어난 그녀의 인생은 짱짱한 가문을 등에 업고 탄탄대로가 열려 있는 듯했습니다. 청주 한 씨 가문은 조선시대 왕비를 6명이나 배출했으며 심지어 고모 두 명이 명나라 황제의 후궁으로 가기도 했거든요. 게다가 한확은 세조의 신임을 듬뿍 받은 인물입니다. 그래서 세조가 그의 딸을 첫째 며느리로 삼은 것이죠. 하지만 남편의 죽음으로 인해 왕비가 되지 못한 채 훗날을 기약해야 했는데 그 시기는 빠르게 찾아왔습니다. 예종 또한 즉위 1년 2개월 만에 죽고, 소혜왕후의 둘째 아들인 자을산군이 성종으로 즉위하면서 실권을 장악하게 된 것이죠.

성종의 즉위 과정에는 여러 가지 사연이 있습니다. 사실 예종에게도 아들인 제안대군이 있었으나 성종이 제안대군과 친형인 월산대군을 제치고 왕위에 오른 이유는 한명회의 사위였기 때문이라는 말도 있어요. 물론 공식적으로는 제안대군이 너무 어렸고, 월산대군은 병약하다는 것이 이유였지만 세조의 부인 정희왕후가 후계자를 지목하면서 정치적인 선택을 했다는 것입니다. 그 뒤에는 아들을 왕으로 만들어 권력을 되찾고, 궁으로 돌아오고 싶었던 소혜왕후가 있었고요. 소혜왕후는 마치 미래를 예측하기라도 하듯 자식들이 왕위에 올라도 무리가 없을 만큼 엄하게 교육시켰습니다. 어쩌면 그동안 동서가 차지하고 있던 왕비 자리를 빼앗긴 자리라고 생각했던 것 아닐까요? 전해져 내려오는 설에 의하면, 예종이 죽은 후에 민심이 싸늘했다고 하네요. 어린 조카에게서 왕위를 찬탈한 세조의 자식들이 벌을 받는 거라면서요. 단종의 생모인 현덕왕후의 영혼이 데려갔다는 소문도 자자했고요. 심지어 소혜왕후가 자기 아들을 왕으로 만들기 위해 독살했다는 설도 있었다고 합니다.

아무튼 소혜왕후는 처세에 능하고 머리가 좋았던 것 같아요. 어떻게 하면 내 아들이 왕이 될 수 있을까 고민했겠죠. 그리고 당시 가장 핫한 권력이었던 한명회를 떠올렸을 테고 그의 막내사위인 둘째 아들을 선택한 겁니다. 첫째 아들에게는 차갑고 비정한 어머니가 되더라도 말예요. 첫째 아들인 월산대군은 허약하다는 이유로 그렇게 왕위에서 밀려나고 한평생 시를 짓고 예술을 노래하며 살아갑니다. 월산대군이 살던 곳이 지금의 덕수궁입니다. 그렇게 자신의 아들이 고대하던 왕위에 오르자마자 명나라 선덕제의 후궁인 고모 공신부인과 시어머니인 정희왕후와 돈독한 관계를 유지하며 서로 도움을 주고받는 등 정치적인 영향력을 쌓기 시작하죠.

소혜왕후는 어릴 적부터 총명했다고 하는데요, 명문가 출신 한확의 딸로 태어나 어려서부터 유학을 가까이 했죠. 실제로 조선 왕조 왕비 중 최고의 지성이라고 알려져 있습니다. 유학뿐 아니라 불교에도 깊은 관심을 가지고 있었고요.

소혜왕후는 부녀자들의 예의범절을 가르치기 위해서 『내훈』을 편찬한 것으로도 유명합니다. 남편을 하늘 같이 공경해야 한다는 내용이었죠. 이것이 조선시대 남존여비사상에 영향을 주었다고는 하지만, 각종 궁중용어를 비롯한 다양한 어휘 사용으로 독특한 국어사 자료가 되며, 옛날 여성들의 생활규범을 알려주어 오늘날의 여성에게 교훈이 된다는 점에 현대적 가치가 있습니다.

그녀는 매사에 성리학적인 사관을 가지고 아들을 성군으로 만들기 위해 노력 했어요. 그러다 보니 아들 성종보다 위에 군림하는 듯한 모양새였나 봅니다. 신하들이 그녀의 정치적인 활동을 아주 싫어했다고 해요. 이와 관련해서 실록에 재미난 기록이 하나 있습니다.

성종실록에 보면, "중부 견평방의 민가에서 세 발 달린 닭을 낳았다"라고 기록되어 있어요. 그녀의 정치적인 활동에 반발한 신하들이 나라가 흉흉할 때는 도처에 이상한 동물들이 출현한다는 내용을 빗대면서 은근히 비판한 것이죠. 신하들마저 신경 쓸 정도로 그녀의 권력이 세긴 셌나 봅니다.

아들이 최고의 성군이 되길 바랐던 소혜왕후에게 폐비 윤씨의 존재가 거슬리긴 했을 것 같아요. 여인들의 품행에 대해 가르쳤던 책까지 썼는데 질투심 있어 보이는 며느리가 눈에 차지 않았을 수도 있고요. 그런데 폐비 윤 씨의 죽음에 과연 소혜왕후가 관련이 있을까에 대한 문제는 지금도 의견이 분분합니다. 어머니를 죽였다며 연산군이 패륜까지 저질러 비참한 최후를 맞이했지만 실제로 폐비 윤씨의 죽음에는 성종이 주체적으로 관여했다는 주장입니다. 「성종실록」에 "이에 곧 좌승지 이세좌에게 명하여 윤씨를 그 집에서 사사하게 하고 우승지 성준에게 명하여 이 뜻을 삼대비전에 아뢰게 하였다"고 기록되어 있다는 것을 근거로 제시하고 있죠.

내훈을 지은 현모양처로 아들을 성군으로 기른 훌륭한 어머니인지, 며느리를 죽게 해서 조정에 피바람을 몰고 온 잔혹하고 비정한 시어머니인지에 대해서는 다양한 의견들이 있습니다. 어쨌든 왕이 된 아들을 내세워 시대를 풍미하며 권력

▶드라마 「여인천하」

을 휘둘렀던 철의 여인도 결국은 손자^{연산군}에게 머리를 들이 받고 비참한 최후를 맞게 됩니다.

최고의 권력자를 꿈꾸었던 강력한 카리스마, 문정왕후

드라마 「여인천하」 기억하시나요? 정난정과 함께 천하를 주름잡던 문정왕후의 카리스마가 돋보였던 작품입니다. 그녀는 아들을 왕으로 만든 조선 최고의 치맛바람으로도 유명하다고 해요.

문정왕후^{文定王后, 1501~1565} 윤씨는 조선 역사상 가장 큰 권력을 누렸던 왕실 여인으로 조선의 측천무후라고도 불리며 악녀로 묘사되기도 합니다. 심지어 『조선왕조실록』에서조차 그녀에 대해 혹평을 퍼부었죠.

「명종실록」에 의하면, "윤비^{尹妃}는 사직의 죄인이라고 할 만하다. 서경^{書經} 목서^{牧誓}에 '암탉이 새벽에 우는 것은 집안의 다함이다' 하였으니, 윤씨를 이르는 말이라 하겠다"라고 기록되어 있습니다.

명종이 누굽니까? 바로 문정왕후의 아들이죠. 그런데도 떡하니 이런 평가를 올린 것을 보면 지독하게도 문정왕후가 마음에 안 들었나 봅니다. 반대로 그만큼 무소불위의 권력을 휘두른 여걸이었다는 말이겠죠. 실제로 실록을 편찬한 사림 파들과 문정왕후는 대립 지점이 많았습니다.

문정왕후가 도대체 왜 조선의 남자들에게 불편한 존재였는지 지금부터 그 이야기를 해볼게요.

사실 그녀가 중종의 세 번째 왕비로 처음 왕실에 들어왔을 때는 고작 17살로, 존재 자체가 위태롭기 그지없었습니다. 이미 중종에게는 나이 많은 후궁들이 있었고, 그녀들은 어린 왕비를 가만두지 않았죠. 이때부터 궁중에서 살아남기 위한 문정왕후의 처절한 분투기가 시작된 겁니다. 신하들에게 휘둘리기만 하는 남편에게 기댈 수도 없고, 후궁들의 치열한 견제 때문에 미래가 어떻게 될지 모르는 두려운 나날을 보내게 된 것이죠. 그녀의 선택은 중종의 두 번째 부인이었던 장경왕후의 아들인 어린 세자를 보듬으며 안위를 유지하는 것이었습니다. 세자의 편에 선 세력들의 영향력이 커지면서 문정왕후는 그들과도 맞서야 했습니다. 이미 중종이 가장 총애하던 경빈 박씨와 복성군이 정쟁으로 제거되는 것을 보았으니 가시방석이 따로 없었겠죠. 이렇듯 궁에서의 그녀의 삶은 결코 녹록하지 않았습니다.

그렇게 왕비로서의 화려한 삶은 차치하고 안위만 걱정해야 하는 세월을 보내다 드디어 그녀에게 천금 같은 기회가 찾아옵니다. 바로 아들 경원대군을 낳은 것이죠. 왕비가 된 지 20여 년이 지나 30대 후반의 나이에 가진 아이입니다. 그런데 운명이란 가혹한 것이어서 그동안 그녀와 돈독했던 세자와는 돌이킬 수 없는 정적이 되어버립니다. 그리고 이제부터 그녀의 정치 인생이 시작되죠. 동생 윤원형과 그의 첩 정난정과 함께 당시 세자의 편에 섰던 윤임과 맞서게 된 것입니다. 사람들은 윤임을 대윤, 윤원형을 소윤이라고 불렀습니다. 바로 대윤과 소윤의 싸움, 을사사화의 서막이 열린 거죠.

야사에 따르면 문정왕후가 세자궁에 불을 지르기도 하고 무속의 힘으로 저주도 내리고, 모진 말로 구박해서 마음의 병을 얻게 했다고 하는데 확실하지는 않습니다. 아무튼 효자였던 세자가 문정왕후와 이복동생으로 인해 근심이 많았을 것이라는 건 분명하죠. 실록에는 문정왕후가 세자에게 경원대군과 자신의 친정 가문을 죽이지 말라고 부탁했다는 기록도 있습니다. 이미 세자가 있는데 적자를 낳았으니 신하들이 문정왕후를 폐위시키려는 움직임도 있었다고 해요.

결국 세자가 왕위에 오르고 문정왕후는 다시 숨을 죽이면서 살게 됩니다. 하지만 병약한 인종은 즉위한 지 1년도 못 되어 세상을 떠납니다. 경원대군이 12살의 나이로 명종으로 즉위하면서 드디어 문정왕후의 세상이 온 것이죠.

그녀의 권력은 아들 명종이 즉위한 후 극에 달합니다. 문정왕후는 8년간 수렴청정을 했는데 그만 둔 뒤에도 아들 명종을 못살게 군 것으로 유명합니다. 연려실기술*燃藜室記述의 기록에 따르면 문정왕후는 명종에게 하나하나 지시를 하고, 왕이 말을 듣지 않으면 '네가 왕이 된 것은 모두 나의 힘이다'라며 윽박지르곤 했다합니다. 강남에서 치맛바람 좀 날리며 아이를 간섭하는 어머니의 모습이 겹쳐지네요.

문정왕후는 권력을 잡자 가장 먼저 대윤파와 사림을 제거하는데 이를 을사사화*라고 합니다. 누구도 문정왕후에 대적할 수 없는 마치 여왕 같은 최고의 권력자가 되었습니다.

사실 그녀에 대한 평가는 실록을 편찬한 남자들에 의해서 이루어진 것이죠. 여자가 정치에 참여하는 것을 받아들일 수 없었던 시대였고요. 문정왕후는 남성 관

▶문정왕후 태릉
문정왕후의 무덤으로 서울 노원구 공릉동에 위치해 있다.

료들을 발아래 두고 심지어 조선의 국시이던 숭유억불정책마저 무시하고 불교를
장려했으며, 왕과 신하가 조화롭게 국정을 운영하는 성리학의 이념을 무시하고
독재 권력을 행사했습니다. 그러니 지배 계층이나 신하들은 받아들일 수 없었겠
죠. 하지만 조선의 내로라하는 학자와 지식인이 모인 정치 무대에서 자신의 의견
을 관철시켰다는 것은 그만큼 누구와 붙어도 결코 지지 않는 실력을 갖추었다는
점에서 그녀가 탁월한 정치가였다는 평가도 있습니다. 정치 능력이 그만큼 뛰어
났다는 거죠. 앞선 왕들이 신하들 눈치 보면서 쉬쉬했던 불교 정책을 아무렇지도
않게 펼쳤으니까요. 하지만 자신의 능력을 나라와 백성을 위해 발휘한 게 아니라
오로지 가문이나 권력을 지키기 위해 노력했다는 점에서 비판을 받는 것 같아요.

왕을 뒤에서 조정하며 실세를 누렸던 문정왕후는 조선의 실제 권력자로 20년
을 통치한 후 눈을 감았습니다. 그녀가 죽자 불교도 다시 힘을 잃었고, 윤원형과
정난정도 죄 값을 치러야 했죠. 윤원형은 유배를 가고 정난정은 스스로 목숨을
끊었습니다. 문정왕후의 마음을 사로잡아 천하의 권세를 누렸던 정난정은 천민
에서 정경부인이 되고, 스스로 독약을 먹고 생을 마감하기까지 참으로 파란만장
한 삶을 살았다고 할 수 있겠네요.

중종 옆에 묻히기 위해 무리하게 남편의 능을 이장했던 그녀의 소원은 이루어

지지 못했습니다. 원래 중종의 능은 정릉에 있었는데 풍수지리를 핑계로 선릉 옆으로 옮겼다가, 그 지역이 홍수 피해가 자주 일어나 결국 지금의 위치에 예장되었죠. 서울 노원구 공릉동에 있는 태릉은 문정왕후의 무덤인데요, 어릴 적 태릉으로 소풍을 간 적이 있었어요. 규모가 크기도 하고 이름도 태릉이라 태조 이성계의 무덤인줄만 알았습니다. 왕의 무덤에 견주어도 손색이 없을 만큼 단독 무덤치곤 크고 웅장해서 조선을 호령했던 그녀의 권세를 짐작하게 합니다. 혹은 명종의 효심이 반영된 걸까요? 문정왕후를 나라를 망친 왕후가 아니라 남성 중심의 조선에 맞선 여인으로 기억해보는 건 어떨까 생각해봅니다.

정조의 꿈을 앗아간 젊은 할머니, 정순왕후

정순왕후貞純王后, 1745~1805 김 씨는 조선 21대 왕 영조의 계비입니다. 왕비로 책봉될 때가 겨우 15살로 영조가 무려 51살 연상인 셈이죠. 자신보다 10살이나 연상인 사도세자나 혜경궁 홍씨와는 많이 불편했을 것 같습니다. 실제로 아버지 김한구를 비롯한 친정이 노론 가문이기 때문에 사도세자와는 처음부터 대립했고, 사도세자가 뒤주에 갇혀 죽을 때도 적지 않은 역할을 했다는 이야기가 있습니다. 오빠 김귀주金龜柱가 이끄는 세력이 사도세자의 장인인 홍봉한洪鳳漢 세력과 맞서고, 벽파※僻派 중심인 친정 인물들이 정조가 즉위했을 때 시파※時派와 대립하면서 정치적으로는 계속 트러블이 생겼죠.

정조 재위 시에는 외척 세력을 배척했기 때문에 정순왕후의 친족은 죽거나 정계에서 배제되었는데, 귀양 가 있던 정조의 이복동생 은언군은 편하게 지내는 것을 보고 대립은 더욱 심화되었습니다.

이때부터였을까요? 아무튼 정순왕후는 정조에게 불만이 많았던 모양입니다. 가뜩이나 정조와 정순왕후는 나이차이가 7살밖에 나지 않았으니 할머니라고 존

벽파와 시파
벽파는 주로 노론 계열로 정조의 탕평책을 반대한 세력이다. 사도세자의 죽음을 당연한 것으로 받아들이는 입장을 취하였다. 반면 시파는 벽파와는 반대 입장을 취한 세력을 말한다.

역린[逆鱗] : 용의 목에서 거꾸로 난 비늘. 즉 임금의 노여움을 이르는 말

▶정조 시기 정유역변을 다룬 영화 「역린」

대해주기가 참으로 껄끄러웠겠죠? 영화 「역린」에서는 한지민이 정순왕후로 나오고, 정조를 현빈이 연기했는데요, 정조가 인사를 왔을 때 일부러 정순왕후가 어린 궁녀에게 발톱을 깎고 있는 장면을 연출해 대놓고 왕을 무시하는 모습을 보여줬습니다. 실제로 정조가 자주 거주하던 존현각에서 발생한 정조 시해 미수사건 정유역변*은 그 배후에 정순왕후가 있었다고 추측하고 있죠.

정유역변

1777년 정유년에 있었던 반역 사건. 아버지 홍지해를 귀양 보낸 정조에게 불만을 가진 홍상범 등이 주축이 되어 장조의 서자인 은전군 이찬을 추대하려고 했던 역모 사건이다.

정조가 먼저 죽은 후 그녀 자신이 왕실 최고 어른이 되자 본격적으로 권력 행사를 하기 시작합니다. 정조 죽음의 이유 또한 정순왕후로 인한 독살설이 돌기도 했죠. 아마도 49세라는 이른 나이에 개혁을 완성시키지 못하고 명을 다한 것의 아쉬움이 아닐까 싶습니다. 정조의 아들 순조가 11세의 어린 나이에 왕위에 오르자 본격적으로 정순왕후의 수렴청정이 시작됩니다.

정순왕후가 가장 먼저 한 일은 사도세자에게 호의적이었던 시파 인물들을 숙청하는 것이었습니다. 정조가 왕이 된 후 가장 공을 들였던 사도세자의 신원 회복도 없던 일이 되어 버렸습니다. 아주 나중에 고종에 의해 장조로 추존되었죠.

왕실은 다시 노론 벽파가 득세를 하게 되었습니다. 붕당 정치의 폐해를 염려해서 탕평책을 추구했던 영조와 정조의 노력이 빛을 보지 못하고 이후 세도 정치가 더욱 치열해지면서 백성들의 삶은 안중에도 없고 각종 부정부패와 매관매직이 성행하게 됩니다.

더 안타까운 건 정순왕후가 권력을 잡은 후 정조의 꿈은 사라져버렸다는 겁니다. 정조가 추진했던 여러 개혁적인 성과들을 부정하면서 심지어 정조 이전의 시간으로 돌려놓은 것이죠. 이것만 봐도 정순왕후가 정조를 꽤나 못마땅해 했음을 알 수 있습니다. 규장각은 권한이 축소되었고, 국왕 친위부대인 장용영은 아예 폐지해버렸습니다. 정조의 사랑받던 인재, 정약용도 천주교 탄압 과정에서 귀양을 가게 되고, 정조 때의 신하들이 대거 처벌을 당하는데 이것이 신유사옥입니다. 남인들의 다수가 천주교 신자라는 명목이지만 분명 정조의 측근이었던 상대 정파를 없애기 위한 정치적인 목적으로 행하여진 것이죠.

정순왕후는 스스로를 여자 국왕인 여주女主, 여군女君이라고 칭했다고 해요. 실제로 모든 권한을 행사했습니다. 신하들에게도 공공연하게 충성서약을 받았으며, 정적에 대한 피의 숙청도 이루어졌습니다. 이 과정에서 정조의 어머니 혜경궁 홍 씨의 동생 홍낙임洪樂任과 은언군도 처형됩니다. 일반 국정에서는 민생문제의 해결을 위해 비변사 · 관찰사 · 수령으로 이어지는 통치 질서의 확립을 강조했다고도 합니다.

1803년 정순왕후가 수렴청정을 거두고 정치에서 물러나자 비로소 다시 상황은 반전됩니다. 시파인 김조순金祖淳이 왕의 장인이었기 때문이죠. 조정은 다시 벽파가 제거됩니다. 이때 정순왕후의 친정 인물들도 조정을 떠나게 되죠.

조선 후기 야사를 기록한 『대동기문大東奇聞』에는 정순왕후가 왕비로 간택될 때의 일화가 수록되어 있는데 잠깐 같이 보죠.

영조가 예비 후보들에게 질문을 합니다.

"세상에서 가장 깊은 것이 무엇이냐?"

저마다 대답을 합니다. 산이 깊다고 하는 후보도 있고, 물이 깊다고 하는 후보도 있습니다. 그런데 정순왕후는 '인심人心' 즉 사람의 마음이 가장 깊다고 대답합니다. 사람 마음은 측량하기 어렵다는 것이죠. 그래서 민심을 헤아려야 나라가 안정된다고 말을 합니다. 그곳에 모인 사람들은 어린 소녀의 대답에 모두 어리둥절했겠죠. 그리고 다음 질문을 이어서 합니다.

"꽃 중에서 무엇이 제일 예쁜 꽃인가?"

저마다 좋아하는 꽃 이름을 대는데 안 예쁜 꽃이 없었겠죠. 그런데 정순왕후는 '목화꽃'이라고 대답합니다. 그 이유도 역시 기특합니다. 예쁜 꽃들이 모두 화려한 모습을 자아내더라도 결국 일시적으로 보기 좋은 것에 불과하지만 목화는 솜을 만들어 많은 사람들을 따뜻하게 해준다는 것이었습니다. 그리고 다음 질문은,

"고개 중에 가장 어렵게 넘는 고개가 무엇인가?"

저마다 추풍령, 문경새재 등 넘기 힘든 고개 이름을 댑니다. 정순왕후는 무엇이라고 대답했을까요? 그녀는 보릿고개라고 대답합니다. 춘궁기*에 보리가 익을 때까지 견디는 고비는 겪어보지 않으면 모른다는 말을 덧붙이죠. 평소에 백성을 생각하기로 유명한 영조는 물론 그 자리에 모인 모든 심사관들이 그녀의 나라 걱정과 백성 걱정에 입을 다물지 못했겠죠. 마침 왕비 간택을 위한 심사의 날엔 비

• 춘궁기: 묵은 곡식은 다 떨어지고 햇곡식은 아직 익지 아니하여 식량이 궁핍한 봄철의 때

가 내리고 있었습니다. 영조는 후보자들에게 기습 질문을 던졌는데요, 궁궐의 행랑의 수를 묻습니다. 모두들 당황하면서 궁궐 지붕을 쳐다보기 시작했는데 정순왕후만이 홀로 머리를 내리고 침묵했습니다. 영조가 너는 그 수를 알아봤느냐 묻자, 처마 밑으로 떨어지는 물줄기를 보면 행랑의 수를 알 수 있습니다 라며 정확한 행랑의 숫자를 맞혔다고 합니다. 완전 게임 오버겠죠?

이런 일화를 보면 정순왕후가 어렸을 때부터 아주 영특했다는 것을 잘 알 수 있습니다. 임금이 어떤 대답을 원하는지 확실히 파악하고 있었으니까요. 정조 재위 시절 아직 젊은 그녀는 무엇이든 원하는 대로 하고 싶었을 겁니다. 그래서 어쩌면 자신의 능력을 제대로 펼칠 수 없었던 불만이 쌓여 정조가 죽고 난 후 표출된 것 아닌가 싶기도 하네요. 만약 정조와 대립각을 세우지 않고 같이 도왔다면 조선은 어떻게 되었을까요?

때를 기다려 마침내 권력을 움켜쥔 신정왕후

소혜왕후처럼 세자빈 시절 남편의 죽음으로 인해 왕비가 되지 못한 또 한 명의 여인을 소개합니다.

우리에겐 조대비趙大妃로도 더 유명한데요, 신정왕후神貞王后, 1808~1890 조씨는 조선 제23대 순조의 아들인 익종의 비, 헌종의 어머니이며 구한말 흥선대원군과 손을 잡고 고종을 왕위에 오르게 한 인물입니다. 안동 김씨와 함께 조선 후기 세도 정치 가문으로 양대 산맥을 이루는 풍양 조씨 가문의 딸입니다.

그녀는 왕실 역사에서 새로운 기록을 세우기도 했는데, 바로 조선의 왕비 중에서 가장 오래 궁궐 생활을 한 여인이었던 것입니다. 12살에 세자빈이 되어 83세에 사망할 때까지 70여 년의 세월을 왕실에서 보낸 것이죠. 23세에 남편을 잃었으니

▶ 효명세자를 모티브로 한 KBS2
드라마 「구르미 그린 달빛」

그중 60여 년은 수절하면서 살았습니다. 그런데 그 긴 세월 동안 그녀가 궁에서 과
연 행복했을까요? 그녀의 삶도 파란만장함과 드라마틱 그 자체였답니다.

신정왕후의 삶을 돌아보려면 먼저 그녀의 남편 효명세자 이야기를 해야 합니
다. 「구르미 그린 달빛」이라는 드라마가 효명세자를 모티브로 해서 잘 알려졌죠.
왕위에 오르지 못하고 죽었기 때문에 예전에는 별로 주목을 받지 못했습니다.

효명세자는 사후 익종으로 추존되는데요, 왕실의 엄청난 기대를 한 몸에 받았
던 세자라고 합니다. 숙종 이후 100여 년 만에 적장자로 태어났기 때문이죠. 게
다가 총명하고 지혜로우며 개혁 성향까지 갖췄으니 왕으로서의 자질이 차고 넘
쳤다고 해요. 실제로 생긴 모습도 정조와 비슷했다고 하는데요, 아주 빼어난 용
모를 가지고 있었다고 전해집니다. 그런데 효명세자의 어진은 한국전쟁 때 화재
로 얼굴을 포함해서 반쯤 불탄 채 보존되어 있습니다.

효명세자와 신정왕후는 1819년에 각각 11살, 12살의 나이에 혼인을 하게 됩니
다. 부부는 이후 그야말로 조선 후기 격동의 시대를 함께하게 되죠. 효명세자는

너무도 총명해서 19살의 나이에 아버지를 대신해 대리청정을 했는데 당시 안동 김 씨 세력에 대항하기 위해 개혁정책을 펼치고, 궁중무용을 통해 왕실의 권위를 높였다고 합니다.

「순조실록」에는 "왕세자가 말하길 옛날의 습관을 통렬히 고쳐 다시는 멋대로 구는 폐단이 없어야겠고 만일 어김이 있다면 결단코 용서치 않음을 각 이문에 적어 게시하라."라고 기록되어 있습니다.

그런데 이토록 왕실의 기대를 한 몸에 받고 있던 세자가 22살이라는 젊은 나이에 갑자기 숨을 거둡니다. 갑작스러운 스트레스로 인해 목이 부어 음식까지 삼키지 못하는 기망이라는 질병을 얻어 숨지게 되는데, 워낙 건강했던 세자였기에 현대에 와서는 그의 죽음에 관해 독살을 추측하기도 합니다. 효명세자는 세도정치로 인해 유명무실해진 과거제도를 고치고 경복궁의 중건을 검토하던 중이었죠. 남편을 잃은 신정왕후는 그렇게 어린 아들과 함께 홀로 남게 됩니다.

얼마 후 순조마저 세상을 떠나고 신정왕후의 아들이 8살의 나이에 왕위에 오르니 조선 왕실 역대 최연소로 즉위한 헌종입니다. 당연히 어머니인 신정왕후가 수렴청정을 할 것 같지만 이미 왕실 최고 어른인 순조의 부인 순원왕후가 있었습니다. 다시 권력을 잡은 안동 김씨 세력은 헌종의 첫 번째 왕비를 안동 김씨 중에서 간택하고, 효명세자의 측근들을 없앴죠. 신정왕후는 숨을 죽이고 때를 기다릴 수밖에 없었습니다.

그런데 그녀의 가혹한 운명은 여기서 끝이 아니었습니다. 아들 헌종이 23살의 나이에 세상을 떠난 것이죠. 순원왕후는 그 유명한 강화도령, 철종을 왕으로 앉힙니다. 게다가 왕이 된 철종을 아들로 삼아서 왕실 계보까지 꼬이게 했다는군요. 철종 즉위 후에 풍양 조씨 가문은 더욱 더 탄압을 받게 되죠. 신정왕후는 아들의

▶흥선대원군
고종의 아버지로 신정왕후와 함께 개혁을 펼쳤다.

죽음을 슬퍼할 겨를도 없이 추풍낙엽처럼 쓰러져 가는 가문을 지켜볼 수밖에 없었습니다. 기댈 곳 없는 신정왕후가 이 시기를 견딘 건 정말 천운 같네요. 와신상담, 절치부심 기다림의 결과일까요? 순원왕후와 철종이 차례로 세상을 떠나는 것을 지켜본 신정왕후는 드디어 왕실의 최고 어른이 되었습니다.

그녀는 흥선대원군興宣大院君 이하응李昰應의 둘째 아들을 후계자로 지목하고, 자신의 양자로 삼습니다. 바로 제26대 고종이죠. 그렇게 함으로써 고종은 철종이 아니라 효명세자와 헌종의 뒤를 이은 정통성을 확보합니다. 아들에게도 하지 못했던 수렴청정을 드디어 하게 됩니다. 그리고 그녀는 그때부터 남편 효명세자가 이루려고 했던 개혁들을 펼쳐나갑니다.

우리는 흔히 국사 시간에 대원군의 개혁에 대해 배웠는데요, 사실은 효명세자 때부터 실천하려고 했던 것들을 신정왕후가 계승하고 실질적으로 주도했다는 이야기입니다. 신정왕후는 효명세자의 뜻을 계승하여 과거제 폐단 시정, 경복궁 중건 계획, 안동 김씨 세도 정치의 핵심기구였던 비변사 혁파 등 사회적인 폐단을 개혁하기 위해 노력했습니다.

그녀가 죽은 후 효명세자와 합장^{동구릉 내 수릉}되면서 무려 60년 만에 남편과 재회하게 됩니다. 죽을 고비를 넘기고 때를 기다려 남편의 뜻을 이루고 갔으니 나쁘지 않은 인생이었겠네요.

파란만장한 삶은 살다간 조선의 여걸들

유교적인 가부장 제도가 만연했던 조선시대에 수많은 음모와 대립이 난무하는 왕실에서 여자의 몸으로 최고 권력까지 오른 왕후들을 보니 감히 여걸이라 부르고 싶습니다. 그녀들의 공통점은 대세를 따르며 숨죽이고 있다가 적절한 타이밍에 치고 올라갔다는 거죠. 하지만 다소 아쉬운 것은 주로 수렴청정을 통해서만 권력을 펼칠 수 있었다는 점입니다. 중국 최초의 여황제 측천무후처럼 우리 조선에서도 여황제가 한 번이라도 나왔으면 좋았을 텐데 말예요. 하지만 성리학적 질서가 뚜렷한 시대에 그런 일은 일어나기 힘들었겠죠.

그래도 예전에는 여자가 권력을 잡고 아들을 조종한다며 다소 악녀 같은 이미지가 강했다면 요즘에는 당시의 유교적인 사회에서도 자신의 목소리를 당당히 낸 여걸로 평가받기도 하니 그녀들의 노력이 이제야 인정받는 게 아닐까요?

역사는 시대에 따라 재평가되고 상반된 해석을 낳기도 합니다. 고려시대 목종의 어머니였던 천추태후를 조선시대에는 나라를 어지럽힌 음탕한 여인으로 비난했지만 요즘엔 정치적 야망과 능력이 탁월했던 여걸로 재평가하기도 하는 것처럼 말이에요.

어찌되었건 지금이나 옛날이나 여자가 최고 권력자가 되고 인정을 받기 위해서는 남들보다 더 피나는 노력이 필요하다는 생각이 듭니다. 아직도 "여자가 어딜 감히"라는 유교적 관념이 암암리에 남아 있기 때문이죠.

요즘은 남녀차별이라는 문제가 워낙 첨예하게 대립하면서 사회적 이슈가 되기도 합니다. 각자 가지고 있는 능력만큼 인정받고, 잘하는 일을 성의 차별 없이 마음대로 할 수 있는 사회가 진정한 남녀평등사회 아닐까요?

역사 속 수많은 여걸들의 인생 속에서 현재를 사는 우리는 그 해답을 찾을 수 있지 않을까 기대해봅니다.

왕실 여인은 아니지만 연산군을 치마폭에 감싸고 권력을 쥐락펴락했던 여인, 장녹수가 있죠. '흥청' 중에서도 그 춤과 노래 솜씨가 뛰어나 연산군의 눈에 들었고, 타고난 입담과 연산군이 필요로 했던 모성애까지 가지고 있었던 그녀의 매력을 알아볼까요?

그녀는 우리가 흔히 상상했던 것과 달리 반전 있는 인물입니다. 실제로 장녹수는 그리 예쁜 얼굴은 아니었다고 해요. 장녹수의 용모와 성격 등이 자세하게 쓰여 있는 「연산군일기」의 기록을 보면요.

> "성품이 영리하여 사람의 뜻을 잘 맞추었는데, 처음에는 집이 매우 가난하여 몸을 팔아서 생활을 했으므로 시집을 여러 번 갔었다. 그러다가 대군大君 가노家奴의 아내가 되어서 아들 하나를 낳은 뒤 노래와 춤을 배워서 창기娼妓가 되었는데, 노래를 잘해서 입술을 움직이지 않아도 소리가 맑아서 들을 만하였으며, 나이는 30여 세였는데도 얼굴은 16세의 아이와 같았다. 왕이 듣고 기뻐하여 드디어 궁중으로 맞아들였는데, 이로부터 총애함이 날로 융성하여 말하는 것은 모두 좇았고, 숙원(淑媛)으로 봉했다."
>
> ─「연산군일기」

기록에서처럼 장녹수는 빼어난 외모는 아니었지만 노래와 춤 실력이 대단했고, 무엇보다 동안 외모를 가지고 있었다고 하네요.

장녹수는 유부녀에 심지어 아들까지 있었습니다. 충청도 현령을 지낸 장한필과 그의 첩 사이에서 태어난 장녹수는 첩의 자식이기 때문에 천한 대우를 받으며 살 수밖에 없었어요. 가난해서 시집을 여러 번 갔고, 마지막에는 제안대군의 노비로 들어가 그곳의 노비와 혼인하여 아들을 하나 두었지요. 어찌 보면 장녹수는 아들이 있어 모성애가 깊었고, 그래서 연산군의 부족한 부분을 채워주지 않았나 싶어요. 연산군을 다루는 방법을 잘 알았거든요. 전하라는 호칭대신 연산군의 아명을 부르며 때로는 어린아이같이, 때로는 노예처럼 대할 수 있는 유일한 사람이었다고 합니다.

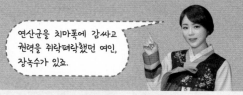

연산군을 치마폭에 감싸고
권력을 쥐락펴락했던 여인,
장녹수가 있죠.

"남모르는 교사(巧詐)와 요사스러운 아양은 견줄 사람이 없으므로, 왕이 혹하여 상사(賞賜)가
거만(鉅萬)이었다. 부고(府庫)의 재물을 기울여 모두 그 집으로 보냈고, 금은주옥(金銀珠玉)을 다
주어 그 마음을 기쁘게 해서, 노비·전답·가옥도 또한 이루 다 셀 수가 없었다. 왕을
조롱하기를 마치 어린아이같이 하였고, 왕에게 욕하기를 마치 노예처럼 하였다. 왕이
비록 몹시 노했더라도 장녹수만 보면 반드시 기뻐하여 웃었으므로, 상을 주고 벌을 주
는 일이 모두 그의 입에 달렸다."

－「연산군일기」

연산군의 총애를 등에 업은 그녀는 비선실세로서 두각을 나타내기 시작합니다. 각종 뇌물과
인사 청탁을 받았고 장녹수의 일가친척들은 벼슬에 올랐으며 종3품의 숙용이라는 품계까지 오
르자 그녀의 권력 남용은 하늘을 찌르게 됩니다. 궁 밖의 본인 집을 재건하기 위해 민가를 헐
어버리고, 연산군이 얼굴 예쁜 흥청을 조금이라도 가까이 하려 하면 시기하여 가족들을 몰살하
였으며, 옥지화라는 기녀는 장녹수의 치마를 한번 잘못 밟았다가 참형까지 당하게 되죠.

결국 중종반정으로 연산군이 폐위되자 장녹수도 끈 떨어진 연이 되어 버립니다. 반정군에게
붙잡혀 군기시 앞에 끌려온 장녹수는 참형에 처해졌고, 수많은 사람들이 그녀의 시체에 돌멩이
와 기왓장을 던지며 욕설을 퍼부어 잠깐 사이에 돌무더기를 이룰 정도였다고 합니다. 무소불위
의 권력을 휘두르던 그녀도 비참한 최후를 맞이하게 된 거죠.

최근에는 장녹수를 조선 최고의 예인으로서 재조명하는 움직임이 보입니다. 드라마 「역적」
에서는 기존의 요부 이미지였던 장녹수를 가야금, 장구 등의 특기를 바탕으로 춤과 노래를 멋
지게 소화해내는 예인으로 그려냈고, 공연 「궁: 장녹수전」에서는 가난한 노비 출신 장녹수가
스스로 기예를 익혀 기생이 되고 왕에게 발탁되기까지의 신분상승기를 다루며 조선의 신데렐
라로 그려내고 있습니다.

명성황후인가, 민비인가?
그녀를 둘러싼 스캔들

"내가…… 조선의 국모다!!"

의미심장한 명대사, 한 번쯤 들어보셨죠? 2001년 드라마 「명성황후」에서 배우 이미연 씨가 했던 대사입니다. 이와 더불어 당시 소프라노 조수미의 「나가거든」이라는 OST와 감동적인 뮤직비디오도 크게 인기를 얻으면서 명성황후에 대한 관심이 높아졌었죠. 동시에 명성황후 시해 사건인 을미사변에 대한 국민들의 분노도 매우 커졌습니다.

그 뒤로도 명성황후의 인기는 사그라들지 않았어요. 뮤지컬 「명성황후」도 큰 흥행을 거두었고 해외로도 진출했죠. 우리나라 뮤지컬의 첫 해외진출 작품으로도 유명합니다.

명성황후는 시아버지 흥선대원군과 대립할 정도로 정치적 카리스마를 지닌 왕비이며, 그 죽음 또한 일본에 의해 처참히 시해당한 비운의 왕비로 우리의 머릿속에 각인되었습니다. 하지만 역사학계에서 명성황후를 보는 시선은 좀 다릅니다. 제가 대학 다닐 때 교수님은 나라를 말아먹은 왕비라며 명성황후라는 호칭조

▶뮤지컬 「명성황후」 공연 장면

차 아깝다고 민비로 부르면서 강의를 했어요. 그리고 일각에서는 드라마와 뮤지컬 등에서 명성황후를 과장되게 미화했다고 비판하기도 합니다.

실제 명성황후의 삶은 어땠고, 과연 그녀의 잘못이 무엇이기에 사람들이 그렇게 분노하는 것일까요? 불편하지만 반드시 알아야 하는 역사, 명성황후의 민낯을 면밀히 파헤치는 시간을 가져보도록 하겠습니다.

민자영, 조선 왕비가 되다

그녀의 이름은 민자영. 1851년 11월 17일 경기도 여주군에서 태어났어요. 아버지는 민치록, 어머니는 이 씨로 1남 3녀가 있었지만 모두 어린 나이에 죽고 그녀 혼자 남았다고 합니다. 흔히 명성황후가 고아가 되어 가난한 어린 시절을 보냈다고 알고 있는데, 어머니 이 씨는 딸이 왕비가 되는 것도 보았고 민치록의 가문은 가난한 집안도 아니었죠. 인현황후의 종갓집으로 고위층 집안이었습니다.

민자영은 어린 시절부터 학문에 관심이 많았고 특히 역사를 좋아했다고 합니다. 1866년 그녀의 삶을 바꾸게 될 왕비 간택에 참여하게 되는데요. 당시 대원군은 안동 김씨, 풍양 조씨 등 외척의 세도정치 폐단을 막기 위해서 아버지를 일찍 여읜 여흥 민씨 집안의 규수를 간택해서 며느리로 삼게 되죠.

하지만 오히려 그 선택은 나중에 큰 화를 불러일으키게 됩니다. 훗날 민씨 일가의 매관매직과 부정부패는 대원군이 경멸했던 세도정치 때보다 더 심했으니까요.

명성황후가 입궁할 무렵, 15세였던 남편 고종은 이미 연상의 여자가 있었다고 합니다. 바로 후궁이었던 귀인 이씨를 총애하고 있었는데 그 사이에서 첫아들인 완화군을 얻습니다. 시집오자마다 남편에게는 딴 여자가 있고, 심지어 아들까지 낳았으니 당시 명성황후의 기분은 어땠을까요? 결국 시기와 질투를 하게 되고 귀인 이씨와 명성황후 간에 보이지 않는 암투가 발생하게 되죠. 거기다가 시아버지인 흥선대원군은 첫 손자인 완화군을 총애했다고 합니다.

결과적으로 명성황후는 왕비가 되는 순간부터 그 누구에게도 환영받는 존재가 아니었다는 것이죠. 남편에게도 시아버지에게도 말이에요.

시아버지에게 맞서다

시집 와서 거의 3년간을 소박맞다시피 외롭게 보낸 명성황후에게 가장 필요한 건 원자였습니다. 고종의 첫사랑인 귀인 이씨에게서 완화군이 태어난 상황이었고, 흥선대원군도 후궁 소생의 왕자를 왕세자로 삼아 외척 세력이 커지는 것을 경계하겠다는 움직임을 보였기에 더욱더 초조해졌죠. 하지만 쉽게 아이가 들어서지 않았습니다. 몇 차례의 유산 끝에 드디어 첫아들을 낳게 되지만, 안타깝게도 기다리던 첫아들은 항문이 막혀서 태어나는 쇄항(항문폐쇄증)이라는 선천성 장애를 안고 있었어요. 지금도 가끔 신생아들에게 나타나는 현상으로 수술로 치료할 수 있다고 하네요.

▶고종황제 사진(좌)과 어진(우)

　황후는 외국인 의사 알렌에게 칼을 쥐게 해서라도 외과적 수술을 받게 하려고 하지만 흥선대원군의 반대에 부딪치게 되고, 결국 약으로 다스리자는 말에 대원군이 보낸 인삼을 다려 아들에게 먹입니다. 배출을 할 수 없는 어린 왕자에게 인삼 달인 물을 그렇게 먹여댔으니 결과는 뻔하지 않겠어요? 왕자는 열독이 올라 곧 죽게 되고, 명성황후는 흥선대원군이 왕자를 독살했다고 믿게 되죠. 이때부터 시아버지와 며느리의 불화가 시작됩니다.

　황후는 그때부터 시아버지와의 전면전을 준비합니다. 먼저 대원군과 사이가 좋지 않은 쪽 사람들을 하나 둘씩 자기편으로 만들죠. 그리고 대원군의 서원 철폐 과정에서 등을 돌리게 된 유학자 세력과 교류하여 최익현을 포섭합니다. 고종이 성인이 되었는데도 대원군이 섭정하는 것은 옳지 못하다는 상소를 올렸고, 고종과의 논의 끝에 대원군의 사가인 운현궁에서 궁궐로 출입하는 전용 문을 폐쇄시켜 버립니다. 이로써 대원군 11년간의 섭정은 끝이 납니다. 고종이 이제 22살이 되었으니 더 이상 섭정의 명분이 없었던 것이죠.

　고종은 어릴 적에는 아버지의 섭정을 받더니 성인이 되어서는 아내의 섭정을 받게 됩니다. 실제로 우유부단한 성격이었던 고종은 아내의 정치적 간섭을 그대로 내버려뒀답니다. 민비 세력이 조정을 장악하면서 외교라인도 바뀌게 되는데요, 개화파를 대거 등용하여 적극적인 개화정책을 펼치고 일본과 강화도 조약을 맺게 되죠.

명성황후, 그녀의 감춰진 민낯

지금도 학계에서는 명성황후인가, 민비인가를 놓고 호칭 논란이 일고 있습니다. 을미사변으로 일제에 의해 한나라의 국모가 처참하게 살해당한 것에 대한 동정론과 드라마 등 각종 미디어에서의 미화로 명성황후 호칭이 힘을 얻는 것이 사실이지만, 알려지지 않은 그녀의 수많은 만행 또한 감출 수가 없기에 그렇게까지 호칭을 높여서 부를 필요는 없다는 주장도 만만치 않습니다.

그렇다면 그녀의 만행을 하나하나 살펴볼까요?

남편 고종의 친정 선언으로 인해 흥선대원군과 그 파벌이 밀려난 권력의 공백에 자신의 여흥 민씨 일가를 불러들이고, 본래 소수 파벌이었던 민씨 일파는 자신들의 친척들을 동원하여 매관매직에 참여합니다. 그렇게 파벌의 덩치를 순식간에 불렸는데도 수장이었던 민씨가 이 행위를 눈감아주거나 조장해서 여흥 민씨 집단이 단기간에 급성장하는 원동력이 됩니다.

그렇다고 해도 국정 수행 능력이 좋았다면 백성들도 환영했겠죠? 하지만 집권한 지 몇 년 만에 국가재정을 파탄냅니다. 황현의 『매천야록』에 보면 당시 명성황후의 만행에 대해 신랄하게 비판해놓았습니다.

"대원군이 10년간 쌓은 국부를 순식간에 탕진한 여자."

"중앙의 요직은 물론 지방의 방백, 수령까지도 좋은 자리는 모두 민씨

▶황현의 『매천야록』

들이 차지하였다."

이렇게 명성황후를 등에 업은 사적인 부정부패가 나날이 심해졌고, 국고는 바닥이 났죠. 심지어 고종의 어머니인 조대비의 장례식 비용조차 없어서 쩔쩔 맬 정도였으니까요. 국가 재정이 파탄이 나면 그 피해는 어디로 갈까요? 당연히 백성들에게 돌아가죠. 부족한 장례비용은 상인들과 백성들에게 충당했습니다.

그렇다면 대체 왜 그렇게 국고가 바닥이 난 걸까요? 그 원인은 명성황후에게 있습니다.

당시 명성황후의 측근 중에 영남 도적이라고 불리며 사익을 챙긴 민형식이라는 인물이 있는데요, 친일인명사전에도 이름이 올라간 친일파입니다. 민형식이 몰래 착복한 국가 재산은 70만 냥으로 당시 480만 냥이던 전체 국가 재산의 7분의 1정도라고 하네요. 그야말로 조선판 최순실이라고 할 수 있겠네요.

명성황후는 손도 참 컸습니다. 갑신정변 당시 자신의 친정 조카인 민영익의 부상을 치료해준 미국 선교사이자 조선의 주치의였던 알렌에게 10만 냥을 사례금으로 지불하기도 했죠. 그뿐만이 아닙니다. 릴리어스 언더우드는 자신의 책 『조

▶표범 가죽으로 만든 양탄자

선견문록』에서 명성황후로부터 결혼 축의금으로 100만 냥을 받았다고 기록했는데, 당시 국가 예산의 5분의 1 정도라고 합니다. 스케일이 남다르네요.

또한 미신을 좋아해서 무당을 불러 굿 한 판 벌일 때마다 몇 만 냥씩 낭비하곤 했죠. 자신이 낳은 아들을 세자로 책봉하기 위해 청의 실력자 이홍장에게 엄청난 뇌물을 바쳤고요. 또한 아들 순종의 무병장수를 위해 금강산 일만 이천 봉의 봉우리마다 쌀 한 섬, 베 한 필, 돈 천 냥씩을 바쳤다고 합니다. 명성황후는 점치는 것도 엄청 좋아해서 유명한 점쟁이 이유인은 점 한 번 쳐주고 즉석에서 상으로 비단 100필과 돈 1만 냥을 받을 정도였다고 하네요.

명성황후의 접견실에 있었다던 표범 48마리 분인 세로 570센티미터, 가로 240센티미터 크기의 표범 양탄자는 그녀의 허영심과 사치를 여실히 보여주는 대목이기도 합니다.

그렇게 그녀 혼자 국가 예산의 17%를 탕진하게 됩니다. 우리가 흔히 사치스러운 여왕 하면 마리 앙투아네트를 떠올리죠? 참고로 앙투아네트가 사용한 국가 예산은 3%라고 하네요.

결국 백성들이 폭발하다

국고는 바닥나고 그 와중에도 이렇게 돈을 쓰니 군졸뿐만 아니라 조정의 문무백관들도 5년 이상 봉급을 제대로 받지 못하고 있는 상태였습니다. 또 백성들을 쥐어짜서 가혹하게 세금을 거두다 보니 백성들의 원성을 사게 되었죠. 그러다 결국 일이 터지게 됩니다.

1882년, 급료 한 푼 받지 못했던 구식 군대의 군졸들은 13개월 만에 한 달 치 급료인 쌀 6말씩을 받았는데, 쌀가마니 안에는 썩은 쌀과 모래가 절반 섞여 있는 거였어요. 오랜만에 받은 쌀로 가족들을 배불리 먹일 수 있겠다는 생각에 신나게 쌀가마니를 들고 왔는데 열어보니 모래와 겨가 섞여 있었다라고 생각해보세요. 요새 말로 완전 통수 맞은 거죠. 구식 군인들은 더 이상 참을 수 없었습니다. 화가 나서 모두 모여 궁궐로 쳐들어갔죠.

그리고 명성황후를 국고를 낭비한 원흉이라며 잡아서 죽이려고 했습니다. 명성황후는 궁녀로 변장하여 무예별감 홍재희의 등에 업혀 장호원으로 피신하였고, 구식 군인들은 흥선대원군을 다시 집권하게 만들죠.

여기서 너무 웃긴 사건이 발생해요. 당시에 명성황후는 행방불명된 상태였고 사망설이 소문으로 돌기 시작해요. 대원군은 명성황후의 사망설을 공식적으로 인정해 국장을 선포하려고 하죠. 그런데 국장이 치러지면 다시 권좌로 돌아올 수가 없잖아요? 한 번 죽은 걸로 선포되면 모든 게 끝이니까요. 그래서 명성황후는 고종에게 비밀리에 편지를 보내 자신의 생존을 알리고 청나라에 원군을 요청해서 대원군을 청으로 납치하게 한 뒤 다시 조정으로 복귀하게 됩니다. 시아버지와 적이 되어 다투다가 이제는 납치까지. 드라마 「사랑과 전쟁」보다 더 재밌는 막장 드라마를 보는 것 같네요.

다시 궁궐로 컴백해서도 정신 차리지 못하고 벼슬 팔아서 본인들의 배를 불리는데 급급했고 매관매직으로 수령 자리를 차지한 탐관오리들은 또 그 지역의 백성들에게 말도 안 되는 각종 세금을 걷기 시작합니다. 대표적인 예로 고부군수 조병갑의 횡포로 동학농민혁명이 일어나게 되었죠.

당시 동학 농민군들은 보잘 것 없는 죽창이나 곡괭이, 임진왜란 때 들어온 심지에 불을 붙여 쓰는 화승총을 사용했는데 이런 농민군들을 진압하겠다고 청나라 군대를 지원받게 됩니다. 하지만 톈진 조약에 의해서 청이 들어오면 일본도 자동적으로 군대를 파병하도록 약속되어 있었죠.

여기서 명성황후의 외교 실수가 여실히 드러납니다. 우리나라가 저급한 무기로 봉기한 동학농민군도 진압하지 못할 정도의 군사력을 가지고 있음을 청과 일본에게 선전하는 꼴이 되었고, 또 조선 안에 청과 일본의 군대가 들어옴으로써 국가 정세를 더욱더 불안하게 만든 것입니다.

마치 동학농민군들이 장난감 비비탄 총을 들고 있다면 당시 일본군은 기관총을 들고 싸운 것과 비슷한 상황이었습니다. 당시 기록을 보면 정말 동학농민군들은 학살당한 것과 같아요.

"보이는 대로 총살하고 있다. 우리 일본군 한 사람이 이삼백 명의 적을
　상대한다."

"화승총은 심지에 불을 붙여서 타들어가는 것을 기다려야 하고 사정거
　리가 100여 보인데 반해, 양총은 자발식이고 사정거리가 500보라서 토

▶열악한 무기로 무장한 동학 농민군

▶일본 개틀링 기관총

벌군이 100여 보 이상의 거리에서 사격하면 농민군은 그저 바라볼 뿐 응사할 수 없었다."

그렇게 20만 여 명의 농민군들이 처참히 죽어 나가게 됩니다. 남의 나라 군대를 굳이 데려와서 자기 백성을 죽인 꼴이죠.

그녀의 얼굴을 찾아라

이렇게 그동안 감춰져 있던 명성황후의 민낯을 알게 되니 기분이 어떠세요? 배신감이 들고 화가 나기도 할 겁니다. 이 내용들조차 을미사변을 정당화하기 위한 식민사관의 일환이라고 주장하기도 하지만 당시 임오군란과 동학농민운동 등 실제 백성들의 불만이 터져 나왔고 수많은 사료에서도 증명되었기에 그녀의 사치는 '쉴드'쳐 줄 수가 없습니다.

을미사변으로 안타까운 죽음을 맞이한 명성황후, 조선의 가장 유명한 왕비라고 해도 과언이 아니기에 그녀의 얼굴을 찾는 데 많은 관심이 쏠렸는데요.

▶대한제국 멸망사, 1906(좌)
궁궐에서 시중을 드는 여인
(우)

위 좌측이 가장 널리 알려진 사진이지만 이미 1890년대 초반부터 민간에 궁녀의 사진으로 유통되었던 사진이라 명성황후의 사진일 가능성은 희박합니다. 또한 역사학자와 전문가들에 따르면 신발도 신지 않은 버선발 차림으로 사진을 찍는 등 왕비로서 지킬 체통과 의식이 거의 보이지 않는다고 해요. 조선 시대 여성 복식의 중심은 가체인데, 가체를 보면 전혀 왕비가 아님을 알 수 있죠. 화려한 것을 좋아하는 명성황후의 성격상 이런 소박한 가체를 할 리 없죠.

위 우측 사진은 1891년 미국에서 발간된 박물관 보고서엔 '궁궐에서 시중을 드는 여인', 1893년 독일의 에른스트 폰 헤센-바르테크가 쓴 책에서는 '코레아' 궁녀, 1894년 발간된 화보 잡지 『일러스트레이티드 런던 뉴스』 등의 책자에는 '조선 왕의 시종'이라고 소개되어 있습니다. 그러나 2006년 사진의 원본이 공개됐고 앨범에 함께 실린 4장의 사진 중 왼편에는 고종과 순종의 사진이, 오른편에 명성황후 추정 사진이 있으며 아래쪽에는 대원군의 사진 2장이 배치되어 있습니다. 특히 명성황후 추정 사진 설명문에는 필기체로 'Die Ermordete Königin'이라고 적혀 있는데, 이는 '시해된 왕비'라는 뜻입니다. 대원군과 사진의 배경이 정확히 일치하며 같은 장소에서 촬영된 점, 유순한 눈빛과 다르게 날카로운 인상이 기록과 같다는 점이 명성황후의 실물로 가장 유력한 사진입니다. 저도 왠지 이렇게 생겼

▶이승만의 「독립정신」

▶이승만의 「독립정신」에 실린 사진

을 것 같은 느낌이랄까요?

위 우측 사진은 1910년에 간행된 이승만의 저서 『독립정신』에 실린 것입니다. 이 사진은 사진 하단에 사진의 주인공을 명성황후로 분명하게 소개하고 있어요. 물론 사진 속 여인이 평상복을 입고 있다는 점에서 왕비의 사진인지, 그냥 양반 집 여인인지는 확실하지 않아요. 하지만 1930년 1월 동아일보에 연재된 「한말 정객의 회고담」 연재 기사 제2회 분에 실린 명성황후 사진에도 이 사진을 넣었는데 이 기사를 쓴 사람은 민영환의 동생인 민영찬으로, 그는 여흥 민씨 척족입니다. 명성황후를 여러 차례 만난 인물이기도 하고요. 조정에서 오랫동안 활약했던 만큼 명성황후의 얼굴을 직접 기억하고 있는 소수의 인물이었기 때문에 어느 정도 가능성이 있는 사진이라 볼 수 있습니다.

결국 어떤 사진도 확실하게 명성황후 사진이라고 검증되지는 않았고, 아직도 학계에서는 의견이 분분합니다. 과연 그녀의 얼굴이 이 3개의 사진 중에 있기는 한 걸까요?

명성황후는 평소에 사진 찍는 걸 극도로 꺼렸다고 해요. 어릴 적 앓았던 병으로 얼굴에 자국이 남아 있었고 그로 인한 외모 콤플렉스가 있었다고 합니다. 그리고 당시 서양에서 온 화장품을 공수해서 두껍게 화장을 하고 다녔는데 그로 인한 납중독 증상이 피부에 나타났다고도 해요. 그리고 암살에 대한 두려움 때문에 침실이 여러 개 있었고, 침실에도 비밀 문이 있어서 피신할 수 있도록 설계했다고 하니 얼굴 공개에도 무척 예민했을 것 같습니다.

그녀를 둘러싼 호칭 문제

명성황후인가 민비인가의 호칭을 가지고 여러 가지로 견해가 엇갈립니다. 민비라는 말이 다소 멸칭의 분위기를 띠고 있고, 당시 비라는 표현을 왕후에게 붙이는 경우는 거의 없었다고 주장하며 명성황후로 써야 한다는 견해가 있어요. 고종이 광무개혁 때 대한제국을 선포하고 스스로 황제의 칭호를 쓰기로 했기에 을미사변으로 명성황후가 죽은 후 황후로 추존된 것이죠. 하지만 역사학계에서는 명성황후의 만행 때문에 그녀의 이름을 그렇게까지 높여서 부르고 싶지 않다는 분위기입니다. 저 역시 역사를 배울 때 선생님이나 교수님에게 '민비'라는 호칭으로 배웠고요. 그렇다면 명성황후라는 호칭은 잘못된 것일까요?

왕후의 호칭은 남편을 따라가는 만큼 고종이 황제가 되었기에 명성황후라는 호칭이 틀린 건 아니지요.

그렇다면 민비라는 호칭은 과연 왕비를 낮춰 부르는 호칭이고 일본의 식민사관에 영향을 받은 걸까요? 그것 또한 아닙니다. 먼저 '비'라는 명칭 자체는 멸칭이 아닙니다.

한문으로 비妃는 왕비를 의미하는 말로 왕의 아내란 뜻입니다. 다른 왕비는 비를 잘 붙이면서 왜 하필 민비는 안 되는 걸까요? 일본 제국주의자들이 명성황후를 비하할 작정으로 민비란 용어를 만들어냈다는 근거 없는 소문 때문에 비칭이거나 격이 떨어지는 것으로 인식되어버린 겁니다.

따라서 명성황후도 맞고 민비도 맞다는 것이죠. 그렇지만 기왕이면 고종이 일제의 압박 속에서도 힘을 내어 황제란 호칭을 사용했고 그녀 또한 안타까운 죽음을 맞이한 건 사실이기에 명성황후라 불러주는 것이 좋지 않을까요? 추존한 명칭을 따르기 싫다면 보통 실록에도 기록되는 호칭인 중전 민씨, 민 왕후 정도를 쓰면 됩니다.

물론 민비라 부르는 것도 잘못된 것이 아니니 뭐라고 부를지는 개인의 자유이지요. 그리고 황후라고 부른다고 명성황후가 저지른 행각들이 미화되는 게 전혀 아닙니다. 황후는 그저 지위일 뿐 선악과는 관련이 없으니까요.

어쨌든 구한말의 혼란 속에 파란만장한 삶을 살다간 왕비였던 명성황후. 하지만 정치적으로 봤을 때는 오점을 남긴 비운의 왕비였죠. 우리가 역사를 바라볼 때 한쪽으로 치우쳐서는 안 된다는 걸 알려주는 좋은 예라고 생각합니다.

불편하지만 알아야 할 역사도 있다는 거죠. 그녀에 대한 응징을 일본이 아닌 우리가 했으면 차라리 낫지 않았을까 하는 생각도 드네요. 그렇다면 최소한 죽을 타이밍을 잘 잡아서 미화된 왕비라는 꼬리표는 달지 않아도 되었을 테니까 말입니다.

명성황후, 그녀의 마지막을 보면 정말 파란만장한 인생을 살다 간 것은 확실합니다. 그녀의 죽음이 너무나 처참하고 안타까웠기에 각종 드라마나 뮤지컬 등에서 소재로 삼곤 하는 거겠죠? 왕이 사는 궁궐 안에서 한 나라의 왕비를 일본인 자객이 와서 죽이다니 가히 충격적인 사건이 아닐 수 없습니다.

1895년 10월 8일, 명성황후를 죽이려는 계획을 일본 낭인들은 "여우사냥"이라 불렀습니다. 일본 자객들은 궁궐을 지키던 군인들을 총으로 쏴 죽이고 궁궐로 난입합니다.

그들은 명성황후의 얼굴을 제대로 알고 있지 않았기에 같이 있던 많은 궁녀들도 같이 살해당했죠. 결국 명성황후도 미처 빠져 나가지 못했고, 일본인의 칼에 숨지게 됩니다. 그리고 명성황후의 시신을 근처 숲에서 태워버립니다. 이 사건을 우리는 을미사변으로 기억하고 있습니다.

그녀는 왜 갑자기 이런 어이없는 죽음을 당하게 된 걸까요? 당시 명성황후가 추진하던 외교 정책 때문이었습니다.

당시 청나라와 일본, 러시아는 우리나라를 가운데 두고 서로 힘겨루기를 하고 있는 상황이었습니다. 그런데 임오군란 이후 친청 정책을 펼치던 명성황후는 청일전쟁에서 청나라가 일본에게 패하게 되자 다시 러시아 쪽에 붙어 친러 정책을 펼치게 됩니다. 이렇게 일본의 눈엣가시가 되어버린 명성황후는 미우라 공사의 치밀한 계획 아래 일본 자객의 칼에 처참한 최후를 맞이합니다.

타국의 자객이 한 나라의 왕비를 이렇듯 처참하게 난도질하는 경우는 어떤 나라에서도 찾아보기 힘든 비난받을 일이었죠. 사건 이후 일본은 국제 사회의 비난을 피하기 위해 스스로 재판을 엽니다.

관리를 해임하고 관계자 48명을 감옥에 보내지만 이 모든 것은 정치적 쇼에 불과했습니다.

▶명성황후 시해사건을 다룬 그림

증거불충분으로 결국 전원 석방되었거든요. 심지어 그 관련자들은 일본에서 출세가도를 달리고 승승장구하며 살아갑니다.

결국 명성황후 시해사건에 대해서 죄 값을 치룬 사람은 아무도 없었습니다. 그 당시 우리나라가 얼마나 힘이 없었는지 여실히 보여주는 대목입니다.

[당나귀를 탄 보구여관의 천사, 박에스더]

무엇이든지 최초라고 하면 화제가 되기 마련이죠. 요동치는 구한말 격동의 한반도에서 여성의 신분으로 유학까지 다녀온 근대의학의 선구자가 있습니다. 바로 한국 최초의 여의사 박에스더입니다. 당시에는 여자들이 밖에 나가 교육을 받고, 심지어 의사가 된다는 건 꿈도 꾸기 힘든 시대였죠. 하지만 그녀는 보란 듯이 의사가 되었습니다. 그리고 화려한 스포트라이트를 받기보다는 가난하고 힘든 환자들의 천사가 되어주었습니다. 서양에 백의 천사 나이팅게일이 있다면, 우리나라에는 당나귀를 타고 의료 활동을 했던 당나귀 천사 박에스더가 있습니다. 그녀의 짧지만 강렬했던 삶으로 한번 들어가 보겠습니다.

조선이 배출한 최초의 여의사

우리나라에서 여성 교육이 제대로 이루어지게 된 것은 언제부터일까요? 우리나라 최초의 근대식 여학교는 1885년 미국인 선교사 메리 스크랜튼^{Mary F. Scranton} 부인이 설립한 이화학당^{梨花學堂}입니다.

학교를 설립하자마자 그동안 배움에 목말랐던 여자아이들이 많이 입학했을 것

▶한국 최초의 여의사 박에스더

같죠? 그런데 실상은 그렇지 않습니다. 사실 첫 입학생이 들어온 것도 이듬해인 1886년이었습니다. 여전히 여성의 신교육에 대한 인식과 시선이 곱지 않은 때였고, 특히 양반집 규수들은 이화학당을 거들떠보지도 않았다고 합니다.

스크랜튼 부인은 서양인을 두려워하는 사람들을 설득해서 학생들을 모으는 일에 앞장섰습니다. 가난한 집의 문을 두드렸고, 길거리의 고아들도 거둬들였죠.

에스더는 아버지가 선교사 일을 봐주고 있었기 때문에 자연스럽게 학교에 입학할 수 있었습니다. 에스더의 아버지는 감리교 초대 선교사였던 아펜젤러Henry Gerhard Appenzeller의 집에 들어가 일을 하게 되었는데, 그러면서 서구 문물과 인연을 맺게 되었다네요. 에스더의 자매들 역시 정신여학교 교사와 세브란스 간호학교 1회 졸업생이었다고 하니 아직 유교 정신이 팽배하던 시대에 딸들의 교육에 헌신한 아버지가 정말 대단합니다.

에스더는 10살 무렵 4번째 학생으로 이화학당에 다니게 됩니다. 미국 여성 선교사들이 가르쳤으니 영어에도 금세 익숙해졌고요. 나중에 미국 유학을 결심할 때 도움이 됩니다.

▶이화학당

1885년 설립된 우리나라 최초의 근대식 여학교이다.

이화학당 교사들의 신뢰를 한 몸에 받고 있던 에스더는 어느 날 정동에 있는 보구여관에서 의사인 셔우드Rosetta Sherwood Hall를 도와 일을 하게 되는데, 그것으로 인해 그녀의 인생은 완전히 바뀌게 되죠.

보구여관普救女館은 1887년에 세워진 한국 최초의 여성전문병원으로 고종이 이름을 지었다고 합니다. '여성을 보호하고 구하는 집'이라는 의미입니다. '보구라는 여관'이 아니라 '보구녀+관'이라는 말입니다. 당시 신문에는 한글로 '보구녀관'으로 표기했죠.

보구여관에서 의료봉사를 하던 중 에스더가 미래의 꿈을 결심하게 되는 드라마틱한 사건이 하나 발생합니다. 어느 날 입술이 갈라진 아이 하나가 부모와 함께 진료를 받으러 병원에 왔는데, 속칭 '언청이*'로 일컫는 구순구개열 환자였습니다. 셔우드 선생이 말을 하면 에스더가 통역을 했죠. 수술을 받으면 고칠 수 있다는 의사의 말에 부모와 아이가 얼마나 기뻐했을까요. 당시 외과 수술이라는 것은 들어본 적도 없는 일이었으니까요. 붕대를 풀고 기적을 만난 그들의 행복한 모습을 보며 에스더는 의사가 되기로 결심합니다.

• 언청이: 입술갈림증이 있어서 윗입술이 세로로 찢어진 사람을 낮잡아 이르는 말

보구여관이 세워진 이유는 특이한 조선의 상황 때문이었습니다. 조선시대엔 남녀가 유별한 유교사회였고, 심지어 진찰할 때도 얼굴이 보이지 않게 발*을 내리고 실을 이용해서 진맥을 보던 시대였죠. 봉건적으로 내외가 심했던 조선 여인들이 외간 남자, 그것도 서양 남자에게 몸을 보일 수 없다며 아무리 아파도 진료를 거부한 거예요. 그래서 여성 진료를 위해 셔우드나 하워드 같은 여의사들이 활동하게 된 것이고, 아울러 여의사가 더 필요한 상황에 직면하게 된 것이죠. 셔우드는 '조선 여성이 조선 여성을' 치료하는 것이 최상의 방법이라고 생각했습니다. 그래서 보구여관 안에 '의학 반'을 만들어 기초 의학을 가르치기 시작했고 에스더도 그 반에 들어가 의학공부를 하게 된 것입니다.

* 발: 가늘고 긴 대를 줄로 엮거나, 줄 따위를 여러 개 나란히 늘어뜨려 만든 물건. 주로 무엇을 가리는 데 쓰임

그녀의 이름은 3개였다

에스더란 이름은 세례명으로, 그녀를 부르는 이름은 3가지가 있어요. 세 번이나 이름을 바꾸면서 개화와 격동의 시대를 살아간 겁니다. 도전과 개척 정신을 가지고 여성운동 선구자의 삶을 살았던 박에스더. 그녀의 이름에 얽힌 이야기를 풀어볼게요.

먼저 그녀의 본명은 김점동입니다. 1877년 평범한 선비인 김홍택의 셋째 딸로 태어났죠. 이 아버지 덕분에 오늘날의 박에스더가 탄생할 수 있었겠죠? 아무도 서양인이 선생으로 있는 학교에 자식을 보내려고 하지 않을 때 큰 결심을 한 것이니까요. 당시에는 서양 선교사들이 아이 눈알을 빼 삶아 먹는다는 흉흉한 소문이 돌아서, 설립자 스크랜튼은 병자나 버려진 아이들을 데려와 공부시키던 상황이었습니다.

김점동은 네 번째 입학생이었지만 아버지 손에 이끌려 온 경우로는 최초였습니다. 아버지 손을 잡고 오기는 했지만 열 살 난 김점동은 얼마나 무서웠겠어요?

▶김점동과 남편 박유산

스스로 그날을 회상하길 스크랜튼이 난로 옆으로 오라고 말했을 때 '아 저 여자가 드디어 나를 구워 먹으려나보다!' 하고 생각했다고 해요. 지금 생각하면 참 우스꽝스럽기도 하고, 어린 김점동이 귀엽게 느껴지기도 하네요.

이화학당에 들어온 김점동은 새로운 학문에 호기심을 갖고 열심히 공부했어요. 앞에서 잠깐 언급했듯이 영어 실력이 뛰어나서 선교사들에게 인기도 많았고요, 특히 기독교 신앙에 대해 깊이 탐구했다고 해요. 당시 학교에서 중요하게 생각했던 것이 일반 과목 외에 주기도문, 찬송, 기도 등의 예배의식이었는데 이를 계기로 김점동도 서서히 깨우침을 얻게 된 거죠.

이때 무신론자였던 김점동은 세례를 받고 김에스더라는 새로운 이름을 가지게 됩니다. 김에스더는 선교사이자 의사인 셔우드의 헌신적인 모습을 보면서 많은 것을 느끼게 되죠.

세 번째 이름이면서 지금도 불리고 있는 그녀의 이름은 박에스더입니다. 박유산이라는 청년과 결혼하면서 서양식으로 성을 바꾼 거죠. 남편 박유산은 셔우드의 남편인 제임스 홀의 조수였다고 해요. 박에스더란 이름은 남편 성을 따라 한 것인데 당시에는 그런 서양문화가 여성의 권리를 상징한다고 생각했나 봐요. 아무래도 틀에 갇힌 유교문화 속에서 세상을 살았던 조선 여인들에게 자아가 뚜렷한 서양 여성들의 모습이 신기하고도 부럽게 다가왔을 것 같아요.

박에스더의 남편 박유산도 보통 사람은 아니었습니다. 정말 아내를 위해 헌신적인 삶을 살았거든요. 아내의 사회적 활동이나 의학공부를 방해하지 않고 온전히 학문에 매진할 수 있도록 자신을 희생했어요. 음식과 바느질 잘하는 여자보다 하느님을 섬기며 일을 하는 여자가 좋다고 했답니다.

하지만 박에스더의 집안에서는 처음엔 박유산을 탐탁지 않게 여겼어요. 박유산의 아버지가 훈장이라고는 하지만 집 나온 떠돌이에 선교사 마부하던 친구를 사위로 받아들이기가 껄끄러웠던 거죠. 그때 김점동은 이렇게 말했다고 해요.

"저는 남자를 결코 좋아하지 않을 뿐더러 바느질도 잘 못 합니다. 그러나 우리 관습은 결혼을 해야 합니다. 이 점은 저도 어쩔 수 없습니다. 하나님께서 박씨를 저의 남편으로 삼고자 하시면 저의 어머니가 그를 좋아하지 않는다 해도 저는 그의 아내가 될 것입니다. 그의 지체가 높고 낮음이 무슨 소용이 있겠느냐고 어머님께 말씀드리겠습니다. 저는 부자거나 가난하거나 지체가 높고 낮음을 개의치 않습니다."

그의 출신이 무슨 문제가 되냐며 변호하면서도 처음부터 사랑해서 한 결혼은 아니었던 것 같네요. 그때는 그런 시대였습니다. 지금처럼 서로 호감을 가지고 연애하다가 결혼하는 게 아니라 양가 집안에서 말을 맞추면 어느 순간 결혼을 하게 되고 심한 경우 첫날밤에 신랑 얼굴을 처음 보기도 하는 그런 시대였죠.

앞의 사진에서도 둘의 표정이 어딘가 모르게 엄청 서먹하지 않습니까? 오빠와

동생이라 해도 믿겠네요. 둘은 1893년 5월에 결혼합니다. 김점동의 나이는 우리 나이로 열일곱, 박유산은 스물여섯이었죠. 9살 차이라니……. 정말 어린 신부였네요.

의사가 되어 보구여관으로 돌아오다

박에스더 부부는 제임스 홀 부부와 함께 평양으로 개척 선교를 떠납니다. 하지만 그곳은 동학농민혁명과 청일전쟁으로 인해 부상자와 시체가 즐비하고, 전염병까지 창궐하여 많은 사람들이 죽어나가게 되죠. 이 과정에서 제임스 홀이 세상을 떠나고, 셔우드는 남편을 양화진 언덕에 안장한 후 고국으로 돌아갑니다.

  의지하고 지냈던 홀 부부가 떠나자 박에스더는 큰 결심을 하게 됩니다. 자신도 미국에 가서 공부를 하고 싶다는 의지를 밝힌 것이죠. 이렇게 박에스더는 한국 여성 최초의 미국 유학생이 됩니다. 그녀는 셔우드를 통해 뉴욕 리버티 공립학교에 입학하였고, 뉴욕 유아병원에서 간호사로 근무하며 의료 실습을 받습니다. 그러다가 드디어 1896년 10월에 볼티모어 여자의과대학Woman's Medical College of Baltimore, 존스홉킨즈대학에 입학합니다.

  당시 박유산도 아내와 함께 미국으로 유학을 떠났습니다. 그 역시 청운의 꿈을 꾸었겠죠? 하지만 그는 당시 조선 남자들과는 다른, 오늘날의 남자들에 비해도 좀 특별한 선택을 하게 됩니다. 아내의 재능과 의지를 믿은 그는 농장과 식당에서 일하며 아내를 뒷바라지한 것이죠. 멋지지 않나요? 요즘 남자들도 잘 못하는 그 어려운 일을 박유산이 해냅니다.

  미국에서의 유학생활은 편치 않았습니다. 언어적인 부분도 한계가 있고 무엇보다 금전적으로 너무 힘들었습니다. 박에스더가 너무 힘들게 공부하는 것을 안타깝게 여긴 셔우드는 귀국을 권유하기도 했답니다. 그때 박에스더가 보낸 편지를 한 번 볼까요?

"제가 지금 여기에서 이것을 포기하면 다른 기회가 오지 않을 것을 알
고 있습니다. 저는 최선을 다해 노력할 것이고, 최선을 다한 후에도 도
저히 배울 수가 없다면 그때 포기하겠습니다. 그 이전에는 결코 포기
할 수 없습니다."

1900년, 그녀는 무사히 학업을 마친 후 의학박사 학위를 받고 한국인 최초 여
성 의사가 됩니다. 하지만 이 같은 명예로운 기쁨 뒤에는 너무도 가슴 아픈 희생
이 담겨 있었죠. 미국 유학생활 중에 고된 노동에 지친 박유산이 폐결핵에 걸려
아내가 졸업시험을 치르기 3주 전에 그만 숨을 거두고 만 것이죠. 결국 박에스더
는 홀로 귀국길에 올라야 했습니다.

에스더가 공부를 하는 동안 박유산은 생활비와 학비를 벌기 위해 막노동을 하
면서 뒷바라지를 했다고 해요. 너무 힘들게 일을 하다 보니 자기 몸이 상한지도
모른 것이죠. 박에스더는 볼티모어 공동묘지에 남편의 유해를 묻고 묘비에 이렇
게 새겨 넣었다고 합니다.

'I was a stranger and ye took me in.
내가 나그네 되었을 때에 영접하였고(마25:35).'

'1868년 9월 21일 한국에서 태어나 1900년 4월 28일 볼티모어에서 사망
했다'

현재 볼티모어 서쪽 로레인 파크 공동묘지에 박유산의 묘비와 묘가 있다고 합
니다. 묘비의 성경 구절은 박에스더가 고른 게 아닐까 생각되네요. 그 정처 없고

▶보구여관
1887년에 세워진 한국 최초의 여성전
문병원

오갈 데도 없는 나그네 신세의 손을 잡아 준 남편, 자신의 꿈을 포기하고 아내의
꿈을 '영접'했던 남편의 죽음에 박에스더는 어떤 심경이었을까요? 유학을 떠날
때까지만 해도 박유산 역시 공부를 하려 했으나 곧 포기했죠. 부부가 함께 학업
할 수 있는 형편이 되지 않았으니까요. 그렇게 자신의 공부를 포기하고 아내 뒷
바라지하다 병을 얻은 것입니다. 박에스더가 느꼈을 슬픔이 얼마나 컸을지 알 것
같네요.

셔우드가 남편 유해를 한국의 양화진 묘지에 묻고 미국으로 돌아갔듯이 박에
스더는 남편 유해를 볼티모어에 묻고 고국으로 돌아왔습니다.

1900년 12월『신학월보』의 기사 내용을 좀 살펴볼까요?

"부인의학박사 환국하심. 박유산 씨 부인은 6년 전 이화학당을 졸업한
사람인데, 내외가 부인의사 홀 씨를 모시고 미국까지 가셨더니 공부를
잘 하시고 영어를 족히 배울뿐더러 그 부인이 의학교에서 공부하여 의
학사 졸업장을 받고 지난 10월에 대한에 환국하였다. 공부가 여러 해
되었는데 그동안 박유산 씨는 세상을 떠나시고 그 부인이 혼자 계시니
섭섭한 마음을 어찌 다 위로하겠는가만 ……(중략)…… 미국에 가서서

견문과 학식이 넉넉하심에 우리 대한의 부녀들을 많이 건져내시기를
바라오며 또 대한에 이러한 부인이 처음 있게 됨을 치하하노라"

박에스더는 이화학당 학생 시절 셔우드를 도왔던 그 보구여관으로 의사가 되
어 당당히 돌아왔습니다. '조선 여성이 조선 여성을' 진료하게 된 것이죠. 이후 보
구여관은 물론 셔우드가 남편을 기려 세운 평양 기홀 병원을 오가며 함께 진료활
동을 했다고 해요. 또 평양 맹아학교와 여자 성경학원 등에서 봉사활동을 하며
어려운 이웃을 돌보고, 여성들에게 꿈과 희망을 심어주는 역할을 했습니다.

당나귀를 타고 전국을 다니다

그녀가 당나귀를 타고 시골 구석구석을 찾아다니면서 의술을 펼치자 조금씩 입
소문이 났다고 합니다. 사람들은 귀신이 재주를 피운다고 했죠. 그 시대에는 서
양 의술이 신묘하게 보였을 테죠. 당나귀를 타고 왕진 가방을 메고 돌아다니는
박에스더의 모습이 상상이 가시나요? 정말 당시로서는 진취적인 여성상이었던
것 같습니다.

여성 환자들을 제대로 치료할 의사가 부족하던 시절, 박에스더는 10년 동안 매
년 5천 명이 넘는 환자를 돌봤다고 합니다. 의사로서의 헌신적인 사명감과 기독
교 신앙이 없었으면 불가능했겠죠. 진료활동은 물론 근대적인 위생 관념을 보급
시키기 위해서도 힘썼는데요, 황해도와 평안도 일대를 순회하며 진료봉사활동을
펼치기도 했어요.

박에스더는 현재 자신의 모습이 남편의 희생을 통해 이루어진 것이라고 생각
했겠죠. 그래서 평생을 가난하고 병든 사람을 위해서 사는 것이 그에 보답하는
일이라 여겼을 겁니다.

의인이 따로 있나요? 내 몸 상하는 것 모르고 타인을 생각하는 삶 아닐까요? 그녀를 곁에서 지켜본 로제타 셔우드 홀은 박에스더에 대해 자신의 일기에 이렇게 기록했다고 해요.

"그녀는 날마다 나에게 새로운 인생을 배우게 한다."

하지만 너무 과중한 업무 탓이었을까요. 1910년 4월 13일, 그녀는 34살이라는 젊은 나이에 남편과 똑같은 폐결핵과 영양실조로 세상을 떠납니다. 한국 최초의 여자 의사 박에스더 부부는 그렇게 모두 폐결핵의 희생자가 됐지만, 그 부부의 삶을 지켜봤던 제임스 홀 부부의 아들 셔우드 홀Sherwood Hall은 이모같이 지낸 박에스더에게 이런 약속을 했다고 해요.

"반드시 결핵 전문의가 되어 조선의 결핵 환자들을 돕겠어요."

셔우드 홀은 박에스더가 폐결핵으로 죽은 것이 안타까워 그 뒤로 결핵 환자들을 위한 기금 마련에 앞장섰고, 결국 크리스마스 씰을 만들게 됩니다. 우리가 어렸을 때 매년 겨울이면 반장에게 돈 내고 주문했던 크리스마스 씰이 만들어지게 된 배경에는 이렇듯 박에스더가 관련되어 있는 거죠. 그녀는 살아생전에도 수많은 환자를 살렸고, 그 고결한 죽음에 감동을 받은 셔우드 홀의 크리스마스 씰을 통해서도 수많은 결핵 환자들을 살린 것입니다.

박에스더는 한국 최초의 여의사라는 사명감으로 숭고하게 헌신하다 이 세상을 떠났습니다. 그녀는 점점 기울어가는 조선에 희망을 안겨주는 따뜻한 불빛이었지요.

한국의 두 번째 여성 의사는 박에스더보다 18년이나 지난 후 탄생합니다. 이후 아주 서서히 여성 의료인들의 탄생이 늘어 갔지요. 하지만 의학교육 과정이나 의료 현장에서 여성은 항상 제약을 받았어요. 소아과와 산부인과 등 몇몇 과에 국한하여 수련이 허락되었고 학계에의 진입 장벽도 너무 높았죠. 지금도 유명한 전문의는 여전히 남성 의료인들이 많습니다. 한국 최초의 여의사 박에스더의 정신을 이어받아 앞으로 의료 현장에서 더 많은 여의사들이 활동할 수 있기를 바라봅니다.

볼티모어에 한국 최초 여의사
박에스더 부부 기념비 건립되다

한국 최초의 여의사인 박에스더의 남편으로, 볼티모어에 유학 온 아내를 헌신적으로 뒷바라지
하다가 유명을 달리한 박여선^{박유신}의 묘소에 부부의 기념비가 세워졌습니다.

　묘소 바로 옆에, 2018년 4월 3일 설치된 기념비는 앞면에 부부의 사진과 함께 이름과 생몰
연도가 새겨져 있습니다. 뒷면에는 한글 및 영문으로 '한국인 최초 여의사 박에스더는 한국 백
성들의 육신의 질병뿐만 아니라 복음을 전하며 영혼까지 치유했던 위대한 감리교인으로서 암
흑기 조국과 여성사회를 위해 헌신한 빛난 별로 기억되고 있다.

　그녀의 남편 박여선은 아내 박에스더의 의과 대학 공부를 위해 미국까지 동행해서 자신을 희
생했던 든든한 후원자였다. 하지만 그는 아내가 의학공부를 마치고 의사가 되기 직전 별세하여
이곳 볼티모어에 묻혔다. 2017년 7월 이곳을 방문했던 한국의 감리교 순례자들이 이들의 위대

▶박에스더 부부 기념비

볼티모어에 있는 박유산의 묘소 바로 옆에 박에스더 부부 기념비가 건립되었어요.

하고 희생적이었던 삶을 기억하고자 정성과 뜻을 모아 이 묘비를 세운다'고 적혀 있습니다.

사실 박에스더가 미국에서 의학공부를 하기까지는 남편 박여선의 피나는 노력이 있었기에 가능했다고 생각합니다. 이 기념비는 한국교회사를 전공한 박대성 목사(베다니한인연합감리교회)가 박에스더와 박여선에 관심을 갖고 박여선의 묘소를 여러 차례 찾았고, 한국에서 방문한 감리교 목회자와 교인들에게 이 묘소를 소개하면서 후세들의 기억을 위해 제작을 추진하게 되었다고 합니다. 박 목사는 '최초의 여의사 박에스더'라는 소책자도 발간한 바 있고요.

박여선은 볼티모어에 묻힌 최초의 한인이며, 그는 미주에 한인 이민이 시작되기 전 사망했기에 그의 묘소 또한 미주 한인사회에서 가장 오래된 무덤 중의 하나로 추정됩니다. 이러한 역사적인 묘소에 기념비가 제작되는 건 큰 의미가 있다고 생각해요. 타지에 있는 무덤이기에 누구 하나 찾아오기 힘든 상황에서, 점차 잊힐지도 모르는 박여선의 묘지에 부부 기념비가 세워지고 볼티모어 한인들에게 알려지면서 가끔씩이라도 사람들이 찾아와 준다면 그나마 덜 외롭지 않을까요?

조선의 마지막 황녀, 덕혜옹주

「덕혜옹주」라는 영화가 개봉되었을 때 사람들은 잊고 지냈던, 혹은 그동안 잘 몰랐던 조선의 마지막 황녀에 대한 이야기를 하기 시작했죠. 그보다 앞서 출간된 원작소설이 베스트셀러가 되면서부터인 것 같기도 하고요. 이상하게도 우리는 덕혜옹주에 대해 너무 몰랐어요. 그렇게 긴 세월 동안 말이에요. 초기 대한민국 정권이 조선 왕실의 모습을 지우려고 해서일까요? 그래도 조선의 몰락과 그 과정에서 희생양이 된 왕자와 공주가 있었다는 걸 기억해야 한다고 생각합니다.

2015년에 덕혜옹주의 유품이 일본 정부를 통해 반환되었습니다. 어린이용 여성 예복인 당의*와 스란*치마, 돌띠* 저고리 등 복식사 연구에 귀한 자료가 될 조선 왕실 복식 7점이었죠. 어린 나이에 이 옷을 입고 머나먼 일본으로 떠난 조선의 마지막 황녀 덕혜옹주를 만나볼게요.

- 당의: 여자들이 저고리 위에 덧입는 한복의 하나. 앞길과 뒷길이 저고리보다 길고 도련은 둥근 곡선으로 되어 있으며 옆은 진동선 아랫부분이 트여 있음. 조선시대에 예복으로 사용됨
- 스란: 치맛단에 금박을 박아 선을 두른 것. 옛날 궁중이나 반가(班家)의 부녀자들의 예장용 치마에 장식했던 것으로, 폭은 약 20cm이며, 용·봉 따위의 무늬를 놓음
- 돌띠: 어린아이의 저고리나 두루마기에 달린 긴 옷고름. 한 가닥을 등 뒤로 돌려 가슴 앞에서 맴

강제로 일본 유학을 가다

1962년 1월 26일, 김포공항에는 38년 만에 고국으로 돌아오는 옹주를 맞으러 온 사람들이 있었습니다. 어릴 적 덕수궁의 유치원에서 함께 뛰놀던 친구와 백발이

▶덕혜옹주 어린 시절 모습

성성한 그녀의 영원한 유모 변복동은 눈물을 흘리며 그녀와 재회했습니다. "아기씨, 아기씨"를 부르며 큰 절을 올렸다고 해요. 꽃다운 14살 소녀는 51세의 중년 여인이 되었고, 친구와 유모를 알아보지 못했습니다.

그들은 왜 그렇게 서글프게 그녀를 맞이했던 걸까요? 덕혜옹주의 파란만장한 생애를 살펴보겠습니다.

덕혜옹주는 고종의 유일한 고명딸이었죠. 공주가 아니라 옹주인 이유는 정비의 자식이 아닌 후궁의 자식이었기 때문입니다. 고종은 다른 딸들이 일찍 죽어 덕혜옹주를 금지옥엽으로 예뻐했다고 하죠. 회갑을 맞던 해에 얻은 늦둥이 딸이기도 했고요. 1916년 4월에는 덕수궁의 준명당에 5살 난 덕혜를 위해 옹주만의 유치원을 만들었는데요, 딸이 외로울까 봐 신하들의 딸들과 함께 다니게 했습니다. 고종이 친히 유치원 입학식에도 참가했다고 하네요.

그런데 1919년 1월 21일, 고종이 갑자기 승하합니다. 옹주의 나이는 겨우 8살

SOURCE : 한국학중앙연구원

우연히 만난 일본 황녀에게 고개를 숙이지 않고 말한다

▶소학교에서 수업을 받는 덕혜옹주
뒤에 상궁이 지키고 서 있다.
(출처: 한국학중앙연구원)

이었고요. 어마마마보다도 아바마마 품에서 컸던 옹주인지라 얼마나 슬픔이 컸을지 짐작이 가지요?

1921년에는 경성 일출 공립심상소학교라고 요즘으로 치면 초등학교에 입학했어요. 그때까지 '복녕당 아기씨'로 불렸는데 덕혜라는 이름을 받게 됩니다.

당시 함께 공부했던 급우의 회고록엔 이렇게 쓰여 있어요.

'옹주는 왕족다운 기품을 갖추고 키가 크고 얼굴이 하얬으며 머리는 한 가운데를 반으로 나누어 길게 땋아 얌전하게 늘이고 상궁이 항상 마차를 같이 타고 와 수업 중에 교실 뒤에 서서 지켜봤다.'

상궁이 학교까지 따라와서 교실 뒤에서 지켜보고 있었네요.
이 학교는 지금의 충무로 극동빌딩 자리에 있었던 일본인 전용 학교였습니다. 덕혜옹주는 이곳에서 일본 급우들과 함께 일본 역사와 일본어 수업을 받았죠. 고종 승하 후 일제는 조선 왕실의 흔적을 지우기 위해 더욱 더 철저하게 일본식 교육을 강조했던 것입니다. 그런데 거기서 끝이 아니었죠.

1925년 14살 어린 나이에 가족과 생이별을 하고 일본으로 떠나야만 하는 비극의 주인공이 되고 맙니다. 명목상으로는 일본의 왕족들이 다니는 여자 학습원으로 유학을 떠나는 것이지만 실제로는 영친왕*처럼 망국의 후손이 겪어야 했던 정략결혼의 희생양이 될 예정이었던 겁니다.

일본으로 건너간 조선 황실 사람들을 향해 나라를 버리고 도망을 갔다고 말하는 사람들도 있는데요. 당시 시대 상황을 보면 우리가 강제로 나라를 뺏겼듯이 강제로 끌려간 것입니다. 누구라도 좋아서 가진 않았겠지요.

그토록 애지중지 아껴주던 아버지 고종의 죽음에 끊임없이 독살설이 제기되었기 때문에 덕혜옹주도 이를 두려워했다고 합니다. 영화에서도 나오죠? 유모가 학교 갈 때 보온병에 물을 담아서 주죠. 물도 마음 놓고 먹지 못할 정도로 심리적으로 불안한 생활을 했던 겁니다. 누군가 나를 죽일 것 같다는 생각을 끊임없이 했다면 정신이 온전할 수는 없었을 것 같습니다. 불면 날아갈까 곱디고운 조선 최고의 옹주로 자랐는데 일본에서는 조센징이라고 왕따를 당하면서 생전 겪어보지도 못했던 경험을 하고요.

아마도 고국으로 돌아갈 날만 손꼽아 기다리고 있었겠죠. 그 무렵 고국에서는 오빠 순종과 덕혜옹주의 생모 양귀인이 죽음을 맞았어요. 타국에서 그 소식을 들어야 하는 덕혜옹주의 마음이 어땠는지 가늠하기가 어렵네요. 하지만 불행은 거기서 끝이 아니었죠. 아니, 이제 하나하나 시작되고 있었습니다.

덕혜옹주의 불행, 정략결혼

영친왕과 덕혜옹주는 둘 다 어릴 때 일본으로 건너간 공통점이 있죠. 그런데 왜 유독 덕혜옹주만이 그 생활을 견디지 못했을까요? 덕혜옹주의 불행한 삶의 히스

영친왕
대한제국의 마지막 황태자. 고종의 7째 아들이다. 1900년 영왕에 봉해졌고, 1907년 순종황제 때 황태자가 되었으나, 강제로 일본 유학길에 올라 일본의 인질이 되었다. 국권을 빼앗긴 후에는 세제로 강등되었고 1920년 일본의 왕족과 강제로 결혼했다. 순종이 죽은 후, 왕이 되었으나 역사적으로는 왕으로 인정받지 못했다. 1963년에 귀국하여 1970년에 사망하였다.

▶덕혜옹주의 결혼식 사진

토리를 따라가 보겠습니다.

먼저 일본인과의 강제 결혼이에요. 사실 고종은 영친왕처럼 덕혜옹주도 정략 결혼을 하게 될지도 모른다고 생각해서 미리 수를 썼어요. 시종 김황진의 조카인 김장한과 약혼을 맺은 것이죠. 하지만 일제에 발각되어 강제 파혼을 당합니다.

결국 덕혜옹주는 1931년에 대마도 백작 소 다케유키와 결혼하게 됩니다. 일본인 아내를 맞은 영친왕에 이어 조선의 황녀가 일본 백작과 결혼하게 되자 사람들은 분노했어요. 당시 조선일보는 신랑 얼굴을 삭제한 결혼식 사진을 실었다고 합니다. 신랑이 아주 추남이라는 소문도 돌았는데, 실제 사진을 보면 훤칠한 미남이죠.

결혼 초기에 딸이 태어나면서 나름대로 행복한 시기도 있었던 것 같습니다. 하지만 덕혜옹주의 정신적 스트레스는 쉽게 사라지지 않았죠. 정신분열증의 일종인 조현병*에 시달렸다고 해요.

덕혜옹주가 정신을 놓게 된 가장 결정적인 이유는 딸 때문입니다. 일본 이름 마사에, 한국 이름으로 정혜인 덕혜옹주의 딸은 조선 황실의 핏줄이라는 것이 버거웠던 모양이에요. 엄마가 한국 역사를 알려주고 한국말을 가르쳐줬는데 오히려 더 비뚤어진 것이죠. 조센징의 핏줄이 섞였다며 학교에서 따돌림을 당하자 엄마를 부정한 겁니다.

그러니 엄마는 더더욱 신경쇠약에 걸렸겠죠. 자신 때문에 딸이 괴롭힘을 당하고, 딸 입에서 엄마가 조선인이 아니었으면 좋겠다는 말이 나오는데 얼마나 불행한 엄마인가요.

게다가 더 안타까운 것은 그렇게 엄마 마음에 못을 박은 딸이 결국 유서를 써놓고 사라진 겁니다. 유서에는 야마나시 현과 나가노 현을 경계로 하는 고마가타케 산에 자살하러 간다고 써져 있었는데, 사실인지는 알 수 없다고 해요. 정혜가 죽었는지 살았는지에 대해서는 지금도 미스터리로 남아 있어요. 정혜는 실종된 지 7년 뒤 사망처리 되는데요, 이후로 그녀를 본 사람은 아무도 없다고 합니다. 현해탄에 투신해 자살했다는 설도 있습니다.

아무튼 딸의 자살이 가져온 상처는 그녀의 정신을 더욱 피폐하게 만듭니다. 남편은 덕혜옹주를 집에서 간호하다가 결국엔 정신병원에 입원시켜요. 사실 일본이 패망하게 되면서 백작 자신도 살기 힘드니까 덕혜옹주를 보살필 수가 없었다고 해요. 그리고 덕혜옹주의 법적 보호자였던 영친왕과의 합의로 이혼을 하게 됩니다.

사람은 살면서 사랑하는 사람, 특히 가족을 떠나보내는 것에 가장 정신적인 충

조현병
사고 체계와 감정 반응의 전반적인 장애로 인해 통합적인 정상 사고를 하지 못하는 정신 장애의 하나로, 정신분열증이라고도 한다. 청년기에 많으며 내향적인 성격이나 비사교적, 공격적 성향을 가진 사람에게 일어나기 쉬운데, 유전적인 요인과 관련 깊은 것으로 본다. 긴장형, 파괴형, 망상형 따위로 나뉜다.

격을 받죠. 그런데 덕혜옹주는 부모도 일찍 여의고, 자식은 자살하고, 남편은 곁을 떠난 것입니다. 결국 혼자 남은 망국의 옹주는 그렇게 외롭게 타국의 정신병원에서 비참한 나날을 보내게 됩니다.

아무도 찾지 않아 잊힐 뻔했던 덕혜옹주의 존재는 서울신문 도쿄 특파원 김을한 기자와 영친왕의 부인 이방자 여사에 의해 알려지고 고국으로 돌아올 수 있는 길이 열리는데요, 김을한 기자는 덕혜옹주가 어린 시절 약혼할 뻔했던 김장한의 친형이에요. 영화에서는 두 형제의 역할을 한 사람이 하고 있죠.

덕혜옹주가 사랑한 남자는 누구일까?

덕혜옹주의 남편인 소 다케유키 백작은 그녀를 아끼고 많이 좋아했다고 해요. 나름대로 자식도 낳고 행복한 결혼생활을 하려고 노력했던 것 같습니다. 하지만 망국의 왕녀라는 덕혜옹주의 근본적인 정신적 아픔을 치유해 줄 수는 없었겠죠. 일본인이었으니까요. 그 역시 불행한 결혼생활을 하면서 고뇌가 많았을 것 같아요. 딸도 그렇게 사라져버리고요.

1972년에 소 다케유키는 낙선재를 한 번 찾아왔다고 하는데요, 만남은 성사되지 못했어요. 옹주가 만남을 거부했다는 이야기가 있습니다. 어릴 때 약혼자가 될 뻔한 김장한은 특별히 자료가 없는 것 같아요. 영화에서처럼 나중에 커서 계속 만나게 되고 그런 것 같지는 않습니다. 소설에서는 김장한과의 애틋한 러브스토리가 어린 시절부터 어느 정도 그려지곤 하죠.

한편 덕혜옹주는 비운의 삶을 살았지만 이우 왕자처럼 독립운동에 적극적으로 가담한 건 아니었어요. 영화에서처럼 일제에 저항하는 모습은 찾아볼 수 없습니다. 이 때문에 덕혜옹주 역사 왜곡 논란이 한창 일었었는데요, 역사적인 사실과

▶영화 『덕혜옹주』 포스터

픽션은 구분해서 감상하면 될 것 같아요. 아무래도 영화는 극적인 요소가 필요하기 때문에 과장되거나 미화되는 면이 없지 않다는 사실을 알고 실제 역사와 비교하면서 보는 것이 좋겠죠?

어쩌면 덕혜옹주는 사랑이라는 감정 자체를 잃어버린 비련의 여인이 아닐까요? 너무 어려서 일본으로 건너간 후 평생 자기 뜻을 펼치면서 살지 못했으니까요. 그만큼 자아가 부서진 상태에서 망가진 삶을 살았던 아픈 인물입니다.

소설에서는 덕혜옹주가 일본 백작인 소 다케유키에게 마음을 어느 정도 열지만 그럴수록 죄책감은 커지고, 좋아하면서도 미워할 수밖에 없는 복잡한 심경을 나타내기도 해요. 어찌 보면 한 나라의 옹주로서 망국의 설움을 안은 채 원치 않는 정략결혼을 하게 되고, 게다가 같이 사는 그 남자는 내 나라를 망하게 한 원수의 나라 사람이고……. 로미오와 줄리엣 급의 비극적 상황이 아닐까요? 덕혜옹주가 미쳐버릴 수밖에 없었던 그 상황이 이해가 갑니다.

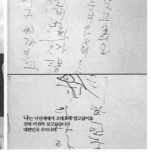

나는 낙선재에서 오래오래 살고싶어요
전하 비전하 보고싶습니다
대한민국 우리나라

▶일본에서 고국으로 돌아온 덕혜옹주의 모습 ▶덕혜옹주 친필 편지

우리가 기억해야 할 덕혜

덕혜옹주는 고국으로 돌아왔을 때 궁이 가까워지자 눈물을 흘렸다고 해요. 아무도 기억하지 못했지만 왕실 어른인 순종효황후를 기억해 절을 올리는데 황실의 예법을 정확하게 몸으로 기억하고 있었다죠. 정신이 온전하지 못한데도 불구하고 예를 지키니 주변 사람들이 모두 놀랐다고 하네요.

1962년에 이덕혜라는 대한민국 국적을 취득하고 이방자 여사와 함께 창덕궁 낙선재樂善齋에서 지냈는데요, 세상을 떠나기 전까지 지냈던 낙선재는 그녀에게 마음의 평안을 줬을까요?

덕혜옹주의 묘는 남양주 유릉에 있어요. 그곳에 가면 대한제국 황실 묘역이 조성되어 있습니다. 야스쿠니 산사에 유골이 있다고 알고 있는 사람들이 많아서 깜짝 놀랐습니다. 꼭 기억해주세요.

소설 덕혜옹주를 보면요, 그녀가 정신이 온전할 때 썼다는 메모에 이렇게 적혀 있다고 해요.

"나는 낙선재에서 오래 오래 살고 싶어요. 전하, 비전하 보고 싶습니다.

대한민국 우리나라. "

왕실의 후손으로 태어나 비운의 삶을 살다간 덕혜옹주는 굴곡진 근현대사에서 아픈 과거일 수밖에 없습니다. 그녀가 독립운동을 했느냐 안했느냐를 가지고 논란이 생기는 부분에서 안타까웠던 것이, 사실 덕혜옹주는 당시에 아무것도 하지 못하는 상황이었을 수도 있습니다. 자신을 극진하게 아껴주던 고종의 갑작스러운 죽음이 독살이라고 믿었고, 일본에서 학교를 다니던 시절에도 독살 당할까봐 전전긍긍하며 꼭 본인이 가져온 보온병의 물만 마셨던 그녀.

망국의 옹주로서 할 수 있는 게 뭐가 있었을까요? 물론 적극적으로 독립운동을 주도하고, 영화에서처럼 일본에서 일하는 조선인 강제징용자들에게 멋진 연설도 해주는 그런 왕족이었다면 좋았겠지만, 그녀가 그렇게 하지 못했다고 해서 비난 받을 이유는 없습니다. 만약 일제에 의해 나라를 잃지 않았더라면 그녀는 귀여움 받는 옹주로 편하게 살다가 결혼도 하고 그 뒤로도 손에 물 한번 안 묻히고 왕족으로서 평생을 굴곡 없는 삶을 살았을 겁니다. 그게 지금까지 조선 공주들의 흔한 삶이었으니까요.

덕혜옹주의 쓸쓸한 말년 모습이 마치 일제로부터 짓밟힌 우리 왕족의 모습을 여실히 보여주는 것 같아 마음이 아팠습니다. 특히 어린 시절 고종을 쏙 닮은 똘망똘망한 눈매며 다부진 입매의 그녀가 겨우 50대인데도 너무나 쇠약하게 늙어버린 모습이 뭔가 마음이 짠하게 만드네요. '그간에 우리가 모르는 무슨 일이 있었던 걸까?' 하는 마음이 듭니다.

나라를 빼앗긴 망국의 왕족들이라지만 그들의 후손들은 지금 어디서 무엇을 하고 있을까요? 한번쯤은 관심을 가져보는 것도 나쁘지 않을 것 같습니다.

덕혜옹주가 어릴 적에 운현궁 오라버니라며 따랐다는 이우왕자. 영화 「덕혜옹주」에서도 고수가 잘생긴 이우왕자로 나왔죠. 영화 속에서 독립운동을 추진한 이우왕자는 실제로도 조선의 왕족 중 반일 정신이 가장 투철한 왕자였다고 합니다.

그래서 다른 왕자들은 모두 일본 여자와 결혼했지만 이우왕자만은 꼭 조선 여자를 고집하여 박영효의 손녀인 박찬주와 결혼하죠. 하지만 그는 일본에서 비극적으로 생을 마감하게 됩니다.

1945년 8월 7일은 대한제국의 마지막 황실 후예 중의 한 사람이자 일제에 의해 강제로 일본군에 복무하게 된 이우왕자가 히로시마에 투하된 원자폭탄에 피폭 당해 사망한 날입니다. 이우왕자는 평생을 일제에 볼모로 잡혀 살다가 끝내 광복을 보지 못하고 원폭을 맞아 사망한 것입니다.

하지만 어이없는 일이 또 벌어집니다. 일제가 이우왕자의 시신을 야스쿠니 신사에 가족 동의 없이 강제로 합사해버린 것이죠. 조선의 왕족이 왜 일본의 야스쿠니 신사에 있습니까? 당연히 우리나라 측에서는 시신양도를 요청했는데, 야스쿠니 신사에서는 이우왕자가 사망 시점엔 일본인이어서 일본을 지킨 신으로 모시는 것이 당연하다는 입장이었습니다.

이에 반발해 재일본 대한민국거류민단에서 1970년, '한국인 원폭 희생자 위령비'를 건립하고, 이우왕자가 피폭 후 발견된 히로시마 아이오이교 부근에 위령비를 세웠습니다. 위령비 전면에는 '이우공 전하 외 2만여 영위'라는 문구가 적혀 있습니다. 이후 히로시마 시는 위령비의 평화기념공원 내 이전을 계속 거부하다가 1999년에서야 이전을 허가했다네요.

생전 이우왕자와 가까이 지냈던 일본인들은 그를 매우 의지 강한 왕족으로 기억하고 있다고 해요. 일본육군사관학교 재직 시 동기생이었던 일본 황족인 아사카 다케히코는 "이우는 항상 조선은 독립해야 한다는 마음을 새기고 있어 일본인에게 결코 뒤지거나 양보하는 일 없이 무엇이든 앞서려 노력했다"고 추억했습니다.

▶이우왕자

운현궁에서 가정교사를 지냈던 가네코란 일본인 역시 "이우는 조선 독립에 대한 확고한 신념을 갖고 있어 일본 육군에서 두려워했다"고 증언했고요.

외모뿐만 아니라 심성도 반듯했던 이우왕자. 그가 만약 살아 있었더라면, 그리고 그 강한 심지로 광복 이후의 조선을 이끌었다면 어땠을까 하는 아쉬운 마음이 듭니다.

그날의 총성을 기억하라, 안중근

1909년 10월 26일 오전 9시 30분. 중국 하얼빈 역에서 7발의 총성이 울려 퍼집니다. 이토 히로부미를 사살한 조선인 안중근은 도망가지 않고 당당하게 그 자리에서 체포됩니다. 오히려 러시아어로 '코레아 우라(대한민국 만세)'를 크게 외치며 세계만방에 우리의 독립의지를 알리죠.

현재 하얼빈 역에는 안중근 의사가 이토를 저격한 바로 그곳 바닥에 세모로 표시가 되어 있습니다. 우리나라도 아닌 다른 나라에서조차 역사적인 현장을 보존해주고 있는 겁니다. 중국과 러시아는 안중근 의사를 일제의 심장을 쏜 의인으로 여기고 지금까지 존경하고 있다고 해요. 그런데 우리는 과연 민족의 영웅 안중근 의사를 제대로 기억하고 있는 걸까요? 우리가 꼭 알아야 할 그날의 이야기 속으로 들어가 보겠습니다.

손가락 한 마디의 진실

그러면 이 하얼빈 거사가 어떻게 성공에 이를 수 있었는지 그 히스토리를 살펴보도록 할게요.

392

▶안중근 의사의 이토 히로부미 저격
하던 당시 모습을 다룬 그림

이토 히로부미를 쏜 안중근을 향해 일제는 살인범, 테러리스트라고 비판했습니다. 하지만 안중근 의사는 자신은 대한의군 참모중장으로서 전쟁 중에 적에게 총을 쏜 것이고, 전쟁 포로가 된 것이라고 당당하게 주장했습니다.

대한제국 말기, 일제는 고종을 폐위시키고 우리나라 군대를 없애버리는데 이를 본 안중근 의사는 더 이상 국내에서 독립운동하기가 어려움을 깨닫게 됩니다. 그래서 30세가 되던 1908년, 연해주 한인촌을 순회하며 뜻을 함께할 의병을 모집하고 무기와 돈을 모아 의병부대를 만들어 자신은 참모중장이 되죠. 이때 의병의 개념은 일본과의 전쟁이었습니다.

그는 이토를 쏜 것이 동양의 평화를 위한 행동이라고 했습니다. 그는 연해주에 있을 때 일본 군인을 포로로 잡고도 놓아주곤 했는데 그것도 동양 평화를 위한 것이라 생각했다고 합니다. 그러나 그렇게 포로를 풀어주었기 때문에 위치가 발각되고 군대가 해산되기도 했어요. 이후에 블라디보스토크에서 다시 군대를 모으려고 시도하지만 잘 이루어지지 않았습니다.

안중근은 전쟁을 통해 독립을 이루려면 무기나 군인을 모으는 데 한계가 있음

▶안중근 의사와 그의 손도장

을 깨닫고, 뭔가 다른 방법을 모색합니다. 그러다 독립의지를 널리 알릴 수 있는 의거 활동이 가장 바람직하다고 생각한 거죠. 교육에도 힘써보고, 의병활동도 해보았지만 결국 진정으로 뭔가 보여줄 수 있는 행동이 중요하다는 것을 깨달은 것입니다.

1909년 3월, 중국 상하이 대한민국 임시정부 초대 재무총장을 지낸 최재형 선생 휘하에서 지원과 훈련을 받은 안중근과 11명의 항일투사들은 소규모로 '동의단지회同義斷指會'를 결성합니다. 항일의 뜻을 같이 하는 동지들이 모여 단지동맹을 맺은 것입니다. 이들은 왼손 넷째 손가락 첫 관절을 잘라 '대한독립'이라고 혈서를 쓰고, 독립운동에 목숨을 바칠 것을 맹세합니다.

하얼빈 역에서 체포되어 뤼순 감옥에 수감된 후 1910년 사형을 당할 때까지 안중근 의사는 이 단지동맹 동지들의 이름을 끝까지 공개하지 않았다고 합니다. 따라서 이들 11명에 대해서는 전해지는 바가 없는데, 다만 안중근 외에 엄인섭, 김태훈, 우덕순, 조도선, 유동하 등이 포함되는 것으로 추정됩니다.

그렇다면 하얼빈 의거의 준비과정을 자세히 살펴볼까요? 1909년 10월 19일 안중근 의사는 먼저 배를 타고 러시아 블라디보스토크에 도착합니다. 이때 이토 히로부미는 중국 대련에 있었고요. 다음날인 10월 20일에 이토 히로부미의 하얼빈 행 소식을 듣고 거사에 쓸 권총을 받게 됩니다. 10월 21일 하얼빈으로 이동했을 때는 러시아 통역을 위해 유동하가 합류합니다. 하지만 아직 나이가 18살밖에 되지 않은 것을 고려해 거사의 내용을 알리지 않았다고 해요. 그래서 유동하는 재판에서 그나마 낮은 형량을 받게 됩니다.

그들은 함께 이토 히로부미 암살 장소를 물색했는데, 채가구 역과 하얼빈 역을 염두에 둡니다. 채가구 역은 하얼빈 철로국과 심양 철로국의 교차지점으로 열차가 오래 서 있기 때문에 암살 장소로 적합했습니다. 거사 전날부터 역 대합실 지하실에서 때를 기다리고 있었죠. 안중근 의사는 만약의 경우를 대비하여 채가구 역 다음 역인 하얼빈 역에서 대기를 합니다. 채가구에서 1차 의거가 실패하면 하얼빈에서 2차 의거를 실행한다는 계획이었죠. 그런데 거사 당일 그날따라 삼엄해진 경비와 검열 때문에 기차가 채가구 역에 오래 정차하지 않고 빨리 떠나버린 겁니다. 결국 하얼빈 역에서 거사를 실행해야 했습니다.

안중근 의사는 일본인으로 가장하여 하얼빈 역에 잠입했습니다. 잘린 손가락은 왼손이었기 때문에 총을 쏘는 데 어려움은 없었죠. 그런데 안중근 의사는 이토 히로부미의 얼굴을 몰랐다고 해요. 그래서 주변 사람들을 향해서도 총을 쏘게 됩니다. 안중근 의사의 총알은 주변 사람들은 빗겨갔지만 이토 히로부미만큼은 명중시켰죠. 거사는 성공했습니다. 일제의 심장부를 향해 정확하게 총을 쏜 것입니다. 그날 하얼빈 역 영상이 찍혔는데 이토가 총에 맞는 장면은 삭제되었다고 하네요.

사실 하얼빈 역은 사람들이 많은 복잡한 곳이기 때문에 조용히 그 자리를 빠져나왔다면 잡히지 않았을 수도 있습니다. 그러나 안중근 의사는 당당하게 그 자리에 남아 만세를 외쳤고 러시아 경찰에 잡힌 것이죠. 하얼빈은 중국의 영토지만 러시아의 통치를 받고 있었습니다. 제3국가에서 이토 히로부미가 죽었기 때문에 러시아에서 재판을 받을 수 있는데, 일본은 굳이 안중근 의사를 먼 뤼순까지 데려가서 재판을 받게 합니다. 그 이유는 일본에게 유리하게 재판을 이끌기 위해서였겠죠. 안중근 의사의 재판은 세계적으로 관심이 쏠렸고, 그 재판정에서 이토 히로부미의 죄악 15개를 외치며 당당하게 총을 쏜 이유를 밝힙니다.

이토 히로부미 죄악 15개

1. 한국 명성황후를 시해한 죄

2. 한국 고종황제를 폐위시킨 죄

3. 을사보호5조약과 정미7조약을 강제로 체결한 죄

4. 무고한 조선인들을 학살한 죄

5. 정권을 강제로 빼앗아 통감정치를 한 죄

6. 철도, 광산, 산림, 천택을 강제로 빼앗은 죄

7. 제일은행권 지폐를 강제로 사용한 죄

8. 한국 군대를 강제로 해산시킨 죄

9. 민족교육을 방해한 죄

10. 한국인의 외국 유학을 금지시킨 죄

11. 교과서를 압수하여 불태운 죄

12. 한국인이 일본인의 보호를 받고자 한다고 세계에 거짓말을 퍼뜨린 죄

13. 현재 한국과 일본 사이에 전쟁이 쉬지 않고 살육이 끊이지 않는데, 한국이 태평무사한 것처럼 위로 천황을 속인 죄

14. 대륙 침략으로 동양 평화를 깨뜨린 죄

15. 일본 천황의 아버지 태황제를 죽인 죄

안중근 의사는 재판관, 검사, 변호사 모두 일본인인 의미 없는 재판을 받게 되

▶안중근 의사 재판 당시 모습(맨 좌측부터 유동하, 조도선, 우덕순, 안중근)

죠. 오히려 당당하게 "나는 일본재판소에서 재판 받을 의무가 없다", "나는 의병군 참모중장으로 독립전쟁을 하는 중이며 그 일환으로 이토 히로부미를 죽였다. 따라서 나는 형사범이 아니라 전쟁포로다."라고 말하며 스스로를 변론했습니다. 그럼에도 결국 재판정은 안중근 의사에게 사형을 선고합니다.

우리들의 잃어버린 영웅

안중근 의사의 어머니 조마리아 여사는 아들에게 항소하지 말라며 감옥으로 수의를 보냈습니다. 아들의 수의를 직접 짓는 그 마음이 어땠을까요? 정말 가늠하기 힘들죠. 아들은 어머니의 뜻에 따라 떳떳하게 죽음을 맞이합니다. 멋진 아들에 더 멋진 어머니가 아닐 수 없습니다. 자식이 아무리 잘못해도 감싸주기 바쁜 게 어머니인데, 조마리아 여사는 안중근 의사가 조선인의 공분을 짊어지고 있다며 항소하지 말고 떳떳하게 죽으라고 말합니다.

안중근 의사가 수감되고 면회가 제대로 이루어지지 않았는데, 이는 구타와 고문 등이 수시로 벌어져서 그랬을 거라고 하더군요.

수의와 함께 배달된 어머니 편지

네가 만약 늙은 어미보다 먼저 죽은 것을 불효라 생각한다면

이 어미는 웃음거리가 될 것이다.

너의 죽음은 너 한 사람 것이 아니라

조선인 전체의 공분을 짊어지고 있는 것이다.

네가 항소를 한다면 그것은 일제에 목숨을 구걸하는 짓이다.

네가 나라를 위해 이에 이른즉

딴 맘 먹지 말고 죽으라

옳은 일을 하고 받은 형이니 비겁하게 삶을 구하지 말고

대의에 죽는 것이 어미에 대한 효도이다.

어미는 현세에서 너와 재회하기를 기대치 않으니

다음 세상에는 반드시 선량한 천부의 아들이 되어 이 세상에 나오너라.

안중근 의사는 죽기 전에 뤼순 감옥에서 『동양평화론』을 집필했는데, 집필을 마무리하기 위해 사형 집행을 좀 늦춰달라고 부탁하죠. 처음에는 받아들여졌으나 결국 일제의 반대로 예정대로 사형이 집행됩니다. 따라서 『동양평화론』은 영원히 미완으로 남아 있습니다. 하지만 미완인 동양 평화론의 내용을 보면 놀라지 않을 수 없습니다. 한중일 삼국이 공동으로 항구를 만들고 공동 은행을 설립해서 공동 화폐를 발행하자는 아이디어는 어디서 들어본 것만 같죠? 바로 유럽 연합에서 유로화를 통용하고 서로 협력하는 모습과 흡사합니다. 오늘날 이루어지고 있는 국가 간의 경제협력 움직임을 안중근 의사는 이미 1910년에 구상하고 있었던 겁니다. 또한 국가 간 공동 군대를 편성하는 개념도 유엔의 창립보다 훨씬 빠른 시도고요.

이렇듯 『동양 평화론』의 내용을 꼼꼼히 살펴보면 안중근 의사가 한중일 삼국의 평화에 대해 얼마나 고민하고 연구하였는지를 알 수 있습니다. 단순히 상징적인 평화에서 그치는 것이 아니라 구체적 실행 방법까지 계획을 세웠다는 것이 정말 놀라울 따름이네요.

> **안중근 의사가 옥중에서 저술한 『동양평화론』의 내용**
>
> 이토 히로부미가 주장한 '동양평화'는 일본이 다른 나라를 침략해 식민지로 삼는 것이었고, 안중근의 '동양평화'는 한국, 중국, 일본 세 나라가 각각 독립을 유지하며 힘을 키워 서구 열강에 맞서자는 것이다.
>
> **첫째,** 뤼순을 한·청·일 삼국이 공동으로 관리하는 군항으로 만들고 각국이 이곳에 대표를 파견하여 동양평화회의를 조직한다.
>
> **둘째,** 원활한 금융을 위해 삼국 공동의 은행을 설립하고 공용 화폐를 발행해야 한다.
>
> **셋째,** 삼국의 공동 군대를 편성하고 이들에게 2개국 이상의 어학을 가르치면 서로 우방으로 생각하게 되고 형제의 관념도 높아질 것이다.
>
> **넷째,** 한국과 청국 두 나라는 일본의 지도 아래 상공업의 발전을 도모할 필요가 있다.
>
> **다섯째,** 한국과 청국, 일본 세 나라 황제가 로마 교황을 방문하여 협력을 맹세하고 왕관을 받는다면 세계 민중의 신용을 얻을 수 있을 것이다.

그렇다면 안중근 의사가 동생들에게 남긴 마지막 유언을 살펴볼까요?

"내가 죽은 뒤에 나의 뼈를 하얼빈 공원 곁에 묻어 두었다가 우리 국권이 회복되거든 고국으로 반장*해다오. 나는 천국에 가서도 또한 마땅히 우리나라의 회복을 위해 힘쓸 것이다. 너희들은 돌아가서 동포들에게 각각 모두 나라의 책임을 지고 국민 된 의무를 다하며 마음을 같이하고 힘을 합하여 공로를 세우고 업을 이르도록 일러다오. 대한독립의 소리가 천국에 들려오면 나는 마땅히 춤추며 만세를 부를 것이다."

• 반장: 객지에서 죽은 사람을 그가 살던 곳이나 그의 고향으로 옮겨서 장사를 지냄

안중근의 동생들은 사형이 집행된 후 시신을 받으러 갔지만 돌려받지 못했습

니다. 일제가 안중근 의사의 시신을 뤼순에 있는 죄수 묘역에 묻었다고 하는데, 후에 정확한 매장지를 알려주지 않아 유해를 끝내 찾을 수가 없었습니다. 그의 유언대로 하얼빈 역에 묘지를 만들면 성지가 될 것이 뻔했고, 많은 사람들이 찾게 되면 그곳은 독립운동의 구축점이 될 것이 자명하니 그것을 염려했겠지요.

우리는 광복 이후에 독립운동가들의 유해는 물론이고 강제 징용자들이나 사할린 동포들, 만주, 연해주 사람들을 고국으로 데려오는 데 힘쓰지 못했습니다. 백범 김구 선생은 1945년 순국한 독립운동가의 유골을 찾는 데 앞장서는데요, 이듬해 윤봉길, 이봉창, 백정기 등 독립운동가 세 명의 유골을 일본에서 찾아와 효창공원에 안장했어요. 그리고 안중근을 위해서는 '허묘'를 만들었다고 합니다. 안중근 의사의 유해를 꼭 찾겠다는 결심이었죠. 하지만 그런 김구 선생마저 암살당하고 2008년에 이르러서야 남북 정부가 함께 처음으로 안중근 유해 공동 발굴에 나섭니다. 해방 후 그토록 오랜 세월이 흘렀는데 그동안 독립운동의 영웅들을 외면했다니 정말 속이 터질 일이죠.

현재는 안중근 의사의 유골을 찾기 위해 많은 노력을 기울이고 있는데, 국가와는 별도로 민간에서도 이 사업이 행해지고 있습니다.

마지막으로 안중근 의사의 가족에 대해 간략하게 살펴보도록 하겠습니다.
안중근 의사가 순국한 후 가족들에 대한 일제의 감시와 핍박은 더 심해졌다고 합니다. 그래서 어느 누구의 도움도 받지 못했다고 해요. 그래서 광복 후에 미국과 북한으로 흩어져 간 것 같습니다.

그에게는 어린 아들이 두 명 있었는데, 첫째는 일제에 의해 독이 든 과자를 먹고 암살당하고, 둘째인 안준생은 결국 가난을 이기지 못해 친일파가 되었다고 해요. 이토 히로부미 신사에서 명복을 빌기까지 했다는데, 아무도 안중근 의사의

▶연극 「나는 너다」의 한 장면 　　　　　　뮤지컬 「영웅」 포스터

아들들을 돌봐주지 않아 생긴 비극이라고 생각해요. 이러한 사실은 「나는 너다」
라는 연극에서 다뤄주었는데요. 지금은 영웅이고 민족의 장군으로 불리는 안중
근 의사지만 일제 강점기 하에서는 살인자 소리를 들었고, 따라서 그의 아들로
살아간다는 것이 얼마나 큰 고통이었는지를 잘 보여주고 있어요. 안중근 의사 관
련 뮤지컬로는 「영웅」도 있죠. 큰 인기를 얻어 국내뿐만 아니라 해외에서까지 공
연을 하고 있습니다.

2월 14일은 안중근 의사 사형 선고일

2010년 2월 14일은 안중근 의사의 사형 선고일입니다. 사형 선고를 받은 안중근
의사는 3월 26일 사형을 당합니다. 우리는 2월 14일 하면 무엇이 먼저 떠오르죠?
우리에게 2월 14일은 발렌타인데이로 더 유명합니다. 하지만 이제부터라도 다른
의미로 2월 14일을 기억해보는 건 어떨까요? 요즘은 안중근 데이라고 부르며 안
중근 의사의 안타까운 사형 선고일을 기억하자는 내용의 포스팅과 SNS 게시글
이 매년 심심치 않게 보이는 것 같아요.

　그런데 아이러니하게도 발렌타인데이에 초콜릿을 주며 사랑을 고백하는 행사
는 일본 '모리나가'라는 기업에서 만든 마케팅입니다. 모리나가는 전쟁 당시 일

본의 전투 식량을 지원한 전범 기업이죠. 그동안 우리는 전범기업이 만든 상술에 현혹당해 발렌타인데이에 초콜릿을 주며 시끌벅적하게 보낸 거예요. 왠지 배신 감이 들지 않습니까?

일제 강점기에 전범 기업이면서 현존하는 곳을 잠깐 살펴보면 미쓰비시, 미쓰이, 스미토모 이렇게 일본 3대 전범이 있고요, 분야별 주요 기업으로는 공기업 일본철도, 자동차 기업인 닛산, 마쓰다, 중공업 기업인 미쓰비시, 히타치, 제철 기업인 신닛테쓰, 가전 기업인 마쓰시타 전기, 다카노 정밀현 니코 전자, 기타 기업으로는 가네보, 모리나가, 기린, 리갈이 있습니다. 이중 모리나가 제과는 안중근 의사의 사형 선고일인 2월 14일을 발렌타인 기념일로 의미를 붙여 초콜릿을 판 기업입니다.

우리 모두 지금부터라도 전범 기업이 만들어낸 상술에 넘어가지 말고 안중근 의사의 억울한 죽음을 기억하는 날로 만들어야 한다고 생각해요. 만일 누군가에게 고백을 하고 싶다면 모리나가 제과가 만든 상술을 따를 것이 아니라 정월대보름에 잣이나 호두, 땅콩과 같은 견과류를 주며 마음을 전하는 것이 한국인에게 맞지 않을까 생각합니다. 마침 시기가 정월대보름 시즌이기 때문에 부럼을 나눠주는 부럼데이로 바꾸는 건 어떻겠냐는 주장도 있습니다.

일본은 아직도 사과를 하지 않고 자신들의 잘못을 인정하지 않고 있습니다. 일본 관방장관 스가 요시히데는 안중근을 일본의 초대 총리를 살해하여 사형판결을 받은 테러리스트라고 말했습니다. 앞서 언급했던 일본의 전범 기업에서 만드는 상품을 구매할지 말지에 대한 선택은 우리의 몫입니다. 그러나 전범 기업과 같은 품질의 상품이 있다면 다른 기업의 것을 이용하는 것이 더 좋지 않을까요?

안중근 의사는 일본이 주장하는 것처럼 테러리스트가 아닙니다. 의병군 참모중장으로 독립전쟁을 하는 중에 이토 히로부미를 죽인 것입니다. 따라서 안중근 의사는 형사범이 아니라 전쟁포로죠.

그리고 일각에서는 이토 히로부미가 민간인이었다며 하얼빈 의거를 테러라고 주장하기도 하는데요. 이토 히로부미는 그냥 민간인이 아니라 초대 통감이었습니다. 헌병대와 경찰에 대한 지휘권을 가지고 있었죠. 일제 강점기 시절 안중근 의사는 독립전쟁 중에 적국의 수장을 쏜 것이나 마찬가지입니다. 의거는 민족의 자유와 독립을 위한 행동이고, 테러는 특정 집단이나 단체, 개인이 추구하는 개별적 이익을 위해 불특정 다수를 대상으로 하는 폭력입니다.

그러나 일제는 안중근 의사에게 사형을 선고하는 만행을 저지릅니다. 오히려 안중근 의사의 사형 집행을 엄연한 살인으로 볼 수 있죠. 사건 발생지는 중국 내 러시아령인 하얼빈 역이며 피의자는 한국인 안중근 의사, 피해자는 일본인 이토 히로부미로 이는 국제재판에 맡겨져야 하는 것이었죠. 명성황후를 시해했던 일본인은 무죄였는데 안중근 의사가 유죄일 수는 없습니다.

이제는 2월 14일이 한국인에게 더 의미가 있는 안중근 의사의 사형 선고일로 기억되기를 바랍니다.

▶안중근 의사 수의

일본에서는 아직도 안중근 의사의 의거를 테러로 보는 견해가 있습니다. 그 부분에 대해서 우리는 또박또박 안중근 의사의 의거가 이기적인 테러가 아님을 설명할 수 있어야 한다고 생각합니다. 가장 중요한 팩트는 안중근 의사가 전시 상황에서 참모중장의 자격으로 적의 대장인 통감 이토 히로부미를 쏜 것이라는 사실입니다.

먼저 의열 투쟁과 테러의 차이점을 설명해볼게요.

의열 투쟁은 타격할 대상을 분명하게 정하지만, 테러는 명확한 대상이 없고 불특정한 다수를 대상으로 합니다. 또한 의열 투쟁은 의거 후 자신의 행위를 떳떳하게 밝히지만 테러는 자신의 행위를 숨긴다는 점에서도 완전히 구분됩니다.

예를 들어 이봉창 의사의 의거는 타격 대상이 일왕이었고, 일왕의 행렬을 보기 위해 많은 군중들이 있었지만 그들에게는 폭탄을 던지지 않았습니다. 반면에 2001년 9월 11일, 당시 뉴욕에서 비행기로 쌍둥이 빌딩을 공격한 것은 분명한 타격 대상이 없는 불특정 다수를 대상으로 하였다는 점에서 명백한 테러입니다.

또한 의열 투쟁은 독립이나 국가 쟁취라는 민족의 염원을 담고 있지만 테러는 국가 이익이

안중근 의사의 이토 히로부미 저격은 테러가 아닌 의거라는 것이 분명한 팩트입니다.

아닌 특정 단체 자체 이익을 목표로 합니다. 예를 들어 요즘 문제를 많이 일으키고 있는 이슬람 무장단체 IS같은 경우가 테러단체라고 할 수 있겠죠.

안중근 의사는 재판에서 본인은 대한의군 참모중장으로서 이토를 사살했기 때문에 범죄자가 아닌 전쟁 포로로 대우해달라고 정확히 이야기했습니다. 또한 중국에 이어 러시아까지 침략하여 동양평화를 깨는 일본의 행동을 저지시키기 위한 거사였음을 "이토 히로부미 죄악 15개조"를 통해 조목조목 반박했죠.

하지만 일본은 일본인 재판관과 일본인 변호사로 구성된, 짜여진 각본의 재판을 통해 안중근 의사를 사형시켰고, 시신 매장 위치도 기록으로 남기지 않아 지금 유해조차 찾지 못하고 있습니다. 안중근 의사의 죽음을 헛되이 하지 않도록 하얼빈 의거의 정신을 잊지 말아야 할 것입니다.

유관순을 둘러싼 미스터리

삼일절 하면 가장 먼저 떠오르는 인물 중의 하나가 바로 유관순 누나 혹은 언니일 겁니다. 우리가 유치원이나 초등학교 시절부터 그렇게 불러오다 보니 영원한 유관순 누나 혹은 언니로 남아 있는 것 같아요.

다른 한편으로는 17살이라는 어린 나이에 독립운동에 가담하여 감옥에서 짧은 생을 살다 갔기 때문에 그렇게 불리는 것이기도 하죠. 어찌 보면 여성 독립운동가 중에서 가장 상징적인 인물이라고 할 수 있어요.

그런데 유관순 열사는 우리 모두 잘 안다고 생각하지만 그녀와 관련하여 정확하지 않은 설들이 많다고 해요. 그녀를 둘러싼 논란에 대해 이야기해보겠습니다.

17살의 독립운동가
유관순은 꽤 유명한 인물로 알려져 있지만 사실 출생과 사망 일시가 정확하지는 않다고 해요. 어쨌든 여기서는 일반적으로 알려진 내용을 가지고 다뤄보도록 하겠습니다.

▶유관순의 수형기록표
모진 고문과 구타로 얼굴이 많이 부어 있다.

　유관순은 1902년 12월 16일 충청도에서 태어났습니다. 아버지는 유중권, 어머니는 이소제입니다. 원래 집안 자체가 유교적인 집안이었고 기독교는 아니었다고 하네요. 그런데 유관순의 할아버지인 유윤기와 숙부 유중무가 기독교를 받아들이면서 집안 분위기가 기독교 쪽으로 바뀌었다고 해요. 자연스럽게 어려서부터 교회 열심히 다니면서 기독교 관련 서적을 읽고. 서양 선교사들을 통해서 잔다르크 열전, 애국부인전 같은 책들을 접하게 됩니다.

　그러던 중 우연한 기회에 이화학당 선교사를 만나 학교에 입학하게 되죠. 유관순과 함께 이화학당을 다닌 사람들의 증언에 따르면 유관순은 꽤 명랑한 소녀였다고 해요. 불교에 귀의한 어떤 친구는 유관순을 개구진 소녀로 기억하는데요. "왜 예수님은 맨날 발가벗고 있는 거야?"라고 질문한다든지, 기도할 때 하나님을 "굴비님, 명태님" 하면서 장난도 많이 쳤다고 합니다.

　본격적으로 독립운동에 눈을 뜬 것은 이화학당의 이문회라는 단체에 가입하면서부터인 것 같아요. 이문회는 독서와 토론을 하는 모임인데 나중에 3.1운동에도 참여했습니다.

유관순은 1919년 3월 1일 친구들과 함께 만세 행렬에 동참합니다. 그리고 3월 5일에 학생들이 연합해서 시위를 하는데 그 와중에 경찰에 잡히고 말아요. 그때는 학생이라는 이유로 곧 석방이 됩니다. 그런데 3월 10일에도 또 학생들이 연합해서 만세운동을 하게 되죠. 이때는 휴교령이 내려지고, 유관순은 고향으로 내려갑니다.

그때 천안 병천에서 벌어진 3.1 운동을 유관순이 주도했다는 두 가지 설이 있어요.

첫 번째는 유관순이 천안 지방에 독립선언서조차 오지 않았었는데 독립선언문을 가지고 와서 앞장서서 이끌었다는 설이 있고요. 두 번째는 당시 천안 지역의 고향 어른들이 먼저 만세운동을 주도하고 있었는데 사촌 언니 유예도와 함께 유관순이 투입되었다는 설이 있어요. 유관순이 태극기를 워낙 잘 만들었기 때문에 더욱더 적극적으로 시위를 주도했다고 합니다.

제 생각에는 두 번째가 맞을 것 같아요. 첫 번째 설은 아직 나이도 어린 소녀가 하는 행동치고는 좀 과대포장된 것 같아서요. 그때 당시 천안 정도면 서울에서 그리 멀지 않기 때문에 독립운동의 열기가 전해졌을 것이고 이미 만세 운동이 진행되고 있는 와중에 유관순이 조금 더 시너지 효과를 준 것이 아닌가 생각합니다.

이 내용을 뒷받침해줄 이야기가 있는데요. 태극기는 독립운동의 상징이죠. 문제는 그때 사람들이 태극기를 잘 그릴 줄 몰랐다는 겁니다. 우리 태극기가 가운데 태극은 그리기 쉬워도 사괘까지 정확히 그리려면 좀 어렵잖아요. 헷갈리기도 하고요.

그리고 1910년 경술국치 후 10여 년 동안 태극기를 구경도 못했거든요. 하지만 만세운동을 하려면 상징적으로 태극기가 꼭 필요했는데, 때마침 태극기 잘 그리는 이화학당 학생이 왔다는 소문이 쫙 퍼졌다고 합니다.

유관순이 태극기를 잘 그릴 수 있었던 에피소드 하나가 있어요. 이화학당에 다닐 때 벌어진 일이죠. 친구인 이정서와 함께 밤새도록 태극기를 그려서 붙여 놓은 적이 있었어요. 학교 안에서 펼치는 독립운동이라고 할까요. 그런데 선생님이 심하게 야단을 쳤다고 해요. 일제에 잡혀갈 수도 있으니 너무 위험하다는 거죠.

그런데 대뜸 이러신 겁니다. "그런데 태극기의 사괘가 틀렸네?"라고요. 유관순은 이때부터 태극기 그리는 법을 정확히 마스터했고 천안 시위에서 주도적인 역할을 한 것입니다. 이 부분은 정확히 팩트인 것이 유관순의 원심 공판 판결문에 '유관순은 태극기를 직접 만들어 만세운동을 주도한 인물이다'라고 명시되어 있다고 합니다.

아무튼 이 만세시위는 4월 1일 아우내 장터에서 시작되었습니다. 음력으로 3월 1일이기도 했고, 사람들이 많이 모이는 날이기 때문에 거사일로 잡았다고 해요.

그런데 이 만세운동에서 유관순의 부모님이 돌아가시게 됩니다. 만세를 부르며 거리 행진을 하는 시위대를 향해 헌병들이 총을 쏘았기 때문이죠. 딸의 입장에서 눈앞에서 부모님이 돌아가시는 걸 목격했다면 어떤 심정이었을까요? 아마도 눈에 보이는 게 없었을 것 같습니다. 17살 어린 나이의 유관순도 부모님의 죽음을 바로 앞에서 보면서 독립의지를 더욱 불태우지 않았을까요?

유관순은 결국 천안 병천 지역 아우내 장터 만세운동에서 주모자로 체포되어 공주 교도소에 수감됩니다.

가혹한 성고문은 정말 사실일까?

유관순은 3년형을 받았는데, 어린 학생이고 만세를 불렀다는 것만으로 감옥에서 3년을 보낼 수 없다고 항소하자는 주변 의견을 물리치고 이렇게 말했다고 해요.

"삼천리강산 어디인들 감옥이 아니겠습니까?"

그렇게 항소를 포기하고 악명 높은 서대문 형무소에 갇히게 된 것이죠. 1920년 3월 1일에는 옥중에서도 만세운동을 주도했다고 합니다. 끊임없이 만세를 불렀다고 해요. 그 부분은 사실이죠.

그런데 지금부터 차라리 그냥 루머였으면 좋겠다는 이야기를 하고자 합니다. 마음이 너무 아프고 화가 나서요.

유관순은 서대문 형무소에서 엄청난 고문을 당합니다. 특히 성고문을 당했다고 해요. 유관순뿐만 아니라 서대문 형무소에 들어 온 여성 죄수들은 거의 다 성적인 굴욕을 당했다고 합니다. 이 부분을 조금 더 자세히 들여다볼게요.

일단 감옥에 들어가면 무조건 옷을 벗깁니다. 치욕을 주기 위해서죠. 그 와중에 성폭행을 당하기도 합니다. 그리고 여자를 뭘로 때렸냐면요, 쇠좆방망이라는 걸로 때렸어요. 그게 뭐냐면 말 그대로 소의 생식기입니다. 소의 생식기를 말려서 그걸로 때린 거예요. 왜 하필 그걸로 때렸겠어요? 성적인 굴욕감을 주려는 것이었죠. 어쨌든 그렇게 성고문을 했다는 것입니다.

유관순의 성고문과 관련해서는 많은 이야기들이 있습니다. 정말 사실이 아니었으면 싶을 정도로 잔인한 고문들이 많습니다. 하지만 이 부분이 하나하나 팩트인지 아닌지 기록으로 남아 있지는 않아요. 일제에 의해서 모든 기록이 사라졌기 때문이죠. 위안부 문제도 그렇게 기록을 없애버렸잖아요. 살아계신 할머니들의 증언을 통해서 하나둘씩 속속들이 밝혀지고 증거들이 나오면서 사람들이 이제는 정확히 알게 되었지만요. 일본은 처음에 할머니들의 증언 자체를 거짓말이라고 했잖아요? 하지만 나중에 위안소장이었던 사람들의 진실 고백, 일기 등 문서들이 뒤늦게 나오게 되죠.

어쨌든 유관순이 당했던 고문에 대한 내용을 다루려고 하니 마음이 좀 무거워집니다. 이 부분은 우리가 서대문 형무소에 가면 실제로 박물관에 잘 나와 있어요. 성고문뿐 아니라 서대문 형무소에서 행해졌던 여러 고문을 같이 알려드릴게요. 마음이 아픈 부분이어도 우리가 꼭 알고 기억해야 할 역사라고 생각합니다.

첫 번째, '입과 호스를 연결하고 소방호스를 연결해서 물을 주입했다.' 그러면 결국 몸의 일곱 구멍으로 물이 다 흘러나온다고 합니다. 이 부분은 실제로 행해졌다고 해요. 서대문 형무소 박물관에도 있어요. 코나 입에 고춧가루 물을 넣고 물고문을 했고 입에다 호스를 넣었다는 내용도 있습니다.

두 번째, 머리에 콜타르를 발라서 가발 벗기듯 머리 가죽을 벗깁니다. 정말 잔인하죠. 콜타르는 주로 산업용 본드로 사용했던 것인데 머리에 바르면 통째로 굳어버리는 성질을 가지고 있어요. 그리고 귀를 자르고 코를 자릅니다. 그런데 머리 가죽 벗긴다고 사람이 죽인 않거든요. 그만큼 죽지 않을 정도의 고통을 줬던 겁니다. 이 고문은 실제 사진도 남아 있는 실화입니다.

세 번째, 펜치로 손톱과 발톱을 뽑습니다. 그리고 대나무 꼬챙이 같은 걸로 손톱 사이를 찌르기도 했습니다. 진짜 아프겠죠. 손톱과 손 사이가 조금만 들려도 엄청 아프고 쓰라리잖아요. 그런데 거기에 꼬챙이를 꽂다니요. 꼬챙이 역시 서대문 형무소 박물관에 전시되어 있습니다.

네 번째, 위와 호스를 내시경처럼 직접 연결해요. 그다음에 거기에 뜨거운 물을 붓습니다. 또는 변을 넣는다거나 칼을 쪼개서 넣었다고 해요. 그러면 장이 어떻게 될까요. 점점 찢어지면서 괴롭겠죠? 정말 상상초월의 고문을 일제는 잘도 만들어냈습니다.

다섯 번째. 인두로 지지기입니다. 계속 사실을 말해라, 인정해라, 불어라 하면서 인두로 지지는 거죠. 여자들의 경우는 가슴과 음부를 지졌다고 해요. 위안부 할머니의 증언 중에는 쇠방망이를 달구어서 그대로 음부에 넣어서 자궁까지 넣었다는 내용도 있습니다.

여섯 번째, 이것도 충격적이지만 실제로 있었던 기록입니다. 남자든 여자든 다른 독립열사들 앞에서 일단 옷을 벗겨요. 당시는 유교 사회였기 때문에 그 자체가 치욕이었겠죠. 그런데 옷을 벗긴 다음에 양쪽 가슴을 도려냈다고 합니다.

일곱 번째, 사람이 간신히 들어갈 수 있는 작은 나무 상자가 있습니다. 이것도 체험할 수 있게 서대문 형무소에 가면 있는데요. 그 안에 대못 같은 걸 박아놓고 사람을 넣는 거예요. 그리고 3일 동안 가둬 놓고 잠을 자지 못하도록 하는 거죠. 안에 있던 사람이 졸다가 움직이면 그 못에 박히기도 하고, 아니면 밖에서 일부러 상자를 마구 흔들기도 했대요.

여덟 번째, 상체를 벗긴 다음에 채찍과 쇠좆방망이로 후려치고 그다음에 많은 사람들 보는 앞에서 목에 개 줄을 묶은 다음에 네 발로 기어가게 합니다. 구둣발을 핥으라고도 시키고, 정말 자존심을 상하게 하는 고문이라 할 수 있죠.

정말 모든 것이 다 끔찍한 고문이죠? 인간으로서 도저히 할 수 있는 일이 아닌 것 같습니다. 고문에는 여자 남자가 따로 없었을 것 같아요.

그런데 요즘 유관순의 사인에 관해 논란이 되는 이야기가 블로그 포스팅으로 돌고 있는데요. 바로 미꾸라지 고문 때문에 유관순이 사망했다는 것이죠. 저는 이게 제발 사실이 아니었으면 좋겠다는 바람이 있어요. 먼저 설명부터 할게요. 우선 사람 한 명이 들어갈 만한 항아리에 굶주린 미꾸라지를 풀어놓고 거기다가 여자 죄수를 넣는 거죠. 그럼 미꾸라지는 습한 곳을 들어가려는 성질이 있기 때문에 여성의 음부로 들어가게 되는데, 그런 미꾸라지 고문을 너무 많이 당해서 자궁과 방광 파열로 사망했다는 것입니다. 그런데 어쨌든 미꾸라지 고문은 정확한 기록으로 남아 있지 않아요. 너무나도 잔인한 기록이라 일제 자기네들 스스로 없앴다고 이야기하는데 남겨진 기록이 없어 100% 사실이라고 하기는 어렵습니다. 이건 개인적인 의견으로 남겨두어도 될 것 같아요.

실제로 유관순 열사의 시신을 보니 자궁과 방광이 파열된 상태였다고는 합니다. 자궁과 방광의 파열은 예전의 수많은 아동 성폭행 사건을 보더라도 지속적인 성폭행으로 인해 충분히 일어날 수 있는 사인입니다. 그래서 어쨌든 성고문을 많이 당했다는 것을 추측할 수 있어요. 십대의 나이에 성고문이라니……. 눈물이 납니다.

유관순의 사진을 보면 정말 슬픈 표정입니다. 구타와 고문으로 얼굴이 퉁퉁 부어 있고요. 당시 이화학당 교우들의 증언을 들어보면 유관순이 원래는 호리호리한 몸이었다고 해요. 그런데 얼마나 심한 구타와 고문을 당했으면 이렇게까지 얼굴이 부었을까 하고 마음이 착잡해지더라고요. 서대문 형무소 내에서 성고문뿐만 아니라 성추행, 성폭행은 공공연히 행해졌던 일이었고 그것으로 인해 목숨까지 잃었다는 것. 전 그게 더 슬픈 것 같아요. '정말 지옥이 아니었을까?' 이런 생각을 해봅니다.

이 성고문에 대한 부분이 과연 실화인가 아닌가에 대해 이야기하기 위해 그때 당시 있었던 신문기사를 살펴볼게요.

1920년대와 1930년대 초반의 신문을 보면 서대문 형무소에 수감되었던 사람들 중에서 아주 단순한 절도나 심지어 참고인 조사 과정에서도 기본적으로 나체 고문을 했고 성적인 학대가 있었다고 합니다. 그때 당시 우리나라 여성들이 어땠습니까. 성적인 학대나 고문, 강제 성추행, 성폭행을 당했으면 자결하고 말지요. 그래서 자살 사례가 보도될 정도였습니다. 아주 작은 일로 잡혀도 그 정도인데 만세운동을 주도하고, 형무소 안에서도 적극적으로 만세를 부른 유관순은 아마 강제 성추행, 성폭행을 당했을 확률이 정말 높죠. 그래서 사인이 방광 파열, 자궁 파열이라는 부분에 대해서는 눈물이 날 것 같습니다. 성고문이 점점 사실로 느껴져서요.

그다음에 떠도는 설 중에 과연 시신을 토막 냈느냐 하는 이야기들도 종종 나옵니다. 사지와 몸통, 머리 이 부분을 6토막으로 잘랐다고 하는데요, 사실 그 부분도 여러 가지 설이 있습니다. 너무 고문을 많이 당해서 시신이 훼손되었기 때문에 일단 귀와 코가 없는 건 사실이래요. 그래서 토막살인 쪽으로 소문이 커졌다는 이야기도 있고 토막 낸 것이 사실이란 설도 있습니다.

먼저 사실이라는 설에 대해 살펴보면요, 일본에는 자기가 누군가를 괴롭혀서 죽이면 그 원혼이 자기를 쫓아다닌다는 미신이 있어요. 그래서 자기가 실수로 죽였다거나 원한 살만한 짓을 해서 죽이면, 미신 때문에 시체를 토막 내서 묻어버리거나 태워버리는 그런 일이 실제로 있다고 해요. 그러니까 시체가 온전히 있으면 귀신이 되어서 나를 쫓아 올 거라는 생각인 거죠. 그 때문에 토막 설이 나온 겁니다. 사실 그 부분에 대해서는 정확하지 않습니다.

시신을 양도받은 부분도 정확하지 않은데요. 이화학당 교장이었던 미스 프라이와 월터가 형무소장에게 시신 인도를 요구했는데 처음에는 거절을 하다가 끊임없이 시신 양도를 요구하니까 결국 이 시신을 세상에 알리지 말라고 하면서 석유 상자에 넣은 시신을 넘겨받았다는 이야기가 있고, 일각에서는 시신을 아예 넘겨받지 못했다는 이야기도 있어요. 왜냐하면 현재 유관순 열사의 묘에는 유골이 없기 때문입니다. 안중근 의사처럼 유골을 찾지 못한 것이죠.

원래 처음에는 이태원 쪽에 묻혔다고 하는데 일제에 의해서 비행장 같은 걸 만든다고 해서 다 파헤쳐졌다고 합니다. 다 파헤쳐서 망우리 묘로 묘지를 옮기는 중에 유골이 분실되었다는 이야기도 있어요. 이에 관해서도 여러 가지 설이 있습니다. 애초부터 양도를 받지 않았다는 설도 있고요. 일제는 당시 독립운동에 적극적이었던 사람들, 이런 사람들이 나중에 영웅화될 수 있고 독립운동의 발화점이 될 수 있는 인물들이라고 보아서 시신을 양도하지 않았다고 해요.

유관순은 과대포장된 것인가?

유관순이라는 인물이 너무 과대 포장되었다고 보는 경우도 있습니다. 이 부분도 약간 논란이 있어요. 먼저 과대포장이라는 주장을 살펴볼게요. 1946년 광복 이후에 이화학당 출신의 박인덕친일 인명사전에 들어간 친일파이 인덕대를 세웠죠. 이때 친일파들이 자기 친일 행적을 가릴 목적으로 가장 많이 한 행동이 학교를 짓는 것이었습니다. 이미지 세탁하기가 좋았거든요. 수많은 학교들이 그때 세워집니다. 이화학당 자체도 김활란 총장이 대표적인 친일파고요. 당시 이화여중고 교장 신봉조도 친일파였습니다.

박인덕과 신봉조는 이화학당을 알릴 만한 일이 없을까 모의를 합니다. 그러다가 독립운동을 했던 대표적인 인물을 찾은 것이죠. 박인덕이 "내가 아는 후배인데 만세운동을 주도해서 어린 나이에 서대문 형무소에서 생을 마감했다"라며 뭔가 히스토리를 만들려고 하죠. 17살이면 한창 건강한 나이였고 게다가 조금만 기다리면 석방이었는데 뜬금없이 죽었다는 게 참 이해가 안 되는 거죠. 영친왕과 이방자 여사의 결혼으로 인해 유관순의 수감 기간이 1년 6개월 정도로 단축됐거든요.

그런데 고문으로 인해 결국 1920년 9월 28일에 18세의 나이로 사망한 겁니다. 그러니 사람들은 '얼마나 힘들고 모진 고문을 당했으면 죽은 것이냐?' 하며 많은 이야기가 나오게 된 겁니다.

그래서 박인덕이 자신이 기억하는 유관순 이야기를 가지고 약간 전기처럼 만들게 돼요. 자신들의 친일 행위를 덮기 위해서 이화학당을 빛낸 독립투사를 이용했다는 그런 의혹이 있습니다. 그때 당시 유관순이 기독교 집안이었기 때문에 개신교 쪽에서도 유관순이라는 인물이 기독교인이면서 3.1 운동에 가담했고 모진 고문으로 죽은 어린 소녀라면서 더욱 더 우상화했다고 해요. 그래서 유관순 과대 포장 논란이 생기기도 했습니다.

이는 친일파들이 자신들의 행적을 가리기 위해 유관순을 활용했다는 거죠. 하지만 '유관순이라는 인물 자체는 친일파가 아니었고, 독립운동으로 서대문 형무소에 수감되었으며, 그 안에서 죽음을 맞이했다'가 모두 팩트이기 때문에 유관순 열사의 독립운동 부분에 대해서는 그렇게 큰 문제가 되지 않는다고 생각해요.

이에 대해 다른 의견도 있습니다. 향토 사학자 임명순은 2014년 이 부분에 대해 조목조목 반박합니다. 임 씨의 주장에 따르면 이화학당 측에서는 오히려 유관순이라는 인물에 대해서 관심도 없고 전혀 몰랐는데, 유관순의 조카인 유재한이 대한민국 최초로 국어교과서를 만든 박창애라는 인물에게 "우리 친척 유관순이 이런 독립운동을 했고 참 우수한 인물인데 사람들한테 좀 알리고 싶다"고 제보를 해서 그렇게 사람들에게 알려졌다는 겁니다.

박인덕을 비롯한 이화학당 출신들이 먼저 기획한 것이 아니라 오히려 국어교과서에 실린 전기문으로 유명해지니까 '이화학당 출신이네?' 하면서 뒤늦게 밥숟가락을 얹었다는 거죠.

그런데 국어교과서를 만든 박창애와 함께 유관순 전기를 만들었던 전형택이라는 인물이 또 문제가 됩니다. 그분도 친일이거든요. 정리하자면 전형택이 유관순 전기를 만들었고, 그 유관순 전기가 박창애가 만든 국어교과서에 실리면서 유관순이 크게 알려졌다는 것입니다.

어느 정도 친일 행적이 있던 문학가들이 유관순의 전기를 만들었다는 부분은 사실입니다. 하지만 '그것이 과대 포장 되었다, 안 되었다' 하는 것보다는 우리가 어렸을 때부터 알았던 유관순이라는 인물, 그리고 한 소녀가 일제의 모진 고문에 의해서 서대문 형무소에서 싸늘하게 죽어갔다는 사실이 더 중요하지 않을까요?

서대문 형무소에는 유관순 열사가 죽기 전에 수감되었던 독방이 있어요. 사람이 누울 수가 없는 아주 좁은 공간입니다. 단지 만세운동을 했다는 이유만으로 어린 소녀가 모진 고문과 굴욕적인 성고문까지 당했으며, 이 좁은 방에서 죽음을 맞이했다는 사실을 기억해야 합니다. 만약 유관순 열사가 과대 포장되었다고 해도 폄하할 것이 아니라 우리가 몰랐던 많은 여성 독립운동가를 더 찾아보자는 취지로 다가갈 문제라고 생각해요.

어린 소녀를 기억하다

"나라에 바칠 목숨이 오직 하나밖에 없는 것만이 이 소녀의 유일한 슬픔입니다."

"내 손톱이 빠져나가고 내 귀와 코가 잘리고 내 머리가 부러져도 그 고통은 이길 수 있사오나 나라를 잃은 그 고통만은 견딜 수가 없습니다."

17살 유관순이 남긴 말들입니다. 대단하지 않나요? 여러분들의 십대는 어땠나요? 한창 외모에 관심 많고 친구들과 장난치며 공부할 어린 나이에 그녀는 모든 것을 나라를 위해 오롯이 바쳤습니다. 그것만으로도 우리에게 큰 울림을 줍니다. '만약 나였다면 어땠을까. 만세운동에 발 벗고 나설 수 있었을까?' 스스로를 되돌아봅니다.

이화학당에 다닐 때 귀엽고 고왔던 얼굴이 만세운동을 했다는 이유로 잔혹하게 짓밟히고 결국 꽃을 피우지도 못한 채 죽었다는 사실이 참 마음이 아프죠.

불편한 성고문 진위 여부, 과대 포장 논란, 그리고 사라진 유골 등 유관순에겐 미스터리한 부분이 많지만 어쨌든 남아 있는 팩트는 꿈 많던 어린 소녀가 만세운동을 하다가 서대문 형무소에서 눈을 감았다는 것입니다. 이 부분까지 무시해서는 안 되겠죠.

최근에 국정 교과서 문제가 불거져 나올 때에도 교과서에 유관순을 실었느냐 싣지 않았느냐를 논하며 역사 교과서의 성향까지 논하는 문제가 대두되었었죠? 유관순 열사를 이용한 정부의 공익광고였습니다.

"나는 당신을 모릅니다. 유관순은 없었습니다."

약 40초 분량의 이 광고는 현재 중고등학생들이 배우고 있는 역사 교과서에 유관순 열사가 없음을 알리는 내용으로, 이렇게 역사 교과서가 좌편향 되었으니 국정교과서로 가야한다는 식의 주장이었습니다.

하지만 그 문제는 알고 보니 유관순 열사에 대한 내용은 초등학교 고학년 때 구체적으로 배우고, 중고등학교 때의 역사 교과서에서는 인물 중심보다 3.1운동과 임시정부 설립 위주로 기술된 것이었죠. 이는 초등학교 때 배운 구구단을 중고등학교 때는 배우지 않는 것과 같은 논리인데, 국정화 교과서로서의 전환에 상징적인 인물로 유관순을 또 이용한 것입니다. 그리고 심지어 광고의 주장처럼 모든 교과서에서 유관순의 내용이 빠져 있는 것도 아니었고요. 결국 당시 몰매를 맞은 교육부는 해당 광고를 내렸습니다.

자꾸만 이런 유관순 관련 이슈가 만들어지는 것 역시 그녀의 인기 때문이겠죠? 친일 미화를 위한 과대 포장 논란, 교과서의 성향을 따지는 언론 플레이 등을 하고 있을 시간에 그녀의 사라진 유골에 대해 더 관심을 가지는 건 어떨까요? 안중근 의사의 유해도 찾지 못한 마당에 유관순까지……. 정말 안타깝습니다.

우리들도 그녀의 숭고한 희생을 생각하면서 다시 한 번 3.1운동의 정신과 그로 인해 얻은 광복에 항상 감사해야 할 것입니다.

대한민국의 여성 독립운동가들

매년 3월 1일이면 거리를 수놓은 태극기만 바라봐도 가슴이 뭉클해지며 편히 살고 있는 지금이 부끄러워집니다. 1919년에 일어난 3·1 운동을 기념하여 순국선열을 기억하고 추모하는 날인 3·1절이면 수많은 독립운동가들에 대해 이야기하게 됩니다. 그런데 우리가 기억하는 여성 독립운동가는 유관순 한 명밖에 없어 아쉬움이 드는 것이 사실입니다. 여성 독립운동가들은 상대적으로 주목을 받지 못했는데요. 실제 독립운동에 참여했던 여성들은 2,000여 명, 하지만 국가보훈처에서 독립유공자로 포상이 된 사례는 300명이 채 되지 않는다고 합니다. 그렇다면 대표적인 여성 독립 운동가 세 명을 소개해볼까 합니다.

영화 「암살」에서 전지현 씨가 독립운동가로 연기한 '안옥윤'이라는 인물을 기억하실 겁니다. 독립군의 저격수 안옥윤의 모델이 된 인물은 '남자현' 열사인데요, 가정주부로 살던 그녀는 의병활동을 하던 남편을 일본군에게 잃자, 3·1 운동 이후 아들을 데리고 압록강을 건너 만주로 망명합니다. 그녀는 '여자 안중근'으로 불렸다고 합니다. 독립군과 독립단체들의 단결을 위해 세 차례나 손가락을 잘라 혈서를 썼기 때문입니다. 그녀는 1926년 '사이토 마코토' 조선 총독을 암살하려 하다가 실패했고, 1933년에는 61세의 나이로 만주국 전권대사 '무토 노부요시'를 암살하려 온몸에 폭탄을 둘렀다가 잡혀가고 맙니다. 6개월 동안 혹독한 고문과 옥중생활 끝에 풀려났는데요. 스스로 임종이 얼마 남지 않은 것을 알고 자녀를 불러 유언을 남깁니다. "사람이 죽고 사는 것이 먹는 데 있는 것이 아니고 정신에 있다. 독립은 정신으로 이루어지느니라."

독립운동을 하는 데 반드시 총칼만 필요한 것이 아닙니다. 대한민국 임시정부의 안살림꾼 '정정화' 여사가 없었다면 우리의 독립은 더욱 멀었을지도 모릅니다. 그녀는 풍족한 집안에서 태어났지만, 독립운동을 하는 시아버지와 남편을 줄곧 도왔대요. 3·1 운동 이후 상해에 망명해 본격적인 독립운동을 시작합니다. 그녀는 상해와 국내를 오가면서 독립자금을 모았는데요. 치마폭에 독립자금을 숨긴 채, 압록강을 6번이나 넘었다고 합니다. 또한, 임시정부 내의 독립운동가 자녀들을 돌보며 역사와 국어, 춤과 노래를 가르쳤습니다.

임시정부의 독립운동가들은 그녀가 해준 밥을 먹었고, 독립운동들의 최후를 지켜준 사람

▶남자현

▶정정화

▶안경신

도 정정화 여사였습니다. 무려 27년 동안이나 임시정부의 안살림을 도맡은 그녀에게 백범 김구 선생은 '한국의 잔다르크'라고 고마움을 표했지만, 정정화 여사는 회고록에서 '그저 주어진 일을 했을 뿐'이라 대답했다고 합니다.

임신한 몸으로 폭탄을 던진 안경신 열사도 있습니다. 안경신은 "나는 일제 침략자를 놀라게 해서 그들을 섬나라로 철수시킬 방법이 무엇인가를 곰곰이 생각해보았다. 그것은 곧 무력적인 응징이다." 라는 말을 남기기도 했습니다. 3.1운동에 가담한 뒤 독립 투쟁의 의지를 불태우며 중국 상해로 건너가 대한 광복군 일원으로 활동했던 안경신은 평양을 담당하는 임무를 받고 일부러 임신하여 불러오는 배 안에 폭탄을 숨겼다고 합니다.

1920년 8월 3일, 여자의 몸으로 거기다가 임신까지 한 상황에서 평남도청에 폭탄을 던져 쾌거를 이루었던 독립투사 안경신은 그로부터 7개월 후 사형선고를 받고 핏덩이 아기와 함께 감옥에 들어가게 됩니다. 그 뒤 10년 형으로 감형받긴 했지만, 아기는 결국 영양실조로 인해 시각 장애인이 되고 말았다고 해요. 현재까지 유족조차 찾지 못해 훈장을 국가보훈처가 보관하고 있다고 하는데, 하루빨리 독립운동가 안경신의 유족들이 나타났으면 좋겠네요.

윤동주와 송몽규,
그들의 청춘이 갇히다

......

인생은 살기 어렵다는데
이렇게 시가 쉽게 씌어지는 것은
부끄러운 일이다

......

윤동주 시인의 「쉽게 씌어진 시」의 한 구절입니다. 윤동주는 우리에게 주옥같은 시들을 많이 남긴 친숙한 시인이죠. 이육사나 이상화 같은 저항시인의 느낌보다는 '잎새에 이는 바람에도 괴로워하는' 문학청년의 느낌이 더 짙게 다가옵니다. 어느 비평가는 "윤동주의 시를 그저 수능시험을 치르기 위해 배우는 건 학생들에게 비극"이라고 말했다고 해요.

조국의 현실에 아파하면서도 시를 쓰고 있는 자신에게 느끼는 자괴감이 위의 시에도 잘 나타납니다.

그리고 우리가 잊지 말아야 할 또 한 사람, "너는 시를 써라, 총은 내가 든다."

▶윤동주(좌), 송몽규(우)

이런 멋진 말을 남긴 인물은 윤동주의 사촌이자 친구인 송몽규입니다. 그 역시 문학을 사랑했던 평범한 학생이었죠.

암울했던 시대를 짧게 살다간 두 청춘에 대한 이야기를 해볼게요.

독립운동에 눈을 뜨다

윤동주와 송몽규는 1917년 태어난 해도, 1945년 세상을 떠난 해도 똑같습니다. 그뿐인가요, 중국 지린성 명동촌 북간도에서 태어난 것도, 일본 후쿠오카 형무소에서 생을 마감한 것도 같습니다. 우연치고는 너무도 가슴 아프게 삶의 궤적이 비슷하죠. 두 사람이 같은 곳에서 나고 자란 이유는 사촌지간이기 때문입니다. 이후 도쿄에서 함께 유학생활을 하면서 독립운동에 가담하게 되죠. 그곳에서 꿈에 그리던 조국 해방을 몇 달 앞두고 짧은 생을 마치게 됩니다.

수줍음 많고 섬세한 윤동주와 적극적이고 대범한 송몽규는 성격이 정반대였다고 해요. 하지만 키도 생김새도 여러모로 비슷했던 두 친구는 어려서부터 함께 자라면서 철저한 반일교육을 받게 됩니다. 당시 피 끓는 젊은 청춘이라면 누구라도 나라 잃은 서러움과 일제의 폭압에서 자유롭지 못했겠죠.

이 두 사람이 어떻게 독립운동에 눈을 뜨게 되고, 또 어떤 활동을 했는지 살펴볼게요.

• 평양 삼숭: 숭실전문학교, 숭실중학교, 숭의여학교를 가리킴 먼저 윤동주입니다. 그는 1935년 평양 삼숭*三崇의 하나인 숭실중학교에 진학하게 되면서 인생의 경로가 완전히 바뀌게 되는데요, 당시 삼숭은 일제의 신사참배 강요를 온몸으로 거부하고 있던 학교들이었습니다. 학교에서 받았던 기독교 사상과 항일정신, 문익환을 비롯한 친구들의 영향으로 윤동주는 비교적 어린 나이에 민족과 역사의 무게를 고민하며 성장했습니다.

1938년에 현재 연세대학교의 전신인 연희전문학교 문과에 진학한 건 잘 아시죠? 오늘날 우리가 알고 있는 「별 헤는 밤」 같은 많은 명시들이 그때 탄생하게 되죠. 이후 1942년, 일본 도쿄 릿쿄대학으로 유학을 가게 되면서 그의 삶은 보다 뚜렷해졌고요. 교토 도시샤대학으로 편입해 영문학을 전공하면서 시적 감수성은 절정에 달합니다.

우리가 현재 윤동주에 대해 알고 있는 내용의 상당 부분은 고故 문익환 목사가 말해준 것이라고 해요. 문 목사는 어린 시절부터 윤동주의 절친한 벗이었거든요.

그가 독립운동에 눈을 뜨게 되는 계기는 외삼촌 때문이었습니다. 윤동주의 외삼촌인 김약연 목사는 독립운동가였습니다. 우리나라 최초의 독립선언서인 기미독립선언서 전에 무오독립선언서가 있었는데 그곳에 서명한 39인 중에 한 명입니다. 그 외에도 천주교 신부들이 협조해주지 않아 힘들었던 안중근 의사를 사격 연습을 할 수 있도록 도와주고 숨겨주기도 했다고 해요. 윤동주는 이 외삼촌을 통해 독립운동에 대해 관심을 갖기 시작했을 것으로 보입니다.

▶문익환(좌), 김약연(우)

송몽규 역시 숭실중학교, 연희전문학교를 다녔습니다. 숭실중학교에 다닐 때 신사참배를 거부하고 자퇴를 하죠. 연희전문학교는 기독교 학교라서 비교적 탄압이 덜 했다고 해요.

특히 송몽규는 어릴 때부터 말을 잘하고 대범해서 윤동주보다 적극적으로 독립운동에 참여했죠. 1935년에는 김구 선생이 직접 설립한 중앙육군군관학교에도 입학합니다. 그는 군사기능은 물론 문학적 재능을 살려 학생들을 조직해서 한인반 잡지를 만들기도 했습니다. 김구 선생이 그 책을 칭찬하며 신민이라는 이름을 지어주었다고 해요.

송몽규는 가출을 한 후 본격적으로 독립운동을 하게 되는데요, 이를 보면 윤동주와 송몽규의 성격이 많이 다르다는 것을 알 수 있습니다. 송몽규는 직접 몸으로 부딪히며 문제를 해결하는 스타일이고, 윤동주는 조용히 글을 쓰며 자신의 역할을 고민했던 것이지요.

독립운동으로 옥고도 먼저 치른 송몽규는 일제에 의해 요시찰인*이 되죠. 이러한 감시는 나중에 송몽규가 일본으로 유학을 떠날 때까지 계속 이어집니다.

• 요시찰인: 사상이나 보안 문제 따위와 관련하여 행정 당국이나 경찰이 감시하여야 할 사람

일제 강점기를 겪으며 윤동주와 송몽규는 자신들이 어떤 역할을 해야 할 것인가, 어떻게 살아가야할 것인가에 대해 많은 고민을 했을 것입니다.

누가 평범한 문학청년을 죽였나

윤동주와 송몽규는 어렸을 때부터 문학에 관심이 많았습니다. 소학교 시절에 문익환 등과 함께 『새 명동』이라는 문예지를 만들 정도였죠. 심지어 송몽규는 18살이라는 어린 나이에 숟가락_{간도 방언으로 숟가락이라는 뜻}이라는 작품으로 신춘문예에 당선되기도 합니다. 짧은 콩트인데 문체가 재치 있고 내용이 참 요즘말로 웃프다고 할까요.

어린 시절 두 사람과 친하게 지냈던 문익환 목사가 한 가지 일화를 알려주었는데요, 송몽규가 신춘문예에 당선되자 윤동주가 부러워했고 질투심도 느꼈다는 겁니다. 윤동주가 "대기大器는 만성晩成이지"라는 말을 했다는 거예요. 두 사람이 비록 사촌지간이지만 어느 정도 라이벌 의식도 있었던 것 같습니다.

충분히 그럴 수 있는 나이잖아요? 우리도 사촌들끼리 또래로 자라면서 성적 경쟁도 하고 여러 가지로 비교 당하곤 하죠. 오히려 둘의 인간적인 모습을 보게 되는 것 같아 좋습니다. 윤동주 역시 숭실중학교 학우지 숭실활천崇實活泉에 시 「공상」을 실으며 어려서부터 문학에 재능을 보입니다.

두 사람은 조선어 교육을 포기하지 않았던 연희전문학교 문학과를 함께 다녔는데요, 특히 윤동주는 의대나 법대를 가기 원했던 부모님 말을 거역하고 문학을 전공했다고 해요. 이때가 문학의 꽃을 피운 시기가 아닌가 생각합니다.

윤동주는 『소년지』에 「산울림」, 『조선일보』에 「달을 쏘다」 등을 발표하고, 송몽규 역시 『조선일보』에 「밤」을 발표합니다. 송몽규는 문학동아리 잡지 『문우』의 문

▶윤동주 기념관 외부 모습(좌), 내부 모습(우)

예부장을 맡기도 했죠. 두 사람은 연희전문학교에서 독립에 대한 시와 문학 활동을 이어나갔습니다.

현재 연세대학교에는 윤동주의 시비가 세워져 있고, 윤동주 기념관이 있습니다. 5평 남짓의 기숙사도 재현해놓았는데, 연희전문학교에 다니던 시절 썼던 시, 원고지, 읽었던 책들, 책상, 자명종 등이 전시되어 있습니다. 윤동주 문학관을 방문하면 그의 삶이나 이야기를 보다 잘 알 수 있죠. 이렇게 윤동주의 발자취를 느낄 수 있는 곳이 한국뿐만 아니라 간도와 일본에도 있다고 합니다.

윤동주의 작품은 우리에게 잘 알려져 있는 반면, 송몽규는 현재까지 전해지는 작품이 별로 없습니다. 송몽규가 신춘문예에 당선될 만큼 문학적 재능이 있었음에도 불구하고 윤동주에 비해 활동이 적었던 이유는 독립운동에 직접 가담했기 때문일 것입니다. 반면 윤동주는 끊임없이 시를 썼는데 그의 독립운동에 대한 사상이나 시 작업에 송몽규가 많은 영향을 줬을 거라는 것은 짐작되죠?

1939년부터 민족말살정책을 시작한 일본은 한글 사용을 금지하고 창씨개명을 강요하는 등 내선일체를 추구했습니다. 창씨개명을 하지 않으면 끊임없이 사찰하고 학교도 다닐 수 없었던 강압적인 분위기였죠. 이때 송몽규는 교토대학교 사

▶뒷줄 오른쪽이 윤동주 . 앞줄 가운데가 송몽규이다.

학과로 진학하고, 윤동주는 릿쿄대학교 영문과를 가게 됩니다. 당시 일본에 가려면 창씨개명을 할 수밖에 없는 상황이었는데요, 윤동주가 유학가기 5일 전 창씨개명을 하게 된 것에 대해 부끄러움을 느끼며 쓴 시가 「참회록」이라고 합니다. 윤동주는 일본에서 학교를 다니면서 끊임없이 방황하게 되죠. 일본까지 와서 공부를 해야 하는 건지에 대한 고민도 있었을 테고요.

1942년 일본이 패망하기 직전에는 일본에 있는 한국인들이 많은 탄압을 받게 되고, 도쿄 분위기도 흉흉해집니다. 윤동주는 교토에 있는 대학교로 편입하는데, 사촌인 송몽규에게 직접 찾아가 독립운동에 가담할 수 있게 해달라고 합니다.

1943년 윤동주와 송몽규는 '재교토조선민족주의학생회' 사건에 연루되어 독립운동을 모의했다는 이유로 2년 형을 선고받고 후쿠오카 감옥에 수감되죠. 윤동주가 후쿠오카 감옥에 가기 전에 쓴 마지막 시가 바로 「쉽게 쓰여진 시」입니다.

그런데 지금까지 많은 사람들이 송몽규의 존재에 대해서는 잘 알지 못했습니다. 최근에서야 영화 「동주」를 통해서 알려졌죠. 윤동주는 남아 있는 아름다운 작품으로 우리의 큰 사랑을 받은 반면 송몽규는 학생들을 조직하여 독립운동에 매진했거든요.

실제로 태평양 전쟁 말기 한국인 유학생을 전쟁에 참여시키려는 일제의 만행에 저항하고 일본을 향해 총을 겨눴던 그의 모습도 윤동주의 저항시 못지않게 우리가 기억해야 할 모습이 아닐까요?

영화 「동주」에서 송몽규의 역할을 한 배우 박정민 씨는 간도에 가서 송몽규의 묘지를 보고 너무 작고 초라한 모습에 마음이 아팠다고 합니다.

그토록 좋아했던 문학보다 독립이 우선이었던 몽규, 끊임없이 식민지 청년의 고뇌를 내면적으로 묘사했던 동주. 그 둘의 행동은 모두 조국의 독립이라는 하나의 목표로 이어집니다.

그들에게 죽음의 그림자가 드리운 건 해방이 얼마 남지 않은 1945년이었습니다. 윤동주는 2월에, 송몽규는 3월에 이국땅 차가운 감옥에서 세상을 떠납니다. 그들의 사인에 대해서는 정말 참혹한 진실이 숨어 있죠.

죽기 전 윤동주는 뭔가 유언을 남겼는데 당시 옆에 있던 일본 간수가 잘 알아듣지 못했다고 합니다.

생체실험 주사의 진실은 무엇인가

1945년 2월, 윤동주의 고향집에 비보가 날아옵니다. 생때같은 자식이 후쿠오카 감옥에서 사망했다는 소식이었죠. 그런데 사망했다는 전보보다 열흘이나 늦게 도착한 전보에는 '윤동주가 위독하니 보석할 수 있음. 만일 사망 시에는 시체를 가져가거나 아니면 큐슈제대 의학부 해부용으로 제공할 것임. 속답 바람'이라고 적혀 있었다고 해요. 유족들이 어떤 마음이었을까요? 마지막까지 그들은 인간이 아니었던 겁니다. 이때 윤동주의 시신을 가지러 가지 않았다면 큐슈제대 의학부

해부용으로 제공되었겠죠.

윤동주가 세상을 떠나고 3주 후에 송몽규도 생을 마감합니다. 그런데 송몽규는 죽기 전에 중요한 진술을 남깁니다.

당숙인 윤영춘이 윤동주의 시신을 거두러 후쿠오카 교도소에 들렀을 때였어요. 송몽규를 면회했는데 몰골이 말이 아니었습니다. 안경은 반쯤 깨져 있고, 구타의 흔적도 보였다고 해요. 그때 송몽규가 말합니다.

"동주와 나는 계속 주사를 맞고 있어요. 그 주사가 어떤 주사인지는 모릅니다."

그리고 자신의 죽음도 예감하죠.

가족들이 윤동주의 시신을 봤을 때 이미 방부처리가 되어 있어서 죽은 사람처럼 보이지 않았다고 해요. 이를 통해 생체실험에 대한 의혹이 더 커져 갔다고 합니다.

당시 지인들의 증언에 따르면 윤동주와 송몽규는 정말 건강한 청년이었다고 합니다. 그렇다면 두 청년을 죽음으로 몰고 간 주사의 정체는 무엇이었을까요?

1980년 『현대문학지』 5월호에 동국대학교 대학원에서 한국문학을 전공한 고노오 에이치씨가 윤동주와 송몽규가 혈액대체 실험을 위한 실험 재료로 쓰여서 사실상 살해당했다는 글을 기고한 적이 있습니다. SBS 「그것이 알고 싶다」에서도 윤동주의 죽음에 얽힌 미스터리를 다루었죠.

당시 일본군은 혈장 대용 생리식염수를 개발하는 연구를 하고 있었는데 후쿠오카 형무소 내에서 윤동주와 송몽규가 그 실험대상이 되었다는 것이었습니다. 그 의문의 주사는 후쿠오카 앞바다의 바닷물이었다고 해요. 생화학무기 개발을 명목으로 살아 있는 인간을 대상으로 생체실험을 자행했던 731부대를 생각하면 그 이야기가 설득력 있게 다가옵니다. 바닷물이 입으로 들어가는 것과 혈관으로 들어가는 것은 엄연히 다릅니다. 살균작업을 거치지 않은 세균이 득실거리는 바닷물이 인간 혈관에 주사된다면 과연 며칠이나 버틸 수 있을까요?

2000년대 미국 국립도서관 기밀해제 문서 중 1948년 일본 전범재판 관련 문서에는 당시 큐슈제국대학이 실제로 연구하고 있던 대체 혈액 실험에 대한 내용이 있는데, 후쿠오카 형무소 재소자들을 상대로 생리식염수 대체용액을 수혈하는 생체실험을 했다는 증언이 쓰여 있다고 합니다. 정확하게 혈장대체용 생리식염수라고 해요.

만약 인체에 바닷물이 주입될 경우 세균 감염이 발생할 수 있고, 뇌일혈 증상이 나타날 수 있다고 합니다. 윤동주의 사인이 뇌일혈이었거든요. 아직 20대였던 두 청년이 뇌일혈로 사망했다는 것은 일본의 간악한 생체실험이 있었다는 것을 짐작하게 합니다. 또한 후쿠오카 수감자들은 의문의 주사를 맞은 뒤 암산 테스트를 했다고 하는데 이는 생체실험의 부작용을 알아보기 위해 사용하는 흔한 방법이라고 합니다. 그리고 이 주사로 인해 약 1800여 명이 사망했다는 이야기도 있습니다.

실제로 후쿠오카 형무소 근처의 큐슈제국대학 의학부에서 이시야마 교수를 포함하여 토리스 타로 교수, 히라오 켄이치 조교수, 외과 의사, 의학부 학생, 간호사 등 50여 명이 동원되어 미군 포로를 수술실로 연행하여 산 채로 간, 심장 등의 기관을 없애거나 혈액 대용으로 개발 중인 생리식염수를 해수로 대체 가능한지 등의 생체 실험을 했다는 사실이 밝혀졌어요. 이때 이시야마 교수는 후쿠오카

▶후쿠오카 형무소 모습

도테쵸 형무소에서 "모든 것은 군부의 명령이었다. 책임은 나에게 있다"라며 목을 매고 자살했고요. 이 사건은 엔도 슈사쿠의 걸작 「바다와 독약」에서 직접적으로 다루어지고 있습니다. 당시 큐슈제국 대학 의학부에서 실험용 마루타를 후쿠오카 형무소에서 조달 받았다는 증거도 있기에 윤동주와 송몽규가 의문의 바닷물 주사를 맞고 죽어갔다는 사실은 더 이상 반론의 여지가 없습니다.

윤동주와 송몽규가 그곳에서 생체실험을 당하지 않고 살았다면 지금의 문학계에는 큰 변화가 있었겠죠? 일제는 두 명의 천재 문학가를 그들의 실험을 위해 처참하게 살해하고 앗아갔습니다.

별 하나에 어머니를 불렀던 시인

우리에게 윤동주가 시인으로서 오래 기억되는 이유는 그의 시가 어렵지 않고 친숙하며 담담하게 느껴지기 때문일 겁니다. 또한 스스로를 끊임없이 반성하고 자책하며 방황하는 모습은 우리들에게 많은 감동을 줍니다. 윤동주의 시를 처음 접한 것은 중학교 때였는데, 요새는 사춘기를 중2병이라고도 표현하더라고요? 제가 한창 중2병일 때 윤동주의 시를 읽고 뭔가 공감대가 형성되어서 좋았었어요. 사실 윤동주 시인의 외모도 맘에 들었답니다.

▶윤동주 시집 『하늘 바람 별 그리고 시』

일제 강점기는 물론 해방 후에도 이광수, 최남선 등 많은 문학인들이 친일을 했다는 이유로 논란이 되었죠. 그들처럼 살 수도 있었고, 엘리트 의식에 빠졌을 수도 있지만 오직 한 길만 걸었던 윤동주와 송몽규의 짧은 삶이 가슴 아프게 다가옵니다.

시인과 무장투쟁 독립운동가, 가고자 하는 길은 서로 달랐지만 그 길의 끝에서 만난 죽음은 같았습니다. 저는 윤동주가 총칼이 아닌 문학으로 저항했던 시인으로 기억되기 바랍니다. 그리고 윤동주 뒤에 가려졌던 송몽규의 청춘도 잊지 말았으면 합니다. 세상에 모든 아들처럼 죽는 순간 어머니와 가족을 애타게 불렀을 그들을 기억합시다.

......
별 하나에 추억과
별 하나에 사랑과
별 하나에 쓸쓸함과
별 하나에 동경과
별 하나에 시와
별 하나에 어머니, 어머니

또 하나의 저항시인 이육사

이육사 시인의 작품은 국어시간에 한 번쯤 접해보았을 겁니다. 이육사의 시 「청포도」나 「광야」를 읽어보면 적극적인 독립에 대한 열망이 느껴집니다. 윤동주의 시가 스스로를 부끄러워하는 참회의 시라면 이육사의 시는 좀 더 거칠게 독립을 표현하는 반항의 시입니다.

이육사李陸史의 본명은 이원록李源綠입니다. 그는 독립운동을 하다가 붙잡혀 첫 번째로 투옥되었을 때의 수감 번호가 '264'여서, 그것을 자신의 이름으로 삼아 글을 쓴 시인입니다.

이육사는 일본 경찰에게 열일곱 번이나 검거되어 감옥에 갇혔다 풀려나기를 반복하며 살았다고 합니다. 감옥에서 수감 번호 '264'로 불리며 온갖 고초를 겪었지만, 이를 자신의 이름으로 삼았다는 것에서 결연한 의지가 느껴집니다. 일제의 가혹한 탄압에 맞서 평생 항일운동을 하겠다는 굳건한 마음을 보여주는 것 같습니다.

이육사는 집안부터가 남달랐습니다. 이육사는 1904년 경상북도 안동에서 퇴계 이황의 14대 손으로 태어났어요.

강직한 선비로 조선시대의 손꼽히는 지성인, 천 원짜리 지폐의 주인공 이황의 후손이라는 사실만으로도 집안의 분위기를 짐작할 수 있지요. 이육사가 평생에 걸쳐 보여준 애국지사의 강직한 기개는 이런 환경에서부터 시작되었습니다.

또한 외가의 친척들은 의병활동을 주도하고 독립운동을 했으니, 가문의 내력 역시 이육사가 독립운동에 적극적으로 가담하는 데 배경이 되지 않았을까 싶습니다. 그는 6형제 중 둘째였는데, 이육사를 포함한 4형제가 모두 독립운동에 가담하여 옥고를 치러야 했습니다.

이육사는 항일 비밀결사 단체 '의열단'에 가담하면서 본격적으로 독립운동에 뛰어들었습니다. 구국 항일의 비밀 독립운동에 몸을 던졌으니 일본의 요시찰 인물이 되는 것은 당연한 수순이었지요. 그로 인해 십수 회나 검거되고 참혹한 고문을 견뎌야 했으면서도, 그는 일제에 절대

윤동주의 시가 참회의 시라면 이육사의 시는 반항의 시라고 할 수 있습니다.

▶이육사

순응하거나 복종하지 않았습니다.

　이육사는 특별히 문학지 동인으로 가담한 일이 없고, 문단 활동 기간도 고작 8년밖에 되지 않습니다. 남긴 작품은 30여 편에 불과한 데다, 살아생전에 첫 시집도 내지 못했지요.

　그런데 이렇게 고작 30여 편의 시만으로도 이육사가 한국 문단에 이름을 남길 수 있었던 이유는 그의 시 속에 고난의 역사를 품고 있고, 그 역사의 암흑기를 헤쳐 나가고자 한 그의 강한 정신이 살아 있기 때문입니다.

　윤동주의 시를 변화구라고 한다면 이육사의 시는 항상 강렬한 직구에 비유할 수 있을 것 같습니다. 일제에 의해 감옥에 잡힐지언정 나는 내 시를 쓰겠다는, 다소 My way를 걸어온 그는 북경의 감옥에서 옥사합니다. 수감번호 264. 이육사의 독립 정신을 잊지 말아야 할 것입니다.

백석과 자야,
길상사에 깃든 러브스토리

길상사라는 절을 아세요? 서울 성북동에 있는 절인데 제가 어린 시절을 보낸 동네예요. 당시에 저는 대원각으로 기억하고 있었습니다. 대원각은 당시 유명한 기생 요릿집이었죠. 엄청나게 장사가 잘되던 대원각이 어느 날부터 길상사라는 절로 바뀌어서 좀 의아했습니다. 술과 웃음이 끊이지 않았던 세속적인 장소인 대원각이 고즈넉한 무소유의 정신을 담은 길상사로 다시 태어난 이유가 궁금하지 않으세요? 길상사는 무소유로 유명한 법정스님이 서울에 오시게 되면 거처했던 곳입니다. 덕분에 사람들이 많이 찾으면서 유명세를 타기도 했죠. 그런데 길상사의 역사를 살펴보면 참으로 애틋한 사연이 숨어 있답니다. 지금부터 해드릴 이야기는 길상사에 깃든 아련한 러브스토리입니다. 남녀의 애달프고 고귀한 사랑 이야기는 고금을 막론하고 언제 들어도 관심이 가는 스토리죠. 그럼 평생을 한 남자만 기다리다 결국 만나지 못하고 서로 엇갈려 버린 그 애절한 사랑 이야기에 흠뻑 빠져볼까요?

길상사의 탄생
애틋한 러브스토리에 앞서 길상사의 탄생에 대해 먼저 살펴볼게요.

▶ 길상사. 과거에는 요릿집인 대원각
이었다.

　지금은 사찰로 유명하지만 사실 길상사의 전신은 대원각이라는 유명한 요정料
亭이었습니다. 요정이면 소위 기생이 있는 고급 요릿집을 말하는데 잘 매치가 안
되는 조합이죠? 더 이전인 일제 강점기에는 그곳이 청암장이라는 별장이었다고
해요. 그런데 1951년에 김영한이라는 여인이 이 건물을 인수해서 대원각을 오픈
한 것이죠. 김영한은 일제 강점기 때 기생들의 조합이었던 '조선권번'에서 활동했
던 기생으로 전해집니다.

　그녀는 수완이 탁월했는지 대원각을 선운각, 삼청각과 함께 국내 3대 요정으
로 성장시킵니다. 정·재계 인물들 중에서도 하이클래스만 드나든다는 곳이었
죠. 외국의 VIP 손님들을 접대하는 곳으로도 유명했고 3공화국, 5공화국을 거치
면서 밀실 정치의 대표적인 장소로 세상에 알려졌다고 해요. 비록 술과 웃음을
파는 곳이었지만 실세들이 드나드는 곳이니만큼 70~80년대까지 꽤 권력의 힘과
닿아 있는 곳이었으리라 짐작됩니다.

　하지만 대원각의 주인인 김영한은 90년대 중반이 되자 갑작스럽게 요정 운영
을 접습니다. 그리고 화려했던 대원각은 놀랍게도 사찰로 개조가 되죠. 그녀는
자신의 전부였던 그곳을 『무소유』의 저자로 유명한 법정스님을 통해 부처님에게
시주합니다. 그녀가 법정스님의 책을 읽고 감명을 받아 시주하게 된 것이죠. 처

음엔 마다하던 법정스님을 오랜 세월 설득시켰다는 이야기도 전해집니다. 그녀의 바람대로 1995년에 대한불교 조계종 송광사에 소속된 작은 절로 등록되고, 1997년에 길상사로 사찰명을 바꾸어 창건하게 되죠. 대원각 여주인의 시주를 받은 법정스님은 그녀에게 길상화吉祥花라는 법명을 주고, 사찰의 이름도 법명과 똑같이 길상사吉祥寺로 불리게 됩니다.

이 과정에서 전해지는 일화가 하나 있어요. 원래 요정이었던 대원각을 사찰로 리모델링하는 과정이 매우 힘들었다는 것이죠. 나무기둥에 술과 음식, 특히 고기 냄새가 하도 진하게 배어 있어서 이를 제거하기 위해 기둥을 계속 깎았다고 해요. 하지만 기둥을 아무리 깎아도 냄새가 없어지지 않아서 엄청 애를 먹었다네요. 마치 속세를 버리고 산으로 들어가기 전에 몸을 정갈하게 씻고 스님이 되길 준비하는 과정처럼 느껴집니다. 그만큼 대원각은 사시사철 비가 오나 눈이 오나 춤과 노래, 술과 음식이 만연했던 곳이었나 봅니다. 아무튼 길상사에 가면 개보수한 일부 건물 외에 대원각 시절 건물을 그대로 사용하고 있습니다. 실제로 방문해보면 경치도 좋고 참 아기자기하게 조경을 잘 해놔서 요릿집일 때 한번 왔으면 그야말로 신선놀음이었겠다 싶더라고요. 정말 전통적인 사찰들과는 사뭇 다른 느낌을 받을 수 있는데요, 정치인들이 밀실로 사용했던 곳에서 참선을 드릴 수 있다는 것도 색다른 경험인 것 같습니다.

마지막 삶을 길상사에 바쳤던 김영한, 도대체 어떤 사연이 있기에 그처럼 쉽지 않은 결정을 내릴 수 있었을까요? 그녀에 대해 더욱 궁금해지네요.

기생 김영한, 그리고 백석의 여인 자야

길상사에 가면 수목이 우거진 언덕 한쪽으로 김영한의 비석이 서 있습니다. 그녀는 길상사가 세워진지 2년 만인 1999년 83세의 나이로 생을 마쳤다고 합니다.

▶시인 백석(좌), 자야 김영한(우)

기생 김영한은 왜 삶의 일부였던 대원각을 접고, 당시 엄청난 자산가치를 지녔던 그곳을 불교에 시주한 걸까요? 그녀의 삶 속으로 들어가볼게요.

기명技名은 진향眞香, 필명은 자야子夜인 기생 김영한1916~1999. 서울에서 태어난 김영한은 가세가 기울자 몸이 약한 신랑에게 팔려갔다고 합니다. 그녀의 나이 15살 때였죠. 심지어 그 남편은 그녀가 옆에서 빨래를 하고 있을 때 우물에 빠져 죽었다는데요, 남편을 잃고 고된 시집살이를 하다가 집을 나와 기생의 길로 접어들었다고 하네요.

기생 활동 당시 이름은 진향으로 서울 권번 가에서 꽤 이름을 날렸다고 합니다. 가무와 그림 솜씨는 물론이고 당시 『삼천리』라는 문학잡지에 수필을 발표할 정도로 글 솜씨도 뛰어났다고 해요. 23살에는 스승인 신윤국의 도움으로 동경 유학까지 갈 정도였습니다. 신윤국은 당시 독립운동가이며 한글 학자로 흥사단과 조선어학회에서 활동했던 인물이에요.

1936년 동경 유학 중에 스승의 투옥 소식을 듣고 함흥으로 오게 되는데요, 이곳에서 운명의 남자 백석 시인을 만납니다. 당시 함흥영생 여고보 영어 교사로 근무하고 있었던 백석은 교사들의 회식자리에 참석했던 아름다운 김영한에게 첫

눈에 마음을 뺏기고 맙니다. 전해지는 이야기에 의하면 평소에 술을 입에도 대지 않던 백석이 그녀를 보고 마음이 설렌 나머지 술을 계속 들이키면서 이런 말을 했다고 해요.

"오늘부터 당신은 영원한 내 마누라야. 죽기 전 우리 사이에 이별은 없어요."

아무튼 두 사람은 이렇게 누가 먼저랄 것도 없이 서로에게 반해 사랑에 빠집니다. 그리고 그 사랑은 이후 김영한이 자신의 삶을 마칠 때까지, 아니 그 이후에도 길상사라는 절을 통해 계속 이어지죠.

김영한은 백석이라는 매력적인 시인에게 푹 빠졌고, 시인도 아름다운 여인을 위해 연애시를 짓습니다. 백석은 시뿐만 아니라 그녀에게 '자야'라는 이름도 지어주죠. 그녀가 백석에게 선물한 당나라 시를 모은 책들 중에 이태백의 「자야오가子夜吳歌」에서 따온 것이라고 하네요. 사랑하는 연인을 위해 애칭까지 지어주다니 백석 시인은 정말 로맨티스트였던 것 같습니다.

누구도 그들의 사랑을 막을 수는 없었나 봅니다. 백석은 교사 자리도 그만두고 서울로 와서 그녀와 동거를 하게 되죠. 조선일보에 근무하면서 서울과 함흥을 오가며 그렇게 3년을 같이 보냅니다.

그런데 아무래도 자야의 신분 자체가 기생 출신이었으니 백석의 집안에서 허락을 해줄 리 만무했죠. 강제로 다른 여자와 결혼을 시키고 도망가고, 다시 결혼시키고를 여러 번 반복했다고 하네요. 이 과정에서 둘의 사랑도 불협화음이 있었겠죠. 백석은 가족과 자야 사이에서 괴로웠을 것이고, 자야는 부모님 때문에 어쩔 수 없이 결혼한 백석에게 서운했을 것이고요. 그런 줄다리기가 계속 이어지다가 마침내 백석이 만주로 가자고 제안하는데 자야는 백석의 장래를 걱정해 따라나서지 않았다고 해요. 홀로 만주로 떠난 백석은 그곳에서 자야를 그리워하며 다시 만날 날만을 기다립니다. 백석은 만주에서 그녀를 그리워하며 「나와 나타샤와 흰 당나귀」라는 유명한 시를 지어 자야에 대한 절절한 사랑을 고백합니다.

하지만 둘의 인연은 여기까지였습니다. 해방 후 백석은 함흥으로 돌아왔지만 자야는 서울로 돌아갔습니다. 그만 엇갈려버린 거죠. 그리고 6.25전쟁이 발발하면서 둘은 같은 하늘 아래에서 다시는 만날 수 없게 되었습니다. 그때만 해도 분단 상황이 이렇게 길어질 줄 예상은 못했겠지만 어쨌든 그렇게 영영 헤어지게 되었습니다.

비록 몸은 헤어져 만날 수 없지만 그녀의 사랑은 변함이 없었나 봅니다. 그를 잊기 위해 대원각을 내고 돈 버는 일에만 집착을 해서 크게 성공을 거두었지만 결국 그를 잊지 못했으니까요. 그 긴 세월도 그녀의 애틋한 그리움을 막지는 못했나 봅니다. 김영한은 살아생전에 그를 따라 만주로 떠나지 않을 것을 두고두고 후회했다고 합니다. 얼마나 사무치게 그리웠을까요?

김영한은 매년 백석의 생일인 7월 1일이 되면 음식을 전혀 먹지 않았다고 전해집니다. 백석에 대한 사랑을 평생토록 간직했던 여인의 마음에 가슴이 뭉클해져요. 잊고 싶어도 잊어지지 않고 오히려 더 보고 싶은 그리움과 싸우며 얼마나 외로웠을까요. 그녀는 백석이 보고 싶을 때면 줄담배를 피웠다고 하네요.

그렇게 몇 십 년이 흘렀으니 그 몸도 오죽했을까요. 결국 그녀는 폐암 진단을 받습니다. 그리고 죽음에 이르러 평생을 함께한 대원각을 절에 시주하고, 2억 원이라는 거금을 백석 문학상 기금으로 내놓기도 하죠. 백석 시인을 평생 사랑한 김영한 덕분에 백석 문학상은 지금도 매년 열리고 있습니다.

당시 대원각을 사찰로 시주할 때 가치는 천억 원대 자산가치가 있었다고 합니다. 1987년이었는데도 그 정도면 지금으로 치면 어마어마한 금액이겠죠?

그때 기자들이 그녀에게 그토록 많은 재산을 기부한 것이 아깝지 않냐 질문했다고 해요. 그녀의 유명한 대답이 가슴을 울립니다.

"1,000억이 그 사람 시 한 줄만도 못해."

그리고 그녀는 눈이 많이 내리는 날 길상사에 뿌려달라는 유언을 남깁니다. 자야의 유골은 백석의 시에 나온 글귀처럼 '눈이 푹푹 나리던 날'에 길상사에 뿌려집니다. 정말 멋진 한 여인의 사랑이야기입니다. 어떻게 평생을 한사람을 위한 한결 같은 사랑을 간직할 수 있었을까요? 과연 백석 시인은 어떤 매력을 가진 남자였을지 알아보도록 할게요.

백석 시인은 누구인가

백석白石 시인1912~1996은 본명이 기행夔行으로 평안북도 정주에서 태어났습니다. 1929년에 오산고보를 졸업하고 일본 유학도 다녀왔고요. 1930년에 조선일보 신춘문예에 단편 「그 모와 아들」이 당선되면서 작품 활동을 시작했다고 합니다.

인터넷을 검색해보면 백석의 얼굴을 쉽게 찾아볼 수 있는데요, 작품도 작품이지만 일단 엄청나게 잘생긴 외모가 눈길을 사로잡습니다. 요즘 아이돌 급 외모라고 할 수 있죠. 저는 약간 영화배우 현빈을 닮은 것 같기도 해요. 당시엔 성형수술도 없었고 꾸미는 데도 있는 한계가 있었을 텐데 이 정도 외모라니, 1930년대 모던보이 중에서도 최고였을 것 같습니다. 자야도 그의 수려한 외모와 지적인 모습에 반하지 않았을까요.

백석 시인이 더 매력적인 것은 일본 유학파이면서 영어와 러시아도 잘했다는 군요. 그럼 4개 국어 능통자네요. 그런데 그의 작품은 어느 시인보다도 토속적이었다고 합니다. 1936년에 유명한 시집 『사슴』이 발표되는데요, 평안도 사투리와 깊은 서정성, 그리고 모던한 감각이 한데 어우러져 최고의 시들이 탄생했죠. 이 시집은 100부 한정판으로 출간했다는데요, 당시 윤동주가 시집을 구하지 못해서 필사본까지 만들었다고 해요. 윤동주는 백석의 시에 줄을 쳐가면서 걸작이라는 메모를 남겼다고 하네요.

그가 남긴 시는 약 100여 편인데 국내는 물론 해외에서도 그의 뛰어난 작품 세계를 인정해주었다고 합니다. 작품의 가치를 따지자면 문학계를 넘어 우리나라 유산으로도 손색이 없을 정도죠. 백석 시인의 이름이 뒤늦게야 유명해진 이유는 그가 북에 있었기 때문인데요. 당시 6·25전쟁으로 인해 자의든 타의든 간에 북에 남았던 문학가들의 작품은 국어시간에 배우지도 못했고 금서로 지정되었었죠. 반공주의 시대의 안타까운 결과물입니다.

6·25전쟁 때 북에 남겨진 그에 대해서는 여러 가지 설이 있었습니다. 당시 북에 남은 지식인들이 그랬듯 숙청당했을 것이다 하는 설이 돌았고요, 실제로 남쪽에서는 그렇게 알고 있었습니다. 하지만 나중에 부인 이윤희 여사의 증언을 통해 함경도에서 농사를 지으며 살다가 1996년에 사망하고, 자식들도 생존해 있는 것으로 확인되었습니다. 백석의 부인은 남편이 글밖에 모르는 사람이라 농사일을 힘들어 했다고 전해주었지요. 구한말 최고의 모던보이는 결국 북의 사회주의 체제 속에서 문학의 날개를 펴보지도 못하고 익숙지 않은 농장 노동자로 그렇게 초라하게 말년을 보낸 것입니다.

순수문학을 접고 사회주의 선전 문학의 선봉이 되어야 하는 현실이 과연 그에게 녹록했을까 하는 생각도 드네요. 자료에 의하면 1958년까지 발표한 작품을 끝으로 그 이후에는 발표된 시가 없더라고요. 백석 시인의 부인이 말하기를 백석이 사망하기 전에 "지금까지 내가 쓴 모든 원고를 불태워라"는 유언을 남겼다고 하는군요.

「통영」, 「고향」, 「북방에서」, 「적막강산」, 「국수」 등 민속적이고 향토적인 서정시를 즐겨 썼던 시인이 겪었을 고뇌가 느껴집니다.

백석과 자야의 러브스토리를 간직한 곳, 길상사

자야가 마지막을 길상사와 함께한 건 어쩌면 죽어서도 자신의 사랑이 잊히지 않고 길상사와 함께 영원히 남길 바라는 마음이 아니었을까요?

그녀가 그렇게 바라건 그렇지 않든, 길상사에 가면 그들의 애틋한 러브스토리를 떠올리게 됩니다.

생전에 기자들이 언제 백석이 생각나는지 물었더니, "사랑하는 사람을 생각하는데 때가 어디 있냐?"고 말했다죠. 그녀를 기리는 공덕비 앞에 서니 평생 한 남자를 그리워한 그녀의 마음이 느껴져 애잔했습니다.

길상사를 방문하면 세 가지를 보라고 합니다. 김영한과 백석의 사랑 이야기가 담긴 시비詩碑, 법정스님의 유품을 전시한 진영각, 그리고 성모마리아 상을 닮은 관세음보살 상도 유명합니다. 실제로 길상사 아래에 위치한 성북동 성당의 성모마리아 상을 조각한 분이 만든 작품이라고 하네요. 종교 간의 화합이 느껴지는 작품입니다.

김영한, 진향, 자야 그리고 나타샤.

참 파란만장한 삶을 살다간 그녀의 이름들입니다. 살아생전 김영한은 자야라는 이름을 가장 좋아했고. 백석 시인과의 애절한 사랑 이야기를 담은 『내 사랑 백석』이라는 수필집을 역시 김자야라는 이름으로 냅니다.

"천독만독千讀萬讀의 독경讀經보다 당신의 순정이 그대로 서려 있는 정열의 시 한 수!

이것이야말로 나 혼자 쓸쓸히 돌아가야 할 명도冥道에 진실로 크나큰 선물이 아닌가 합니다.

저에겐 다시 더 바랄 아무런 것이 없습니다. 흰 당나귀 타고 당신 곁으로 떠나가는 자야!

오직 흐뭇하기만 합니다. 영광스럽기만 합니다."

─「내 사랑 백석」中에서

마지막까지 백석 시인에 대한 사랑으로 가득한 에세이를 남기고, 죽어서 흰 당나귀 타고 당신 곁으로 가겠다는 말에 왠지 가슴이 뭉클해집니다.

그녀는 대원각을 법정스님에게 시주할 때 "누구나 와서 마음의 평화를 찾는 곳이 되길 바란다"고 했습니다. 꼭 불교 신자가 아니더라도 스토리가 가득한 길상사의 뜰을 거닐면서 자야라는 여인이 영원히 간직하고 싶었던 사랑을 느껴보는 것도 좋을 것 같습니다. 그녀를 그리워하며 지었던 백석 시인의 아름다운 시와 함께요.

나와 나타샤와 흰 당나귀

백석

가난한 내가

아름다운 나타샤를 사랑해서

오늘밤은 푹푹 눈이 나린다

나타샤를 사랑은 하고

눈은 푹푹 날리고

나는 혼자 쓸쓸히 앉어 소주를 마신다

소주를 마시며 생각한다

나타샤와 나는

눈이 푹푹 쌓이는 밤 흰 당나귀 타고

산골로 가자 출출이 우는 깊은 산골로 가 마가리에 살자

눈은 푹푹 나리고

나는 나타샤를 생각하고

나타샤가 아니 올 리 없다

언제 벌써 내 속에 고조곤히 와 이야기한다

산골로 가는 것은 세상한테 지는 것이 아니다

세상 같은 건 더러워 버리는 것이다

눈은 푹푹 나리고

아름다운 나타샤는 나를 사랑하고

어데서 흰 당나귀도 오늘밤이 좋아서 응앙응앙 울 것이다

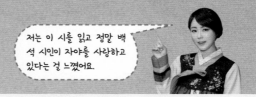

백석 시인과 자야의 러브스토리를 알고 이 시를 읽으면 정말이지 문장 하나하나가 와 닿고 너무 슬프게 느껴집니다. 나타샤와 흰 당나귀, 어찌 보면 잘 어울리지 않는 조합입니다. 나타샤는 왠지 러시아 이름 같고 세련된 느낌인데 당나귀는 뭔가 토속적이죠? 백석 시인의 시를 보면 이러한 상반된 대조를 이용해서 묘한 느낌을 줍니다. 비현실적이라서 몽환적인 느낌도 주고요. 가난한 나는 나타샤를 사랑하지만 그래서 눈이 푹푹 내립니다. 둘의 사랑을 방해라도 하듯이. 그런데 옆에 나타샤는 없고 쓸쓸히 앉아 소주를 마십니다. 왠지 이 시는 백석 시인이 정말 소주를 마시고 자야를 그리워하면서 쓴 것만 같아요. 소주를 마시며 생각합니다. 나타샤와 나는 흰 당나귀를 타고 깊은 산골로 가서 마가리(오두막집)에 살자고.

저는 이 구절이 가장 슬펐습니다. 둘이 도망쳐서 산골로 가서 작은 오두막집에 숨어 살고 싶은데, 나타샤도 흰 당나귀도 모두 너무 비현실적이라 모두 나의 환상이라고 표현한 것만 같아서요. 그저 이룰 수 없는 허무한 꿈같다고 할까요?

눈은 푹푹 나리고 나는 나타샤를 생각하고 나타샤가 아니올 리 없다며 혼잣말을 합니다. 어느새 나타샤는 내 속에 조용히 와서 소곤소곤 이야기합니다. 취해서 마치 사랑하는 연인이 내 옆에 있는 것만 같은 환상, 한 번씩 느껴보셨죠? 산골로 가는 것은 세상한테 지는 것이 아니고, 세상 같은 건 더러워 버리는 거라고 나타샤에게 응석부리는 것처럼 들립니다. 눈은 푹푹 내리고 아름다운 나타샤는 나를 사랑하고 흰 당나귀는 오늘밤이 좋아서 응앙응앙 유머스럽게 웁니다. 이모든 게 다 환상 같아서, 반대로 표현한 것 같아 또 슬퍼집니다.

여기까지 제가 제일 좋아하는 백석 시인의 시를 주관적으로 한번 해석해봤어요. 시는 읽는 사람마다 해석이 다르고 처한 상황에 따라 다르게 와 닿기 때문에 더 매력적인 문학 같습니다. 저는 이 시를 읽고 정말 백석 시인이 자야를 사랑하고 있다는 걸 느꼈어요. 이 시를 읽으며 자야는 얼마나 마음이 아프고 미안했을까요? 그렇기에 평생을 기다리며 살지 않았나 하는 생각을 해봅니다. 이 시를 다시 한번 읽어보세요. 이 시가 너무 슬프게 느껴진다면 당신은 누군가를 이미 사랑하고 있는 것입니다. 🖐

한나의 역사스캔들

초판 1쇄 2018년 5월 8일
초판 3쇄 2019년 6월 27일

지은이 최한나
펴낸이 권기대
펴낸곳 도서출판 베가북스

총괄이사 배혜진
편집장 김창헌
편 집 박석현, 강하나
디자인 박숙희
마케팅 황명석, 연병선

출판등록 2004년 9월 22일 제2015-000046호

주소 (07269) 서울시 영등포구 양산로3길 9, 201호 (양평동 3가)
주문 및 문의 02)322-7241 **팩스** 02)322-7242

ISBN 979-11-86137-69-7 (03910)

＊ 책값은 뒷표지에 있습니다.
＊ 좋은 책을 만드는 것은 바로 독자 여러분입니다. 베가북스는 독자 의견에 항상
  귀를 기울입니다. 베가북스의 문은 항상 열려 있습니다.
  원고 투고 또는 문의사항은 vega7241@naver.com으로 보내주시기 바랍니다.

홈페이지 www.vegabooks.co.kr
블로그 http://blog.naver.com/vegabooks.do
인스타그램 @vegabooks   **트위터** @VegaBooksCo   **이메일** vegabooks@naver.com